Die Bundesrepublik Deutschland
Staatshandbuch:

Schleswig-Holstein
Ausgabe 1997

Die Bundesrepublik Deutschland Staatshandbuch

Herausgeber

Geschäftsführendes Präsidialmitglied des Deutschen Landkreistages Dr. Hans Henning Becker-Birck

Geschäftsführendes Präsidialmitglied des Deutschen Städtetages Jochen Dieckmann

Geschäftsführendes Präsidialmitglied des Deutschen Städte- und Gemeindebundes Friedrich Wilhelm Heinrichs

Präsidentin des Bundesverfassungsgerichts Prof. Dr. Jutta Limbach

Hauptgeschäftsführer des Deutschen Industrie- und Handelstages Dr. Franz Schoser

Präsident des Bundesverwaltungsgerichts a. D. Prof. Dr. Horst Sendler

Staatssekretär im Bundesministerium des Innern Dr. Eckart Werthebach

Carl Heymanns Verlag KG · Köln · Berlin · Bonn · München

Die Bundesrepublik Deutschland Staatshandbuch:

Schleswig-Holstein

Verzeichnis der Behörden und Gemeinden
mit Aufgabenbeschreibungen und Adressen

Ausgabe 1997

Herausgeber
Dr. Ekkehard Wienholtz
Innenminister des Landes Schleswig-Holstein

Schriftleitung
Wilfried Ganser, Willi Herberz

Carl Heymanns Verlag KG · Köln · Berlin · Bonn · München

Anschrift der Schriftleitung
Staatshandbuch
Die Bundesrepublik Deutschland
Postfach 18 66
50308 Brühl

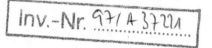

© Carl Heymanns Verlag KG, Köln, Berlin, Bonn, München, 1997

ISBN 3-452-23319-7 ISSN 0947-9023
Druck von Gallus Druckerei KG, Berlin

INHALTSÜBERSICHT

Suchwortverzeichnis 135

Namenverzeichnis 153

Ortsverzeichnis der Städte, Landkreise und Gemeinden 167

Abkürzungsverzeichnis 175

Schleswig-Holstein 1

a   Die parlamentarischen
     Körperschaften 1

Schleswig-Holsteinischer Landtag ... 1
1   Zusammensetzung des 14. Land-
     tages 1
2   Die Mitglieder des 14. Schleswig-
     Holsteinischen Landtages 2
3   Landtagspräsident 4
4   Ältestenrat 4
5   Fraktionen 5
6   Ständige Ausschüsse 5
7   Verwaltung 6
8   Der Landesbeauftragte für den
     Datenschutz 7
9   Die Bürgerbeauftragte für soziale
     Angelegenheiten des Landes
     Schleswig-Holstein 8

b   Die Landesregierung
     Schleswig-Holstein 9

c   Die Landesbehörden 10

I   Ministerpräsidentin des Landes
     Schleswig-Holstein 11
1   Staatskanzlei 11

Der Rechtsaufsicht unterstellt:
2   Unabhängige Landesanstalt für
     das Rundfunkwesen (ULR) 12
3   Deutschlandradio 13
4   Zweites Deutsches Fernsehen .. 13
5   Norddeutscher Rundfunk 14

II   Ministerium für Justiz, Bundes-
     und Europaangelegenheiten des
     Landes Schleswig-Holstein ... 15
1   Gerichte der ordentlichen
     Gerichtsbarkeit 17
2   Staatsanwaltschaften 17
3   Gerichte der Verwaltungsgerichts-
     barkeit 17
4   Gerichte der Finanzgerichts-
     barkeit 17
5   Gerichte der Sozialgerichtsbarkeit 17
6   Justizprüfungsamt 17
7   Justizvollzugsanstalten 17
8   Gemeinsames Prüfungsamt der
     Länder Freie Hansestadt Bremen,
     Freie und Hansestadt Hamburg
     und Schleswig-Holstein 18
9   Zentrale Stelle der Landesjustiz-
     verwaltungen zur Aufklärung
     nationalsozialistischer Verbrechen 18

Der Rechtsaufsicht unterstellt:
10   Schleswig-Holsteinische Rechts-
     anwaltskammer 18
11   Schleswig-Holsteinische Notar-
     kammer 18

III Ministerium für Bildung, Wissen-
     schaft, Forschung und Kultur
     des Landes Schleswig-Holstein 19
1   Landeszentrale für Politische
     Bildung 22
2   Museumsamt 22
3   Landesamt für Denkmalpflege . 22
4   Archäologisches Landesamt
     Schleswig-Holstein Schleswig-
     Holstein 23
5   Landesarchiv 23
6   Schulen 23
7   Schulämter 26
8   Prüfungsausschuß bei der
     Fachhochschule Kiel 26
9   Landesinstitut Schleswig-Holstein
     für Praxis und Theorie der Schule
     (IPTS) 27
10   Schleswig-Holsteinische Landes-
     bibliothek 29

11	Verwaltung Kieler Schloß	29
12	Verwaltung Schloß Plön	29
13	Landeskulturzentrum Salzau . . .	29

Der Rechtsaufsicht unterstellt:

14	Hochschulen	29
14.1	Wissenschaftliche Hochschulen	29
14.1.1	Medizinische Universität zu Lübeck	29
14.1.2	Christian-Albrechts-Universität zu Kiel	30
14.1.3	Bildungswissenschaftliche Hochschule Flensburg, Universität	31
14.2	Fachhochschulen	31
14.2.1	Fachhochschule Kiel	31
14.2.2	Fachhochschule Lübeck	32
14.2.3	Fachhochschule Flensburg	32
14.2.4	Muthesius-Hochschule	32
14.2.5	Fachhochschule Westküste	32
14.2.6	Fachhochschule Wedel	32
14.3	Musikhochschule Lübeck	33
15	Studentenwerk Schleswig-Holstein	33
16	Stiftung Schloß Eutin	33
17	Kirchen, Religions- und Weltanschauungsgemeinschaften mit dem Status einer Körperschaft des öffentlichen Rechts in Schleswig-Holstein	33
17.1	Katholische Kirche	33
17.2	Bund Freikirchlicher Pfingstgemeinden Schleswig-Holstein .	33
17.3	Evangelisch-Methodistische Kirche	33
17.4	Mennonitengemeinde zu Hamburg und Altona	34
17.5	Die Heilsarmee	34
17.6	Griechisch-Orthodoxe Metropolie	34
17.7	Evangelisch-Freikirchliche Gemeinde Kiel	34
17.8	Russisch-Orthodoxe Kirche im Ausland	34
17.9	Deutsche Unitarier Religionsgemeinschaft	34
17.10	Jüdische Gemeinde in Hamburg	34
17.11	Gemeinschaft der Siebenten-Tags-Adventisten	34
17.12	Gemeinschaft der Siebenten-Tags-Adventisten in Schleswig-Holstein	34

17.13	Neuapostolische Kirche in Schleswig-Holstein	34
17.14	Nordelbische Evangelisch-Lutherische Kirche	34
17.15	Evangelisch-Freikirchliche Gemeinde Rendsburg	34
17.16	Die Christengemeinschaft in Schleswig-Holstein	35
17.17	Evangelisch-reformierte Kirche	35
IV	**Innenministerium des Landes Schleswig-Holstein**	36
1	Polizeiverwaltungsamt	38
2	Landeskriminalamt	38
3	Amt für Katastrophenschutz . . .	38
4	Vermessungs- und Katasterverwaltung	39
4.1	Landesvermessungsamt	39
4.2	Katasterämter	39
5	Statistisches Landesamt	40
6	Landesamt für Ausländerangelegenheiten Schleswig-Holstein	41
7	Polizei	41
7.1	Polizeidirektionen	41
7.1.1	Polizeidirektion Schleswig-Holstein Mitte	41
7.1.2	Polizeidirektion Schleswig-Holstein Nord	42
7.1.3	Polizeidirektion Schleswig-Holstein West	42
7.1.4	Polizeidirektion Schleswig-Holstein Süd	42
7.2	Verkehrspolizeidirektion Schleswig-Holstein	43
7.3	Wasserschutzpolizeidirektion Schleswig-Holstein	43
7.4	Polizeidirektion für Aus- und Fortbildung und für die Bereitschaftspolizei Schleswig-Holstein	44
8	Die Landräte der Kreise als allgemeine untere Landesbehörde	44
9	Landesfeuerwehrschule Schleswig-Holstein	44

Der Rechtsaufsicht unterstellt:

10	Ausbildungszentrum für Verwaltung	45
10.1	Fachhochschule für Verwaltung, Polizei und Steuerwesen	45

10.2	Verwaltungsschule	45
11	Datenzentrale Schleswig-Holstein	45
12	Architekten- und Ingenieurkammer Schleswig-Holstein	46

V Ministerium für Frauen, Jugend, Wohnungs- und Städtebau des Landes Schleswig-Holstein ... 47

1	Gemeinsame Zentrale Adoptionsstelle	48

VI Ministerium für Finanzen und Energie des Landes Schleswig-Holstein ... 49

1	Landesausgleichsamt	51
2	Landesbesoldungsamt	52
3	Oberfinanzdirektion Kiel	52
3.1	Finanzämter	53
3.2	Landesbauämter	56
3.3	Landesfinanzschule	57
4	Landesbezirkskassen	57
5	Vertreter der Interessen des Ausgleichsfonds	57

VII Ministerium für Wirtschaft, Technologie und Verkehr des Landes Schleswig-Holstein ... 58

1	Amt für Eichwesen	59
1.1	Beschußstelle Eckernförde	59
2	Landesamt für Straßenbau und Straßenverkehr Schleswig-Holstein	60
2.1	Straßenbauämter	60
2.2	Straßenneubauämter	61
3	Eichämter	61
4	Schleswig-Holsteinische Seemannsschule	61
5	Oberbergamt	62
5.1	Bergämter	62
6	Landesbevollmächtigter für Bahnaufsicht beim Eisenbahnbundesamt Hamburg	62
7	Gemeinsamer Zulassungsausschuß und Gemeinsamer Prüfungsausschuß Wirtschaftsprüfer	62

Der Rechtsaufsicht unterstellt:

8	Industrie- und Handelskammern	63

9	Handwerkskammern	63
10	Sparkassen- und Giroverband für Schleswig-Holstein	64
11	Landesbank Schleswig-Holstein Girozentrale	64
11.1	Investitionsbank Schleswig-Holstein	64
12	Provinzial Versicherungen	64
13	Technologiestiftung Schleswig-Holstein	65

VIII Ministerium für ländliche Räume, Landwirtschaft, Ernährung und Tourismus des Landes Schleswig-Holstein ... 66

1	Landesamt für Fischerei Schleswig-Holstein	67
2	Pflanzenschutzamt	67
3	Ämter für Land- und Wasserwirtschaft	68
4	Lebensmittel- und Veterinäruntersuchungsamt	68
5	Landesamt für Natur und Umwelt	69

Der Rechtsaufsicht unterstellt:

6	Landwirtschaftskammer Schleswig-Holstein	69
7	Tierärztekammer Schleswig-Holstein	69
8	Landesverband der Wasser- und Bodenverbände Schleswig-Holstein	70
9	Schleswig-Holsteinische Landwirtschaftliche Berufsgenossenschaft	70

IX Ministerium für Arbeit, Gesundheit und Soziales des Landes Schleswig-Holstein ... 71

1	Landesversorgungsamt Schleswig-Holstein	73
1.1	Orthopädische Versorgungsstelle	73
1.2	Versorgungsärztliche Untersuchungsstelle	73
1.3	Versorgungsämter	73
2	Landesamt für Gesundheitsberufe	74
3	Gerichte der Arbeitsgerichtsbarkeit	74

4	Ausführungsbehörde für Unfall-versicherung	74
5	Arzneimittelüberwachungsstelle	74
6	Gewerbeaufsichtsämter	74
7	Landesseminar für Krankenpflege	74
8	Staatliche Internatsschulen für Behinderte	74
9	Zentralstelle der Länder für Sicherheitstechnik	75
10	Akkreditierungsstelle der Länder für Meß- und Prüfstellen zum Vollzug des Gefahrstoffrechts (AKMP)	75
11	Zentralstelle der Länder für Gesundheitsschutz bei Medizinprodukten (ZLG)	75

Der Rechtsaufsicht unterstellt:

12	Heilberufskammern	75
13	Kassenärztliche Vereinigung Schleswig-Holstein	76
14	Kassenzahnärztliche Vereinigung Schleswig-Holstein	76
15	Landesversicherungsanstalt Schleswig-Holstein	76
16	Krankenkassen	76
16.1	AOK Schleswig-Holstein	76
16.2	IKK – Landesverband Nord – ..	77
16.3	BKK – Landesverband Nord – ..	77
17	Fachkliniken	77

X	**Ministerium für Umwelt, Natur und Forsten des Landes Schleswig-Holstein**	78
1	Landesamt für Natur und Umwelt	80
2	Lebensmittel- und Veterinäruntersuchungsamt	81
3	Landesamt für den Nationalpark „Schleswig-Holsteinisches Wattenmeer"	82
4	Gewerbeaufsichtsämter	82
5	Ämter für Land- und Wasserwirtschaft	83
6	Forstämter	83
7	Akademie für Natur und Umwelt des Landes Schleswig-Holstein .	84
8	Medizinaluntersuchungsämter ..	84

Der Rechtsaufsicht unterstellt:

9	Stiftung Naturschutz Schlewig-Holstein	84

XI	**Landesrechnungshof Schleswig-Holstein**	85
d	**Organe der Rechtspflege**	86
1	Rechtspflege Einführender Beitrag von Rechtsanwalt Torsten Stiehm	86
I	**Verfassungsgerichtsbarkeit** ..	93
II	**Die Gerichte der ordentlichen Gerichtsbarkeit, Staatsanwaltschaften**	93
	Schleswig-Holsteinisches Oberlandesgericht	93
	Der Generalstaatsanwalt	93
	Landgericht Flensburg	94
	Staatsanwaltschaft bei dem Landgericht Flensburg	94
	Amtsgerichte im Landgerichtsbezirk Flensburg	94
	Landgericht Itzehoe	95
	Staatsanwaltschaft bei dem Landgericht Itzehoe	95
	Amtsgerichte im Landgerichtsbezirk Itzehohe	95
	Landgericht Kiel ....,....	96
	Staatsanwaltschaft bei dem Landgericht Kiel	96
	Amtsgerichte im Landgerichtsbezirk Kiel	96
	Landgericht Lübeck	97
	Staatsanwaltschaft bei dem Landgericht Lübeck	98
	Amtsgerichte	98
III	**Gerichte der Verwaltungsgerichtsbarkeit**	100
	Schleswig-Holsteinisches Oberverwaltungsgericht	100
	Schleswig-Holsteinisches Verwaltungsgericht	100
IV	**Gerichte der Sozialgerichtsbarkeit**	100
	Schleswig-Holsteinisches Landessozialgericht	100
	Sozialgerichte	100

V	Gerichte der Finanzgerichts-barkeit	101
	Schleswig-Holsteinisches Finanzgericht	101
	Gemeinsamer Senat des Finanz-gerichts Hamburg	101

VI	Gerichte der Berufsgerichts-barkeit	101
	Berufsgerichtshof für die Heilberufe	101
	Berufsgericht für Heilberufe ...	101

VII	Gerichte der Arbeitsgerichts-barkeit	102
	Landesarbeitsgericht Schleswig-Holstein	102
	Arbeitsgerichte	102

| e | Kreisfreie Städte, Kreise und Gemeinden und sonstige kommunale Einrichtungen ... | 103 |
| | Einführender Beitrag von Leitendem Ministerialrat Dr Michael Borchmann | 103 |

I	Die kreisfreien Städte	111
1	Stadt Flensburg	111
2	Landeshauptstadt Kiel	111
3	Hansestadt Lübeck	111
4	Stadt Neumünster	112

II	Die Kreise und kreisange-hörigen Städte und Gemeinden	113
1	Kreis Dithmarschen	113
2	Kreis Herzogtum Lauenburg ...	114
3	Kreis Nordfriesland	116
4	Kreis Ostholstein	118
5	Kreis Pinneberg	120
6	Kreis Plön	122
7	Kreis Rendsburg-Eckernförde ..	123
8	Kreis Schleswig-Flensburg	126
9	Kreis Segeberg	128
10	Kreis Steinburg	130
11	Kreis Stormarn	131

III	Kommunale Spitzenverbände	134
1	Städtetag Schleswig-Holstein ..	134
2	Schleswig-Holsteinischer Landkreistag	134
3	Städtebund Schleswig-Holstein .	134
4	Schleswig-Holsteinischer Gemeindetag	134

Land Schleswig-Holstein

Einwohner: 2 741 399
Fläche: 15 770,27 qkm

a Die parlamentarischen Körperschaften

Schleswig-Holsteinischer Landtag

– 14. Wahlperiode –

24105 Kiel, Landeshaus, Düsternbrooker Weg 70;
Tel (04 31) 9 88-0; Fax (04 31) 9 88-10 25;
WWW http://www.sh-landtag.de

Beginn der 14. Legislaturperiode: 23. April 1996
Ende der 14. Legislaturperiode: spätestens 2000

Aufgabenkreis:
Der Landtag ist das vom Volk gewählte Organ der politischen Willensbildung; er wählt die Ministerpräsidentin oder den Ministerpräsidenten, übt die gesetzgebende Gewalt aus, kontrolliert die vollziehende Gewalt und behandelt öffentliche Angelegenheiten (Artikel 10 Abs 1 der Verfassung des Landes Schleswig-Holstein – LV – in der Fassung vom 13. Juni 1990 (GVOBl Schl-H Seite 391).
Der Landtag besteht aus 75 Abgeordneten, die nach einem Verfahren gewählt werden, das die Persönlichkeitswahl mit den Grundsätzen der Verhältniswahl verbindet; die Zahl „75" ändert sich nur, wenn Überhang- oder Ausgleichsmandate entstehen oder wenn Sitze unbesetzt bleiben (Artikel 10 Abs 2 LV). Die Einzelheiten des Wahlverfahrens werden durch das Landeswahlgesetz in der Fassung der Bekanntmachung vom 30. Mai 1985 (GVOBl Schl-H Seite 136), zuletzt geändert durch Gesetz vom 8. Dezember 1995 (GVOBl Schl-H Seite 480) und durch die Landeswahlordnung (LWO) vom 1. November 1991 (GVOBl Schl-H Seite 459), geändert durch Verordnung vom 22. Dezember 1995 (GVOBl Schl-H Seite 14), geregelt.
Die Gesetze werden vom Landtag oder durch Volksentscheid beschlossen (Artikel 37 Abs 2 LV). Der Landtag kann die Exekutive zum Erlaß einer Rechtsverordnung ermächtigen; dabei muß aber allerdings Inhalt, Zweck und Ausmaß der Ermächtigung bestimmen (Artikel 38

Abs 1 LV). Artikel 39 LV regelt die Ausfertigung, die Verkündung und das Inkrafttreten der Gesetze und Rechtsverordnungen. Verfassungsändernde Gesetze bedürfen nach Artikel 40 LV einer qualifizierten Mehrheit.
Regelungen über die Zusammensetzung, die Bildung und die Aufgaben der Landesregierung finden sich in Artikel 26 ff LV. Zu erwähnen sind ferner die Vorschriften über das Haushaltswesen, zu deren wesentlichen Bestandteilen das Recht des Landtages zur Haushaltsbewilligung und die Überwachung der Haushalts- und Wirtschaftsführung des Landes gehören (Artikel 50 ff LV).
Zur Vorbereitung seiner Verhandlungen und Beschlüsse setzt der Landtag nach Artikel 17 LV ständige Ausschüsse ein. Von diesen ständigen Ausschüssen zu unterscheiden sind die Untersuchungsausschüsse (Artikel 18 LV), der Eingabenausschuß (Artikel 19 LV) und der Parlamentarische Einigungsausschuß (Artikel 20 LV).
Weitere Einzelheiten zur Organisation und zum Verfahren des Landtages enthält die Geschäftsordnung des Landtages vom 5. Mai 1992 (GVOBl Schl-H Seite 321), zuletzt geändert am 23. April 1996 (GVOBl Schl-H Seite 434).

1 Zusammensetzung des 14. Landtages

Ergebnis der Landtagswahl vom 24. März 1996

Bekanntmachung des Landeswahlleiters vom 10. April 1996 (Amtsbl Schl-H Seite 297).
Wahlbeteiligung:

	Stimmen	Prozent
Wahlberechtigt	2 112 522	100,0
Abgegebene Stimmen	1 516 309	71,8
Gültige Stimmen	1 502 088	99,1

Stimmverteilung:

Partei	Stimmen	Prozent
SPD	597 751	39,8
CDU	559 107	37,2
Bündnis 90/Die Grünen	121 939	8,1
F.D.P.	86 227	5,7
DVU	64 335	4,3
SSW	38 285	2,5
WSH	28 206	1,9
DLVH	3 144	0,2
ÖDP	1 581	0,1
DKP	437	–
PBC	231	–
Einzelbewerber	845	–

Sitzverteilung:
Anzahl der Sitze insgesamt: 75
Verteilung der Mandate auf die Parteien

Partei	Sitze
SPD	33
CDU	30
Bündnis 90/Die Grünen	6

1

F.D.P. 4
SSW 2

Weitere Informationen erhalten Sie beim Statistischen Landesamt Schleswig-Holstein, 24113 Kiel, Fröbelstraße 15-17; Tel (04 31) 68 95-0; Fax (0431) 68 95-4 98.

2 Die Mitglieder des 14. Schleswig-Holsteinischen Landtages

24105 Kiel, Landeshaus, Düsternbrooker Weg 70;
Tel (04 31) 9 88-0; Fax (04 31) 9 88-10 25, 9 88-11 19

Arens, Heinz Werner Landtagspräsident (SPD)
LL
24105 Kiel, Düsternbrooker Weg 70

Aschmoneit-Lücke, Christel (F.D.P.)
LL
24159 Kiel, Mählsweg 37

Astrup, Holger Parlamentarischer Geschäftsführer der SPD-Landtagsfraktion (SPD)
LL
24105 Kiel, Düsternbrooker Weg 70

Baasch, Wolfgang (SPD)
Wkr 41
23552 Lübeck, Hartengrube 12

Böhrk, Gisela Ministerin für Bildung, Wissenschaft, Forschung und Kultur (SPD)
Wkr 40
24103 Kiel, Postfach 14 67

Böttcher, Matthias (Bündnis 90/Die Grünen)
LL
25335 Elmshorn, Kleiststraße 12

Dall'Asta, Prof Dr Eberhard 1. Landtagsvizepräsident (CDU)
LL
24119 Kronhagen, Lärchengrund 8

Döring, Uwe (SPD)
Wkr 16
24536 Neumünster, Jahnstraße 19

Ehlers, Claus (CDU)
Wkr 13
24802 Emkendorf-Kleinvollstedt, Zum Forellensee 11

Eichelberg, Uwe (CDU)
Wkr 37
22927 Großhansdorf, Bci den Rauhen Bergen 5

Erdslek-Rave, Ute Vorsitzende der SPD-Landtagsfraktion (SPD)
LL
24105 Kiel, Düsternbrooker Weg 70

Franzen, Ingrid (SPD)
Wkr 4
24944 Flensburg, Solitüder Bogen 12

Fröhlich, Irene Vorsitzende der Fraktion Bündnis 90/Die Grünen (Bündnis 90/Die Grünen)
LL
25813 Husum, Berliner Straße 55

Füllner, Meinhard Parlamentarischer Geschäftsführer der CDU-Landtagsfraktion (CDU)
Wkr 43
24105 Kiel, Düsterbrooker Weg 70

Geerdts, Torsten (CDU)
LL
24537 Neumünster, Am Großen Kamp 2b

Geißler, Thorsten (CDU)
LL
23558 Lübeck, Moislinger Allee 177

Gerckens, Peter (SSW)
LL
25813 Husum, Heinrich-Heine-Straße 21

Gröpel, Renate SPD)
Wkr 39
23558 Lübeck, Wendische Straße 1

Haller, Klaus (CDU)
LL
24537 Neumünster, Paul-Ehrlich-Straße 8

Happach-Kasan, Dr Christel (F.D.P.)
LL
23909 Bäk, Zur Schönen Aussicht 4

Hars, Silke (CDU)
Wkr 2
25813 Husum, Schloßgang 5

Hay, Lothar (SPD)
LL
24939 Flensburg, Moorbachwinkel 8

Heinold, Monika (Bündnis 90/Die Grünen)
LL
24616 Hardebek, Hauptstraße 30

Hentschel, Karl-Martin Parlamentarischer Geschäftsführer der Fraktion Bündnis 90/Die Grünen (Bündnis 90/Die Grünen)
LL
24226 Heikendorf, Am Steinkamp 7

Hielmcrone, von, Dr Ulf (SPD)
Wkr 3
25813 Husum, Süderstraße 14

Hinz, Dr Jürgen (SPD)
LL
22958 Kuddewörde, Sonnenberg 16

Hopp, Claus (CDU)
LL
24619 Rendswühren, Schipphorster Weg 2

Hunecke, Gudrun (CDU)
LL
24601 Wankendorf, Bockelhorner Weg 21

Jacobs, Helmut (SPD)
Wkr 26
25554 Wilster, Deichstraße 63/64

Jager, de, Jost (CDU)
LL
24340 Eckernförde, Jungfernstieg 87

Jensen-Nissen, Peter (CDU)
Wkr 7
24850 Schuby, Neukrug 3

Kähler, Ursula (SPD)
Wkr 21
24238 Wittenberger Passau, Martensrader Weg 1

Kayenburg, Martin Vorsitzender der CDU-Landtagsfraktion (CDU)
LL
25524 Itzehoe, Eichengrund 27

Klug, Dr Ekkehard Parlamentarischer Geschäftsführer
der F.D.P.-Landtagsfraktion (F.D.P.)
LL
24105 Kiel, Düsternbrooker Weg 70

Kötschau, Dr Gabriele (SPD)
LL
24960 Glücksburg, Kurparkstraße 12

Kubicki, Wolfgang Fraktionsvorsitzender der F.D.P.-
Landtagsfraktion (F.D.P.)
LL
24105 Kiel, Düsternbrooker Weg 70

Küstner, Birgit (SPD)
Wkr 45
21481 Lauenburg, Talweg 5

Lehnert, Peter (CDU)
Wkr 29
25485 Hemdingen, Röthmoor 28

Matthiessen, Detlef (Bündnis 90/Die Grünen)
LL
24367 Osterby, Dorfstraße 21

Maurus, Heinz (CDU)
Wkr 1
25980 Tinnum, Vogteiweg 29

Moser, Heide Ministerin für Arbeit, Gesundheit und
Soziales (SPD)
Wkr 35
24143 Kiel, Adolf-Westphal-Straße 4

Müller, Klaus-Dieter (SPD)
Wkr 19
24229 Strande, Arp-Schnitger-Weg 28

Nabel, Konrad (SPD)
LL
22926 Ahrensburg, Meisenweg 9 a

Neugebauer, Günter (SPD)
Wkr 12
24768 Rendsburg, Friedrich-von-Flotow-Str 3

Peters, Eva (CDU)
Wkr 10
25693 Sankt Michaelisdonn, Am Fischteich 24

Plüschau, Helmut (SPD)
Wkr 30
22880 Wedel, Tucholskystraße 3

Poppendiecker, Gerhard (SPD)
Wkr 23
23771 Heiligenhafen, Stiftstr 2

Puls, Klaus-Peter (SPD)
Wkr 38
21465 Reinbek, Parkallee 32

Rodust, Ulrike (SPD)
Wkr 11
25541 Brunsbüttel, Cuxhavener Straße 15

Röper, Ursula (CDU)
Wkr 5
24972 Quern, Scheersberg 1

Rossmann, Dr Ernst Dieter (SPD)
Wkr 28
25336 Elmshorn, Blücherstraße 18

Sager, Reinhard (CDU)
Wkr 25
23684 Gronenberg, Drägerkoppel 18

Saxe, Bernd (SPD)
Wkr 42
23552 Lübeck, Große Burgstraße 51

Schlie, Klaus (CDU)
Wkr 44
23879 Mölln, Allensteiner Ring 57

Schmitz-Hübsch, Brita (CDU)
LL
24937 Flensburg, Klaus-Groth-Straße 1

Schröder, Bernd (SPD)
Wkr 31
25421 Pinneberg, Reichenberger Straße 28

Schröder, Sabine (SPD)
Wkr 22
24238 Wittenberger Passau, Egkrog 4

Schwarz, Caroline (CDU)
Wkr 8
24837 Schleswig, Bahnhofstraße 4

Siebke, Hans (CDU)
Wkr 34
24638 Schmalensee, Dorfstraße 61

Simonis, Heide Ministerpräsidentin (SPD)
Wkr 20
24105 Kiel, Düsternbrooker Weg 70

Spoorendonk, Anke Vorsitzende des SSW im Landtag
(SSW)
LL
24955 Harrieslee, Achter de Möhl 35

3

Steincke, Berndt (CDU)
Wkr 9
25746 Heide, Moorkamp 12

Storjohann, Gero (CDU)
Wkr 33
23845 Seth, Hauptstraße 23 A

Strauß, Roswitha (CDU)
Wkr 32
25486 Alveslohe, Fischwehrstraße 22

Stritzl, Thomas (CDU)
LL
24105 Kiel, Luisenweg 6

Tengler, Frauke (CDU)
Wkr 6
24852 Eggebek, Treenering 26 a

Todsen, Herlich Marie (CDU)
Wkr 24
23714 Malente, Bruhnskoppeler Weg 7

Volquartz, Angelika (CDU)
LL
24105 Kiel, Moltkestraße 29

Vorreiter, Kläre (CDU)
LL
24232 Schönkirchen, Augustental 43

Walhorn, Frauke (SPD)
Wkr 27
25524 Oelixdorf, Horststraße 5

Weber, Jürgen (SPD)
Wkr 18
24105 Kiel, Wilhelmshavener Straße 6

Wiesen, Hans Minister für ländliche Räume, Landwirtschaft, Ernährung und Tourismus (SPD)
Wkr 15
24105 Kiel, Düsternbrooker Weg 104

Winking-Nikolay, Dr Adelheid (Bündnis 90/Die Grünen)
LL
23627 Groß Grönau, Am Fürstenhof 20

Wodarz, Friedrich-Carl (SPD)
Wkr 36
23843 Bad Oldesloe, Wolkenweher Dorfstraße 38

Zahn, Peter (SPD)
LL
23611 Sereetz, Bruhnstraße 68

3 Landtagspräsident

des 14. Schleswig-Holsteinischen Landtages

Aufgaben:
Der Präsident führt die Geschäfte des Landtages, vertritt das Land in allen Rechtsgeschäften und Rechtsstreitigkeiten des Landtages und stellt den Entwurf des Haushaltsplans des Landtages fest. Er wahrt die Würde und die Rechte des Landtages, fördert seine Arbeiten und leitet die Verhandlungen gerecht und unparteiisch.

Der Präsident übt das Hausrecht und die Ordnungsgewalt im Landtag aus. Ohne seine Zustimmung darf in den Räumen des Landtages eine Untersuchung oder Beschlagnahme nicht vorgenommen werden. Die Ordnungsgewalt gilt auch gegenüber den Mitgliedern der Landesregierung und deren Beauftragten.
Der Präsident ist die oberste Dienstbehörde aller Beamten, Angestellten und Arbeiter des Landtages. Ihm steht die Einstellung und Entlassung der Angestellten und Arbeiter sowie im Benehmen mit dem Ältestenrat die Ernennung, Entlassung und Zurruhesetzung der Beamten des Landtages nach den bestehenden Rechts- und Verwaltungsvorschriften zu. Bestimmte Entscheidungen trifft der Präsident im Benehmen mit dem Ältestenrat.
Die Landtagsverwaltung untersteht dem Präsidenten. In den Sitzungen des Landtages bilden der amtierende Präsident und die amtierenden Schriftführer das Sitzungspräsidium.
Die Schriftführer unterstützen den Präsidenten. Im besonderen führen sie die Rednerliste, überwachen die Einhaltung der Redezeiten, nehmen den Namensaufruf vor, sammeln und zählen die Stimmen und beurkunden die Verhandlungen.

Präsident des Landtags: Heinz-Werner Arens (SPD)
1. Vizepräsident: Prof Dr Eberhard Dall'Asta (CDU)
2. Vizepräsidentin: Dr Gabriele Kötschau (SPD)
Schriftführerinnen: Renate Gröpel (SPD); Roswitha Strauß (CDU)
Stellvertretende Schriftführer: Friedrich-Carl Wodarz (SPD); Frauke Tengler (CDU)

4 Ältestenrat

des 14. Schleswig-Holsteinischen Landtages

Zusammensetzung und Aufgabenkreis:
Der Ältestenrat besteht aus dem Präsidenten, den Vizepräsidenten sowie je einem Vertreter oder einer Vertreterin der im Landtag vorhandenen Fraktionen.
Der Ältestenrat hat den Präsidenten bei der Führung der Geschäfte zu unterstützen, im besonderen eine Verständigung zwischen den Fraktionen über den Arbeitsplan des Landtages und über die Besetzung der Stellen der Ausschußvorsitzenden sowie ihrer Stellvertreter herbeizuführen. Außerdem muß der Präsident bei bestimmten ihm obliegenden Entscheidungen das Benehmen mit dem Ältestenrat herstellen.

Präsident: Heinz-Werner Arens (SPD)
1. Vizepräsident: Prof Dr Eberhard Dall'Asta (CDU)
2. Vizepräsidentin: Dr Gabriele Kötschau (SPD)
Weitere Mitglieder: Ute Erdsiek-Rave (SPD); Martin Kayenburg (CDU); Irene Fröhlich (Bündnis 90/Die Grünen); Wolfgang Kubicki (F.D.P.); Anke Spoorendonk (SSW)

5 Fraktionen

im 14. Schleswig-Holsteinischen Landtag

Abgeordnete derselben Partei können sich zu einer Fraktion zusammenschließen. Die zur Bildung einer Fraktion notwendige Mitgliederzahl ist in der Geschäftsordnung des Landtages auf 4 Abgeordnete festgelegt worden. Abgeordneten der nationalen dänischen Minderheit stehen die Rechte einer Fraktion zu. Die Bildung einer Fraktion, die Namen ihrer oder ihres Vorsitzenden und der Mitglieder sind dem Präsidenten schriftlich mitzuteilen. Jede oder jeder Abgeordnete kann nur einer Fraktion angehören. Abgeordnete, die keiner Fraktion angehören, können sich als ständige Gäste einer Fraktion mit deren Zustimmung anschließen.

SPD-Fraktion
24105 Kiel, Landeshaus, Düsternbrooker Weg 70; Tel (04 31) 9 88-13 12; Fax (04 31) 9 88-13 13
Fraktionsvorsitzende: Ute Erdsiek-Rave
Stellvertretende Fraktionsvorsitzende: Ursula Kähler; Konrad Nabel; Dr Ernst Dieter Rossmann
Parlamentarischer Geschäftsführer: Holger Astrup
Beisitzer: Ingrid Franzen; Günter Neugebauer; Klaus-Peter Puls; Ulrike Rodust; Bernhard Saxe; Sabine Schröder; Dr Jürgen Hinz

CDU-Fraktion
24105 Kiel, Landeshaus, Düsternbrooker Weg 70; Tel (04 31) 9 88-14 20 und 9 88-14 18; Fax (04 31) 9 88-14 04
Fraktionsvorsitzender und Oppositionsführer: Martin Kayenburg
Stellvertretende Fraktionsvorsitzende: Thorsten Geißler; Ursula Röper
Parlamentarischer Geschäftsführer: Meinhard Füllner
Beisitzer: Claus Ehlers; Torsten Geerdts; Eva Peters; Reinhard Sager

Fraktion Bündnis 90/Die Grünen
24105 Kiel, Landeshaus, Düsternbrooker Weg 70; Tel (04 31) 9 88-15 00; Fax (04 31) 9 88-15 01 und 9 88-15 02
Fraktionsvorsitzende: Irene Fröhlich
Stellvertretende Fraktionsvorsitzende: Monika Heinold
Parlamentarischer Geschäftsführer: Karl-Martin Hentschel

F.D.P.-Fraktion
24105 Kiel, Landeshaus, Düsternbrooker Weg 70; Tel (04 31) 9 88-14 84 und 9 88-14 88; Fax (04 31) 9 88-14 97
Fraktionsvorsitzender: Wolfgang Kubicki
Stellvertretende Fraktionsvorsitzende: Dr Christel Happach-Kasan
Parlamentarischer Geschäftsführer: Dr Ekkehard Klug

SSW (Südschleswigscher Wählerverband)
24939 Flensburg, Norderstr 74; Tel (04 61) 2 15 14; Fax (04 61) 2 25 14
Den Vertretern des SSW im Schleswig-Holsteinischen Landtag der 14. Wahlperiode, den Abgeordneten Anke Spoorendonk und Peter Gerckens, sind die Rechte einer Fraktion verliehen worden.
Vorsitzende des SSW im Landtag: Anke Spoorendonk

6 Ständige Ausschüsse

des 14. Schleswig-Holsteinischen Landtages

Zusammensetzung und Aufgabenkreis:
Die ständigen Ausschüsse haben 11 Mitglieder (Eingabenausschuß 13 Mitglieder). Die Zusammensetzung der ständigen Ausschüsse ist im Verhältnis der Stärke der einzelnen Fraktionen vorzunehmen. Die Fraktionen, die bei der Sitzverteilung unberücksichtigt bleiben, erhalten einen Sitz in jedem Ausschuß, wenn ihre Partei bei der Landtagswahl 5 vom Hundert der gültigen Stimmen erreicht hat.

Über die Zuteilung nicht verteilbarer Sitze entscheidet das vom Präsidenten zu ziehende Los. Die Regelung des Vorsitzes in den ständigen Ausschüssen erfolgt im Wege des Zugriffsverfahrens nach Maßgabe des Stärkeverhältnisses der Fraktionen.

Die Fraktionen benennen durch Erklärung gegenüber dem Präsidenten die von ihnen zu stellenden Ausschußmitglieder und eine gleiche Anzahl Stellvertreter. Im Bedarfsfall können die Fraktionen durch Erklärung gegenüber den Ausschußvorsitzenden weitere Stellvertreter für die Vertretung in einzelnen Ausschußsitzungen benennen.

Für jedes Mitglied eines Untersuchungsausschusses ist ein bestimmter Stellvertreter zu benennen. Ist ein Mitglied eines Untersuchungsausschusses verhindert, so ist seine Vertretung nur durch den benannten Vertreter zulässig.

Der Präsident gibt dem Landtag die Mitglieder, die Vorsitzenden und die stellvertretenden Vorsitzenden der Ausschüsse bekannt. Die Ausschüsse arbeiten im Rahmen der ihnen vom Landtag erteilten Aufträge. Sie können sich auch unabhängig von Aufträgen mit Angelegenheiten aus ihrem Aufgabenkreis befassen und hierzu dem Landtag Empfehlungen geben. Wird eine Vorlage oder ein Antrag zugleich mehreren Ausschüssen überwiesen, so ist ein Ausschuß als federführend zu bestimmen. Die beteiligten Ausschüsse beraten getrennt und teilen das Ergebnis ihrer Beratungen dem federführenden Ausschuß mit. Der federführende Ausschuß kann gemeinsame Beratungen anberaumen. Bei einer gemeinsamen Beratung sind nur die Mitglieder des federführenden Ausschusses stimmberechtigt.

Die Ausschüsse sind zu baldiger Erledigung der ihnen erteilten Aufträge verpflichtet. Sie haben im Rahmen der ihnen erteilten Aufträge das Recht und die Pflicht, dem Landtag bestimmte Beschlüsse zu empfehlen. Die Sitzungen der Ausschüsse sind in der Regel öffentlich.

Innen- und Rechtsausschuß
Vorsitzender: Heinz Maurus (CDU)
Stellvertretende Vorsitzende: Ursula Kähler (SPD)
Weitere Mitglieder: (4 SPD, 3 CDU, 1 F.D.P., 1 Bündnis 90/Die Grünen)

Finanzausschuß
Vorsitzender: Lothar Hay (SPD)

5

Stellvertretende Vorsitzende: Eva Peters (CDU)
Weitere Mitglieder: (4 SPD, 3 CDU, 1 Bündnis 90/Die Grünen, 1 F.D.P.)

Arbeitsgruppe „Haushaltsprüfung" des Finanzausschusses
Vorsitzender: Lothar Hay (SPD)
Weitere Mitglieder: (1 SPD, 1 CDU, 1 Bündnis 90/Die Grünen, 1 F.D.P.)

Bildungsausschuß
Vorsitzender: Dr Ulf von Hielcrome (SPD)
Stellvertretende Vorsitzende: Caroline Schwarz (CDU)
Weitere Mitglieder: (4 SPD, 3 CDU, 1 Bündnis 90/Die Grünen, 1 F.D.P.)

Agrarausschuß
Vorsitzender: Claus Hopp (CDU)
Stellvertretender Vorsitzender: Friedrich-Carl Wodarz (SPD)
Weitere Mitglieder: (4 SPD, 3 CDU, 1 Bündnis 90/Die Grünen, 1 F.D.P.)

Umweltausschuß
Vorsitzende: Frauke Tengler (CDU)
Stellvertretender Vorsitzender: Helmut Jacobs (SPD)
Weitere Mitglieder: (4 SPD, 3 CDU, 1 Bündnis 90/Die Grünen, 1 F.D.P.)

Wirtschaftsausschuß
Vorsitzende: Brita Schmitz-Hübsch (CDU)
Stellvertretender Vorsitzender: Klaus-Dieter Müller (SPD)
Weitere Mitglieder: (4 SPD, 3 CDU, 1 Bündnis 90/Die Grünen, 1 F.D.P.)

Sozialausschuß
Vorsitzende: Frauke Walhorn (SPD)
Stellvertretende Vorsitzende: Gudrun Hunecke (CDU)
Weitere Mitglieder: (4 SPD, 3 CDU, 1 Bündnis 90/Die Grünen, 1 F.D.P.)

Eingabenausschuß
Vorsitzender: Gerhard Poppendiecker (SPD)
Stellvertretende Vorsitzende: Silke Hars (CDU)
Weitere Mitglieder: (5 SPD, 4 CDU, 1 Bündnis 90/Die Grünen, 1 F.D.P.)

Europaausschuß
Vorsitzender: Uwe Döring (SPD)
Stellvertretender Vorsitzender: Thorsten Geißler (CDU)
Weitere Mitglieder: (4 SPD, 3 CDU, 1 Bündnis 90/Die Grünen, 1 F.D.P.)

Enquetekommission „Chancen und Risiken der Gentechnologie"
Vorsitzender: Jürgen Weber (SPD)
Stellvertretender Vorsitzender: Dr Christian Jung (CDU)

Der Dienst- und Fachaufsicht des Präsidenten des Schleswig-Holsteinischen Landtages unterstehen:

7 Verwaltung

des Schleswig-Holsteinischen Landtages

24105 Kiel, Landeshaus, Düsternbrooker Weg 70; Tel (04 31) 9 88-0; Fax (04 31) 9 88-11 84 (Präsidialbüro)

Landtagspräsident: Heinz-Werner Arens
Büro des Landtagspräsidenten: Uwe Grieger Ang
Direktor des Landtages: Dr Jürgen Schöning

LPB/LP PR: **Persönlicher Referent des Landtagspräsidenten; Ehrenpreise und Schirmherrschaften des Präsidenten; Ordensangelegenheiten; Verfügungsmittel des Landtagspräsidenten** Uwe Grieger Ang
LPS: **Protokollchef; Zusammenarbeit mit den diplomatischen und konsularischen Vertretungen; Auslandsreisen von Landtagsdelegationen; Beziehungen zu den Ostseeanrainern und den nordischen Staaten (mit L 320); Verbindung zum Patenschiff „Gorch Fock"; Kieler Woche** Jörg Alter MinR

Abt 1 - L 1 Parlamentsdienst und Verwaltung
Leiterin: Margot Simonsmeier-Schriewer MinDirigentin

Ref L 100: **Vorbereitung der Landtagssitzungen; Geschäftsordnungsmäßige Behandlung von Parlamentsvorlagen; Redaktionelle Behandlung und Drucklegung der Landtagsdrucksachen; Initiativen aus dem Volk, Volksbegehren und Volksentscheid gemäß Artikel 41 und 42 LV; Geschäftsführung für die Hilfskasse der Abgeordneten; Geschäftsführung für den Ältestenrat; Geschäftsführung für die Diätenkommission gemäß § 28 SH AbgG; Bericht des Landtagspräsidenten über die Angemessenheit der Entschädigung und der Aufwandsentschädigung der Abgeordneten gemäß § 28 SH AbgG; Koordinierung und Umsetzung von Modernisierungsvorhaben der Verwaltung; Automationsreferentin** Simonsmeier-Schriewer MinDirigentin
Ref L 1001: **Informationsbeauftragter; Programmtechnische Betreuung (LIS-SH, OPAL-SH, Abgeordneten-Datei, DFÜ-Zugriffe, ADAK-Verbund); IT-Leitstelle** Engel OAR
Ref L 110: **Personalreferent; Organisationsreferent; Personalplanung/-statistik; Personalhaushalt; Fortbildungsmaßnahmen; Personalangelegenheiten der Mitarbeiterinnen und Mitarbeiter der Abgeordneten gemäß § 9 Abs 3 und 4 SH AbgG** Alter MinR
Ref L 120: **Beauftragter für den Haushalt; Referent des Inneren Dienstes; Diäten- und Versorgungsrecht der Abgeordneten; Sicherheitsangelegenheiten der Abgeordneten und der Dienstgebäude des Landtages; Hausverwaltung, Bauangelegenheiten, Kantinenverwaltung; Beschaffungswesen; Prüfungsmitteilungen des Landesrechnungshofes; Fraktionsmittel; Zentralregistratur** Wentz

Referatsgruppe L 13 „Stenographischer Dienst und Ausschußdienst"; Vorläufiger Stenographischer Be-

6

richt und Plenarprotokoll, Drucklegung; Ausschuß-büro für die Landtagsausschüsse (ohne Eingaben-ausschuß); Ausbildung der Nachwuchskräfte des Stenographischen Dienstes und Aussschußdienstes
Leiter: Neil MinR

Ref L 130: Geschäfts- und Protokollführung für den Wirtschaftsausschuß und für den Parlamentari-schen Einigungsausschuß; Geschäfts- und Proto-kollführung für die Parlamentarische Kontrollkom-mission, für die Kommission nach dem Gesetz zu Art 10 GG, das Gremium nach dem Gesetz zu Art 10 GG; Geheimschutzbeauftragter Neil MinR
Ref L 131: Geschäfts- und Protokollführung für den Umweltausschuß Burdinski RDir
Ref L 132: Geschäfts- und Protokollführung für den Agrarausschuß; Geschäfts- und Protokollführung für den Europaausschuß Dr Haaß RDirektorin
Ref L 133: Geschäfts- und Protokollführung für den Finanzausschuß und für die Arbeitsgruppe „Haus-haltsführung" des Finanzausschusses; Protokollfüh-rung für den Ältestenrat Breitkopf MinR
Ref L 134: Geschäfts- und Protokollführung für den Innen- und Rechtsausschuß Tschanter RRätin z A
Ref L 135: Geschäfts- und Protokollführung für den Bildungsausschuß; Geschäfts- und Protokollfüh-rung für den Sozialausschuß; Protokollführung für die Diätenkommission gemäß § 28 SH AbgG; Ein-führung von Besuchergruppen in die Arbeit des Ste-nographischen Dienstes und Ausschußdienstes (mit L 310) Schmidt RR z A
Ref L 140: Geschäfts- und Protokollführung für den Ausschuß für Bürgerinitiativen und andere Einga-ben (Eingabenausschuß); Anhörung zu Initiativen aus dem Volk, Volksbegehren und Volksentscheid gemäß Artikel 41 und 42 LV Brüggensiecker RDir
Ref L 150: Fachliche Begleitung des Europaaus-schusses Grieger Ang

Abt 2 - L 2 Wissenschaftlicher Dienst, Gesetzge-bungsdienst, Justitiariat
Leiter: Dr Horst Wuttke LtdMinR

Ref L 210: Rechtliche Beratung der Fraktionen, der Abgeordneten sowie der Ausschüsse, insbesondere des Eingabenausschusses und des Sozialausschus-ses; Rechtsangelegenheiten des Landtages und sei-ner Verwaltung (Justitiariat) Dr Waack MinR
Ref L 220: Rechtliche Beratung der Fraktionen, der Abgeordneten sowie der Ausschüsse, insbesondere des Finanzausschusses und des Agrarausschusses; Rechtsangelegenheiten des Landtages und seiner Verwaltung (Justitiariat) Fensch MinR
Ref L 230: Rechtliche Beratung der Fraktionen, der Abgeordneten sowie der Ausschüsse, insbesondere des Innen- und Rechtsausschusses sowie des Um-weltausschusses; Immunitätsangelegenheiten; Mit-wirkung bei Stellungnahmen zu Verfassungsstreitig-keiten Dr Wuttke LtdMinR
Ref L 240: Rechtliche und politologische Beratung der Fraktionen, der Abgeordneten und der Aus-schüsse, insbesondere des Wirtschaftsausschusses und des Bildungsausschusses; EDV-Auskunfts-

system (LIS-SH) für Plenum, Drucksachen, Aus-schüsse; Auskunftserteilung aus externen Daten-banken: Juristisches Informationssystem (JURIS), Zentrales Dokumentationssystem im Presse- und In-formationsamt der Bundesregierung (BPA-DOK), Parlamentsspiegel, Dokumentations- und Informa-tionssystem für Parlamentarische Vorgänge von Be-deutung und Bundesrat (DIP-KAD), Datenbank des schleswig-holsteinischen Landesrechts, Informati-onssystem der Bürgerschaft der Freien und Hanse-stadt Hamburg (BIS-HH), Datenbank der Deut-schen Bibliothek (BIBLIO-DATA), Bildschirmtext (BTX), Datenbank der Deutschen Presse-Agentur (dpa), Europäisches Gemeinschaftsrecht (CELEX), Informations- und Dokumentationssystem Umwelt (UMPLIS); Archiv; Abgeordnetendatei; Gesetzes-dokumentation, Sachakten und Archiv; Bibliothek Hübner Ang

Abt 3 - L 3 Pressestelle und Öffentlichkeitsarbeit
Leiter: Dr Joachim Köhler

Ref L 300: Unterrichtung von Presse, Rundfunk und Fernsehen über die Arbeit des Landtages und seiner Ausschüsse; Landtagsforen; Kunstausstellungen; Zeitschrift DER LANDTAG; Pressespiegel; Auswer-tung von Presse, Rundfunk und Fernsehen; Multi-mediales Präsentationssystem Dr Köhler Sprecher des Landtages
Ref L 310: Vorbereitung von Reden, Grußworten und Veröffentlichungen; Politische Bildungsarbeit; Gestaltung von Informations- und Anschauungsma-terial, Publikationen Volquartz Ang
Ref L 320: Minderheitenfragen; Geschäftsführung für das Gremium für Fragen der friesischen Bevöl-kerungsgruppe in Schleswig-Holstein; Geschäfts-führung für den Beirat Niederdeutsch; Beziehungen zu den Ostseeanrainern und den nordischen Län-dern (mit LPS); Geschäftsführung für das Gremium für Fragen der deutschen Minderheit in Nordschles-wig; Europaangelegenheiten Grieger Ang

8 Der Landesbeauftragte für den Datenschutz

bei dem Präsidenten des Schleswig-Holsteinischen Landtages

24105 Kiel, Düsternbrooker Weg 82;
Tel (04 31) 9 88-12 00; Fax (04 31) 9 88-12 23;
Telex 29 26 33; email ldsh@netzservice.de

Staatsrechtliche Grundlage und Aufgabenkreis:
Schleswig-Holsteinisches Gesetz zum Schutz perso-nenbezogener Informationen (Landesdatenschutz-gesetz – LDSG) vom 30. Oktober 1991 (GVOBl Schl-H Seite 555).
Der Landesbeauftragte für den Datenschutz überwacht die Einhaltung der Vorschriften dieses Gesetzes sowie anderer Vorschriften über den Datenschutz bei den öf-fentlichen Stellen, auf die dieses Gesetz Anwendung findet. Die Gerichte und der Landesrechnungshof un-terliegen der Kontrolle, soweit sie nicht in richterlicher

7

Unabhängigkeit tätig werden. Er berät die obersten Landesbehörden sowie die sonstigen öffentlichen Stellen in Fragen des Datenschutzes und der damit zusammenhängenden Datenverarbeitungstechniken sowie deren Sozialverträglichkeit. Zu diesem Zweck kann er Empfehlungen zur Verbesserung des Datenschutzes geben.

Auf Anforderung des Landtages, des Eingabenausschusses des Landtages oder einer obersten Landesbehörde soll der Landesbeauftragte für den Datenschutz ferner Hinweisen auf Angelegenheiten und Vorgänge, die seinen Aufgabenbereich unmittelbar betreffen, nachgehen. Der Landesbeauftragte für den Datenschutz kann sich jederzeit an den Landtag wenden.

Auf Anforderung des Landtages, einzelner Fraktionen des Landtages oder der Landesregierung hat der Landesbeauftragte für den Datenschutz Gutachten zu erstellen und Berichte zu erstatten. Außerdem legt er dem Landtag jährlich einen Bericht über seine Tätigkeit vor. Der Landesbeauftragte ist in Ausübung seiner Aufgaben nach dem Landesdatenschutzgesetz unabhängig und nur dem Gesetz unterworfen.

Jeder Bürger hat das Recht, sich unmittelbar an den Landesbeauftragten für den Datenschutz zu wenden, wenn er geltend macht, bei der Verarbeitung seiner personenbezogenen Daten durch eine der Kontrolle des Landesbeauftragten unterliegenden Stelle in seinen Rechten verletzt zu sein. Dies gilt auch für Beschäftigte der Behörden und sonstigen öffentlichen Stellen, ohne daß der Dienstweg einzuhalten ist.

Landesbeauftragter: Dr Helmut Bäumler MinDirig

Ref LD 1: **Grundsatzfragen des Datenschutzes; Vorbereitung der Sitzungen der Konferenz der Datenschutzbeauftragten; Haushalt, Beschaffung; Allgemeine Verwaltungsangelegenheiten der Dienststelle; Personalangelegenheiten; Betreuung der Datenschutzakademie** Dr Bäumler MinDirig

Ref LD 2: **Datenschutz im Bereich des Personal-, Wahl-, Melde-, Ausweis-, Kataster-, Ausländer-, Kommunal-, Gewerbe-, Bau- und Wirtschaftswesens; Datenschutz im Bereich der Parlamentsverwaltung; Datenschutz im Bereich der Landwirtschaftsverwaltung, des Statistik-, Verkehrs-, Umweltschutz-, Planungs-, Zivil- und Katastrophenschutzwesens und im Kultusbereich sowie in Bereichen, für die keine andere Zuständigkeit festgelegt ist; fachübergreifende Fragen der Wissenschaft und der Forschung** Beilecke MinR

Ref LD 3: **Datenschutz im Bereich der Steuerverwaltung sowie innerhalb der Dienststelle des Landesbeauftragten; Grundsatzfragen der Datensicherung und der ordnungsgemäßen Anwendung der DV-Programme (§§ 7, 8 LDSG); Prüfung von Rechenzentren; Prüfung von Behörden, soweit Fragen der automatisierten Datenverarbeitung berührt sind; Mitwirkung bei der Erstellung von Gutachten; EDV-Einsatz der Dienststelle** Jürgens ORR

Ref LD 31: **Neue Medien und Informationstechniken; Medienrecht; Technikfolgenabschätzung; Führung und Veröffentlichung der Dateienübersicht (§ 24 LDSG)** Köhntopp Ang

Ref LD 4: **Datenschutz im sozial- und medizinischen Bereich** Neumann MinR
Ref LD 5: **Internationales Datenschutzrecht; Datenschutz im Polizei- und Verfassungsschutzbereich** Dr Rublack RRätin
Ref LD 51: **Datenschutz im Justizbereich** Gundermann Ang

9 Die Bürgerbeauftragte für soziale Angelegenheiten des Landes Schleswig-Holstein

bei dem Präsidenten des Schleswig-Holsteinischen Landtages

24105 Kiel, Adolfstr 48; Tel (04 31) 9 88-12 40; Fax (04 31) 9 88-12 39

Leiterin: Sigrid Warnicke MinDirigentin

Ref B 1: **Grundsatzfragen; Vorbereitung des Tätigkeitsberichtes; Haushaltsangelegenheiten; Innerer Dienstbetrieb** Bertelson OAR
Ref B 2: **Sozialhilfe; Soziale Pflegeversicherung; Kinder- und Jugendhilfe, Förderung von Kindern und Jugendlichen, Schulangelegenheiten; Allgemeine Altenhilfe und sonstige Angelegenheiten alter Menschen; Soziale Angelegenheiten im Bereich der Betreuung Volljähriger und des Heimrechts; Befreiung von der Rundfunkgebührenpflicht; Sonstige soziale Angelegenheiten im Zuständigkeitsbereich der kommunalen Selbstverwaltung** Linsker Ang
Ref B 3: **Arbeitsförderung; Behinderten- und Schwerbehindertenrecht; Versorgung und Fürsorge im sozialen Entschädigungsrecht; Wohngeld; Ausbildungsförderung, Erziehungsgeld, Kindergeld, Unterhaltsvorschuß, Landesblindengeld; Sonstige soziale Angelegenheiten im Zuständigkeitsbereich des Landes** Riedel Ang
Ref B 4: **Gesetzliche Krankenversicherung; Soziale Pflegeversicherung; Arbeiterrentenversicherung, Angestelltenversicherung, Handwerkerversicherung; Künstlersozialversicherung, Sozialversicherung der Seeleute, Sozialversicherung der Landwirte; Gesetzliche Unfallversicherung; Zusatzversorgung des öffentlichen Dienstes, Beihilfen im öffentlichen Dienst** Sievers AR

b Die Landesregierung Schleswig-Holstein

Ministerpräsidentin: Heide Simonis

Stellvertreter der Ministerpräsidentin: Rainder Steenblock

Chef der Staatskanzlei: Klaus Gärtner

Minister für Justiz, Bundes- und Europaangelegenheiten: Gerd Walter

Ministerin für Bildung, Wissenschaft, Forschung und Kultur: Gisela Böhrk

Innenminister: Dr Ekkehard Wienholtz

Ministerin für Frauen, Jugend, Wohnungs- und Städtebau: Angelika Birk

Minister für Finanzen und Energie: Claus Möller

Minister für Wirtschaft, Technologie und Verkehr: Peer Steinbrück

Minister für ländliche Räume, Landwirtschaft, Ernährung und Tourismus: Hans Wiesen

Ministerin für Arbeit, Gesundheit und Soziales: Heide Moser

Minister für Umwelt, Natur und Forsten: Rainder Steenblock

c Die Landesbehörden

Die Reihenfolge der obersten Landesbehörden stimmt im wesentlichen mit der Gemeinsamen Geschäftsordnung der Ministerien des Landes Schleswig-Holstein überein; sie richtet sich beim Landesrechnungshof nach § 5 LVwG (Landesverwaltungsgesetz) in der Fassung vom 2. Juni 1992 (GVOBl Schl-H Seite 243), zuletzt geändert durch Gesetz vom 12. Dezember 1995 (GVOBl Schl-H Seite 484).

Nach dem Landesverwaltungsgesetz werden die Landesbehörden nach obersten Landesbehörden, Landesoberbehörden und unteren Landesbehörden unterschieden.

Oberste Landesbehörden sind
– die Landesregierung,
– die Ministerpräsidentin oder der Ministerpräsident,
– die Ministerien und
– der Landesrechnungshof.

Soweit die Landtagspräsidentin oder der Landtagspräsident öffentlich-rechtliche Verwaltungstätigkeit ausübt, ist auch sie bzw er oberste Landesbehörde.

Zur Entlastung der obersten Landesbehörden von Verwaltungsarbeit können Ämter gebildet werden, die mit einer gewissen Selbständigkeit ausgestattet sind, aber Bestandteile der obersten Landesbehörden bleiben. Diese Ämter müssen aus ihrer Behördenbezeichnung die oberste Landesbehörde erkennen lassen, der sie zugeordnet sind.

Landesoberbehörden sind Landesbehörden, die einer obersten Landesbehörde unterstehen und deren Zuständigkeit sich auf das ganze Land erstreckt, soweit sie nicht nach einer Rechtsvorschrift untere Landesbehörden sind.

Landesoberbehörden sollen als Landesamt bezeichnet werden.

Untere Landesbehörden sind Landesbehörden, die
– einer Landesoberbehörde unterstehen,
– unmittelbar einer obersten Landebehörde unterstehen und deren Zuständigkeit sich auf einen Teil des Landes beschränkt oder
– nach einer Rechtsvorschrift ausdrücklich untere Landesbehörde sind.

I Ministerpräsidentin des Landes Schleswig-Holstein

24105 Kiel, Landeshaus, Düsterbrooker Weg 70;
Tel (04 31) 9 88-19 60; Fax (04 31) 5 96-24 85, 24 23;
Telex 0 29 98 71

Aufgabenkreis:
Die Ministerpräsidentin bestimmt gemäß Art 29 Abs 1 Landesverfassung die Richtlinien der Regierungspolitik und trägt dafür die Verantwortung. Sie führt den Vorsitz in der Landesregierung und leitet ihre Geschäfte.

Ministerpräsidentin: Heide Simonis
Leiter des Büros der Ministerpräsidentin: Dr Knud Büchmann RDir
Verbindungsreferent zu Verbänden, Gewerkschaften und Parteien: Stefan Musiolik Ang
Regierungssprecher: Gerhard Hildenbrand Ang
Landesbeauftragter für Menschen mit Behinderungen: Ulrich Hase
Grenzlandbeauftragter der Ministerpräsidentin/ Beauftragter für Niederdeutsch: Kurt Schulz

Der Ministerpräsidentin unmittelbar unterstellt:

1 Staatskanzlei

24105 Kiel, Landeshaus, Düsternbrooker Weg 70;
Tel (04 31) 9 88-0; Fax (04 31) 9 88-19 69;
Telex 02 99 871

Aufgabenkreis:
Die Staatskanzlei ist die der Ministerpräsidentin oder dem Ministerpräsidenten zur Erledigung ihrer bzw seiner Dienstgeschäfte unmittelbar zur Verfügung stehende Dienststelle. Ihr obliegen im besonderen
– die Erarbeitung der Grundlagen für die Richtlinien der Regierungspolitik,
– die Koordinierung der Tätigkeit der Ministerien in der Landes- und Bundesgesetzgebung und in der mittel- und langfristigen Planung,
– die Vorbereitung der Entscheidungen der Ministerpräsidentin nach Art 31 der Verfassung des Landes Schleswig-Holstein,
– die Behandlung der Minderheiten- und Grenzlandfragen.

Chef der Staatskanzlei: Klaus Gärtner Staatssekretär

Stabsstelle bei der Ministerpräsidentin für Auswärtige Angelegenheiten und Protokoll
Leiterin: Gisela Morel-Tiemann

MPS 1: **Veranstaltungen und Staatsbesuche** Friedemann ORRätin
MPS 2: **Orden und Ehrenzeichen, schleswig-holsteinisches Musikfestival** Schümann OAR
MPS 3: **Minderheitenfragen, Verfügungsfonds** Hansen MinR

Abt StK 1 Allgemeine Verwaltung, Medien, Modernisierung
Leiter: Johannes Sandmann MinR

Ref StK 100: **Personalangelegenheiten nach Art 31 Landesverfassung; Vorsitz in der PRK** Sandmann MinR
Ref StK 101: **Dienstrechtliche Grundsatzangelegenheiten, Ressortübergreifende Planung von Ressortstrukturen, Geschäftsführung der PRK** Richter OARätin
Ref StK 102: **Dienstrechtsreform** Carstensen RRätin z A
Ref StK 110: **Haushalt, Innerer Dienst** Dietze OAR
Ref StK 120: **Personalangelegenheiten der Staatskanzlei** Fiß ORRätin
Ref StK 130: **Medienpolitik, Medienrecht, Medienwirtschaft** Knothe RDir
Ref StK 131: **Rundfunk- und Übertragungstechnik, Rundfunkfinanzen** Bialek ORR
Ref StK 132: **Europäische Medienangelegenheiten** Bashayan RR
Ref StK 140: **Organisation der Staatskanzlei, ressortübergreifende Planung von Organisationsstrukturen, Geschäftsverteilung der Landesregierung, Informations- und Technologie-Angelegenheiten** Jensen RDir
Ref StK 150: **Modernisierung der Verwaltung (Koordination)** Dr Schmidt-Elsaeßer RDir
Ref StK 151: **Modernisierung im Bereich Haushalt/ Finanzen** Tüxen OAR
Ref StK 152: **Personalentwicklung** Unger
Ref StK ZPL: **Zentrale Projektleitung, Aufgabenanalyse und Aufgabenkritik** Sebelin RDir
ID: **Informations- und Dokumentationsstelle ,,Sekten und sektenähnliche Vereinigungen"** Dr Bartels Ang

Abt StK 2 Ressortkoordinierung, Planung
Leiter: Dr Bernd Rohwer Ang

Ref StK 200: **Kabinettsangelegenheiten, Staatssekretärbesprechungen, Verbindung zum Landtag, Arbeitsprogramm der Landesregierung, gemeinsame Kabinettsitzungen mit der Freien und Hansestadt Hamburg** Dr Hasenritter MinR
Ref StK 201: **Protokoll der Kabinett- und Staatssekretärsitzungen** Koszinski OAR
Ref StK 202: **Angelegenheiten des Ministers für Wirtschaft, Technologie und Verkehr** Ehlers OARätin
Ref StK 210: **Angelegenheiten aus dem Geschäftsbereich des Innenministeriums und des Ministeriums für Justiz, Bundes- und Europaangelegenheiten, Gnadensachen, Verfahren vor dem Bundesverfassungsgericht, Wohnungs- und Städtebau** Wollny MinR
Ref StK 220: **Angelegenheiten aus dem Geschäftsbereich des Ministeriums für Finanzen und Energie, Grundsatzfragen der Beteiligung des Landes an Institutionen** Dr Gerwien MinR
Ref StK 230: **Bund/Länder-Angelegenheiten, Ministerpräsidentenkonferenz, Staatsverträge und Abkommen, Bundesrat und Bundestag, Konferenz Norddeutschland, Verbindung zum Ministerium für Justiz, Bundes- und Europaangelegenheiten (ohne Justiz)** Hoppe Ang

11

Ref StK 240: **Angelegenheiten aus dem Geschäftsbereich des Ministeriums für ländliche Räume, Landwirtschaft, Ernährung und Tourismus; Naturschutz und Forsten** Zacher RLandwDir

Ref StK 241: **Angelegenheiten aus dem Geschäftsbereich des Ministeriums für Umwelt, Natur und Forsten (ohne Naturschutz und Forsten)** Thee OAR

Ref StK 250: **Angelegenheiten aus dem Geschäftsbereich des Ministeriums für Arbeit, Gesundheit und Soziales; Energie** Ufer MinR

Ref StK 260: **Angelegenheiten aus dem Geschäftsbereich der Ministerin für Frauen, Jugend, Wohnungs- und Städtebau (ohne Wohnungs- und Städtebau) und der Ministerin für Bildung, Wissenschaft, Forschung und Kultur** Mohr MinR

Ref StK 270: **Planung und Controlling, Publikationen, Gutachten, Koordinierung externer Beratung, Veranstaltungen zu Schwerpunktaufgaben** Badekow Ang

Ref StK 271: **Schwerpunktthemen: „Arbeitsmarkt- und Beschäftigungspolitik"; „Reform des Sozialstaates"** Muckli Angestellte

Ref StK 272: **Schwerpunktthemen: „Gesellschaftlicher Wandel und soziale Integration"; „Wirtschaftspolitik und Regionale Entwicklung"** von Homeyer

Abt StK 3 Landesplanung
Leiter: Dr Claus Kühl MinDirig

Ref StK 300: **Grundsatzangelegenheiten der Raumordnung und Landesplanung, Raumordnungsbericht, Landesraumordnungsplan, LEG-Angelegenheiten; Geschäftsführung Landesplanungsrat** Püstow Ang

Ref StK 310: **Rechtsangelegenheiten bei Raumordnungsverfahren und raumordnerischen Umweltverträglichkeitsprüfungen** Schlick ORR

Ref StK 311: **Planungsangelegenheiten zu Sonder- und Gewerbegebieten, Regionalreferentin für den Planungsraum IV** Ninnemann OARätin

Ref StK 320: **Kreisentwicklungsplanung, raumbezogene Abstimmung militärischer und ziviler Belange, Ministerkonferenz für Raumordnung** Boigs MinR

Ref StK 330: **Bevölkerungs- und Arbeitsplatzentwicklung, statistische Planungsgrundlagen, Wirtschafts- und Sozialstruktur, Fördermaßnahmen** Kornetzky MinR

Ref StK 331: **Mitwirkung bei der Aufstellung von Raumordnungsplänen und -berichten** Schuhoff Angestellte

Ref StK 340: **Regionalreferent für den Planungsraum III; Kartographisches Büro und Raumordnungskataster; Raumordnungs-Informationssystem** Liebrenz Ang

Ref StK 350: **Planung und Entwicklung im ländlichen Raum, Angelegenheiten der Landesplanung bei Verkehr, Wasser-, Abfall-, Land- und Forstwirtschaft, Gewässerschutz, Dorfentwicklung, Koordinator der Landesregierung für das Entwicklungskonzept Eider-Treene-Sorge-Niederung** Thormählen MinR

Ref StK 360: **Regionalreferentin für die Planungsräume I und II** Domin RBaurätin

Ref StK 370: **Regionalreferent für den Planungsraum V** Dr Boesten MinR

Ref StK 380: **Länderübergreifende Koordinierung für die Metropolregion Hamburg; Gemeinsame Landesplanung mit Hamburg, Europäische Raumordnung** NN

StK 4 Presse und Information
Leiter: Gerhard Hildenbrand Ang

Ref StK 400: **Presse- und Information, Öffentlichkeitsarbeit** Bieler-Seelhoff Angestellte

Ref StK 410: **Aktuelle Pressearbeit, Sonderaufgaben Presse und Information, Informationsverteilung, Medienauswertung** Tretbar-Endres Ang

Ref StK 411: **Informationsdienste, Medienauswertung, Archiv** Lehmann Ang

Ref StK 420: **Schwerpunkt: Soziales, Bildung, Kultur; Reden, Vorträge, Grußworte, redaktionelle Beiträge der Ministerpräsidentin, Briefe der Ministerpräsidentin in besonderen Angelegenheiten** Dr Baseler ORR

Ref StK 430: **Schwerpunkt: Wirtschaft, Finanzen, Reden, Vorträge, Grußworte, redaktionelle Beiträge der Ministerpräsidentin, Briefe der Ministerpräsidentin in besonderen Angelegenheiten** Ruck RRätin z A

Der Rechtsaufsicht der Ministerpräsidentin unterstellt:

2 Unabhängige Landesanstalt für das Rundfunkwesen (ULR)

– Anstalt des öffentlichen Rechts –

24103 Kiel, Schloßstr 19; Tel (04 31) 9 74 56-0; Fax (04 31) 9 74 56-60

Rechtsgrundlage und Aufgabenkreis:
§§ 52 ff des Rundfunkgesetzes für das Land Schleswig-Holstein (Landesrundfunkgesetz – LRG) vom 7. Dezember 1995 (GVOBl Schl-H 1995, Seite 422).
Die ULR ist Zulassungs- und Aufsichtsbehörde für den privaten Rundfunk (Hörfunk und Fernsehen) in Schleswig-Holstein und wacht über die Einhaltung der Vorschriften des Landesrundfunkgesetzes.
Nach § 53 LRG hat die ULR insbesondere folgende Aufgaben:
– Erteilung, Rücknahme und Widerruf der Zulassung zur Veranstaltung von Rundfunk,
– Programmaufsicht und Anordnung von Maßnahmen, insbesondere zur Sicherung der Meinungsvielfalt,
– Erteilung und Widerruf der Genehmigung zur Weiterverbreitung sowie Untersagung der Weiterverbreitung von Rundfunkprogrammen in Kabelanlagen,
– Beratung der Rundfunkveranstalter,
– Trägerschaft, Durchführung und Finanzierung der Offenen Kanäle,

- Verwirklichung der Medienforschung,
- Förderung gemeinnütziger Organisationen mit kultureller oder pädagogischer Ausrichtung, insbesondere im audiovisuellen Bereich und
- Förderung von nicht auf Gewinn abzielenden Einrichtungen zur Aus- und Fortbildung im Bereich der Rundfunkproduktion und des Journalismus.

Direktor: Gernot Schumann
Vorsitzender des Vorstandes: Günther Martens

3 Deutschlandradio

– Körperschaft des öffentlichen Rechts –

10825 Berlin, Hans-Rosenthal-Platz;
Tel (0 30) 85 03-0; Fax (0 30) 85 03-1 90 09

Rechtsgrundlage und Aufgabenkreis:
Am 17. Juni 1993 unterzeichneten der Bundesinnenminister und die Ministerpräsidenten der Länder in Berlin die Staatsverträge zur Gründung des Deutschlandradios; geändert durch Artikel 6 des Dritten Staatsvertrages zur Änderung rundfunkrechtlicher Staatsverträge vom 18. November 1996 (GVBl Schl-H Seite 686). Nach der Ratifizierung durch die Länderparlamente traten sie am 1. Januar 1994 in Kraft.
Das Deutschlandradio – entstanden aus der Zusammenführung von Deutschlandfunk, RIAS Berlin und Deutschlandsender Kultur – sendet zwei Hörfunkprogramme, die bundesweit verbreitet werden. Das eine kommt aus Berlin, das andere unter Beibehaltung des Programmnamens Deutschlandfunk weiterhin aus Köln. Die Programme sind werbefrei und haben ihre Schwerpunkte jeweils in den Bereichen Information und Kultur.
Beide Programme sollen vor allem die Zusammengehörigkeit im vereinten Deutschland fördern sowie der gesamtgesellschaftlichen Integration in Frieden und Freiheit und der Verständigung unter den Völkern dienen.
Nach § 31 des Staatsvertrages über die Körperschaft des öffentlichen Rechts „Deutschlandradio" wird die Rechtsaufsicht über das Deutschlandradio von den Landesregierungen ausgeübt. Die Ausübung der Rechtsaufsicht erfolgt durch eine Landesregierung in zweijährigem Wechsel.

Intendant: Ernst Elitz
Vorsitzender des Verwaltungsrates: Prof Dr h c Dieter Stolte
Vorsitzender des Hörfunkrates: Hinrich Enderlein
Programmdirektor Deutschlandfunk: Dr Günter Müchler
Programmdirektorin Deutschlandradio Berlin: Gerda Hollunder

Deutschlandfunk
50968 Köln, Raderberggürtel 40; Tel (02 21) 3 45-0; Fax (02 21) 38 07 66; Telex 8 884 920

Deutschlandradio Berlin
10825 Berlin, Hans-Rosenthal-Platz;
Tel (0 30) 85 03-0; Fax (0 30) 85 03 33 90;
Telex 1 83 790

Hauptstadt-Studio Berlin
10825 Berlin, Fritz-Elias-Str; Tel (0 30) 85 03-1 91

Studio Bonn
53113 Bonn, Heuss-Allee 2-10, Pressehaus;
Tel (02 28) 26 79 70

4 Zweites Deutsches Fernsehen

– Anstalt des öffentlichen Rechts –

55100 Mainz, ZDF-Str 1; Tel (0 61 31) 7 01; Fax (0 61 31) 70 21 57; Telex 4 187 930

Rechtsgrundlage und Aufgabenkreis:
Das Zweite Deutsche Fernsehen ist durch den „Staatsvertrag über die Errichtung der Anstalt des öffentlichen Rechts, Zweites Deutsches Fernsehen"vom 6. Juni 1961 – abgelöst durch den „Staatsvertrag über den Rundfunk im vereinten Deutschland"(Art 3; ZDF-Staatsvertrag) vom 1. Januar 1992 – gegenüber der föderal organisierten ARD als Fernsehanstalt aller Bundesländer gegründet worden. Als gemeinnütziger Programmveranstalter hat es die Aufgabe, ein Fernsehvollprogramm zu verbreiten, in welchem Information, Bildung, Beratung und Unterhaltung einen wesentlichen Teil des Gesamtprogramms bilden. In den Sendungen soll den Fernsehteilnehmern in Deutschland ein objektiver Überblick über das Weltgeschehen, insbesondere ein umfassendes Bild der deutschen Wirklichkeit vermittelt werden. Als Länderanstalt in jedem Bundesland mit einem Studio vertreten, soll das ZDF vor allem die Zusammengehörigkeit im vereinten Deutschland und die gesamtgesellschaftliche Integration in Frieden und Freiheit fördern sowie der Verständigung zwischen den Völkern dienen (§ 5 ZDF-StV). Die Rechtsaufsicht über das ZDF wird jeweils von einer Landesregierung im zweijährigen Wechsel ausgeübt. Rechtsaufsichtliche Maßnahmen sind allerdings erst zulässig, wenn die zuständigen Organe des ZDF (Fernsehrat, Verwaltungsrat, Intendant) der ihnen obliegenden Pflichten nicht oder nicht hinreichend erfüllen (§ 31 ZDF-StV).
Laut Rundfunkstaatsvertrag § 18 Abs 2 zusätzlich zu einem über Satellit ausgestrahlten Fernsehprogramm mit kulturellem Schwerpunkt ermächtigt, veranstaltet das ZDF seit dem 1. Dezember 1984 – gemeinsam mit ORF, SRG und (seit dem 1. Dezember 1993) ARD – das Satellitenprogramm des deutschen Sprachraums 3sat. Schließlich beteiligt sich das ZDF nach Art 2 Abs 4 des Rundfunkstaatsvertrages zusammen mit der ARD am Europäischen Fernsehkulturkanal ARTE.

Intendant: Prof Dr h c Dieter Stolte

5 Norddeutscher Rundfunk

– Anstalt des öffentlichen Rechts –

20149 Hamburg, Rothenbaumchaussee 132;
Tel (0 40) 4 15 60; Fax (0 40) 44 76 02

Rechtsgrundlage und Aufgabenkreis:
Staatsvertrag über den Norddeutschen Rundfunk
(NDR) vom 17./18. Dezember 1991 zwischen den Ländern Freie und Hansestadt Hamburg, Mecklenburg-Vorpommern, Niedersachsen und Schleswig-Holstein
(GVOBl Schl-H 1992 Seite 120).
Der NDR ist eine gemeinnützige Anstalt des öffentlichen Rechts mit dem Recht der Selbstverwaltung und dem Auftrag, Rundfunk als Medium und Faktor des Prozesses freier Meinungsbildung und als Sache der Allgemeinheit im Rahmen des geltenden Rechts und auf der Grundlage der verfassungsrechtlich garantierten Rundfunkfreiheit zu veranstalten und zu verbreiten und den Rundfunkteilnehmern und Rundfunkteilnehmerinnen einen objektiven und umfassenden Überblick über das internationale, nationale und länderbezogene Geschehen zu geben. Das Programm soll der Information und Bildung sowie der Beratung und Unterhaltung dienen und die norddeutsche Region, ihre Kultur und Sprache angemessen berücksichtigen.
Sendegebiet sind die Länder Freie und Hansestadt Hamburg, Mecklenburg-Vorpommern, Niedersachsen und Schleswig-Holstein.

Intendant: Jobst Plog
Stellvertretender Intendant: Joachim Lampe

Landesfunkhaus Schleswig-Holstein
24033 Kiel, Eggerstedtstr 16; Tel (04 31) 98 76-0;
Fax (04 31) 98 76-1 13
Direktor: Friedrich-Wilhelm Kramer

Studio Flensburg
24913 Flensburg, Friedrich-Ebert-Str 1;
Tel (04 61) 1 72 71; Fax (04 61) 2 83 43

Studio Heide
25746 Heide, Bahnhofstr 2; Tel (04 81) 6 51 99;
Fax (04 81) 6 42 41

Studio Lübeck
23552 Lübeck, Koberg 5; Tel (04 51) 7 70 72;
Fax (04 51) 7 40 49

Studio Norderstedt
22807 Norderstedt, Rathausallee 70, Moorbekrondell;
Tel (0 40) 5 22 96 62; Fax (0 40) 5 26 15 74

II Ministerium für Justiz, Bundes- und Europaangelegenheiten des Landes Schleswig-Holstein

24103 Kiel,
Dienstgebäude Lorentzendamm 35 und Blumenstr 5;
Tel (04 31) 9 88-0

24105 Kiel, Dienstgebäude (Abt 5) Hohenbergstr 4;
Tel (04 31) 9 88-0

53113 Bonn, (Abt 4) Kurt-Schumacherstr 18;
Tel (02 28) 9 15 18-0

Aufgabenkreis Justiz:
Zivilrecht und Strafrecht, Gerichtsverfassung, Recht des gerichtlichen Verfahrens, Auslieferung, Durchlieferung, Rechtshilfeverkehr mit dem Ausland, Recht und Angelegenheiten der Rechtsanwälte, Notare, Rechtsbeistände und Prozeßagenten, Dienstrecht der Richter und Staatsanwälte, oberste Dienstaufsicht über die Justizbehörden des Landes (einschließlich der Finanz-, Sozial- und Verwaltungsgerichtsbarkeit und der Justizvollzugsbehörden), Fachaufsicht über die Staatsanwaltschaft, Gerichtsvollzieherwesen, Strafentschädigungssachen, Justizvollzugswesen.

Aufgabenkreis Bundes- und Europaangelegenheiten:
Koordinierung der Bundesrats- und Europapolitik der Landesregierung, Mitwirkung in den Gremien des Bundesrates und im Ausschuß der Regionen der Europäischen Union, Wahrnehmung der Interessen des Landes gegenüber den Organen der Bundesrepublik Deutschland und der Europäischen Union, grenzüberschreitende interregionale Kooperation mit anderen Gebietskörperschaften in Europa, Ostseekooperation, europapolitische Informations- und Öffentlichkeitsarbeit, Nord-Süd-Entwicklungszusammenarbeit.

Minister: Gerd Walter

Ministerbüro Kiel: II MB1: Thomas Pfannkuch

Ministerbüro Kiel: II MB2: Günter Kahl
Ministerbüro Bonn: II MB Bonn: Beate Krüger

Amtschef: Wulf Jöhnk Staatssekretär
Vertreter des Amtschefs: Werner Schönborn MinDirig

Pressereferent: Christian Frank Richter
II KSt Kabinetts- und Landtagsangelegenheiten, Bundesrat für die Abteilungen 1 bis 3: Dr Bernhard Flor Richter am LG

Gleichstellungsbeauftragte für die Abteilungen 1, 2, 3 und 5 sowie für den Justizvollzug: Gabriele Wende
Gleichstellungsbeauftragte für die Abteilung 4 in Bonn: Rosemarie Schönegg-Vornehm RDirektorin
Gleichstellungsbeauftragte für den nachgeordneten Justizbereich: Hildegard Bodendieck-Engels Richterin am LG

Abt II 1 Allgemeine Abteilung
Leiter: Hartmut Laufer MinDirig
Vertreter: Dr Nikolaus von Grünberg MinR

Ref II 100: **Allgemeine Personalangelegenheit, Mitbestimmungsgesetz, Personalreferentenkonferenz, Geschäftsverteilung, Ministerien, Osteuropahilfe, Tarifrecht, BRKG, Beamtenversorgung, Nachversicherung, Unfallfürsorge, Beihilfrecht** Bunge RDir
Ref II 101: **Innerer Dienst, Behördenselbstschutz, Geheimschutz** NN
Ref II 102: **Tarifrecht, Ausbildungsordnung Gerichtsvollzieher, Bundesreisekostengesetz, Beamtenversorgung, Nachversicherung, Unfallfürsorge, Beihilferecht** Putz OAR
Ref II 110: **Haushalt, Beauftragter des Haushaltes, Haushaltsplanung 0901-0906, 1209, Bau- und Grundstücksangelegenheiten, Geschäftsstelle, Einigungsstelle** Jagusch OAR
Ref II 111: **Betriebswirtschaftliche Untersuchungen, Controlling** Georgus Angestellte
Ref II 120: **Geschäftsordnung/Geschäftsgangsbestimmung, Gerichte und Staatsanwaltschaften, Statistik, Personalbedarfsrechnung, ehrenamtliche Richterinnen und Richter, Vordrucke** Gettner RDir
Ref II 121: **Ausbildungsordnung Justizwachtmeister und Amtsanwälte** Krüger JustOAR
Ref II 130 I: **Organisation für Gerichte und Staatsanwaltschaften, Automation, EDV (ohne 13011, P1), DV-Fortbildung** Block Richter am AG
Ref II 131 I: **Aufgabenanalyse, Aufgabenkritik** Kilian Ang
Ref II P1: **EDV in der Staatsanwaltschaft, Projekt MESTA** Biel OStAnw
Ref II 130 II: **Strukturanalyse der Rechtspflege, „Modellgericht", Projekt MEGA** Vollmer Richter am LG
Ref II 131 II: **Flächendeckende Neustrukturierung der Ablauf- und Aufbau-Organisation in den Amtsgerichten** Freter Ang
Ref II 140: **Datenschutzbeauftragter, Juristenbildung, Fort- und Weiterbildung, Ordensangelegenheiten, Beurteilungsrichtlinien Rechtspfleger, Bücherei** Kollex MinR
Ref II 150: **Personalangelegenheiten der Richter und Staatsanwälte, Richterwahl, Beurteilungsrichtlinien für Richter und Staatsanwälte** Busch Richter am VG
Ref II 160: **Anwalts- und Notarrecht, Angelegenheiten der Anwälte und Notare, Beamtenrecht, Dienstrecht der Richter und Staatsanwälte, Besoldungsrecht** Teichmann-Mackenroth MinR
Ref II 170: **Personalangelegenheiten der Angestellten, Arbeiter, einfacher, mittlerer und gehobener Dienst bei Gerichten und Staatsanwaltschaften (ohne 221), Prüfungswesen (ohne 102, 121, 140, 220, 221)** Lindemann RDir

Abt II 2 Vollzugs- und Gnadenwesen
Leiter: Dr Bernd Maelicke MinDirig
Vertreter: Wolfgang Freise MinR

Ref II 200: **Gnadenwesen, Gnadensachen, Aufsicht Justizvollzugsanstalt (JVA) Flensburg** Freise MinR

15

Ref II 210: **Vollzugsrecht, Urlaub, Freigang, Aufsicht JVA Itzehoe, Eingaben, Beschwerden, Petitionen** Dr Keßler MinR

Ref II 220: **Personalangelegenheiten des Vollzugs, soweit nicht II 221, Organisation, Sicherheit und Ordnung, Jugendvollzug, Vollzugsaufsicht, Ausbildungs-, Fortbildungs- und Prüfungswesen des Vollzugsbereichs, Aufsicht JVA und Jugendanstalt (JA) Neumünster, EDV-Angelegenheiten des Justizvollzuges** Dr Bublies RDir

Ref II 221: **Personalangelegenheiten des Vollzugs (bis BesGr A 10, BAT IVb, Arbeiter) und der Bewährungs- und Gerichtshilfe, Laufbahnrecht, ABM und Unfallfürsorge im Vollzug und bei der Bewährungs- und Gerichtshilfe** Neumeyer OAR

Ref II 230: **Vollstreckungsplan, Vollzugsplanung und -gestaltung, Bau- und Haushaltsangelegenheiten, Aufsicht JVA Lübeck** Lunau MinR

Ref II 240: **Strafvollzugsausschuß, Datenschutzangelegenheiten (Vollzug), Aufsicht JVA Kiel, Gefangenenarbeitswesen, Bezüge der Gefangenen, schulische und berufliche Bildung und Weiterbildung der Gefangenen, Freizeitmaßnahmen, Gefangenenmitverantwortung, Anstaltszeitungen** Klein MinR

Ref II 250 A: **Kriminologische Forschung, Gesundheitsfürsorge, Hilfe für suchtmittelabhängige Gefangene** Dr Wenzel RDirektorin

Ref II 250 B: **Modellprojekt der Bewährungs- und Gerichtshilfe nach § 4 Abs 4 BGG** Marth Angestellte

Ref II 251: **Fortentwicklung der Straffälligenhilfe bei öffentlichen und freien Trägern, Frauenstrafvollzug, ambulante Therapien für Sexualstraftäter** Wende Angestellte

Ref II 252: **Jugendarrest, Stiftung Straffälligenhilfe, Aufsicht Jugendarrestanstalt (JAA) Rendsburg, Fortbildung der Bewährungs- und Gerichtshilfe** Herbst-Peters ORRätin

Abt II 3 Rechtsabteilung
Leiter: Dr Karsten Fedder MinR
Vertreter: NN

Ref II 300: **Materielles Strafrecht, Kriminologie, Kriminalpolitik, Recht der Ordnungswidrigkeiten, Straßenverkehrsrecht, Schiedsordnung, Rechtspflegeentlastung (StrafK)** Dr Probst Richter am LG

Ref II 310: **Gerichtsverfassung der Strafgerichtsbarkeit, Strafverfahrensrecht, Jugendstrafrecht, Betäubungsmittelstrafrecht, Strafvollstreckungsrecht, Strafentschädigungsrecht, Aus- und Durchlieferung, Rechtshilfe mit dem Ausland in Strafsachen** Görner MinR

Ref II 320: **Fachaufsicht über die Staatsanwaltschaft, Recht der Staatsanwaltschaft (einschließlich Organisierte Staatsanwaltschaft), Strafrechtliche Einzelsachen, Sachbeschwerden, Staatsschutzsachen** NN

Ref II 330: **BGB, GVG, ZPO, Zwangsvollstreckungs-, Handels-, Gesellschafts-, Insolvenz- und Grundbuchrecht, Gerichtsorganisation, außergerichtliche Streitschlichtung** Scheck Richter am LG

Ref II 340: **Familienrecht, Erbrecht, Internationales Privatrecht, Freiwillige Gerichtsbarkeit, Kosten-**

recht, Wirtschaftsrecht, Rechtshilfeverkehr mit dem Ausland in Zivilsachen, Anerkennung ausländischer Entscheidungen in Ehesachen NN

Ref II 350: **Verfassungsrecht, EU-Recht, Verwaltungsrecht (Landtag; Staatskanzlei; Ministerium für Bildung, Wissenschaft, Forschung und Kultur; Ministerium für Frauen, Jugend, Wohnungs- und Städtebau; Innen-/Ministerium für Justiz, Bundes- und Europaangelegenheiten; Ministerium der Finanzen und Energie; soweit nicht II 360), Rechtsbereinigung, Rechtsförmlichkeit** Schwelle MinR

Ref II 360: **Völkerrecht, Verwaltungsrecht (Ministerium für Wirtschaft, Technologie und Verkehr; Ministerium für ländliche Räume, Landwirtschaft, Ernährung und Tourismus; Ministerium für Arbeit, Gesundheit und Soziales; Ministerium für Umwelt, Natur und Forsten-Innenministerium; Ministerium für Finanzen und Energie teilweise), Gentechnologie, Umweltschutzrecht, Fachgerichtsbarkeit, Prozeßangelegenheiten des Ministeriums für Justiz, Bundes- und Europaangelegenheiten** M ihr Richter am VG

Abt II 4 Abteilung Bundesangelegenheiten
Leiter: Werner Schönborn MinDirig
Vertreter: Dr Stefan Welzk

Ref II 400: **Personal, Haushaltsangelegenheiten, Modernisierung, Innerer Dienst der Abteilung, Organisation und EDV der Abteilung** Gatermann Ang

Ref II 410: **Bundesratskoordinierung, Vermittlungsausschuß, Vorbereitung der Kabinettssitzungen und Staatssekretär-Runden, Vorbereitung der Kabinettsentscheidung zu den Plenarsitzungen des Bundesrates** Dr Scheppach Angestellte

Ref II 420: **Wissenschaft, Forschung, Kultur, Bildung, Weiterbildung und Sport; Veranstaltungen, Protokoll, Kontakte zu Botschaften und gesellschaftlich relevanten Institutionen** Dr Gau

Ref II 430: **Innere Angelegenheiten, Recht und Verfassung, Städtebau, Wohnungswesen und Raumordnung, Ständige Vertragskommission der Länder, Justitiar, Geheimschutzbeauftragter der Abt 4** Bunten ORR

Ref II 440: **Wirtschaft, Verkehr, Fremdenverkehr, wirtschaftliche Folgen der Truppenreduzierung und Rüstungskonversion, Forschung und Technologie, Post und Telekommunikation, ausgewählte Fragen der Deutschen Einigung** Dr Welzk Ang

Ref II 450: **Finanzen und Steuern** Studt

Ref II 460: **Ernährung, Landwirtschaft, Forsten und Fischerei, Vertreter des Bundesrates bei Weisungssitzungen des Bundesministeriums für Ernährung, Landwirtschaft und Forsten (Vorbereitung)** Pehlmann

Ref II 470: **Arbeit und Soziales, Gesundheit** Engelmann RDir

Ref II 480: **Natur und Umwelt** Schönegg-Vornehm RDirektorin

Ref II 481: **Finanzen, Jugend, Familie, Senioren** Brandt Angestellte

Ref II 490: **Energiepolitik, Medienpolitik, Auswärtige Angelegenheiten, Verteidigung** Krüger Ang

Abt II 5 Abteilung Europaangelegenheiten, Nord-Süd Entwicklungszusammenarbeit
Leiter: Günther Schulz MinDirig
Vertreter: NN

Ref II 500: **Grundsatzangelegenheiten: EU, Ostseezusammenarbeit, Hanse-Office Brüssel, IMAK Europa, Regionale Kooperation mit Pays de la Loire, Betreuung der Konferenzen der Subregionen des Ostseeraumes** NN
Ref II 501: **Pflege und Weiterentwicklung der Partnerschaften im Ostseeraum, insbesondere Regionen in Finnland, Region Danzig, Königsberg und Estland und in Norwegen, Betreuung der Repräsentanzen Schleswig-Holstein im Ostseeraum, IMAK Ostsee, Deutsch-Polnischer Ausschuß** Thomsen OAR
Ref II 510: **Ausschuß der Regionen, Länderbeteiligungsverfahren in Angelegenheiten der EU** Dr Scheppach Angestellte
Ref II 520: **Europaministerkonferenz, Europarat, Analyse der Entwicklung der EU, Kontakt zur EU sowie zu anderen relevanten Organisationen** Suchanek Ang
Ref II 530: **EU-Förderprogramme und deren Nutzung durch die Ressorts und andere Organisationen in Schleswig-Holstein, Verbindung zu den EU-Beratungsstellen, Europäischer Wirtschaftsraum, EU-Informationsarbeit für Zielgruppen in Schleswig-Holstein, Dokumentation EU-Recht, EU-Datenbanken, IMAK Katastrophenabwehr/Unfallschutz, IMAK Weiterbildung** Seele Ang
Ref II 540: **Grenzüberschreitende Zusammenarbeit mit Dänemark, Pflege und Weiterentwicklung der Partnerschaften mit Südschweden** Marezoll MinR
Ref II 550: **Nord-Süd-Entwicklungszusammenarbeit, Entwicklungspolitik der EU, IMAK Nord-Süd** Brandt Angestellte
Ref II 560: **Europapolitische Landtags- und Kabinettsangelegenheiten, langfristige Perspektiven, Analysen und Einzelmaßnahmen zur regionalen Entwicklung, Reden und Artikel, Minderheiten und Grenzlandfragen, Veröffentlichungen, Eurobrief** Mallkowsky Ang

Beiräte, Ausschüsse und Kommissionen, deren sich der Minister für Justiz, Bundes- und Europaangelegenheiten bei Durchführung seiner Aufgaben bedient:

Richterwahlausschuß

Beratender Ausschuß für die Ernennung von Berufsrichtern in der Sozialgerichtsbarkeit gemäß § 11 Sozialgerichtsgesetz

Landesbeirat für Bewährungshilfe

Landesbeirat zur Unterstützung und Förderung der Straffälligenhilfe

Ausschüsse zur Wahl von Schöffen und Jugendschöffen

Ausschuß zur Wahl der ehrenamtlichen Mitglieder des Verwaltungsgerichts

Ausschüsse der Sozialrichter und der Landessozialrichter gemäß §§ 23 und 35 Sozialgerichtsgesetz

Zum Geschäftsbereich des Ministers für Justiz, Bundes- und Europaangelegenheiten gehören:

1 Gerichte der ordentlichen Gerichtsbarkeit

Nähere Angaben hierzu siehe Abschnitt d „Organe der Rechtspflege", Seiten 86, 93 ff.

2 Staatsanwaltschaften

Nähere Angaben hierzu siehe Abschnitt d „Organe der Rechtspflege", Seiten 89, 93 ff.

3 Gerichte der Verwaltungsgerichtsbarkeit

Nähere Angaben hierzu siehe Abschnitt d „Organe der Rechtspflege", Seiten 89, 100.

4 Gerichte der Finanzgerichtsbarkeit

Nähere Angaben hierzu siehe Abschnitt d „Organe der Rechtspflege", Seiten 91, 101.

5 Gerichte der Sozialgerichtsbarkeit

Nähere Angaben hierzu siehe Abschnitt d „Organe der Rechtspflege", Seiten 91, 100.

6 Justizprüfungsamt

bei dem Schleswig-Holsteinischen Oberlandesgericht Schleswig
Nähere Angaben hierzu siehe Abschnitt d „Organe der Rechtspflege", Seite 93.

7 Justizvollzugsanstalten

Aufgabenkreis:
Vollzug von Untersuchungshaft und Freiheitsstrafen sowie Maßregeln.

Jusitzvollzugsanstalt Neumünster
24534 Neumünster, Boostedter Str 30;
Tel (0 43 21) 49 07-0; Fax (0 43 21) 49 07-2 28
Leiter: Klaus Janetzky LtdRDir

Jusitzvollzugsanstalt Kiel
24114 Kiel, Faeschstr 8/12; Tel (04 31) 67 96-0
Leiter: Klaus Goede LtdRDir

Jusitzvollzugsanstalt Lübeck
23566 Lübeck, Marliring 41; Tel (04 51) 62 01-0;
Fax (04 51) 6 20 12 02
Leiter: Dieter Schmelzer LtdRDir

17

Jusitzvollzugsanstalt Flensburg
24937 Flensburg, Südergraben 24; Tel (04 61) 8 90
Leiter: Horst Petersen JustOAR

Jusitzvollzugsanstalt Itzehoe
25524 Itzehoe, Bergstr 5;
Tel (0 48 21) 26 62 und 6 40 70; Fax (0 48 21) 6 20 54
Leiter: Udo Doll JustAR

Jugendarrestanstalt Rendsburg
24768 Rendsburg, Königstr 17; Tel (0 43 31) 2 36 17
Leiter: Johann Meyer Richter am AG

Jugendanstalt Neumünster
24534 Neumünster, Boostedter Str 30;
Tel (0 43 21) 4 90 70; Fax (0 43 21) 49 07-3 22
Leiter: Röttjer RDir

Gemeinsam mit anderen Bundesländern bzw dem Bund errichtete Behörden, die der Aufsicht des Ministers für Justiz, Bundes- und Europaangelegenheiten unterstehen:

8 Gemeinsames Prüfungsamt der Länder Freie Hansestadt Bremen, Freie und Hansestadt Hamburg und Schleswig-Holstein

20355 Hamburg, Karl-Muck-Platz 1;
Tel (0 40) 34 97-20 92; Fax (0 40) 34 97-38 83

Aufgabenkreis:
Abnahme der Großen Juristischen Staatsprüfung für Referendare der Länder Freie Hansestadt Bremen, Freie und Hansestadt Hamburg und Schleswig-Holstein.

Präsident des Gemeinsamen Prüfungsamtes: Wilhelm Rapp Präs des OLG Hamburg

9 Zentrale Stelle der Landesjustizverwaltungen zur Aufklärung nationalsozialistischer Verbrechen

71638 Ludwigsburg, Schorndorfer Str 58;
Tel (0 71 41) 18-9

Staatsrechtliche Grundlage und Aufgabenkreis:
Verwaltungsvereinbarung der Landesjustizverwaltungen über die Errichtung einer Zentralen Stelle der Landesjustizverwaltungen zur Aufklärung nationalsozialistischer Verbrechen.
Sammlung, Sichtung und Auswertung des gesamten erreichbaren Materials über NS-Verbrechen. Hauptziel hierbei: Herausarbeitung von Tatkomplexen nach Ort, Zeit und Täterkreis und Feststellung, welche an dem Tatkomplex beteiligte Personen noch verfolgt werden können.

Leiter: Alfred Streim LtdOStAnw

Der Rechtsaufsicht des Ministers für Justiz, Bundes- und Europaangelegenheiten unterstehen:

10 Schleswig-Holsteinische Rechtsanwaltskammer

– Körperschaft des öffentlichen Rechts –

24837 Schleswig, Gottorfstr 13; Tel (0 46 21) 93 91-0;
Fax (0 46 21) 93 91-26

Rechtsgrundlage und Aufgabenkreis:
Nach der Bundesrechtsanwaltsordnung vom 1. August 1959 (BGBl I Seite 565) bilden die Rechtsanwälte, die in dem Bezirk eines Oberlandesgerichts zugelassen sind, eine Rechtsanwaltskammer. Die Rechtsanwaltskammer hat ihren Sitz am Ort des Oberlandesgerichts. Die Rechtsanwaltskammer hat die Mitglieder über Berufspflichten zu beraten und zu belehren, bei Streitigkeiten unter Mitgliedern zu vermitteln, die Erfüllung der den Mitgliedern obliegenden Pflichten zu überwachen und das Recht der Rüge zu handhaben, Mitglieder des Ehrengerichts und des Ehrengerichtshofes vorzuschlagen, Gutachten in Angelegenheiten der Rechtsanwälte zu erstatten.

Präsident der Schleswig-Holsteinischen Rechtsanwaltskammer: Dr Wolfram Schröder
Geschäftsführer: Elmar Berendes

11 Schleswig-Holsteinische Notarkammer

– Körperschaft des öffentlichen Rechts –

24837 Schleswig, Gottorfstr 13; Tel (0 46 21) 93 91 50;
Fax (0 46 21) 93 91 26

Rechtsgrundlage und Aufgabenkreis:
Die Notarkammer vertritt die Gesamtheit der in ihr zusammengeschlossenen Notare des Oberlandesgerichtsbezirks. Die Aufgaben ergeben sich aus § 65 Bundesnotarordnung (BNotO – vom 24. Februar 1961, BGBl I Seite 98).

Präsident der Schleswig-Holsteinischen Notarkammer: Diethard Koch
Geschäftsführer: Elmar Berendes

III Ministerium für Bildung, Wissenschaft, Forschung und Kultur des Landes Schleswig-Holstein

24103 Kiel, Gartenstr 6; Tel (04 31) 9 88-0;
Fax (04 31) 9 88-25 96

Aufgabenkreis:
Schulwesen, Schulgestaltung, berufliche Bildung, Hochschulwesen, Wissenschafts- und Forschungsförderung, Bibliothekswesen, Kunst und allgemeine Kulturpflege, Ausbildungsförderung.

Ministerin: Gisela Böhrk
Staatssekretärin: Gyde Köster
Staatssekretär: Dr Dieter Swatek

MB 1: Leitung Ministerbüro, Persönlicher Referent
Joachim Schuldt MinR (mdWdGb)
MB 2: Öffentlichkeitsarbeit Patricia Zimnik
MB 3: Pressearbeit, Pressereferentin NN
KST: Landtagsverbindungs- und Kabinettsreferentin, Koordinierung Bundesratsangelegenheiten
Janus RDirektorin
KB: Geschäftsstelle für Angelegenheiten der Bund-Länder-Kommission für Bildungsplanung und Forschungsförderung, KMK, MPK Dr Gabriele Romig
III PrA: **Prüfungsamt für Lehrerinnen und Lehrer**
Jacobsen MinDirig

Abt III 1 Allgemeine Abteilung
Leiterin: Dr Franziska Pabst MinDirigentin

Ref III 100: **Innerer Dienst, Haus- und Grundstücksverwaltung, Wohnungsfürsorge, Reisekosten**
Kollakowski OAR
Ref III 110: **Informations- und Kommunikationstechnik, IT-Leitstelle** Banck ORR

Referatsgruppe 12 Haushalt, Statistik, Vorprüfungsstelle Bund, Steuerung der Lehrerpersonalverwaltung, Controlling
Leiter: Klaus Schröder MinR

Ref III 120: **Beauftragter für den Haushalt, Prüfungsmitteilungen und Bemerkungen des Landesrechnungshofes** Schröder MinR
Ref III 1201: **Allgemeine Haushalts- und Finanzangelegenheiten der Schulen und des Landesinstituts für Praxis und Theorie der Schule (IPTS), Haushalt der Kultusministerkonferenz (KMK), Festsetzung von Schulkostenbeiträgen** Händeler RR
Ref III 121: **Steuerung/Koordinierung der Lehrerpersonalverwaltung** Siek OStudR
Ref III 122: **Statistik, Bedarfsberechnungen, Prognosen** Seidel MinR
Ref III 123: **Vorprüfungsstelle Bund, Zuschüsse an Ersatzschulen in freier Trägerschaft, Schullastenausgleich** Callies MinR
Ref III 1231: **Wirtschaftspläne, Betriebsprüfungen bei den Ersatzschulen** Neef

Ref III 124: **Controlling** Jürgensen MinR
Ref III 113: **Schulpersonal** Hansen MinR
Ref III 130: **Personal der Gymnasien und Gesamtschulen, Auslandsschuldienst, Schulartübergreifend: Haushalt, Planstellenbewirtschaftung, Ländertausch, Verbindung zum Hauptpersonalrat der Lehrer (HPR-L-)** Hansen MinR
Ref III 1301: **Grundsatzfragen und Koordinierung in Referatsgruppe III 13** Bühring OAR
Ref III 131: **Personal der berufsbildenden Schulen** Zentner OStudR
Ref III 132: **Personal der Grund-, Haupt-, Real- und Sonderschulen** Swane OStudR
Ref III 14: **Rechtsangelegenheiten** Lack MinRätin
Ref III 140: **Grundsatzfragen des Dienstrechts und des Personalvertretungsrechts, Datenschutz** Lack MinRätin
Ref III 1401: **Einzelfälle des Dienstrechts, Grundsatzfragen und Einzelfälle des Lehrerdienstrechts** Geinitz OAR
Ref III 141: **Schulgesetzgebung und Grundsatzfragen des Schulrechts** Pfautsch MinR
Ref III 1411: **Genehmigung und Anerkennung von Privatschulen, Einzelfälle des Schulrechts (berufsbildende Schulen)** Kleefeld RR
Ref III 142: **Einzelfälle des Schulrechts (allgemeinbildende Schulen), Ausländische Schulabschlüsse, Disziplinarangelegenheiten** Metzner RDir
Ref III 144: **Rechtsfragen, -streitigkeiten (soweit nicht III 140 bis III 142 zuständig)** Dr Fromm MinR
Ref III 150: **Organisation, Geschäftsverteilung, Aus- und Fortbildung** Kern OARätin
Ref III 160: **Personal der allgemeinen Verwaltung, Personalreferent, Beurteilungswesen** Popken RR

Abt III 2 Wissenschaft und Hochschulen
Leiter: Dr Birger Hendriks MinDirig

Ref III 200: **Entwicklung und Finanzierung des Hochschulsystems, Hochschulstrukturreform, Wissenschaft in überregionalen Einrichtungen** Fischer
Ref III 2001: **Projekte der Hochschulstrukturform, Multimedia in Forschung und Lehre** Dr Stier AkadDir
Ref III 210: **Hochschulgesetzgebung, Hochschulsonderprogramme, Überlastprogramm, Kapazitäts- und Zulassungsrecht, Kapazitätsberechnungen** Sprüssel RR
Ref III 220: **Hochschulbau, Grundsatzangelegenheiten des Hochschulbaus und der Mitfinanzierung durch den Bund** Röttgering MinR
Ref III 2201: **Bauvorhaben der Fachhochschulen, der Bildungswissenschaftlichen Hochschule Flensburg, der Universität, der Forschungsinstitute, Studierendenwohnraumförderung** Wieddekind RR
Ref III 230: **Studienreform, Studien- und Prüfungsordnungen, ausländische Bildungsnachweise** Schlütz ORR
Ref III 240: **Ausbildungsförderung, studentische Angelegenheiten, Studentenwerk Schleswig-Holstein** NN
Ref III 250: **CAU, MUL außer Hochschulmedizin,**

Verfassungen und Satzungen der Hochschulen Meisner MinR
Ref III 260: **Bildungswissenschaftliche Hochschule Flensburg, Universität, Musikhochschule Lübeck, Muthesius-Hochschule, Fachhochschule für Kunst und Gestaltung, EU-Angelegenheiten im Hochschulbereich** Hemming RDirektorin
Ref III 270: **Grundsatzangelegenheiten der staatlichen und privaten Fachhochschulen, Fachhochschule Westküste, Fernstudium, Angelegenheiten der Hochschul- und sonstigen wissenschaftlichen Bibliotheken** Dr Siegl RDirektorin
Ref III 280: **Staatliche Fachhochschulen Flensburg, Kiel, Lübeck** von Unruh RDir
Ref III 290: **Hochschulpersonalverwaltung sowie dienst- und tarifrechtliche Angelegenheiten des Hochschulpersonals** Lorentzen MinR
Ref III 2901: **Grundsatzangelegenheiten des Hochschulpersonals** Janzen OAR

Abt III 3 Allgemeinbildende Schulen I (Grund-, Haupt-, Sonder- und Realschulen)
Leiter: Jochen Jacobsen MinDirig

Referatsgruppe 30 Grund-, Haupt- und Sonderschulen einschließlich Förderzentren
Leiter: Karl-Friedrich Paetow MinR

Ref III 300: **Schulaufsicht Grund- und Hauptschulen in der kreisfreien Stadt Kiel und den Kreisen Rendsburg-Eckernförde und Plön, Koordinierung der Fachaufsicht über Grund-, Haupt- und Sonderschulen, Schülerinnen und Schüler nichtdeutscher Muttersprache** Paetow MinR
Ref III 3001: **Personalplanung/Planstellenvergabe Grund-, Haupt-, Sonder- und Realschulen** Warthenpfuhl OAR
Ref III 301: **Schulaufsicht Grund- und Hauptschulen in den Kreisen Steinburg, Dithmarschen, allgemeine Angelegenheiten der Grundschulen, Musik, Vorbereitungsdienst Grund- und Hauptschulen** Schusdziarra MinRätin
Ref III 302: **Schulaufsicht Grund- und Hauptschulen in den Kreisen Nordfriesland, Schleswig-Flensburg, der kreisfreien Stadt Flensburg, allgemeine Angelegenheiten der Hauptschulen, Orientierungsstufe, Hauptschulabschluß, Friesisch, Plattdeutsch** Corinth MinR
Ref III 303: **Schulaufsicht Grund- und Hauptschulen in den Kreisen Segeburg, Herzogtum Lauenburg und Ostholstein, Wirtschaft/Politik, Heimat- und Sachunterricht, Berufswahlvorbereitung, Technik, Arbeitslehre, Werkstattunterricht** Simon MinR
Ref III 304: **Schulaufsicht Grund- und Hauptschulen in den Kreisen Pinneberg, Stormarn und den kreisfreien Städten Neumünster und Hansestadt Lübeck, Fremdsprachenunterricht in der Grundschule, feste Grundschulzeiten, Vorklassen, Schulkindergärten, Auswahl von Schulleiterinnen/-leitern** Zähle RSchulDirektorin
Ref III 305: **Schulaufsicht Sonderschulen in der kreisfreien Stadt Kiel, Kreis Schleswig-Flensburg, allgemeine Angelegenheiten der Sonderpädagogik,**

Integration, allgemeine Angelegenheiten der Pädagogik für Sehgeschädigte, Lern-, Geistig- und Körperbehinderte, Erziehungshilfe, Krankenhausunterricht Pluhar RSchulDirektorin
Ref III 306: **Schulaufsicht Sonderschulen in den kreisfreien Städten Hansestadt Lübeck, Neumünster und den Kreisen Nordfriesland, Dithmarschen, Rendsburg-Eckernförde, Plön, Ostholstein, Herzogtum-Lauenburg, Segeberg, Steinburg und Pinneberg, allgemeine Angelegenheiten der Pädagogik für Sprachbehinderte, Hörgeschädigte, Haus- und Sonderunterricht** Martens MinRätin

Referatsgruppe 31 Realschulen
Leiterin: Gerburg Böhrs MinRätin

Ref III 310: **Schulaufsicht in der kreisfreien Stadt Kiel, in den Kreisen Schleswig-Flensburg, Segeberg und Herzogtum Lauenburg, Philosophie, Deutsch, allgemeine Angelegenheiten der Realschulen, Gleichstellung von Schülerinnen/Schülern** Böhrs MinRätin
Ref III 311: **Schulaufsicht im Kreis Dithmarschen und kreisfreier Stadt Flensburg, Koordination der Fachaufsicht über Realschulen, Dänisch, Auswahl von Schulleiterinnen/-leitern, Realschulabschluß, Deutsche Schulen in Nordschleswig, Dänische Privatschulen im Landesteil Schleswig** Rehder MinR
Ref III 312: **Schulaufsicht in den Kreisen Pinneberg, Steinburg, Stormarn und kreisfreie Stadt Neumünster, Mathematik, Wahlpflichtunterricht, Landeselternbeiräte, -schülervertretungen** Ueck MinRätin
Ref III 313: **Schulaufsicht in den Kreisen Ostholstein, Plön, Nordfriesland, Rendsburg-Eckernförde und der kreisfreien Stadt Hansestadt Lübeck, Biologie, Erdkunde, Physik, Chemie, Wander- und Studienfahrten** Kaempfe MinR

Abt III 4 Allgemeinbildende Schulen II (Gymnasien und Gesamtschulen)
Leiterin: Dr Doris Köste-Bunselmeyer MinDirigentin

Referatsgruppe 40 Gymnasien
Leiter: Dieter Lubeseder MinR

Ref III 400: **Schulaufsicht Landkreis Plön, allgemeine Angelegenheiten der Gymnasien und der gymnasialen Oberstufe, Abitur, Hochschulzugang, Hochbegabtenförderung, Gymnasien und Arbeitswelt, Medizinertest** Lubeseder MinR
Ref III 401: **Schulaufsicht Kreisfreie Stadt Flensburg, Kreise Nordfriesland und Schleswig-Flensburg, Landeserziehungsheim Louisenlund, Deutsches Gymnasium Apenrade, Moderne Fremdsprachen** Beyer MinR
Ref III 402: **Schulaufsicht in den Kreisen Pinneberg und Steinburg, Geschichte, Erdkunde, politische Bildung** Salbrecht MinR
Ref III 403: **Internationaler Lehrkräfteaustausch, Fremdsprachenassistentinnen/-assistenten, Schülerinnen- und Schüleraustausch** Pfüller ORR
Ref III 404: **Schulaufsicht in den Kreisen Herzogtum Lauenburg und Stormarn, Sport** Speck MinR
Ref III 405: **Schulaufsicht in den Kreisen Dithmar-**

schen und Segeberg, Mathematik, Physik (Gymnasien/Gesamtschulen), Informatik, informationstechnische Bildung Wolgast MinR
Ref III 406: Schulaufsicht in der kreisfreien Stadt Kiel und Landkreis Rendsburg-Eckernförde, Deutsch (Gymnasien/Gesamtschulen) Zank MinR
Ref III 407: Schulaufsicht in der kreisfreien Stadt Hansestadt Lübeck und dem Kreis Ostholstein; Duborgskolen Flensburg, Alte Sprachen, Musik, gymnasiale Mittelstufe Ostertun MinR
Ref III 408: Schulaufsicht Abendgymnasien, Pädagogium Bad Schwartau, Auslandsschulwesen, Waldorfschulen, Zweiter Bildungsweg, Religion, Philosophie, Kunst Ziegler MinR

Referatsgruppe 41 Gesamtschulen
Leiter: Bernhard Brackhahn MinR

Ref III 410: Schulaufsicht Gesamtschulen IGS Trappenkamp, IGS Kiel-Dietrichsdorf, IGS Barsbüttel, FL, HL, KGS Adelby, KGS Elmshorn, allgemeine Angelegenheiten der Gesamtschulen, BLK-Modellversuche, Auswahl von Schulleiterinnen/-leitern, Schulversuche Brackhahn MinR
Ref III 411: Schulaufsicht Gesamtschulen Kreisfreie Städte Kiel (außer IGS Dietrichsdorf), Neumünster, Kreise Segeberg (außer IGS Trappenkamp), Herzogtum Lauenburg, Rendsburg Eckernförde, Schulaufsicht Gymnasien kreisfreie Stadt Neumünster, Biologie, Chemie, Integration Behinderter an Gesamtschulen Zeretzke MinRätin
Ref III 412: Schulaufsicht Gesamtschulen in den Kreisen Pinneberg, Stormarn (außer KGS Elmshorn), Realschulabschluß an Gesamtschulen, gymnasiale Orientierungsstufe Rehder MinR

Abt III 5 Schulgestaltung, Berufliche Bildung, Weiterbildung und Sport
Leiter: Klaus Karpen MinDirig

Referatsgruppe 50 Schulgestaltung
Leiter: Joachim Schuldt MinR

Ref III 500: **Schulversuche und -projekte, Angelegenheiten des IPTS, Landesschulbeirat, Verbindung zu den Lehrkräfteverbänden** Schuldt MinR
Ref III 501: **Lehrpläne I Grundschule, weiterführende allgemeinbildende und Sonderschulen, Lehrkräfteausbildung an den Hochschulen, Mitwirkung beim Einsatz der Lehrkräfte für museumspädagogische Aufgaben** Reise MinRätin
Ref III 502: **Lehrpläne II weiterführende allgemeinbildende Schulen, Medien, Theaterpädagogik** Dr Dorn (mdWdGb)
Ref III 503: **Lehrpläne berufsbildender Schulen, Rahmenlehrpläne der Kultusministerkonferenz (KMK)** Holland MinR
Ref III 504: **Umwelt-, Gesundheitserziehung, Schulpsychologischer Dienst** Arnhold RDir
Ref III 5041: **Verkehrs-, Sicherheitserziehung, Kooperation, Schule – außerschulische Jugendarbeit, Gewaltprävention** Zimmermann-Benz

Referatsgruppe 51 Berufliche Bildung
Leiter: Manfred Marwede MinR

Ref III 510: **Schulaufsicht berufsbildender Schulen kreisfreie Stadt Neumünster, Grundsatzfragen der berufsbildenden Schulen und der beruflichen Bildung in technischen und naturwissenschaftlichen Fachrichtungen** Marwede MinR
Ref III 511: **Schulaufsicht berufsbildender Schulen kreisfreie Stadt Kiel, Berufsfachschule und -aufbauschule, berufliche Bildung im kaufmännischen Bereich, Verbindung zu den Kammern** Heere MinR
Ref III 512: **Schulaufsicht berufsbildender Schulen kreisfreie Stadt Flensburg, Kreis Schleswig-Flensburg, Studienkolleg, Koordination der europäischen Programme in der beruflichen Bildung, berufliche Bildung im Bereich Sozialwirtschaft, Sozialpädagogik, Fremdsprachen an allen berufsbildenden Schulen** Schröder-Dijkstra MinRätin
Ref III 513: **Schulaufsicht berufsbildender Schulen kreisfreie Stadt Hansestadt Lübeck, Landkreise Plön und Ostholstein, Fachschule und -oberschule, Eignungsprüfung für Fachhochschulreife, berufliche Bildung in den gewerblichen Fachrichtungen** Wrütz MinR
Ref III 514: **Schulaufsicht berufsbildender Schulen Landkreise Herzogtum Lauenburg, Pinneberg, Segeberg, Stormarn, Berufsschule, berufliche Bildung im Bereich Metalltechnik, Fernunterricht** Marquardt MinR
Ref III 515: **Schulaufsicht berufsbildender Schulen Dithmarschen, Kreise Nordfriesland, Rendsburg-Eckernförde und Steinburg, Fachgymnasium, allgemeinbildende Fächer ohne Fremdsprachen** Kuhnke MinR
Ref III 516: **Schulaufsicht berufsbildender Schulen im Bereich Agrar-, Molkereiwirtschaft und Floristik** Prof Hansen MinR

Referatsgruppe 52 Politische Bildung, Volkshochschulen, Europaangelegenheiten
Leiter: NN

Ref III 520: **Angelegenheiten der politischen Bildung, Landeszentrale für Politische Bildung, Volkshochschulen, Akademie für Publizistik** NN
Ref III 521: **Europaangelegenheiten** Hahn RegDir

Referatsgruppe 53 Schul- und Hochschulsport, Schulbau, -entwicklungsplanung
Leiter: Udo Speck MinR

Ref III 530: **Allgemeine und Einzelfragen des Schulsports** Speck MinR
Ref III 531: **Schulbau, -entwicklungsplanung** Jens MinR
Ref III 5311: **Allgemeine Fragen und Rechtsgrundlagen des Schulbaus, Schulbauhaushalt** Prüter OAR

Abt III 6 Forschung und Hochschulmedizin
Leiter: Uwe Lützen MinDirig

Ref III 600: **Grundsatzangelegenheiten Forschung** Klinke LtdMinR
Ref III 610: **Einzelne Forschungsinstitute und Forschungsangelegenheiten** Wagner RDir
Ref III 6101: **Forschungsförderung: GEOMAR, MLL, EU-Projekte** Haack

Ref III 6102: Frauenforschung, Frauenförderung im wissenschaftlichen Bereich Malecki OARätin
Ref III 620: **Technologietransfer und Förderung besonderer Forschungsvorhaben** Zylka MinR
Ref III 630: **Medizinische Fakultäten und Klinika der CAU und MUL** Eisenberg MinR
Ref III 640: **Betriebsführung und Wirtschaftlichkeit der Klinika** Wechselmann
Ref III 650: **Hochschul-, Forschungs- und Kulturstatistik** Neumaier MinR

Abt III 7 Kultur
Leiter: Dr Rolf Peter Carl MinDirig

Referatsgruppe 70 Kulturelle Angelegenheiten I
Leiter: Heinz Jaekel MinR

Ref III 700: **Allgemeine Verwaltungs- und Koordinierungsaufgaben, Kulturstiftung, Haushalt, Kieler Schloß, Minderheitenangelegenheiten, Museumswesen** Jaekel MinR
Ref III 701: **Musik- und Filmförderung** Nogalski
Ref III 702: **Theaterförderung und Soziokultur, Schleswig-Holstein Kunstpreis, Kulturarbeit für besondere Zielgruppen** Hohmann
Ref III 703: **Förderung der bildenden Kunst und des Kunsthandwerks, Kunst im öffentlichen Raum, Kulturkommission, Medienförderprogramme, kulturelle Weiterbildung** Dr von Randow
Ref III 7031: **Verwaltung des Landeskunstbesitzes, Einzelangelegenheiten der Künstlerförderung** Jann

Referatsgruppe 71 Kulturelle Angelegenheiten II
Leiter: Rolf Gallinat MinR

Ref III 710: **Kirchenangelegenheiten, Denkmalpflege** Gallinat MinR
Ref III 711: **Heimat- und Kulturpflege, Landessprachen und Landeskunde, Regionale Stiftungen, Archivwesen** Balke RDir
Ref III 712: **Ars Baltica, Landeskulturzentrum Salzau, Auslandsangelegenheiten, EU-Angelegenheiten** Haarmann RDir
Ref III 713: **Öffentliche Bibliotheken, Literaturförderung** Schilf
Ref III 720: **Kulturarbeit im Sinne des Bundesvertriebenen- und -flüchtlingsgesetzes, Angelegenheiten der Vertriebenen, Rückführung und Schutz von Kulturgut** Dr Zillmann MinR

Dem Ministerium für Bildung, Wissenschaft, Forschung und Kultur zugeordnete Ämter:

1 Ministerium für Bildung, Wissenschaft, Forschung und Kultur

– Landeszentrale für Politische Bildung –

24105 Kiel, Düvelsbeker Weg 12;
Tel (04 31) 3 07 74 bis 3 07 79; Fax (04 31) 33 40 93

Aufgabenkreis:
Durchführung und Förderung von politischen Bildungsmaßnahmen (Seminare, Tagungen, Vortragsveranstaltungen, politische Studienreisen, Verteilung von Publikationen und Verleih von Filmen).

Leiter: Dr Karl-Heinz Harbeck

2 Ministerium für Bildung, Wissenschaft, Forschung und Kultur des Landes Schleswig-Holstein

– Museumsamt –

24866 Busdorf, Haddebyer Chaussee 14;
Tel (0 46 21) 93 65-0; Fax (0 46 21) 93 65-55

Aufgaben:
Beratung der Landesregierung in allen Fragen des Museumswesens, Landesmuseumspflege, Beratung und Förderung der Träger nichtstaatlicher (kommunaler, privater, vereinseigener) Museen, Zusammenarbeit mit dem Museumsverband und dessen Arbeitskreisen, Kooperation und Informationsaustausch mit den Museen des Landes Schleswig-Holstein, Herausgabe von Veröffentlichungen zu Museen und Ausstellungen in Schleswig-Holstein in Zusammenarbeit mit den Museen, Unterstützung der Sammelgebiete der Museen des Landes, Beratung in konservatorischen und restauratorischen Fragen, Erarbeitung von Bau- und Gestaltungsplänen von Museen, Durchführung von Sonderausstellungen, Austausch von Ausstellungen im Lande, Initiative von Wanderausstellungen, projektbezogene und museumsübergreifende Konzeptionen für Museumspädagogik, Konzentration der Werbung für Museen in Verbindung mit den Fremdenverkehrsverbänden und anderen Organisationen.

Leiter: Dr Helmut Sydow

Zum Geschäftsbereich des Ministeriums für Bildung, Wissenschaft, Forschung und Kultur gehören:

3 Landesamt für Denkmalpflege

24103 Kiel, Schloß; Tel (04 31) 9 06 70

Staatsrechtliche Grundlage und Aufgabenkreis:
Gesetz zum Schutze der Kulturdenkmale (Denkmalschutzgesetz) vom 7. Juli 1958 (GVOBl Schl-H Seite 217) in der Neufassung vom 21. November 1996 (GVOBl Schl-H Seite 676).
Das Landesamt für Denkmalpflege, eine Landesoberbehörde, ist zuständig für den Vollzug des Denkmalschutzgesetzes, die allgemeine Denkmalpflege sowie die wissenschaftliche Inventarisierung und Bearbeitung der Kulturdenkmale mit Ausnahme der archäologischen Denkmale.

Leiter: Dr Johannes Habich Landeskonservator
Amtsbezirk: Land Schleswig-Holstein ohne Stadt Lübeck

4 Archäologisches Landes-amt Schleswig-Holstein

Schleswig-Holstein

24837 Schleswig, Schloß Annettenhöh, Brockdorff-Rantzau-Str 70; Tel (0 46 21) 3 87-0; Fax (0 46 21) 3 87-55

Staatsrechtliche Grundlage und Aufgabenkreis:
Gesetz zum Schutz der Kulturdenkmale vom 7. Juli 1958 (GVOBl Schl-H Seite 217) in der Fassung vom 18. September 1972 (GVOBl Schl-H Seite 164), zuletzt geändert durch Gesetz vom 31. März 1996 (GVOBl Schl-H Seite 409).

Das Archäologische Landesamt Schleswig-Holstein, eine obere Denkmalschutzbehörde, befaßt sich mit Denkmalschutz und Denkmalpflege zur Erforschung und Erhaltung archäologischer Denkmäler in Schleswig-Holstein (ohne Hansestadt Lübeck). Es führt die archäologische Landesaufnahme durch, sichert den Denkmälerbestand durch Denkmalschutz und Denkmalpflege, nimmt fachlich Stellung zu öffentlichen Planungen, erschließt durch Ausgrabungen archäologische Denkmäler als archäologische Quellen, informiert die Öffentlichkeit über archäologische Denkmäler und publiziert wissenschaftliche Ergebnisse. Es wird in der Wahrnehmung seiner Aufgaben landesweit von ca. 40 ehrenamtlichen Vertrauensleuten unterstützt.

Leiter: Prof Dr J Reichstein LtdWissDir

5 Landesarchiv

Schleswig-Holstein

24837 Schleswig, Gottorfstr 6, Prinzenpalais; Tel (0 46 21) 86-18 00; Fax (0 46 21) 86-18 01

Staatsrechtliche Grundlage und Aufgabenbereich:
Gesetz über die Sicherung und Nutzung öffentlichen Archivgutes in Schleswig-Holstein vom 11. August 1992 (GVOBl Schl-H Seite 444), berichtigt durch Gesetz vom 22. Oktober 1992 (GVOBl Schl-H Seite 498).

Das Landesarchiv Schleswig-Holstein, eine Landesoberbehörde, ist zuständig für die Übernahme, Aufbewahrung und Erschließung der archivwürdigen Unterlagen der Behörden und Gerichte des Landes und ihrer Vorgänger, ergänzt diese Bestände durch wichtiges Schriftgut privater Herkunft und Dokumentationsmaterial, erbringt Dienstleistungen für Forschung und Bildung und fördert durch Editionen und Publikationen die Auseinandersetzung mit der Geschichte des Landes.

Leiter: Dr Reimer Witt LtdArchDir

6 Schulen

Staatsrechtliche Grundlage, Organisation und Aufgabenkreis:
Nach dem Schleswig-Holsteinischen Schulgesetz in der Fassung vom 2. August 1990 (GVOBl Schl-H Seite 451), geändert durch Gesetz vom 19. März 1996

(GVOBl Schl-H Seite 301), gliedern sich die öffentlichen Schulen in folgende Schularten:
– die Grundschule;
– die weiterführenden allgemeinbildenden Schulen:
– die Hauptschule,
– die Realschule,
– das Gymnasium,
– die Gesamtschule
– die berufsbildenden Schulen:
– die Berufsschule,
– die Berufsfachschule,
– die Berufsaufbauschule,
– die Fachoberschule,
– das Fachgymnasium,
– die Berufsakademie,
– die Fachschule;
– die Sonderschulen.

Das private Schulwesen, darunter das dänische Schulwesen im Lande, untersteht der Rechtsaufsicht der Ministerin oder des Ministers für Bildung, Wissenschaft, Forschung und Kultur.

Die Privatschulen und die Schulen der dänischen Minderheit sowie das deutsche Schulwesen in Nordschleswig werden mit Zuschüssen gefördert.

Die **Grundschule** vermittelt den Schülerinnen und Schülern, die schulpflichtig und schulreif sind, Grundkenntnisse und Grundfertigkeiten und entwickelt die verschiedenen Begabungen in einem für alle Schülerinnen und Schüler gemeinsamen Bildungsgang. Dabei soll den besonderen Bedürfnissen einzelner Kinder durch ausgleichenden Unterricht entsprochen werden.

Die Grundschule hat vier Klassenstufen. In Grundschulen soll eine Klasse je Klassenstufe vorhanden sein.

Mit der Grundschule kann ein Schulkindergarten verbunden werden, der auf dem Wege über das Spielen schulpflichtige, aber noch nicht schulreife Kinder in eine größere Gruppe einführt und sie auf das Lernen in der Grundschule vorbereitet.

Die **Hauptschule** vermittelt Schülerinnen und Schülern im Anschluß an die Grundschule eine allgemeine Bildung und ermöglicht ihnen entsprechend ihrer Begabung und Leistung eine Schwerpunktbildung. Sie vermittelt einen Abschluß, der den Anforderungen für eine Berufsausbildung in einem anerkannten Ausbildungsberuf entspricht und weitere schulische Bildungsgänge eröffnet.

Die Hauptschule hat fünf Klassenstufen. Sie kann eine weitere Klassenstufe haben (zehnte Klassenstufe). Hauptschulen sollen in den Klassenstufen fünf bis neun mindestens eine Klasse je Klassenstufe umfassen.

Die zehnte Klassenstufe an der Hauptschule hat das Ziel, die allgemeine Bildung und die Vorbereitung der Schülerinnen und Schüler auf die Arbeitswelt zu erweitern und zu vertiefen. Sie nimmt Schülerinnen und Schüler auf, die den Abschluß nach Abs 1 erreicht haben. Sie erwerben nach erfolgreicher Teilnahme einen Abschluß, der die schulische Voraussetzung für die Aufnahme in die Fachoberschule und Fachschule enthalten kann.

Die **Realschule** vermittelt nach Begabung und Leistung geeigneten Schülerinnen und Schülern im Anschluß an die Grundschule eine allgemeine Bildung, die Grundlage für eine Berufsausbildung mit gesteigerten Anforderungen ist und daneben weitere schulische Bildungsgänge eröffnet.

Die Realschule hat sechs Klassenstufen. Mit der Versetzung in die zehnte Klassenstufe wird ein Schulabschluß erreicht, der dem Hauptschulabschluß gleichwertig ist. Die Realschule schließt mit einer Prüfung ab. Realschulen sollen mindestens zwei Klassen je Klassenstufe umfassen. Realschulen mit einer Klasse je Klassenstufe können in organisatorischer Verbindung mit anderen Schularten bestehen.

Das **Gymnasium** vermittelt nach Begabung und Leistung geeigneten Schülerinnen und Schülern im Anschluß an die Grundschule eine allgemeine Bildung, die den Anforderungen für die Aufnahme eines Hochschulstudiums und einer vergleichbaren Berufsausbildung entspricht.

Das Gymnasium umfaßt neun Schulleistungsjahre (sechs Klassenstufen und eine anschließende Oberstufe). Mit der Versetzung in die zehnte Klassenstufe wird ein Schulabschluß erreicht, der dem Hauptschulabschluß gleichwertig ist. Mit der Versetzung in die Oberstufe wird ein Schulabschluß erreicht, der dem Realschulabschluß gleichwertig ist. In der Oberstufe können schulische Voraussetzungen für den Zugang zur Fachhochschule vermittelt werden. Das Gymnasium schließt mit der Abiturprüfung ab. Die bestandene Abiturprüfung enthält die Hochschulzugangsberechtigung.

In der Oberstufe werden die Schülerinnen und Schüler nach einer Einführungszeit in einem Kurssystem unterrichtet, in dem sie nach ihrer Neigung durch Wahl von Grund- und Leistungskursen aus einem bestimmten Fächerangebot Schwerpunkte in ihrer schulischen Bildung setzen. In der Oberstufe findet in der Regel verbindlicher Unterricht auch am Nachmittag statt.

Gymnasien sollen drei Klassen je Klassenstufe umfassen. Sie sollen eine Oberstufe haben.

Die **integrierte Gesamtschule** vermittelt Schülerinnen und Schülern im Anschluß an die Grundschule in einem weitgehend gemeinsamen Bildungsgang eine allgemeine Bildung, die die Grundlage für die Aufnahme einer Berufsausbildung in einem anerkannten Ausbildungsberuf umfaßt oder zur Aufnahme eines Hochschulstudiums berechtigt, soweit die entsprechenden Anforderungen erfüllt werden. Die Gesamtschule führt entsprechend den Leistungen der Schülerinnen und Schüler je nach Dauer des Schulbesuchs zu folgenden Abschlüssen:

– nach erfolgreichem Besuch der Klassenstufe neun zu einem Abschluß, der dem Hauptschulabschluß gleichgestellt ist,
– nach erfolgreichem Besuch der Klassenstufe zehn zu einem Abschluß, der die schulische Voraussetzung für die Aufnahme in die Fachoberschule und die Fachschule enthalten kann,
– nach erfolgreichem Besuch der Klassenstufe zehn und nach Bestehen der Abschlußprüfung

– zu einem Abschluß, der dem Realschulabschluß gleichgestellt ist, oder
– zu einem Abschluß, der die Versetzung in die Oberstufe enthält.

Über die Aufnahme in die integrierte Gesamtschule entscheidet die Schulleiterin oder der Schulleiter. Bei Aufnahme ist darauf zu achten, daß Schülerinnen und Schüler aller Leistungsstärken in etwa gleichem Umfang ausgewählt werden und soziale Härtefälle vermieden werden. Die integrierte Gesamtschule umfaßt sechs Klassenstufen und eine anschließende Oberstufe, für die die Vorschriften über die Oberstufe des Gymnasiums entsprechend gelten. Der Unterricht wird in Klassen und in einer mit den Klassenstufen zunehmenden Anzahl von Fächern in nach Leistungsfähigkeit und Neigung der Schülerinnen und Schüler differenzierten Kursen erteilt.

Integrierte Gesamtschulen sollen drei Klassen je Klassenstufe umfassen. Sie sollen eine Oberstufe haben. In der Oberstufe findet in der Regel verbindlicher Unterricht auch am Nachmittag statt.

Bei einem Schulträger können ein Gymnasium, eine Realschule und eine Hauptschule in einer kooperativen Gesamtschule organisatorisch verbunden sein. Die kooperative Gesamtschule dient dem verstärkten Austausch von Lernangeboten zwischen den Schularten und ermöglicht den Schülerinnen und Schülern, in einzelnen Fächern am Unterricht in Klassen einer anderen Schulart teilzunehmen. Im übrigen gelten für die Schülerinnen und Schüler die Bestimmungen für die jeweilige Schulart, soweit nicht besondere Vorschriften bestehen.

Über die gemeinsame Orientierungsstufe hinaus kann weiterer schulartunabhängiger Unterricht erteilt werden, wenn die Schulkonferenz dies beschließt und die oberste Schulaufsichtsbehörde es genehmigt. Kooperative Gesamtschulen sollen mindestens zwei Klassen je Klassenstufe und Schulart umfassen. Sie sollen eine Oberstufe haben.

Die **Berufsschule** vermittelt fachbezogene Kenntnisse und Fertigkeiten, die für die angestrebte Berufsausbildung erforderlich sind, und erweitert die allgemeine Bildung. Mit dem erfolgreichen Abschluß der Berufsschule kann der Abschluß erworben werden.

Die Berufsschule vermittelt Jugendlichen in einem Ausbildungsverhältnis gemeinsam mit ausbildenden Betrieben eine Berufsausbildung in einem anerkannten Ausbildungsberuf.

Die Berufsschule bereitet Jugendliche ohne Ausbildungsverhältnis, die berufsschulpflichtig sind, auf eine Berufsausbildung oder die Aufnahme einer beruflichen Tätigkeit vor.

Der Berufsschulbesuch setzt die Erfüllung der Vollzeitschulpflicht voraus. Der Unterricht erfolgt an einem oder zwei Wochentagen (Teilzeitunterricht) oder in zusammenhängenden Teilabschnitten (Blockunterricht) und führt zum Berufsschulabschluß.

Das erste Jahr kann als Berufsgrundbildungsjahr mit Vollzeitunterricht an den Berufsschulen oder in Zusammenarbeit mit den ausbildenden Betrieben oder überbetrieblichen Berufsbildungsstätten erfolgen. Für

Jugendliche ohne Ausbildungsverhältnis kann Vollzeitunterricht erteilt werden.

Die Berufsschule wird in Fachklassen für Einzelberufe, Berufsgruppen oder Berufsfelder verwandter Berufe, vom zweiten Jahr an für Einzelberufe oder Berufsgruppen gegliedert. Lassen sich Fachklassen an einer Berufsschule nicht bilden, sollen sie für die Einzugsbereiche mehrerer Berufsschulen als Bezirksfachklassen oder für das ganze Land als Landesberufsschulen gebildet werden.

In der Berufsschule findet in der Regel verbindlicher Unterricht auch am Nachmittag statt.

Die **Berufsfachschule** vermittelt in bestimmten Fachrichtungen durch Vollzeitunterricht eine erste berufliche Bildung.

Die Berufsfachschule kann zu einer abgeschlossenen Berufsausbildung führen. Der Unterricht kann durch betriebliche Praxis ergänzt werden. Die Aufnahme in die Berufsfachschule setzt mindestens den Hauptschulabschluß voraus. Die Berufsfachschule vertieft und erweitert die allgemeine Bildung und kann – gegebenenfalls durch zusätzlichen Unterricht – zu einem Schulabschluß führen, der dem Realschulabschluß oder dem Abschluß der Fachoberschule gleichwertig ist. Die Berufsfachschule schließt mit einer Prüfung ab. Die Berufsfachschule kann ein- oder mehrjährige Bildungsgänge enthalten, für die auch der Realschulabschluß als Aufnahmevoraussetzung vorgeschrieben werden kann.

Die **Berufsaufbauschule** vermittelt Schülerinnen und Schülern mit Hauptschulabschluß während oder nach einer Berufsausbildung einen Abschluß, der dem Realschulabschluß gleichwertig ist.

Die Berufsaufbauschule umfaßt eine Klassenstufe bei Vollzeitunterricht, bei Teilzeitunterricht einen entsprechend längeren Zeitraum. Sie schließt mit einer Prüfung ab.

Die **Fachoberschule** vermittelt Schülerinnen und Schülern nach abgeschlossener Berufsausbildung durch einen mindestens einjährigen Vollzeitunterricht, bei Teilzeitunterricht durch einen entsprechend längeren Zeitraum, eine Bildung, die den Anforderungen für die Aufnahme eines Studiums an einer Fachhochschule entspricht. Schulische Voraussetzung für die Aufnahme ist der Realschulabschluß oder der überdurchschnittliche Abschluß der zehnten Klassenstufe an der Hauptschule.

Die Fachoberschule ist in Fachrichtungen gegliedert. Die Fachoberschule schließt mit einer Prüfung ab.

Das **Fachgymnasium** vermittelt Schülerinnen und Schülern mit Realschulabschluß durch berufsbezogene und allgemeinbildende Unterrichtsinhalte eine Bildung, die den Anforderungen für die Aufnahme eines Hochschulstudiums und einer vergleichbaren Berufsausbildung entspricht.

Das Fachgymnasium umfaßt drei Schulleistungsjahre. Am Fachgymnasium können schulische Voraussetzungen für den Zugang zur Fachhochschule vermittelt werden. Das Fachgymnasium schließt mit der Abiturprüfung ab. Die bestandene Abiturprüfung enthält die Hochschulzugangsberechtigung.

Im Fachgymnasium werden die Schüler nach einer Einführungszeit in einem Kurssystem unterrichtet, in dem sie nach ihrer Neigung durch Wahl von Grund- und Leistungskursen aus einem bestimmten Fächerangebot einen sozialwirtschaftlichen, technischen, wirtschaftlichen oder agrarwirtschaftlichen Schwerpunkt in ihrer Bildung setzen. Im Fachgymnasium findet in der Regel verbindlicher Unterricht auch am Nachmittag statt.

Die **Berufsakademie** vermittelt gemeinsam mit ausbildenden Betrieben Schülerinnen und Schülern, die die Anforderungen für die Aufnahme eines Studiums an einer wissenschaftlichen Hochschule erfüllen, eine wissenschaftsbezogene und praxisorientierte Berufsausbildung.

Die Berufsakademie gliedert sich in Fachrichtungen. Die Ausbildung an der Berufsakademie dauert sechs Halbjahre, in der Fachrichtung Technik im Ausnahmefall acht Halbjahre, und schließt mit einer Prüfung ab. Nach vier Halbjahren kann ein erster Ausbildungsabschnitt mit einer Prüfung abgeschlossen werden.

Die **Fachschule** vermittelt nach einer abgeschlossenen Berufsausbildung und mehrjähriger Berufserfahrung durch Weiterbildung vertiefte berufliche Fachkenntnisse. An die Stelle der Berufserfahrung kann ein mindestens einjähriges Praktikum treten. Voraussetzung für die Aufnahme ist der Hauptschulabschluß oder der Realschulabschluß. An die Stelle des Realschulabschlusses kann der überdurchschnittliche Abschluß der zehnten Klassenstufe der Hauptschule treten. Durch ergänzenden Unterricht kann ein weiterer schulischer Abschluß erreicht werden. Die Fachschule schließt mit einer Prüfung ab.

Die Fachschule wird in Fachrichtungen gegliedert; sie umfaßt ein oder mehrere Schulleistungsjahre mit Vollzeitunterricht, bei Teilzeitunterricht einen entsprechend längeren Zeitraum.

Die **Sonderschulen** unterrichten und erziehen Schülerinnen und Schüler sowie andere Kinder und Jugendliche, die wegen ihrer körperlichen, geistigen, seelischen oder sozialen Entwicklung oder Behinderung einer sonderpädagogischen Förderung bedürfen.

Als Förderzentren unterstützen Sonderschulen Unterricht und Erziehung von Schülerinnen und Schülern mit sonderpädagogischem Förderbedarf in anderen Schularten und geben Sonderunterricht für Kinder und Jugendliche, die keine Schule besuchen. Die Sonderschulen nehmen Schülerinnen und Schüler auf, die in anderen Schularten auch mit besonderen Hilfen dauernd oder vorübergehend nicht ausreichend gefördert werden können.

Sonderschulen sollen

– die Behinderung beheben oder deren Folgen mildern und dabei eine allgemeine Bildung vermitteln und auf die berufliche Bildung vorbereiten,

– auf die Eingliederung der Schülerinnen und Schüler in Schulen anderer Schulart hinwirken,

– sich an der Förderung behinderter oder von einer Behinderung bedrohter Schülerinnen und Schüler in den anderen Schularten beteiligen,

– an der Planung und Durchführung von Formen des

gemeinsamen Unterrichts für behinderte und nicht-behinderte Schülerinnen und Schüler mitwirken,
– Eltern und Kinder mit sonderpädagogischem Förderbedarf und deren Lehrkräfte beraten.

Sonderschulen sind insbesondere Schulen für Lernbehinderte (Förderschulen), für Verhaltensgestörte (Schulen für Erziehungshilfe), für Blinde, für Sehbehinderte, für Geistigbehinderte, für Hörgeschädigte, für Körperbehinderte und für Sprachbehinderte sowie Sprachheilschulen. Sie können zu den in anderen Schularten vorgesehenen Abschlüssen führen.

7 Schulämter

Staatsrechtliche Grundlage, Gliederung und Aufgabenkreis:

Das Schulwesen untersteht der Aufsicht des Landes (Art 7 Abs 1 des Grundgesetzes). Die Aufsicht umfaßt die Gesamtheit der staatlichen, organisatorischen und planerischen Gestaltung (Schulgestaltung) sowie die Beaufsichtigung der Schulen (Schulaufsicht).

Die Schulgestaltung erstreckt sich insbesondere auf
– die Festlegung der Inhalte und die Organisation des Unterrichts,
– die zentrale Planung der Schulstandorte und
– die Zulassung der Lehr- und Lernmittel.

Die Schulaufsicht umfaßt bei den öffentlichen Schulen
– die Beratung der Schulen, insbesondere der Lehrkräfte, bei der Erfüllung ihrer Aufgaben,
– die Fachaufsicht über Erziehung und Unterricht in den Schulen,
– die Dienstaufsicht über die Schulen,
– die Rechtsaufsicht über die Schulträger bei der Erfüllung ihrer Aufgaben.

Nach § 125 des Schleswig-Holsteinischen Schulgesetzes in der Fassung der Bekanntmachung vom 2. August 1990 (GVOBl Schl-H S 451) ist die Ministerin oder der Minister für Bildung, Wissenschaft, Forschung und Kultur oberste Schulaufsichtsbehörde. Untere Schulaufsichtsbehörde ist das Schulamt als untere Landesbehörde und besteht in den Kreisen aus der Landrätin oder dem Landrat und einer Schulrätin oder einem Schulrat oder mehreren Schulrätinnen oder mehreren Schulräten. Die Schulrätinnen und Schulräte sind Landesbeamtinnen und Landesbeamte.

Die Schulämter sind zuständig für die Schulaufsicht hinsichtlich der Grundschulen, Hauptschulen, Realschulen und Sonderschulen.

Schulamt des Kreises Dithmarschen
25746 Heide, Stettiner Str 30; Tel (04 81) 9 71
Schulräte: Walter Lorenzen; Dieter Ziervogel

Schulamt des Kreises Herzogtum Lauenburg
23909 Ratzeburg, Barlachstr 2; Tel (0 45 51) 1 21
Schulräte: Dierck Jordt StudR; Carl-Peter Schlottmann

Schulamt des Kreises Nordfriesland
25813 Husum, Kreishaus, Marktstr; Tel (0 48 41) 6 70
Schulräte: Hark Martinen; Franz Fechner; Hans Hohe

Schulamt des Kreises Ostholstein
23701 Eutin, Lübecker Str 41; Tel (0 45 21) 8 31
Schulräte: Winfried Riek; Wolfgang Scholz; Ilse Bahl

Schulamt des Kreises Steinburg
25524 Itzehoe, Viktoriastr 16-18; Tel (0 48 21) 6 90
Schulräte: Hans-Hinrich Meints; Erwin Henkies

Schulamt des Kreises Stormarn
23843 Bad Oldesloe, Stormarnhaus;
Tel (0 45 31) 8 00-0
Schulräte: Joachim Schnaak; Heinz Stelter

Schulamt des Kreises Pinneberg
25421 Pinneberg, Lindenstr 13; Tel (0 41 01) 21 21
Schulräte: Alwin Heinemann; Wulf Krützfeld; Georg Hölk

Schulamt des Kreises Plön
24306 Plön, Hamburger Str; Tel (0 45 22) 50 80
Schulräte: Lothar Lamb; Gerd Wiborg

Schulamt des Kreises Rendsburg-Eckernförde
24768 Rendsburg, Kaiserstr 8; Tel (0 43 31) 20 20
Schulräte: Margarete Bischoff; Birgit Hameyer; Hans Kaack

Schulamt des Kreises Schleswig-Flensburg
24837 Schleswig, Flensburger Str 7; Tel (0 46 21) 8 70
Schulräte: Harald Kracht; Christine Jesumann; Klaus Godau

Schulamt des Kreises Segeberg
23795 Bad Segeberg, Hamburger Str 30;
Tel (0 45 51) 5 11
Schulräte: Dietrich Bartsch; Berthold Otte; Dieter Brandt

Schulamt der Stadt Flensburg
24937 Flensburg, Waitzstr 32; Tel (04 61) 8 50
Schulrat: Sven Jürgensen

Schulamt der Landeshauptstadt Kiel
24103 Kiel, Alter Markt 7; Tel (04 31) 90 11
Schulräte: Dieter Degn; Klaus Guttenberger Realschulrektor; Angela Thoemmes

Schulamt in der Hansestadt Lübeck
23539 Lübeck, Rathaushof;
Tel (04 51) 12-2 40 90-2 40 92
Schulräte: Eckhard Lück; Rudi Witzke; Eckhard Aleidt

Schulamt der Stadt Neumünster
24534 Neumünster, Kaiserstr 2/6;
Tel (0 43 21) 4 03-1/3 98
Schulrat: Heinz Schliep

8 Prüfungsausschuß bei der Fachhochschule Kiel

– Fachbereich Sozialwesen –

24113 Kiel, Diesterwegstr 20; Tel (04 31) 6 48 33;
Fax (04 31) 6 48 34 05

Aufgabenkreis:
Durchführung staatlicher Prüfungen

Weitere Einrichtungen im Geschäftsbereich des Ministeriums für Bildung, Wissenschaft, Forschung und Kultur:

9 Landesinstitut Schleswig-Holstein für Praxis und Theorie der Schule (IPTS)

24119 Kronshagen, Schreberweg 5;
Tel (04 31) 5 40 30; Fax (04 31) 54 03-2 00

Staatsrechtliche Grundlage und Aufgabenkreis:
Dem IPTS obliegen gemäß § 30 Schleswig-Holsteinisches Schulgesetz Berufseinführung, Fortbildung und Weiterbildung der Lehrkräfte sowie Unterrichtsfachberatung und technologische Pädagogik im Lande Schleswig-Holstein. Dem Institut können vom zuständigen Ministerium weitere Aufgaben übertragen werden.
Die Aufgabe der Berufseinführung wird in Regionalseminaren durchgeführt.
Das IPTS ist eine Einrichtung des Landes.
Die Aufsicht obliegt dem Ministerium für Bildung, Wissenschaft, Forschung und Kultur.
Das IPTS gliedert sich in die IPTS-Zentrale, die IPTS-Landesseminare, die IPTS-Landesbildstelle und die IPTS-Regionalseminare.

Leiter: Dr Hans Dohm Dir

IPTS-Zentrale

IPTS 100: **Rechts- und Personalangelegenheiten** Sanner LtdRDir
IPTS 101: **Haushalt, Controlling, Organisation, Büroleitung** Sanner LtdRDir

IPTS 110 Unterrichtsforschung, Erziehung und Unterricht

IPTS 110 Br: **Koordination: Religion, Philosophie, Heimat- und Sachunterricht, Verkehrserziehung, Friedenserziehung, Angelegenheiten der Schulkindergärten und Vorklassen, der Primarstufe und der Grund-, Haupt- und Sonderschulen, Grundsatzangelegenheiten des IPTS-Landesseminars für Sonderpädagogik** Brüggemann OStudDir
IPTS 110 R: **Koordination: Erziehung, Schulpädagogik, Schulpsychologie, Sport, Schulausflüge, Gesundheitserziehung (einschließlich Drogenproblematik), Sexualerziehung, Umwelterziehung, Gewaltprävention, Eltern und Schule, Verbindung zu den Schulpsychologischen Diensten** Rickers OStudDir

IPTS 120 Schulgestaltung I (Allgemeinbildende Schulen)

IPTS 120 Bs: **Koordination: Fortbildung für Schulleitungen, Informations- und Kommunikationstechniken, Mathematik, Informatik, Informationstechnische Grundbildung, Angelegenheiten der Sekundarstufe II und der Gymnasien** Buhse OStudDir
IPTS 120 W: **Koordination: Musik, Kunst, Textiles Werken, Hauswirtschaft, Museumspädagogik, Niederdeutsch, Angelegenheiten der Sekundarstufe I (Klassenstufen 7-10) und der Realschulen** Wernecke StudDir

IPTS 121: **Koordination: Naturwissenschaften** Dr Schwarze StudDir

IPTS 130 Schulgestaltung II (Berufsbildende Schulen)
Übergreifende Fragen der berufsbildenden Schulen, Grundsatzangelegenheiten des IPTS-Landesseminars für berufsbildende Schulen, Berufspädagogik, Betreuung von Schulversuchen im Dezernatsbereich, Innovationsförderung, Organisationsentwicklung in Schulen, Schulmanagement, Verbindung zu den Kammern usw sowie zu Hochschulen und Weiterbildungsträgern im berufsbildenden Bereich, Koordination im Rahmen der Aus-, Fortund Weiterbildung sowie Unterrichtsfachberatung (einschließlich Verbindung zur Lehrplanarbeit, Multiplikatorenschulung): Fortbildung für Schulleitungen, Fächer und Fachrichtungen des berufsbildenden Schulwesens, Übergreifende Fragen der EDV und der Modernen Techniken einschließlich Projekt „Moderne Techniken" (PMT) Hartz-Cnotka OStudDirektorin

IPTS 140 Koordination der IPTS-Seminare I, Ausbildung
Schulartübergreifende Fragen der Ausbildung, Umsetzung der OVP, Rahmenausbildungspläne, Mitwirkung bei der Zuweisung der Lehrkräfte in Ausbildung zu den Seminaren, Tätigkeitsregelungen für Studienleiterinnen und Studienleiter, Betreuung von Schulversuchen im Dezernatsbereich; Koordination: Deutsch, Friesisch, Alte Sprachen, Unterricht für Kinder nichtdeutscher Muttersprache, interkulturelle Erziehung, Schulspiel/Schultheater, Medienerziehung Keudel OStudDir

IPTS 150 Koordination der IPTS-Seminare II – Fort- und Weiterbildung
Schulartübergreifende Fragen der Fort- und Weiterbildung sowie Unterrichtsfachberatung, Fortbildungsschwerpunkte, Finanzierungsgrundsätze, Didaktik und Methodik der Fort- und Weiterbildung; Koordinierung: Unterrichtliche Behandlung von Gleichstellungsfragen, Moderne Fremdsprachen, Angelegenheiten der Orientierungsstufe und der Gesamtschulen, Grundsatzangelegenheiten des IPTS-Landesseminars für Gesamtschulen, LINGUA-Projekte, Betreuung ausländischer Besucherinnen und Besucher Dr Lohmann OStudDirektorin

IPTS 160 Information – Dokumentation – Lernmittel
Fächerübergreifende Verbindung zur Lehrplanarbeit im allgemeinbildenden Schulwesen, Bibliothekswesen des IPTS, Zusammenarbeit mit Hochschulen und Weiterbildungseinrichtungen (z B Georg-Eckert-Institut, DIFF), Schriftenaustausch mit Einrichtungen der Lehrerbildung; Koordination: Geschichte, Erdkunde, Politische Bildung, Wirtschaft/Politik, Technisches Werken/Technik, Ostseeraum, Europa, Verbindung zur Bundeswehr Czeczatka OStudDir

IPTS-Landesseminare und IPTS-Landesbildstelle

IPTS 21 IPTS-Landesseminar für Gesamtschulen
24539 Neumünster, Wrangelstr 12;
Tel (0 43 21) 96 73 18; Fax (0 43 21) 96 73 23
Leiterin: Soltau StudDirektorin

IPTS 22 IPTS-Landesseminar für Sonderpädagogik
24119 Kronshagen, Schreberweg 5;
Tel (04 31) 54 03-2 44; Fax (04 31) 54 03-2 00
Leiter: Klauke StudDir

IPTS 23 IPTS-Landesseminar für berufsbildende Schulen
24119 Kronshagen, Schreberweg 5;
Tel (04 31) 54 03-2 55; Fax (04 31) 54 03-2 00
Leiter: Prütz OStudDir

IPTS 24 IPTS-Landesbildstelle
24119 Kronshagen, Schreberweg 5;
Tel (04 31) 54 03-1 75; Fax (04 31) 54 03-1 77
Leiter: Felsberg StudDir

IPTS-Regionalseminare

IPTS 31 IPTS-Regionalseminar Nord
Leiter: Aye StudDir

IPTS 311: **IPTS-Regionalseminar Nord, Abteilung für Grund- und Hauptschulen Flensburg**
24943 Flensburg, Jürgensgaarder Str 11;
Tel (04 61) 1 44 46 20; Fax (04 61) 1 44 46 40
Leiter: Aye StudDir

IPTS 311: **IPTS-Regionalseminar Nord, Abteilung für Grund- und Hauptschulen Husum**
25813 Husum, Parkstr 10; Tel (0 48 41) 66 05 49;
Fax (0 48 41) 66 05 47
Leiter: Ihloff StudDir

IPTS 312: **IPTS-Regionalseminar Nord, Abteilung für Realschulen**
24943 Flensburg, Jürgensgaarder Str 11;
Tel (04 61) 1 44 46 20; Fax (04 61) 18 13 99
Leiterin: Langloh

IPTS 313: **IPTS-Regionalseminar Nord, Abteilung für Gymnasien**
24937 Flensburg, Lütke-Namens-Weg 2; Tel (04 61)
2 62 52; Fax (04 61) 18 01 32
Leiter: Medler StudDir

IPTS 32 IPTS-Regionalseminar Mitte
Leiter: Dr Müller StudDir

IPTS 321: **IPTS-Regionalseminar Mitte, Abteilung für Grund- und Hauptschulen**
24119 Kronshagen, Schreberweg 5;
Tel (04 31) 54 03-2 65; Fax (04 31) 54 03-2 00
Leiter: Dr Müller StudDir

IPTS 322: **IPTS-Regionalseminar Mitte, Abteilung für Realschulen**
24119 Kronshagen, Schreberweg 5;
Tel (04 31) 54 03-2 50; Fax (04 31) 54 03-2 00
Leiter: Bielfeldt OStudR (komm)

IPTS 323: **IPTS-Regionalseminar Mitte, Abteilung für Gymnasien**
24119 Kronshagen, Schreberweg 5;
Tel (04 31) 54 03-2 41; Fax (04 31) 54 03-2 00
Leiter: Becker StudDirektorin

IPTS 33 IPTS-Regionalseminar West
Leiterin: Dr Petersen OStudDirektorin

IPTS 331: **IPTS-Regionalseminar West, Abteilung für Grund- und Hauptschulen**
25337 Elmshorn, Köllner Chaussee 11;
Tel (0 41 21) 43 98-0; Fax (0 41 21) 43 98-98
Leiterin: Meerstein StudDirektorin

IPTS 332: **IPTS-Regionalseminar West, Abteilung für Realschulen**
25337 Elmshorn, Köllner Chaussee 11;
Tel (0 41 21) 43 98-0; Fax (0 41 21) 43 98-98

Außenstelle Heide
25746 Heide, Ziegelhofweg 4; Tel (04 81) 20 36;
Fax (04 81) 8 80 52
Leiter: Zantop OStudR (komm)

IPTS 333: **IPTS-Regionalseminar West, Abteilung für Gymnasien**
25337 Elmshorn, Zum Krückaupark 7 a;
Tel (0 41 21) 43 98-18; Fax (0 41 21) 7 79 85
Leiterin: Dr Petersen OStudDirektorin

IPTS 34 IPTS-Regionalseminar Süd
Leiter: Dr Kohls StudDir

IPTS 341: **IPTS-Regionalseminar Süd, Abteilung für Grund- und Hauptschulen**
24539 Neumünster, Wrangelstr 12;
Tel (0 43 21) 96 73-10; Fax (0 43 21) 96 73-23
Leiter: Dr Kohls StudDir

IPTS 342: **IPTS-Regionalseminar Süd, Abteilung für Realschulen**
24539 Neumünster, Wrangelstr 12;
Tel (0 43 21) 96 73-12; Fax (0 43 21) 96 73-23
Leiter: Hamann StudDir

IPTS 343: **IPTS-Regionalseminar Süd, Abteilung für Gymnasien**
24539 Neumünster, Wrangelstr 12;
Tel (0 43 21) 96 73-14; Fax (0 43 21) 96 73-23
Leiter: Starke OStudDir

IPTS 35 IPTS-Regionalseminar Ost
Leiterin: Dr Kirchmair StudDirektorin

IPTS 351: **IPTS-Regionalseminar Ost, Abteilung für Grund- und Hauptschulen**
23568 Lübeck, Holzvogtweg 18;
Tel (04 51) 3 89 52-14; Fax (04 51) 3 89 52-29
Leiter: Reichardt StudDir

IPTS 352: **IPTS-Regionalseminar Ost, Abteilung für Realschulen**
23568 Lübeck, Holzvogtweg 18;
Tel (04 51) 3 89 52-11; Fax (04 51) 3 89 52-29
Leiterin: Dr Kirchmair StudDirektorin

IPTS 353: **IPTS-Regionalseminar Ost, Abteilung für Gymnasien**

23568 Lübeck, Holzvogtweg 18;
Tel (04 51) 3 89 52-17; Fax (04 51) 3 89 52-29
Leiter: Behrens StudDir (komm)

10 Schleswig-Holsteinische Landesbibliothek

24103 Kiel, Schloß; Tel (04 31) 90 67-1 60;
Fax (04 31) 90 67-1 67

Aufgabenkreis:
Sammlung und Erschließung von gedruckten Medien,
handschriftlichen Aufzeichnungen und bildlichem Material zu allen Bereichen der Landeskunde, Geschichte
und Kulturgeschichte Schleswig-Holsteins.

Leiter: Prof Dr Dieter Lohmeier LtdBiblDir

Bibliothek Dr Rothert
Landesgeschichtliche Sammlung Dr Paczkowski
Handschriften- und Nachlaßabteilung Dr Zander;
Dr Küchmeister
Musikabteilung Dr Schwab

11 Verwaltung Kieler Schloß

24103 Kiel, Wall 74; Tel (04 31) 90 67-0

Leiter: Iwersen OAR

12 Verwaltung Schloß Plön

24306 Plön, Schloßgebäude; Tel (0 45 22) 74 76-0

Leiter: Dr Heggen OStudD; Winter AR

13 Landeskulturzentrum Salzau

24256 Salzau, Tel (0 43 03) 18-0

Leiter: Krum OARätin

Der Rechtsaufsicht des Ministeriums für Bildung, Wissenschaft, Forschung und Kultur unterstehen:

14 Hochschulen

– **Körperschaften des öffentlichen Rechts** –

Rechtsgrundlage und Aufgabenkreis:
Hochschulgesetz in der Fassung der Bekanntmachung
vom 27. April 1995 (GVOBl Schl-H Seite 166), zuletzt
geändert durch Gesetz vom 19. März 1996 (GVOBl
Schl-H Seite 301).
Staatliche Hochschulen des Landes Schleswig-Holstein
sind:
Christian-Albrechts-Universität zu Kiel
Medizinische Universität zu Lübeck
Bildungswissenschaftliche Hochschule Flensburg, Universität
Musikhochschule Lübeck
Fachhochschule Flensburg
Fachhochschule Kiel

Fachhochschule Lübeck
Fachhochschule Westküste
Muthesius Hochschule, Fachhochschule für Kunst und
Gestaltung.
Die Hochschulen sind Körperschaften des öffentlichen
Rechts ohne Gebietshoheit nach Maßgabe des Gesetzes. Sie haben das Recht der Selbstverwaltung im Rahmen der Gesetze. Die Hochschulen nehmen ihre Aufgaben als eigene Angelegenheiten wahr, soweit sie ihnen
nicht als Aufgaben zur Erfüllung nach Weisung (Landesaufgaben) obliegen. Die Hochschulen regeln im
Rahmen dieses Gesetzes ihre innere Organisation durch
Satzung (Verfassung).
Das Hochschulwesen dient der Pflege und Entwicklung
der Wissenschaften und der Künste durch Forschung,
Lehre und Studium. Die Hochschulen sollen auf eine
berufliche Tätigkeit vorbereiten, die Anwendung wissenschaftlicher Erkenntnisse und Methoden oder die
Fähigkeit zu künstlerischer Gestaltung vermitteln und
somit zu verantwortlichem Handeln in einem freiheitlichen, demokratischen und sozialen Rechtsstaat befähigen. Die Hochschulen dienen auch dem weiterbildenden Studium; sie sollen Möglichkeiten der
Weiterbildung entwickeln, sich an Veranstaltungen der
Weiterbildung beteiligen und die Weiterbildung des
Personals fördern. Die Hochschulen fördern die internationale, insbesondere die europäische Zusammenarbeit im Hochschulbereich.
Die **Christian-Albrechts-Universität** zu Kiel, die **Medizinische Universität** zu Lübeck und die **Bildungswissenschaftliche Hochschule** Flensburg, Universität,
nehmen ihre Aufgaben gemäß dem Hochschulgesetz in
ihren jeweiligen Fachrichtungen wahr. Sie haben das
Recht, Promotionen und Habilitationen durchzuführen.
Sie können den Grad eines Doktors oder einer Doktorin
auch ehrenhalber verleihen.
Die **Musikhochschule Lübeck** ist eine Hochschule mit
künstlerischen und wissenschaftlichen Aufgaben, die
sie in ihren jeweiligen Studiengängen wahrnimmt.
Die **Fachhochschulen** nehmen die Aufgaben als Hochschule in ihren jeweiligen Fachrichtungen wahr, indem
sie durch anwendungsbezogene Lehre eine auf wissenschaftlicher oder künstlerischer Grundlage beruhende
Bildung vermitteln, die zu selbständiger Tätigkeit im
Beruf befähigt. Sie können Forschungs- und Entwicklungsaufgaben ausführen, soweit dies ihrem Lehrauftrag dient.

14.1 Wissenschaftliche Hochschulen

14.1.1 Medizinische Universität zu Lübeck

23562 Lübeck, Ratzeburger Allee 160;
Tel (04 51) 5 00-0; Fax (04 51) 5 00 30 16;
Telex 0 26 492 ul; WWW http://www.mu-luebeck.de

Rektor der Medizinischen Universität: Prof Dr med
Wolfgang Kühnel

Prorektor: Prof Dr med Horst Lorenz Fehm
Prorektor: Prof Dr rer nat Alfred X Troutwein
Kanzler: Wolf-Dieter von Detmering
Ärztlicher Direktor des Klinikums: Prof Dr Arnold
Verwaltungsdirektor des Klinikums: Dipl-Betriebswirt
Alfred von Dollen

Wissenschaftliche Einrichtungen:

Technisch-Naturwissenschaftliche Fakultät

Medizinische Fakultät

mit:

Medizinaluntersuchungsamt Lübeck
23562 Lübeck, Ratzeburger Allee 160;
Tel (04 51) 5 00 28 03; Fax (04 51) 5 00 28 08

14.1.2 Christian-Albrechts-Universität zu Kiel

24118 Kiel, Olshausenstr 40; Tel (04 31) 8 80-00;
Telex Christian-Albrechts-
Universität Kiel: 2 92 656 cauki d; WWW http://
www.uni-kiel.de

Rektor der Christian-Albrechts-Universität: Prof Dr
Ruprecht Haensel
Prorektor: Prof Dr Reinhard Demuth
Prorektor: Prof Dr Dieter Harms
Kanzler: Horst Neumann

Wissenschaftliche Einrichtungen:

Theologische Fakultät
Dekan: Prof Dr theol Peter Lampe

Rechtswissenschaftliche Fakultät
Dekan: Prof Dr jur Haimo Schack

Wirtschafts- und Sozialwissenschaftliche Fakultät
Dekan: Prof Dr jur Günter Endruweit

Medizinische Fakultät
Dekan: Prof Dr med Hubertus Maximilian Mehdorn

mit:

Medizinaluntersuchungsamt Kiel
24105 Kiel, Brunswiker Str 2-6; Tel (04 31) 5 97 32 70;
Fax (04 31) 5 97 32 96

Philosophische Fakultät
Dekan: Prof Dr phil Bernhard Schmaltz

Mathematisch-Naturwissenschaftliche Fakultät
Dekan: Prof Dr rer nat Jürgen Bähr

Agrarwissenschaftliche Fakultät
Dekan: Prof Dr sc agr Dr h c mult Ernst Kalm

Technische Fakultät
Dekan: Prof Dr rer nat Helmut Föll

Erziehungswissenschaftliche Fakultät
Dekan: Prof Dr phil Winfried Ulrich

Zentrale Einrichtungen gemäß § 60 Hochschulgesetz:

Universitätsbibliothek
24118 Kiel, Westring 400; Tel (04 31) 8 80-00;
Fax (04 31) 8 80-15 96;
email sekretariat@ub.uni-kiel.de

Zentren, Kliniken und Institute (Klinikum)
24105 Kiel, Brunswiker Str 10; Tel (04 31) 5 97-0
Ärztlicher Direktor des Klinikums: Prof Dr Grote
Verwaltungsdirektor des Klinikums: Dipl-Betriebswirt
Baxmann

Rechenzentrum
24118 Kiel, Hermann-Rodewaldstr 1;
Tel (04 31) 8 80-27 68; Fax (04 31) 8 80-15 23;
email beratung@rz.uni-kiel.de; WWW http://
www.rz.uni-kiel.de/zentr/rz/home.html

Zentrum für interdisziplinäre Frauenforschung (ZiF)
24118 Kiel, Olshausenstr 40; Tel (04 31) 8 80-11 50;
Fax (04 31) 8 80-11 50

Archäologisches Landesmuseum und Wikinger Museum Haithabu
der Christian-Albrechts-Universität
24837 Schleswig, Schloß Gottorf;
Tel (0 46 21) 81 33 00; Fax (0 46 21) 81 35 35
Aufgabenkreis:
Das Archäologische Landesmuseum hat den Status einer Zentralen Einrichtung der Christian-Albrechts-Universität zu Kiel. Seine Aufgaben bestehen in:
Erforschung und Präsentation der archäologisch dokumentierten Landesgeschichte, ethno-archäologische Vergleichsstudien, Vermittlungsarbeit, Konservierung und Magazinierung der archäologischen Fundmaterials des Landes Schleswig-Holstein.
Leiter: Prof Dr phil Kurt Schietzel LtdAkadDir

Forschungs- und Technologiezentrum Westküste
25761 Büsum, Hafentörn; Tel (0 48 34) 6 04-0;
Fax (0 48 34) 6 04-2 99

Der Christian-Albrechts-Universität angegliederte Institute:

Institut für Weltwirtschaft an der Universität Kiel
24105 Kiel, Düsternbrooker Weg 120;
Tel (04 31) 88 14-1; Fax (04 31) 8 58 53;
Telex 292 479 weltw d
Aufgabenkreis:
Das Institut für Weltwirtschaft widmet sich der Forschung auf dem Gebiet der Weltwirtschaft sowie der Sammlung und Erschließung der einschlägigen Materialien in Bibliothek und Wirtschaftsarchiv.
Präsident: Prof Dr Horst Siebert

Institut für Meereskunde an der Universität Kiel
24105 Kiel, Düsternbrooker Weg 20;
Tel (04 31) 5 97-0; Fax (04 31) 56 58 76;
email ifm@ifm.uni-kiel.de
Aufgabenkreis:
Das Institut für Meereskunde widmet sich der Lehre, Forschung und meßtechnischen Entwicklungstätigkei-

ten auf nahezu allen ozeanographischen und meeresbiologischen Teilbereichen.

Geschäftsführender Direktor: Prof Dr Bernd Zeitzschel

Institut für die Pädagogik der Naturwissenschaften (IPN) an der Universität Kiel
24098 Kiel, Olshausenstr 62; Tel (04 31) 8 80-31 18; Fax (04 31) 8 80 15 21
Aufgabenkreis:
Das Institut für die Pädagogik der Naturwissenschaften entwickelt und fördert durch seine Forschungen die Pädagogik der Naturwissenschaften.
Geschäftsführender Direktor: Prof Dr Horst Bayrhuber

Lorenz-von-Stein-Institut für Verwaltungswissenschaften an der Christian-Albrechts-Universität zu Kiel
24118 Kiel, Dienstgebäude Neufeldtstr 32; Tel (04 31) 8 80-31 18; Fax (04 31) 8 80 15 21
Aufgabenkreis:
Gemäß Bekanntmachung der Ministerin für Bildung, Wissenschaft, Jugend und Kultur vom 15. März 1989 (Amtsbl Schl-H Seite 101) ist das 1980 gegründete Lorenz-von-Stein-Institut für Verwaltungswissenschaften (Institut) eine selbständige, der Christian-Albrechts-Universität angegliederte wissenschaftliche Einrichtung. Das Institut dient der Forschung und Lehre auf dem Gebiet der Verwaltungswissenschaften. Die integrierte Forschungsstelle für nationale und internationale Finanzordnung vertieft die verwaltungswissenschaftliche Arbeit des Instituts im finanzwissenschaftlichen Bereich. Das Institut betreibt für das Land und andere Träger der öffentlichen und privaten Verwaltung Zweckforschung; es erarbeitet Sachverständigengutachten. Daneben hat das Institut die Möglichkeit zur freien Forschung.
Es erschließt der öffentlichen und privaten Verwaltung in Schleswig-Holstein Erkenntnisse der Verwaltungswissenschaften, die im In- und Ausland, besonders im skandinavischen Raum, gewonnen werden. Auf der Grundlage seiner Forschungstätigkeit beteiligt sich das Institut an der Fort- und Weiterbildung der Mitarbeiter der Staats-, Kommunal- und Körperschaftsverwaltung und der Verwaltung anderer Träger.
Das Institut vermittelt den Studierenden der Universität Kenntnisse in den Verwaltungswissenschaften. Diese Lehrveranstaltungen führt das Institut im Einvernehmen mit den zuständigen Fakultäten der Christian-Albrechts-Universität zu Kiel durch.
Vorstand: Prof Dr A von Mutius; Dr Dr Lutz MinDirig

GEOMAR Forschungszentrum für marine Geowissenschaften der Christian-Albrechts-Universität zu Kiel
24148 Kiel, Wischhofstr 1-3; Tel (04 31) 6 00-0; Fax (04 31) 6 00-29 50; email esuess@geomar.de
Aufgabenkreis:
Das GEOMAR Forschungszentrum für marine Geowissenschaften der Christian-Albrechts-Universität (CAU) ist 1987 gegründet worden und betreibt Grundlagenforschung zur marinen Umwelt im weitesten Sinne. Die Forschungsthemen umfassen natürliche und anthropogene Prozesse, welche die Entstehung, Zusammensetzung und Struktur der Sedimente und der magmatischen Gesteine des Meeresbodens steuern.

Institut für Sicherheitspolitik an der Christian-Albrechts-Universität
24098 Kiel, Tel (04 31) 8 50 80 und 8 50 89
Aufgabenkreis:
– Forschung auf dem Gebiet der Sicherheitspolitik in internationaler Zusammenarbeit;
– Veröffentlichung von Forschungsergebnissen und wissenschaftlichen Analysen, sowie Stellungnahmen zu aktuellen sicherheitspolitischen Fragen;
– Mitwirkung an der Lehre im Fach Sicherheitspolitik an der Christian-Albrechts-Universität.
Direktor: Prof Dr Werner Kaltefleiter

Schleswig-Holsteinisches Institut für Friedenswissenschaften an der Christian-Albrechts-Universität Kiel – SCHIFF
24143 Kiel, Kaiserstr 2 (Geb B); Tel (04 31) 7 75 72-8 51; Fax (04 31) 7 75 72-8 52; email Schiff@SCHIFF.Uni-Kiel.D400.DE
Aufgabenkreis:
Das SCHIFF betreibt wissenschaftliche Arbeit mit dem Ziel, den Kenntnisstand über die Bedingungen, Möglichkeiten und Hindernisse fortschreitender Integration, Gewaltfreiheit und Gerechtigkeit im internationalen System und in den einzelnen Gesellschaften zu erweitern und zu seiner Verbreitung beizutragen.
Geschäftsführender Direktor: Prof Dr Klaus Potthoff

14.1.3 Bildungswissenschaftliche Hochschule Flensburg, Universität

24943 Flensburg, Mürwiker Str 77; Tel (04 61) 3 13 00; Fax (04 61) 3 85 43

Rektor der Bildungswissenschaftlichen Hochschule: Prof Dr Peter Wulf
Prorektor: Prof Dr Hartmut Wellstein
Kanzlerin: Claudia Peitz

angegliederte Einrichtungen gemäß § 119 Hochschulgesetz:

Institut für Zeit- und Regionalgeschichte an der Bildungswissenschaftlichen Hochschule Flensburg
24837 Schleswig, Gottorfstr 6 b; Tel (0 46 21) 86-18 90
Leiter: Prof Dr G Paul

Forschungsstelle für Frauenfragen der Bildungswissenschaftlichen Hochschule Flensburg
24937 Flensburg, Waitzstr 5; Tel (04 61) 8 60 61 58

14.2 Fachhochschulen

14.2.1 Fachhochschule Kiel

24149 Kiel, Sokratesplatz 1; Tel (04 31) 2 10-0; Fax (04 31) 2 10-19 00

Rektor der Fachhochschule Kiel: Prof Dr Peter Jochimsen
Prorektoren: Prof Dr Martina Klocke; Prof Dr Urban Hellmuth
Kanzler: Dietmar Wabbel

Fachbereich Bauwesen
24340 Eckernförde, Lorenz-von-Stein-Ring 1-5; Tel (0 43 51) 4 73-0; Fax (0 43 51) 4 73 14

Fachbereich Landbau
24783 Osterrönfeld, Am Kamp 11; Tel (0 43 31) 8 45 -0; Fax (0 43 31) 8 45-1 41

Fachbereich Sozialwesen
24113 Kiel, Diesterwegstr 20; Tel (04 31) 64 83-3; Fax (04 31) 64 83-4 05

Fachbereich Elektrotechnik
24103 Kiel, Legienstr 35; Tel (04 31) 51 98-1 06; Fax (04 31) 51 98-1 03

Fachbereich Maschinenwesen
24103 Kiel, Legienstr 35; Tel (04 31) 51 98-3 33; Fax (04 31) 51 98-1 10

Fachbereich Wirtschaft
24118 Kiel, Universität, Olshausenstr 40/60; Tel (04 31) 8 80-21 57; Fax (04 31) 8 80-46 80

14.2.2 Fachhochschule Lübeck

23562 Lübeck, Stephensonstr 3; Tel (04 51) 5 00-50 01; Fax (04 51) 5 00-51 00

Rektor der Fachhochschule: Prof Dr-Ing Dipl-Ing Hans-Wilhelm Orth
Prorektor: Prof Dr rer nat Dipl-Phys Hans-Dieter Reusch
Kanzler: Horst Drewello

Fachbereich Angewandte Naturwissenschaften

Fachbereich Bauwesen

Fachbereich Elektrotechnik

Fachbereich Maschinenbau und Wirtschaftsingenieurwesen

14.2.3 Fachhochschule Flensburg

24943 Flensburg, Kanzleistr 91-93; Tel (04 61) 8 05-1; Fax (04 61) 8 05-3 00

Rektor der Fachhochschule: Prof Dipl-Ing Ernst-Gottfried Schmidt
Prorektor: Prof Dr Brian Careless
Kanzler: Klaus Arnold

Studiengang Elektrotechnik

Studiengang Maschinenbau

Studiengang Allgemeine Informatik

Studiengang Betriebswirtschaft

Studiengang Wirtschaftsinformatik

Studiengang Technikübersetzen

angegliedert:

Institut für Schiffsbetriebsforschung
24943 Flensburg, Kanzleistr 91-93; Tel (04 61) 8 05-2 48

Institut für Weiterbildung
24943 Flensburg, Kanzleistr 91-93; Tel (04 61) 8 05-2 03; Fax (04 61) 8 05-5 11

14.2.4 Muthesius-Hochschule

– Fachhochschule für Kunst und Gestaltung –

24103 Kiel, Lorentzendamm 6-8; Tel (04 31) 51 98-4 00; Fax (04 31) 51 98-4 08

Rektor der Muthesius-Hochschule: Prof Rolf Reiner Maria Borchard
Prorektorin: Prof Dr Theresa Georgen
Kanzlerin: Renate Burmeister

Studiengang Architektur

Studiengang Freie Kunst

Studiengang Industrie-Design

Studiengang Kommunikations-Design

Studiengang Kunstpädagogik (in Zusammenarbeit mit der Christian-Albrechts-Universität)

14.2.5 Fachhochschule Westküste

– Hochschule für Wirtschaft & Technik –

25746 Heide, Rungholtstr 9; Tel (04 81) 85 55-0; Fax (04 81) 85 55-20

Rektor der Fachhochschule: Prof Dr Hans-Jürgen Block
Prorektor: Prof Dr Jürgen Teifke
Kanzlerin: Ilona Kneißler

14.2.6 Fachhochschule Wedel

– Staatlich anerkannte Fachhochschule –

22880 Wedel, Feldstr 143; Tel (0 41 03) 80 48-0; Fax (0 41 03) 80 48-39

Rektor der Fachhochschule: Prof Dr Dirk Harms

Fachbereich Physikalische Technik

Fachbereich Technische Informatik

Fachbereich Wirtschaftsinformatik

Fachbereich Wirtschaftsingenieurwesen

14.3 Musikhochschule Lübeck

23552 Lübeck, Große Petersgrube 17-29;
Tel (04 51) 15 05-0

Rektorin der Musikhochschule: Professorin Inge-Susann Römhild
Prorektorin: Professorin Heide Andreas
Kanzler: Jürgen R Claußen

Wissenschaftliche Einrichtungen:

Institut für allgemeine künsterliche Ausbildung

Institut für Bühnen- und Konzertgesang

Institut für Musikerziehung

Institut für Kirchenmusik

Institut für Schulmusik

Institut für schulbegleitende Musikausbildung

Brahms-Institut an der Musikhochschule Lübeck

15 Studentenwerk Schleswig-Holstein

– Anstalt des öffentlichen Rechts –

24118 Kiel, Westring 385; Tel (04 31) 88 16-0;
Fax (04 31) 80 54 16;
email Studentenwerk.S-H@t-online.de

Rechtsgrundlage und Aufgabenkreis:
Studentenwerksgesetz vom 22. April 1971 (GVOBl Schl-H Seite 186) in der geänderten Fassung vom 31. Dezember 1994 (GVOBl Schl-H Seite 569). Satzung des Studentenwerks vom 14. Januar 1997 (AmtsBl Schl-H/AAz Seite 81).
Aufgaben des Studentenwerks sind
– die wirtschaftliche und soziale Förderung der Studenten,
– die Gesundheitsvorsorge und die Kranken- und Unfallhilfe für Studenten,
– die Bereitstellung und Unterhaltung wirtschaftlicher und sozialer Einrichtungen zur Betreuung der Studenten,
– die psychische Studienberatung.
Das Ministerium für Bildung, Wissenschaft, Forschung und Kultur hat dem Studentenwerk die Durchführung des Bundesausbildungsförderungsgesetzes übertragen.
Das Studentenwerk kann die kulturellen Interessen der Studenten fördern und dafür Einrichtungen betreiben.

Geschäftsführer: Karl-Heinz Schröder

16 Stiftung Schloß Eutin

– Stiftung des öffentlichen Rechts –

23738 Harmsdorf,
Herzoglich Oldenburgische Verwaltung - Güldenstein;
Tel (0 43 63) 13 21 und 13 22

Rechtsgrundlage und Aufgabenkreis:
Gesetz über die Errichtung einer „Stiftung Schloß Eutin" vom 24. April 1992.
Die Stiftung hat den Zweck, nach näherer Bestimmung ihrer Satzung das Schloß Eutin mit Museumsinventar, Orangerie, Schloßgarten und Schloßgärtnerei zu erhalten und zu nutzen sowie der Öffentlichkeit zugänglich zu machen.

Vorsitzender des Vorstandes: Anton Günther Herzog von Oldenburg

17 Kirchen, Religions- und Weltanschauungsgemeinschaften mit dem Status einer Körperschaft des öffentlichen Rechts in Schleswig-Holstein

17.1 Katholische Kirche

– Erzbischöfliches Amt –

24113 Kiel, Krusenrotter Weg 37;
Tel (04 31) 64 03-5 00; Fax (04 31) 64 03-5 40

Leiterin: Anna Catharina Erling

17.2 Bund Freikirchlicher Pfingstgemeinden Schleswig-Holstein

24113 Kiel, Brüggerfelde 8; Tel (04 31) 68 23 71;
Fax (04 31) 68 23 77

Leiter: Pastor Karl-Heinz Jaxa

17.3 Evangelisch-Methodistische Kirche

– Kirchenkanzlei –

60329 Frankfurt a M, Wilhelm-Leuschner-Str 8;
Tel (0 69) 23 93 73; Fax (0 69) 23 93 75

Bischof: Dr Walter Klaiber
Leiter der Kirchenkanzlei: Pastor Günter Winkmann

Evangelisch-Methodistische Kirche in Norddeutschland
30159 Hannover, Am Taubenfelde 1;
Tel (0 40) 20 12 77; Fax (0 40) 2 00 23 34
Leiter: K W Mohr Superintendent

17.4 Mennonitengemeinde zu Hamburg und Altona

22769 Hamburg, Mennonitenstr 20;
Tel (0 40) 85 71 12; Fax (0 40) 8 50 70 69

Leiter: Pastor Peter J Foth

17.5 Die Heilsarmee

– Nationales Hauptquartier –

50677 Köln, Salierring 23-27; Tel (02 21) 2 08 19-0;
Fax (02 21) 2 08 19-51

Territorialleiter: Oberst Michael Pressland

17.6 Griechisch-Orthodoxe Metropolie

30159 Hannover, Hainhölzerstr 4; Tel (05 11) 1 70 60

Vikarbischof: Chrysostomos (Dimitriadis) Seine
Exzellenz Vikarbischof von Pamphilos

17.7 Evangelisch-Freikirchliche Gemeinde Kiel

24103 Kiel, Wilhelminenstr 12-14; Tel (04 31) 55 45 46

Gemeindeleiter: Bernd Schneider
Pastor: Axel Krause-Zer Haseborg

17.8 Russisch-Orthodoxe Kirche im Ausland

– Russisch-Orthodoxe Diözese des orthodoxen Bischofs von Berlin und Deutschland –

81247 München, Schirmerweg 78;
Tel (0 89) 8 34 89 59; Fax (0 89) 88 67 77

Leiter: Erzbischof Mark

17.9 Deutsche Unitarier Religionsgemeinschaft

– Landesgemeinde Schleswig-Holstein –

25693 Sankt Michaelisdonn, Poststr 17;
Tel (0 48 53) 16 76

Landesgemeindeleiter: Wilfried Jürgens

17.10 Jüdische Gemeinde in Hamburg

20357 Hamburg, Schäferkampsallee 27;
Tel (0 40) 44 09 44-0; Fax (0 40) 41 08-4 30

17.11 Gemeinschaft der Siebenten-Tags-Adventisten

– Norddeutscher Verband –

30167 Hannover, Fischerstr 19; Tel (05 11) 97 17 7-0;
Fax (05 11) 97 17 7-33

Vorsteher: Reinhard Rupp

17.12 Gemeinschaft der Siebenten-Tags-Adventisten in Schleswig-Holstein

20144 Hamburg, Grindelberg 15 a; Tel (0 40) 41 86 70;
Fax (0 40) 41 87 44

Vorsteher: Heinz-Ewald Gattmann

17.13 Neuapostolische Kirche in Schleswig-Holstein

20251 Hamburg, Abendrothsweg 20;
Tel (0 40) 47 10 93-0; Fax (0 40) 47 10 93-25

Mitglieder des Landesvorstandes: Dr Wilhelm Leber
Bezirksapostel; Walter Drave; Dr Karlheinz
Schumacher; Helmut Fabian; Hans-Detlef Marwede

17.14 Nordelbische Evangelisch-Lutherische Kirche

– Kirchenamt –

24103 Kiel, Dänische Str 21-35; Tel (04 31) 97 97-5

Vorsitzender: Karl Ludwig Kohlwage Bischof
Präsident: Dr Klaus Blaschke
Bischöfe: Dr Hans Christian Knuth; Karl Ludwig
Kohlwage; Maria Jepsen

17.15 Evangelisch-Freikirchliche Gemeinde Rendsburg

24768 Rendsburg, Ritterstr 5; Tel (0 43 31) 7 58 30

Pastor: Wolf Bruske
Gemeindeleiter: Klaus Neumann

17.16 Die Christen-gemeinschaft in Schleswig-Holstein

24109 Kiel, Hofholzallee 25; Tel (04 31) 52 01 40

Pfarrer: Joergen Day
Pfarrer: Wolfgang Gaedeke

17.17 Evangelisch-reformierte Kirche

–Synode evangelisch-reformierte Kirchen in Bayern und Nordwestdeutschland–

26789 Leer, Saarstr 6; Tel (04 91) 91 98-0;
Fax (04 91) 91 98-2 51

Präses: Pastor Hinnerk Schröder
Landessuperintendent: Walter Herrenbrück
Präsident: Ernst-Joachim Pagenstecher

IV Innenministerium des Landes Schleswig-Holstein

24105 Kiel, Landeshaus, Düsternbrooker Weg 92;
Tel (04 31) 9 88-0; Fax (04 31) 9 88-28 33;
Telex 29 98 71 lreg d

Aufgabenkreis:
Der Geschäftsbereich des Innenministers umfaßt:
Verfassung, Gesetzgebung, Wahlen, Organisation der Landesverwaltung, öffentliches Dienstrecht, Ausbildungs- und Prüfungswesen, Enteignung, Kommunalangelegenheiten, öffentliche Sicherheit, Ausländer-, Flüchtlings- und Spätaussiedlerangelegenheiten, Verfassungsschutz, Städtebauförderung, Wohnungswesen, Bauleitplanung, Bau- und Vermessungswesen, Aufsichtsbehörde nach dem Dritten Abschnitt des Bundesdatenschutzgesetzes.

Publikationsorgane:
Gesetz- und Verordnungsblatt für Schleswig-Holstein, erscheint nach Bedarf, Bezugspreis halbjährlich 35,00 DM.
Amtsblatt für Schleswig-Holstein, erscheint wöchentlich, Bezugspreis halbjährlich 60,00 DM.

Minister: Dr Ekkehard Wienholtz
Parlamentarischer Vertreter: Peter Zahn MdL

Staatssekretär: Hartmut Wegener
Koordinierungsstelle Staatssekretär (KSt): Koordinierung Landtag, Kabinett, Staatssekretär-Besprechungen, Bundesrat, MPK, IMK, Petitionen, Planungsbeauftragte: Carstensen RRätin z A
Gleichstellungsbeauftragte: Christiane Thede ARätin

Ministerbüro
Leiter: Norbert Scharbach RDir

MB: Analysen, Kontakte zu Landtagsfraktionen, Abgeordneten, Parteien, Verbänden und Organisationen Scharbach RDir
PS: Presse, Öffentlichkeitsarbeit Giebeler RDir

Abteilung IV 1 Allgemeine Abteilung:
Leiter: Konrad Stege MinR
Vertreter: Wilfried Adamzik MinR

Ref IV 100: **Innerer Dienst** Timm ORR
Ref IV 110: **Haushalt** Harms ORRätin
Ref IV 12/120: **Informationstechnik, It-Koordinierungsstelle** Schramm Ang
Ref IV 121: **Anwendungsentwicklung, Büroautomation** Hoppe ORR
Ref IV 130: **Personal** Adamzik MinR
Ref IV 1301: **Personalhaushalt** Schink RDir
Ref IV 1302: **Personal-Controlling** Friedrich Angestellte
Ref IV 140: **Fortbildungsangelegenheiten** Dr Meyer RRätin (mdWdGb)
Ref IV 1401: **Aus- und Fortbildung, Referendarausbildung** Dr Meyer RRätin
Ref IV 150: **Justitiar** Albrecht RDir
Ref IV 160: **Schwerbehinderte im Landesdienst** Schink RDir

Ref IV 170: **Organisation, Modernisierung der Verwaltung** Breusing MinR
Ref IV 1701: **Organisation des Innenministeriums** Schmidt OAR
Ref IV 1702: **Aufgabenanalyse/-kritik** Henningsen ORechnR

Abteilung IV 2 Abteilung für Verfassung, Gesetzgebung und öffentliches Dienstrecht
Leiter: Dr Dietmar Lutz MinDirig
Vertreter: Claus Asmussen MinR

Ref IV 200: **Bundesverfassungsrecht, Organisation der Landesverwaltung, Hoheitszeichen, Wahlrecht, Orden und Ehrenzeichen, Statistik** Ausmussen MinR
Ref IV 2001: **Einzelfragen zum Bundesverfassungsrecht** Lindemann ORR
Ref IV 210: **Staatsgebiet, EU-Angelegenheiten, Melderecht, Personalausweis- und Paßrecht, Glücksspielrecht, Sammlungs- und Kriegsgräberwesen** Griese RDir
Ref IV 220: **Vertreter des öffentlichen Interesses beim Verwaltungsgericht und Oberverwaltungsgericht, Landesverfassungsrecht, Landesverwaltungsgesetz, Verwaltungskostenrecht, Verkündungsblätter** Friedersen MinR
Ref IV 2201: **Aufgaben des Vertreters öffentlichen Interesses, Landesverfassungsrecht** Lindemann ORR
Ref IV 230: **Beamtenrecht, Disziplinarrecht, Personalvertretungsrecht, Landesbeamtenausschuß, stellvertretender Vertreter öffentliches Interesses** Witt RDir
Ref IV 2301: **Laufbahnrecht, Arbeitszeitrecht** Soblik RR
Ref IV 260: **Ordnungsrecht, Versammlungsrecht, Vereinsrecht, Waffenrecht, Sonn- und Feiertagsrecht, Stiftungsrecht, Personenstandsrecht, Namens- und Wehrerfassungsrecht** Söller-Winkler RRätin
Ref IV 2601: **Datenschutzrecht, Aufsichtsbehörde nach § 38 Bundesdatenschutzgesetz** Schömers ORRätin
Ref IV 270: **Sport, Sportförderung, Sportstättenbau** Kosnick MinR

Abteilung IV 3 Kommunalabteilung
Leiter: Ulrich Gudat MinDirig
Vertreter: Dr Jost-Dietrich Busch MinR

Ref IV 310: **Kommunale Finanzaufsicht, kommunales Haushaltsrecht, betriebswirtschaftliche Fragen** Stöfen MinR
Ref IV 3101: **Volks- und betriebswirtschaftliche Fragen** Siebeck-Rauscher RVwRätin
Ref IV 3102: **Sparkassenaufsicht** Bliese RR
Ref IV 3103: **Finanzaufsicht, Sparkassenrecht und -aufsicht** Dr Storck RR z A
Ref IV 320: **Kommunaler Finanzausgleich, Eigenbetriebe, wirtschaftliche Unternehmen** Schwager MinR
Ref IV 330: **Kommunales Verfassungsrecht** Dr Busch MinR
Ref IV 3301: **Kommunalrecht, Einzelentscheidungen, Vereinfachung des Kommunalrechtes** Herrmann ORR

Ref IV 340: **Kommunales Personalwesen, Verwaltungsorganisation, Abgabenrecht der kommunalen Körperschaften** Binner MinR

Ref IV 350: **Brandschutz** Schönherr BrandDir

Ref IV 360: **Kommunale Entwicklungsfragen, kommunale Investitionsfonds, Förderungsfonds Nachbarraum um Hamburg** Gräbert RDirektorin

Ref IV 370: **Enteignungsbehörde, Enteignungsrecht, Bundesleistungsrecht, Manöveranmeldungen** Bliese RR

Ref IV 380: **Zivile Verteidigung, Katastrophenabwehr, zivil-militärische Zusammenarbeit** Wenzel MinR

Abteilung IV 4 Polizeiabteilung
Leiter: Jörg Ziercke MinDirig
Vertreter: Leopold Fuß MinR

Ref IV 41: **Kriminalitätsbekämpfung, Gefahrenabwehr, Polizeirecht, Organisation** Fuß MinR

Ref IV 410: **Grundsatzangelegenheiten, Planung und Forschung zur Gefahrenabwehr und Strafverfolgung, Polizeiorganisation, Polizeidienstvorschriften** Guninski KrimOR

Ref IV 411: **Kriminalitätsverhütung, polizeiliche Vorbeugung und Beratung** Finkel KrimDir

Ref IV 4111: **Koordinierung auf Kommunal- und Landesebene** Braun PolR

Ref IV 412: **Recht der Polizei** Fuß MinR

Ref IV 4121: **Rechtsfragen polizeilicher Vollzug und der Zusammenarbeit zwischen Polizei und Justiz** Braun PolR

Ref IV 413: **Staatsverträge, Verwaltungsabkommen, EU-Recht, Öffentlichkeitsarbeit** Konze RDirektorin

Ref IV 42/420: **Aufgabenvollzug, Gefahrenabwehr und Strafverfolgung, Aus- und Fortbildung, verkehrspolizeiliche Grundsatzangelegenheiten** Pietsch LtdPolDir

Ref IV 421: **Lagezentrum, zentrale Einsatzsteuerung, Grundsatzangelegenheiten Verkehrswarndienst** Tanck PolOR

Ref IV 422: **Polizeiliche Grundsatzangelegenheiten im Straßen-, Schiffs- und Luftverkehr** Keller PolDir

Ref IV 423: **Aus- und Fortbildung, Sport** Neufeldt PolDir

Ref IV 424: **Informations- und Kommunikationstechnik** Kobza PolDir

Ref IV 430: **Grundsatz- und Widerspruchsentscheidungen im Beamten- und Disziplinarrecht, Verwaltungsstreitigkeiten, Schadenersatz, Dienstaufsichtsbeschwerden** Nickel ORR

Ref IV 440: **Personal, Nachwuchsgewinnung, Unfallfürsorge** Kripgans PolDir

Ref IV 4401: **Personalverwaltung** Blöhdorn PolOR

Ref IV 450: **Haushalt, Wirtschaftsverwaltung, Ausstattung und Unterbringung der Landespolizei, betriebswirtschaftliche Angelegenheiten** Seeck RDir

Ref IV 4501: **Betriebswirtschaftliches Controlling** Picker OAR

Abteilung IV 6 Ausländerabteilung
Leiter: Dr Rainer Holtschneider MinDirig
Vertreter: Paul Hinz MinR

Ref IV 610: **Grundsatz- und Einzelfragen Asylrecht, Asylrecht in Europa, Aussetzung der Abschiebung** Liedtke RDir

Ref IV 620: **Aufnahme, Unterbringung und Verteilung von Asylbewerbern** Hinz MinR

Ref IV 630: **Grundsatz- und Einzelfragen Ausländerrecht, EU-Aufenthaltsrecht** Ruge MinR

Ref IV 640: **Staatsangehörigkeitsrecht, Einbürgerungen** Neemann RDir

Ref IV 650: **Betreuung ausländischer Arbeitnehmer, Aufnahme und Betreuung von Bürgerkriegsflüchtlingen** Bröcking RVwDirektorin

Ref IV 660: **Aufnahme, Eingliederung von (Spät-) Aussiedlern, ausländischen Flüchtlingen und jüdischen Emigranten, Rechtsangelegenheiten des Bundesvertriebenen- und -flüchtlingsgesetzes, Landesflüchtlingsverwaltungen** Ruge MinR

Geschäftsstelle Härtefallkommission Ruge MinR

Abteilung IV 7 Verfassungsschutzabteilung
Leiter: Michael Wolf MinDirig
Vertreter: Dr Hans-Joachim Wegner MinR

Ref IV 710: **Innerer Dienst, Personal, Rechts- und Grundsatzfragen Datenschutz, Automation, Haushalt, Sicherheitsbeauftragter des Landes** Haase RDir

Ref IV 720: **Auswertung Rechtsextremismus, Öffentlichkeitsarbeit**

Ref IV 730: **Auswertung Links- und Ausländerextremismus**

Ref IV 740: **Spionageabwehr**

Ref IV 750: **Geheimschutz, Sabotageschutz, Datensicherheit**

Ref IV 760: **Nachrichtenbeschaffung**

Abteilung IV 8 Abteilung für Bau- und Vermessungswesen, Städtebau- und Ortsplanung
Leiter: Reimer Bracker MinDirig
Vertreter: Tilo Knaak MinR

Ref IV 810: **Bau- und Bodenrecht (Bund), Genehmigung von Bauleitplänen** Dr Koch MinR

Ref IV 820: **Baurecht, Kostenrecht, Architektenrecht** Harbeck MinR

Ref IV 8201: **Mitwirkung bei Widersprüchen und sonstigen Entscheidungen** Jöhnk RR

Ref IV 830: **Grundsatzangelegenheiten der Bauaufsicht, Zustimmung zu öffentlichen Bauten** Möller MinR

Ref IV 840: **Einzelentscheidungen in Bauaufsichtsangelegenheiten** Schönfeld ORBauR

Ref IV 850: **Bautechnik, Bauwirtschaft, Verdingungswesen** Neumann RBauDir

Ref IV 870: **Verkehrsfragen, Erschließung im Städtebau, Stadtentwicklungs- und Bauleitplanung** Knaak MinR

Ref IV 880: **Städtebau und Ortsplanung, Stadtentwicklungs- und Bauleitplanung** Goede RBauDir

Ref IV 89/890: **Vermessungs- und Katasterverwaltung, Aufsicht über das Landesvermessungsamt und die Katasterämter, Gebührenwesen** Reumann MinR

Ref IV 891: **Katasterwesen, öffentlich bestellte Vermessungsingenieure** Grouls RVmDir

37

Ref IV 892: **Grundsatzfragen Landesvermessung, Automation** Stürzebecher RVmDir

Dem Innenminister zugeordnete Ämter:

1 Innenministerium des Landes Schleswig-Holstein

– Polizeiverwaltungsamt –

24116 Kiel, Mühlenweg 166, Haus 12; Tel (04 31) 1 60 33; Fax (04 31) 1 60-51 23; Telex 29 23 89 IMLZ d

Staatsrechtliche Grundlage und Aufgabenkreis:
Gesetz über die Organisation der Polizei in Schleswig-Holstein (Polizeiorganisationsgesetz) in der Fassung vom 3. März 1994 (GVOBl Schl-H Seite 158).
Das Polizeiverwaltungsamt nimmt zentrale Aufgaben der Verwaltung wahr, versorgt die Polizei mit Sach- und Dienstleistungen und gewährleistet die Wirtschaftlichkeit der Aufgabenerfüllung. Die Innenministerin oder der Innenminister kann ihm weitere Aufgaben übertragen.

Leiter: Bruhns LtdKrimDir

Dez 100: **Beauftragter für den Haushalt/Ausführung des Haushaltsplans, Beschaffungsstelle**
Dez 200: **Kraftfahr-, Waffen- und Gerätewesen der Landespolizei**
Dez 300: **Informations- und Kommunikationswesen der Landespolizei**
Dez 400: **Ärztlicher Dienst und Sanitätswesen**

2 Innenministerium des Landes Schleswig-Holstein

– Landeskriminalamt –

24116 Kiel, Mühlenweg 166; Tel (04 31) 1 60 33; Fax (04 31) 1 60 50 29; Telex 29 29 89 IMLZ d

Staatsrechtliche Grundlage und Aufgabenkreis:
Gesetz über die Organisation der Polizei in Schleswig-Holstein (Polizeiorganisationsgesetz) in der Fassung vom 3. März 1994 (GVOBl Schl-H Seite 158).
Das Landeskriminalamt führt Ermittlungen in schwierigen und besonders gelagerten Fällen durch. Es ist zentrale Dienststelle im Sinne des § 3 Abs 1 Satz 1 des Gesetzes über die Errichtung eines Bundeskriminalpolizeiamtes (Bundeskriminalamtes) in der Fassung der Bekanntmachung vom 29. Juni 1973 (BGBl I S 704), zuletzt geändert durch Gesetz vom 9. Dezember 1974 (BGBl I S 3393).
Die Behörden der Polizei haben dem Landeskriminalamt die zur Erfüllung seiner Aufgaben erforderlichen Nachrichten und Unterlagen zu übermitteln. Das Innenministerium regelt die Aufgaben des Landeskriminalamtes im einzelnen.
Das Landeskriminalamt (LKA) kann den Polizeidirektionen, der Verkehrspolizeidirektion und der Wasserschutzpolizeidirektion Weisungen für die Erforschung von Straftaten und Ordnungswidrigkeiten erteilen, deren Bearbeitung an sich ziehen oder eine Polizeidirektion auch für Ermittlungen im Bezirk anderer Polizeidirektionen für zuständig erklären.

Leiter: Gersonde Dir

Dez 100: **Amtsdezernat**
Dez 200: **Überregionale Kriminalitätsbekämpfung**
Dez 300: **Staatsschutz**
Dez 400: **Kriminaltechnik und Erkennungsdienst**
Dez 500: **Fahndung, Zentrale Auswertung, Prävention, Datenverarbeitung.**

3 Innenministerium des Landes Schleswig-Holstein

– Amt für Katastrophenschutz –

24105 Kiel, Düsternbrooker Weg 104; Tel (04 31) 9 88-0; Fax (04 31) 9 88-34 80

Staatsrechtliche Grundlage und Aufgabenkreis:
Aufgaben im Auftrag des Bundes:
– Gesetz über den Zivilschutz vom 9. August 1976 (BGBl I Seite 2109)
– Gesetz über die Erweiterung des Katastrophenschutzes in der Fassung vom 14. Februar 1990 (BGBl I Seite 229)
– Gesetz über bauliche Maßnahmen zum Schutz der Zivilbevölkerung vom 9. September 1965 (BGBl I Seite 1232), künftig geregelt im Zivilschutzneuordnungsgesetz – ZSNeuOG –.
Das Amt für Katastrophenschutz (AfK) nimmt Aufgaben des Zivilschutzes im Rahmen der Zivilverteidigung im nationalen Bereich wahr. Hierzu gehört unter anderem die Erweiterung des Katastrophenschutzes (Katastrophenschutz im Verteidigungsfall). Eine Zentralwerkstatt wird vom Bund finanziert.
Landesaufgaben:
– Gesetz über den Katastrophenschutz in Schleswig-Holstein vom 4. Dezember 1995 (GVOBl Schl-H 1996 Seite 2) mit Verwaltungsvorschriften zum Landes-Katastrophenschutzgesetz in der Fassung der Änderung vom 22. Juni 1992 (Amtsbl Schl-H Seite 447).
– Landesverwaltungsgesetz in der Fassung vom 2. Juni 1992 (GVOBl Schl-H Seite 243).
Das AfK nimmt im Bereich des Katastrophenschutzes, die Abwehr schwerer Gefahren unterhalb der Katastrophenschwelle sowie die Munitionsräumung/Kampfmittelbeseitigung wahr.

Leiter: Hans-Peter Jansen LtdPolDir
Vertreter: Helmut Preugschat RR

Dez 100: **Personal, Haushalt, Recht** Preugschat RR
Dez 200: **Organisation, Einsatz und Ausbildung des Katastrophenschutzes** Jansen LtdPolDir
Dez 300: **Katastrophenschutz in den Bereichen Industrie/Technik, Verkehr/Natur** Brüggemann Ang
Dez 400: **Katastrophenschutz im Bereich kerntechnischer Anlagen** Dr Butz RDir
Dez 500: **Munitionsräumdienst** Proksch Ang

mit den Außenstellen:

Katastrophen-Zentralwerkstatt Rendsburg
24768 Rendsburg, Alte Kieler Landstr 48 a/b;
Tel (0 43 31) 2 29 99; Fax (0 43 31) 2 33 22
Leiter: Klaus Opelt Ang

Munitions- und Sprengstoffbetrieb Groß Nordsee
24242 Felde/Holstein, Lärchenweg 17;
Tel (0 43 40) 5 58, 83 66

Zum Geschäftsbereich des Innenministers gehören:

4 Vermessungs- und Katasterverwaltung

Staatsrechtliche Grundlage und Aufgabenkreis:
Gesetz über die Landesvermessung und das Liegenschaftskataster vom 6. Dezember 1974 (GVOBl Schl-H Seite 470), zuletzt geändert am 29. Juni 1982 (GVOBl Schl-H Seite 148).

Aufgabe der Landesvermessung ist es, die geodätischen Grundlagen für eine allgemeine Landesaufnahme und für das Liegenschaftskataster zu schaffen und zu erhalten, das gesamte Landesgebiet aufzunehmen und die Ergebnisse in Karten darzustellen. Im Liegenschaftskataster sind die Grundstücke, grundstücksgleichen Rechte und Gebäude (Liegenschaften) nachzuweisen, wie es die Belange der Planung einschließlich der Bauleitplanung, des Rechtsverkehrs, der Verwaltung und der Wirtschaft erfordern.

Das Liegenschaftskataster muß geeignet sein, als amtliches Verzeichnis der Grundstücke im Sinne des § 2 Abs 2 der Grundbuchordnung zu dienen; es muß die Ergebnisse der amtlichen Bodenschätzung nachweisen.

Oberste Vermessungs- und Katasterbehörde ist der Innenminister. Ihm unterstehen als obere Landesbehörde das Landesvermessungsamt, zuständig für die Landesvermessung, sowie als untere Landesbehörden die Katasterämter, zuständig für die Einrichtung und Fortführung des Liegenschaftskatasters und die hierzu erforderlichen Vermessungen. Vermessungen, deren Ergebnisse in das Landesvermessungswerk und in das Liegenschaftskataster übernommen werden sollen, dürfen außer den vorgenannten Landesbehörden die öffentlich bestellten Vermessungsingenieure sowie unter bestimmten Voraussetzungen andere behördliche Vermessungsstellen und die Schleswig-Holsteinische Landesgesellschaft durchführen.

4.1 Landesvermessungsamt

24106 Kiel, Mercatorstr 1; Tel (04 31) 3 83-0;
Fax (04 31) 3 83-20 99

Direktor des Landesvermessungsamts: Dipl-Ing Jürgen Gerigk
Vertreter: Dr-Ing habil Joachim Boljen RVmDir

Zentralabteilung
Leiter: Dipl-Ing Jürgen Gerigk

Abteilung Grundlagenvermessung
Leiter: Dr-Ing habil Joachim Boljen RVmDir

Abteilung Topographie
Leiter: Dipl-Ing Hans Weiland RVmDir

Abteilung Kartographie
Leiter: Dipl-Ing Heinz Haselbach RVmDir

Abteilung Katastervermessung
Leiter: Dipl-Ing Jürgen Gerigk

Sonderarbeitsgebiet Informationstechnik
Leiter: Dipl-Ing Eckart Butschkau ORVmR

4.2 Katasterämter

Katasteramt Eutin
23701 Eutin, Carl-Maria-von-Weber-Str 20;
Tel (0 45 21) 70 51 02; Fax (0 45 21) 70 51 00
Leiter: Dipl-Ing Reimer Alpen ORVmR
Amtsbezirk: Städte Bad Schwartau und Eutin, Gemeinden Ahrensbök, Bosau, Malente, Ratekau, Scharbeutz, Stockelsdorf, Süsel und Timmendorfer Strand

Katasteramt Flensburg
24937 Flensburg, Stuhrsallee 27; Tel (04 61) 50 46-0;
Fax (04 61) 50 46-1 00
Leiter: Dipl-Ing Herbert Schmidt RVmDir
Amtsbezirk: Kreisfreie Stadt Flensburg, Stadt Glücksburg (Ostsee) sowie Gemeinden des Kreises Schleswig-Flensburg, soweit sie nicht zum Katasteramt Schleswig gehören

Katasteramt Husum
25813 Husum, Poggenburgstr 9; Tel (0 48 41) 83 04 50;
Fax (0 48 41) 83 04 89
Leiter: Dipl-Ing Heinz Maas ORVmR
Amtsbezirk: Städte Bredstedt, Friedrichstadt, Garding, Husum und Tönning, alle Halligen, die Inseln Pellworm und Nordstrand sowie die Gemeinden der ehemaligen Kreise Husum und Eiderstedt

Katasteramt Itzehoe
25524 Itzehoe, Lornsenplatz 1; Tel (0 48 21) 66-0;
Fax (0 48 21) 66-16 11
Leiter: Dipl-Ing Friedrich-Wilhelm Trottmann RVmDir
Amtsbezirk: Kreis Steinburg

Katasteramt Kiel
24106 Kiel, Mercatorstr 5; Tel (04 31) 3 83-0;
Fax (04 31) 3 83-28 77
Leiter: Dipl-Ing Wolfgang Dewitz LtdRVmDir
Amtsbezirk: Kreisfreie Stadt Kiel, Teile des Kreises Plön (und zwar die Gemeinden Barsbek, Bendfeld, Boksee, Brodersdorf, Fahren, Fargau-Pratjau, Fiefbergen, Heikendorf, Höhndorf, Klausdorf, Klein-Barkau, Krokau, Krummbek, Laboe, Lutterbek, Mönkeberg, Passade, Prasdorf, Probsteierhagen, Schlesien, Schönberg, Schönkirchen, Stakendorf, Stein, Stoltenberg, Wendtdorf, Wisch); Teile des Kreises Rendsburg-Eckernförde (und zwar die Gemeinden Achterwehr, Blumenthal, Bredenbek, Felde, Kronshagen, Krummwisch, Melsdorf, Mielkendorf, Molfsee, Ottendorf, Quarnbek, Rodenbek, Rumohr, Schierensee und Westensee)

Katasteramt Lübeck
23568 Lübeck, Jerusalemsberg 8;
Tel (04 51) 3 71 24 00
Leiter: Dipl-Ing Nils-Kaspar Schell RVmDir
Amtsbezirk: Hansestadt Lübeck, aus dem Kreis Herzogtum Lauenburg die Gemeinde Krummesse

Katasteramt Meldorf
25704 Meldorf, Bütjestr 6; Tel (0 48 32) 8 72 41;
Fax (0 48 32) 8 72 50
Leiter: Dipl-Ing Udo Wenzlaff ORVmR
Amtsbezirk: Kreis Dithmarschen

Katasteramt Neumünster
24539 Neumünster, Alemannenstr 14-18;
Tel (0 43 21) 49 52 06; Fax (0 43 21) 4 95-2 07
Leiter: Dipl-Ing Jörg Anders RVmDir
Amtsbezirk: Kreisfreie Stadt Neumünster sowie teilweise Gemeinden der Kreise Plön, Rendsburg-Eckernförde und Segeberg

Katasteramt Niebüll
25899 Niebüll, Böhmestr 18; Tel (0 46 61) 96 10-0;
Fax (0 46 61) 61 79
Leiter: Dipl-Ing Dietrich Gauß ORVmDir
Amtsbezirk: Kreis Nordfriesland mit Ausnahme der zum Katasteramtsbezirk Husum gehörenden Städte und Gemeinden

Katasteramt Oldenburg
23758 Oldenburg, Hoheluftstr 10;
Tel (0 43 61) 5 17 50; Fax (0 43 61) 51 75 19
Leiter: Dipl-Ing Klaus Kasper RVmDir
Amtsbezirk: Kreis Ostholstein mit Ausnahme der zum Katasteramtsbezirk Eutin gehörenden Städte und Gemeinden

Katasteramt Bad Oldesloe
23843 Bad Oldesloe, Sandkamp 3;
Tel (0 45 31) 17 74-0; Fax (0 45 31) 17 74-70
Leiterin: Dipl-Ing Cornelia Weber RVmRätin
Amtsbezirk: Kreis Stormarn

Katasteramt Pinneberg
25421 Pinneberg, Friedenstr 39; Tel (0 41 01) 2 60 25;
Fax (0 41 01) 20 86 51
Leiter: Dipl-Ing Hans-Peter Lachmund ORVmR
Amtsbezirk: Kreis Pinneberg

Katasteramt Plön
24306 Plön, Gartenstr 1; Tel (0 45 22) 70 24;
Fax (0 45 22) 17 82
Leiter: Dipl-Ing Eberhard Leibbrand RVmDir
Amtsbezirk: Kreis Plön mit Ausnahme der zu den Katasteramtsbezirken Kiel und Neumünster gehörenden Gemeinden

Katasteramt Ratzeburg
23909 Ratzeburg, Herrenstr 9; Tel (0 45 41) 20 25;
Fax (0 45 41) 8 49 40
Leiter: Dipl-Ing Hans-Peter Boeck RVmDir
Amtsbezirk: Kreis Herzogtum Lauenburg mit Ausnahme der zum Katasteramtsbezirk Lübeck gehörenden Gemeinde Krummesse

Katasteramt Rendsburg
24768 Rendsburg, Paradeplatz 9; Tel (0 43 31) 5 97-0
Leiter: Dipl-Ing Dietrich Dolgner RVmDir
Amtsbezirk: Kreis Rendsburg-Eckernförde mit Ausnahme der zu den Katasteramtsbezirken Kiel und Neumünster gehörenden Gemeinden

Katasteramt Schleswig
24837 Schleswig, Poststr 4; Tel (0 45 21) 9 76-0;
Fax (0 46 21) 9 76-40
Leiter: Dipl-Ing Egon Ploppa ORVmR
Amtsbezirk: Kreis Schleswig-Flensburg mit Ausnahme der zum Katasteramtsbezirk Flensburg gehörenden Gemeinden

Katasteramt Bad Segeberg
23795 Bad Segeberg, Seminarweg 7;
Tel (0 45 51) 5 48 69; Fax (0 45 51) 5 48 75
Leiter: Dipl-Ing Herbert Müller RVmDir
Amtsbezirk: Kreis Segeberg mit Ausnahme der zum Katasteramtsbezirk Neumünster gehörenden Gemeinden

5 Statistisches Landesamt

24113 Kiel, Fröbelstr 15-17; Tel (04 31) 68 95-0;
Fax (04 31) 6 89 54 98; BTX 4 44 50#

Staatsrechtliche Grundlage und Aufgabenkreis:
Dem Statistischen Landesamt, einer Landesoberbehörde, obliegt nach dem Landesstatistikgesetz vom 8. März 1991 (GVOBl Schl-H Seite 131) die Durchführung von EU-, Bundes- und Landesstatistiken für den Bereich des Landes Schleswig-Holstein.

Direktor des Statistischen Landesamtes: Dr Hans-Peter Kirschner
Vertreter: Dr Matthias Sievers LtdRLandwDir

Abt 1 Allgemeine Abteilung
Leiter: Dr Matthias Sievers LtdRLandwDir

Dez 100: **Personal, Haushalt, Zentrale Dienste** Repp OAR
Dez 110: **Rechtsangelegenheiten, Datenschutz, Öffentlichkeitsarbeit** Dr Sievers LtdRLandwDir
Dez 120: **Entwicklung und Betrieb der Statistischen Datenbank, Leitstelle für Informationstechnik** Klein RVolkswR
Dez 130: **Fachübergreifende Anfragen, Regionalstatistik, Veröffentlichungen, Bücherei** Dipl-Soz-Wiss Grocholski-Plescher
Ref 140: **Automatisierte Datenverarbeitung** NN

Abt 2 Finanzen, Steuern, Gesamtrechnungen, Preise, Löhne, Handel, Verkehr, Tourismus
Leiter: Bernd Struck RVolkswDir

Dez 200: **Staats- und Kommunalfinanzen, Öffentlicher Dienst; Geld und Kredit, Steuern** Gawlik RVolkswDir
Dez 210: **Volkswirtschaftliche Gesamtrechnungen, Systematiken, Schätzung der Erwerbstätigen, Redaktion der Monatshefte** Struck RVolkswDir
Dez 220: **Umweltökonomische Gesamtrechnungen** Dipl-Geologe Dr Lawatscheck

Dez 230: **Preise, Preisindizes, Wirtschaftsrechnungen, Löhne, Personalkosten** Dipl-Volksw Quiel
Dez 240: **Binnenhandel, Außenhandel, Tourismus, Verkehr** Scheel RVolkswDir

Abt 3 Produzierendes Gewerbe, Umwelt, Bautätigkeit, Agrarproduktion, Agrarstruktur
Leiter: Dr Grunwaldt RLandwDir

Dez 300: **Energie- und Wasserwirtschaft; Verarbeitendes Gewerbe, Handwerk** Schrödter RVolkswR
Dez 310: **Baugewerbe, Umwelt, Wohngeld, Bautätigkeit** Wormeck RVolkswDir
Dez 320: **Tierische Produktion, Viehbestände, Bodennutzung** Dipl-Ingenieurin agr Möbert OARätin
Dez 330: **Agrarstruktur, Arbeitskräfte, Ernten, Gartenbau** Dr Grunwaldt RLandwDir

Abt 4 Bevölkerung, Wahlen, Arbeitsmarkt, Soziales, Bildung
Leiter: Peter Möller LtdRVolkswDir

Dez 400: **Bevölkerungsstand, Bevölkerungsbewegung, Bevölkerungsvorausberechnung, Wahlen** Winck ORR
Dez 410: **Mikrozensus, Volks- und Wohnungszählung, Arbeitsstättenzählung, Arbeitsmarkt** Möller LtdRVolkswDir
Dez 420: **Gesundheit, Sozialleistungen, Rechtspflege** Dipl-Volkswirtin Dr Saebetzki OARätin
Dez 430: **Hochschulen, Schulen, Berufs- und Weiterbildung** Dr Lück RVolkswDir

6 Landesamt für Ausländerangelegenheiten Schleswig-Holstein

25524 Itzehoe, Langer Peter 27 b;
Tel (0 48 21) 95 96-0;
Fax (0 48 21) 95 96-2 22, 95 96-2 40 und 95 96-1 11

Staatsrechtliche Grundlage und Aufgabenkreis:
Landesverordnung über die Errichtung eines Landesamtes für Ausländerangelegenheiten Schleswig-Holstein und zur Regelung von Aufgaben und Zuständigkeiten nach dem Ausländergesetz und dem Asylverfahrensgesetz vom 17. März 1993 (GVOBl Schl-H S 142), geändert durch Landesverordnung zur Änderung der Ausländer- und Asylverordnung vom 10. Februar 1994 (GVOBl Schl-H S 146), sowie Landesverordnung zur Änderung der Landesverordnung zur Durchführung des Aufnahme- und Zuweisungsverfahrens für Aussiedler und ausländische Flüchtlinge vom 7. Dezember 1996 (GOVBl Schl-H Seite 726).
Aufgaben des Landesamtes sind:
– Ausländerbehördliche Maßnahmen für Asylbewerber in Aufnahmeeinrichtungen und diesen zugeordneten Unterkünften (Aufnahme, Verfahrensbegleitung, Aufenthaltsbeendigung nach Ablehnung)
– Unterbringung, Betreuung, Versorgung
– Sonstige Leistungen nach dem Asylbewerberleistungsgesetz
– Gesundheitsuntersuchung

– Länderübergreifende und landesinterne Verteilung auf die Kreise und kreisfreien Städte
– Verfolgung von Ordnungswidrigkeiten.
– Zentrale Aufnahme des Landes für Aussiedler und ausländische Flüchtlinge
– Zuweisung der Aussiedler und ausländischen Flüchtlinge auf die Kreise und kreisfreien Städte.

Leiter: Friedrich Kortüm LtdRDir

Außenstellen:

Außenstelle Flensburg
24939 Flensburg, Frösleeweg; Tel (04 61) 4 93 20-0; Fax (04 61) 4 93 20-8

Außenstelle Lübeck
23560 Lübeck, Vorwerker Str 103;
Tel (04 51) 4 08 89-0; Fax (04 51) 4 08 89-11

Außenstelle Neumünster
Zentrale Aufnahmestelle (ZASt)
24534 Neumünster, Brachfelder Str 45;
Tel (0 43 21) 92 09-0; Fax (0 43 21) 92 09-29

7 Polizei

Staatsrechtliche Grundlage und Aufgabenkreis:
Gesetz über die Organisation der Polizei in Schleswig-Holstein (Polizeiorganisationsgesetz) in der Fassung vom 3. März 1994 (GVOBl Schl-H Seite 158).
Die Polizei ist eine Einrichtung des Landes und untersteht unmittelbar dem Innenminister. Beim Innenminister sind als zugeordnete Ämter das Polizeiverwaltungsamt – näher Angaben hierzu siehe Seite 38 – und das Landeskriminalamt – näher Angaben hierzu siehe Seite 38 – gebildet.
Die Polizei ist als untere Landesbehörde gegliedert in
– die Polizeidirektionen,
– die Verkehrspolizeidirektion Schleswig-Holstein,
– die Wasserschutzpolizei Schleswig-Holstein,
– die Polizeidirektion für Aus- und Fortbildung und für die Bereitschaftspolizei Schleswig-Holstein.

7.1 Polizeidirektionen

Aufgabenkreis:
Die Polizeidirektionen nehmen alle der Polizei übertragenen Aufgaben wahr, soweit sie nicht anderen Behörden der Polizei obliegen.

7.1.1 Polizeidirektion Schleswig-Holstein Mitte

24103 Kiel, Knooper Weg 45; Tel (04 31) 5 98-1; Fax (04 31) 5 98-35 15
Amtsbezirk: Die kreisfreien Städte Kiel und Neumünster sowie die Kreise Rendsburg-Eckernförde, Segeberg und Plön

Der Polizeidirektion Schleswig-Holstein Mitte nachgeordnet:

Polizeiinspektion Kiel
24103 Kiel, Gartenstr 7; Tel (04 31) 5 98-1;
Fax (04 31) 5 98-34 19
Bezirk: Landeshauptstadt Kiel

Polizeiinspektion Rendsburg
24768 Rendsburg, Moltkestr 9; Tel (0 43 31) 2 08-1;
Fax (0 43 31) 2 08-2 31
Bezirk: Kreis Rendsburg-Eckernförde

Polizeiinspektion Neumünster
24539 Neumünster, Altonaer Str 101;
Tel (0 43 21) 9 45-0; Fax (0 43 21) 9 45-10 53
Bezirk: Kreisfreie Stadt Neumünster

Polizeiinspektion Plön
24306 Plön, Hamburger Str. 30; Tel (0 45 22) 50 05-0;
Fax (0 45 22) 50 05-30
Bezirk: Kreis Plön

Polizeiinspektion Bad Segeberg
23795 Bad Segeberg, Dorfstr 14-16;
Tel (0 45 51) 8 84-0; Fax (0 45 51) 8 84-2 39 und
8 84-2 53
Bezirk: Kreis Segeberg

Bezirkskriminalinspektion Kiel
24103 Kiel, Blumenstr 2-4; Tel (04 31) 5 98-1;
Fax (04 31) 5 98-33 46
Bezirk: Gesamter Bezirk der Polizeidirektion Schleswig-Holstein Mitte

7.1.2 Polizeidirektion Schleswig-Holstein Nord

24939 Flensburg, Neustadt 30; Tel (04 61) 4 84-0;
Telex 2 27 02 polfl d
Amtsbezirk: Die kreisfreie Stadt Flensburg sowie die Kreise Nordfriesland und Schleswig-Flensburg

Der Polizeidirektion Schleswig-Holstein Nord nachgeordnet:

Polizeiinspektion Flensburg
24937 Flensburg, Norderhofenden 1;
Tel (04 61) 4 84-0; Fax (04 61) 48 45 08
Bezirk: Kreisfreie Stadt Flensburg

Polizeiinspektion Husum
25813 Husum, Poggenburgstr 9; Tel (0 48 41) 6 68-0;
Fax (0 48 41) 66 82 38
Bezirk: Kreis Nordfriesland

Polizeiinspektion Schleswig
24837 Schleswig, Friedrich-Ebert-Str 8;
Tel (0 46 21) 8 41; Fax (0 46 21) 8 42 38
Bezirk: Kreis Schleswig-Flensburg

Bezirkskriminalinspektion Flensburg
24937 Flensburg, Norderhofenden 1;
Tel (04 61) 4 84-0; Fax (04 61) 48 45 49
Bezirk: Kreisfreie Stadt Flensburg, Kreise Schleswig-Flensburg und Nordfriesland

7.1.3 Polizeidirektion Schleswig-Holstein West

25524 Itzehoe, Große Paaschburg 66;
Tel (0 48 21) 60 21; Fax (0 48 21) 60 23 25;
Telex 2 81 03 SHIZPD
Amtsbezirk: Die Kreise Steinburg, Dithmarschen und Pinneberg

Der Polizeidirektion Schleswig-Holstein West nachgeordnet:

Polizeiinspektion Itzehoe
25524 Itzehoe, Große Paaschburg 66;
Tel (0 48 21) 60 21; Fax (0 48 21) 60 23 25
Bezirk: Kreis Steinburg

Polizeiinspektion Heide
25746 Heide, Markt 59; Tel (04 81) 94-0;
Fax (04 81) 9 42 55
Bezirk: Kreis Dithmarschen

Polizeiinspektion Pinneberg
25421 Pinneberg, Elmshorner Str 40;
Tel (0 41 01) 20 21; Fax (0 41 01) 20 22 08
Bezirk: Kreis Pinneberg

Bezirkskriminalinspektion Itzehoe
25524 Itzehoe, Große Paaschburg 66;
Tel (0 48 21) 60 21; Fax (0 48 21) 60 23 25
Bezirk: Gesamter Bezirk der Polizeidirektion Schleswig-Holstein West

7.1.4 Polizeidirektion Schleswig-Holstein Süd

23560 Lübeck, Possehlstr 4; Tel (04 51) 1 31-1;
Fax (04 51) 1 31-24 85; Telex 2 63 26 SH HL PD-D
Amtsbezirk: Die kreisfreie Hansestadt Lübeck sowie die Kreise Ostholstein, Stormarn und Herzogtum Lauenburg

Der Polizeidirektion Schleswig-Holstein Süd nachgeordnet:

Polizeiinspektion Lübeck
23560 Lübeck, Possehlstr 4; Tel (04 51) 1 31-1;
Fax (04 51) 1 31-24 85
Bezirk: Kreisfreie Hansestadt Lübeck

Polizeiinspektion Eutin
23701 Eutin, Lübecker Str 35; Tel (0 45 21) 8 01-0;
Fax (0 45 21) 81-2 34
Bezirk: Kreis Ostholstein

Polizeiinspektion Bad Oldesloe
23843 Bad Oldesloe, Berliner Ring 27;
Tel (0 45 31) 5 01-1; Fax (0 45 31) 5 01-3 25
Bezirk: Kreis Stormarn

Polizeiinspektion Ratzeburg
23909 Ratzeburg, Seestr 12-14; Tel (0 45 41) 8 09-0;

Fax (0 45 41) 8 09-2 19
Bezirk: Kreis Herzogtum Lauenburg

Bezirkskriminalinspektion Lübeck
23560 Lübeck, Possehlstr 4; Tel (04 51) 1 31-1;
Fax (04 51) 1 31-24 85
Bezirk: Gesamter Bezirk der Polizeidirektion Schleswig-Holstein Süd

7.2 Verkehrspolizeidirektion Schleswig-Holstein

24539 Neumünster, Altonaer Str 101;
Tel (0 43 21) 9 45-0; Fax (0 43 21) 9 45-20 12

Aufgabenkreis:
Der Verkehrspolizeidirektion Schleswig-Holstein obliegt als Fachdirektion die überörtliche Verkehrsüberwachung sowie in diesem Zusammenhang die Erforschung von Straftaten und Ordnungswidrigkeiten nach näherer Regelung der Innenministerin oder des Innenministers.
*Amtsbezirk:*Land Schleswig-Holstein

Polizei-Verkehrsüberwachungsdienst
24539 Neumünster, Altonaer Str 101;
Tel (0 43 21) 9 45-0

Polizei-Autobahnrevier Bad Oldesloe
23843 Bad Oldesloe, Tel (0 45 31) 17 06-0;
Fax (0 45 31) 17 06 32

Polizei-Autobahnrevier Neumünster
24644 Krogaspe, Post Timmaspe;
Tel (0 43 21) 5 13 21; Fax (0 43 21) 5 17 98

Polizei-Autobahnrevier Scharbeutz
23684 Scharbeutz, Breitenkamp 127;
Tel (0 45 24) 6 72-74; Fax (0 45 24) 18 80

Polizei-Autobahnrevier Schleswig
24850 Schuby, Tel (0 46 21) 94 52-0;
Fax (0 46 21) 94 52-28

Polizei-Autobahnrevier Mölln
21493 Elmenhorst, Tel (0 41 56) 2 95;
Fax (0 41 56) 2 95

Polizei-Autobahnrevier Elmshorn
25337 Elmshorn, Tel (0 41 21) 7 20 45 und 7 20 46;
Fax (0 41 21) 7 73 37

7.3 Wasserschutzpolizeidirektion Schleswig-Holstein

24116 Kiel, Mühlenweg 166, Haus 10;
Tel (04 31) 5 98-1; Fax (04 31) 5 98-33 55

Staatsrechtliche Grundlage und Aufgabenkreis:
Polizeiorganisationsgesetz in der Fassung der Bekanntmachung vom 3. März 1994 (GVOBl Schl-H Seite 158); Landesverordnung über die örtliche Zuständigkeit der Wasserschutzpolizeidirektion Schleswig-Holstein vom 3. Februar 1995 (GVOBl Seite 67).

Amtsbezirk: Die Wasserschutzpolizeidirektion Schleswig-Holstein hat die ihr übertragenen Aufgaben außer in den Küstengewässern, Häfen und auf den Wasserstraßen auf folgenden Binnengewässern durchzuführen:
Im Bezirk der Polizeidirektion Schleswig-Holstein Nord: Haddbyer Noor, Langballigau von der Straßenbrücke K 97 bis zur Ostsee, Selker Noor, Treene-Polder-Kanal zwischen der Straßenbrücke K 22 und Treene zwischen Hollingstedt und Holzkate.
Im Bezirk der Polizeidirektion Schleswig-Holstein West: Bramau von Wrist bis zur Stör, Kremper Au von Borsfleth bis zur Stör, Krückau zwischen der Grenze der Seeschiffahrtsstraße bis 2 km flußaufwärts, Pinnau zwischen der Grenze der Seeschiffahrtsstraße bis 2 km flußaufwärts, Rhin vom Glückstädter Hafen bis zur Eisenbahnbrücke, Schwarzwasser vom Glückstädter Hafen bis zur Straßenbrücke B 431, Stör zwischen der Grenze der Seeschiffahrtsstraße bis Willenscharen, Wedeler Au von Wedel, Stocksbrücke, bis zur Elbe.
Im Bezirk der Polizeidirektion Schleswig-Holstein Süd: Binnengewässer Neustadt in Holstein, Güster Seen, Ratzeburger See mit Domsee, Küchensee und Kleiner Küchensee, Trave von Bad Oldesloe bis Wesenberg, Wakenitz, Ziegelsee, Stadtsee und Schulsee in Mölln.
Die Wasserschutzpolizeidirektion Schleswig-Holstein nimmt die ihr übertragenen Aufgaben auf dem gesamten Gebiet der Gemeinde Helgoland wahr.

Der Wasserschutzpolizeidirektion Schleswig-Holstein nachgeordnet:

Wasserschutzpolizeirevier Kiel
24105 Kiel, Düsternbrooker Weg 82;
Tel (04 31) 57 93 20; Fax (04 31) 9 88 33 99
Zuständigkeitsbereich: Bezirke der Polizeiinspektionen Kiel, Rendsburg, Neumünster, Bad Segeberg, Plön einschließlich der vorgelagerten Küstengewässer mit Ausnahme der Bezirke des Polizeireviers Rendsburg-Stadt und der Polizeistationen Schacht-Audorf und Osterrönfeld sowie der Schlei, des Nord-Ostsee-Kanals, des Gieselau-Kanals, des Achterwehrer Schiffahrtskanals, des Flemhuder Sees, der Obereider und der Untereider.

Wasserschutzpolizeirevier Kiel-Holtenau
24159 Kiel, Schleuseninsel 39; Tel (04 31) 3 05 54-0;
Fax (04 31) 3 05 54-32
Zuständigkeitsbereich: Nord-Ostsee-Kanal von Holtenau bis km 40,7, den Gieselau-Kanal, den Achterwehrer Schiffahrtskanal, den Flemhuder See, die Obereider und die Untereider von Rendsburg bis zur Schleuse Lexfähr ausschließlich.

Wasserschutzpolizeirevier Flensburg
24939 Flensburg, Norderstr 72; Tel (04 61) 48 43 55
Zuständigkeitsbereich: Bezirke der Polizeiinspektion Flensburg und Schleswig einschließlich der vorgelagerten Küstengewässer und der Schlei mit Ausnahme der Untereider, der Treene ab Hollingstedt und der Sorge ab Meggerdorf.

Wasserschutzpolizeirevier Husum
25813 Husum, Am Außenhafen;
Tel (0 48 41) 83 03 55; Fax (0 48 41) 6 16 14
Zuständigkeitsbereich: Küstengewässer einschließlich
vorgelagerte Inseln und Halligen mit Häfen, Lade- und
Löscheinrichtungen von der deutsch/dänischen Staats-
grenze bis zum Leuchtfeuer St Peter-Böhl querab;
Mittlere Eider von der Schleuse Lexfähre bis zur
Untereider – Eisenbahnbrücke – bei Friedrichstadt;
Untere Treene von Hollingstedt bis zur Einmündung in
die Untere Eider bei Friedrichstadt;
Mittlere und Untere Sorge von Meggerdorf bis zur Ein-
mündung in die Mittlere Eider bei Hohner Fähre.

Wasserschutzpolizeirevier Büsum
25761 Büsum, Alte Hafeninsel 20;
Tel (0 48 34) 95 98-0; Fax (0 48 34) 48 76
Zuständigkeitsbereich: Häfen und Küste zwischen
Neufelder Watt und Eiderstedt mit den vorgelagerten
Küstengewässern ohne Elbe; Insel Helgoland mit um-
liegenden Gewässern, die Eider und Häfen von Eisen-
bahnbrücke Friedrichstadt bis Mündung.

Wasserschutzpolizeirevier Brunsbüttel
25541 Brunsbüttel, Schleuse; Tel (0 48 52) 9 00-0;
Fax (0 48 52) 30 26
Zuständigkeitsbereich: Bezirke der Polizeiinspektionen
Itzehoe und Pinneberg, der Polizeistation Brunsbüttel,
für den Hafen Neufeld mit der Hafenzufahrt und dem
Wattengebiet westlich der Hafenzufahrt bis zum Län-
gengrad 9° Ost, den Nord-Ostsee-Kanal von km 40,7
bis Brunsbüttel einschließlich der Zufahrt zum Nord-
Ostsee-Kanal und der Nordostreede.

Wasserschutzpolizeirevier Lübeck
23568 Lübeck, Hafenstr 2;
Tel (04 51) 3 34 40 und 1 31-1; Fax (04 51) 3 55 57
Zuständigkeitsbereich: Bezirke der Polizeiinspektionen
Lübeck, Bad Oldesloe und Ratzeburg mit Ausnahme
des Bezirks des 7. Polizeireviers Lübeck sowie der
Trave von der Stülper Huk bis zur Mündung.

Wasserschutzpolizeirevier Lübeck-Travemünde
23570 Lübeck, Am Leuchtenfeld; Tel (0 45 02) 7 41 41;
Fax (0 45 02) 7 45 55
Zuständigkeitsbereich: Bezirke der Polizeiinspektion
Eutin und des 7. Polizeireviers Lübeck einschließlich
der vorgelagerten Küstengewässer und der Trave von
der Stülper Huk bis zur Mündung mit Pötenitzer Wiek
und Dassower See mit Ausnahme des Bezirks des Polizeireviers Oldenburg in Holstein.

Wasserschutzpolizeirevier Heiligenhafen
23774 Heiligenhafen, Am Jachthafen 6;
Tel (0 43 62) 73 42
Zuständigkeitsbereich: Bezirke des Polizeireviers Ol-
denburg in Holstein einschließlich der vorgelagerten
Küstengewässer.

7.4 Polizeidirektion für Aus- und Fortbildung und für die Bereitschaftspolizei Schleswig-Holstein

23701 Eutin, Hubertushöhe; Tel (0 45 21) 81-0

Aufgabenkreis:
Aufgabe der Polizeidirektion ist die Aus- und Fortbildung der Beschäftigten der Landespolizei, soweit diese
nicht bei rechtlich selbständigen Bildungseinrichtungen
ausgebildet werden.
Die Bereitschaftspolizei unterstützt die Behörden und
Dienststellen der Polizei, wenn die Erfüllung der diesen
obliegenden Aufgaben es erforderlich macht.

8 Die Landräte der Kreise als allgemeine untere Landesbehörde

Aufgabenkreis:
Im Rahmen der Zuständigkeit des Landrates Wahrnehmung der Kommunalaufsicht über die Städte bis 20 000
Einwohner, die Gemeinden mit Bürgermeisterverfassung und Ämter, der Fachaufsicht über die Behörden
der kreisangehörigen Gemeinden und Ämter, der Aufsicht über die Körperschaften des öffentlichen Rechts
ohne Gebietshoheit sowie über die Anstalten und Stiftungen des öffentlichen Rechts, der Schulaufsicht, der
Aufgaben des Schutzes von Kindern in Tageseinrich-
tungen nach dem Kindertagesstättengesetz und der
überörtlichen Überprüfung nach dem Kommunalprüfungsgesetz.
Nähere Angaben hierzu siehe Seite 113 ff.

9 Landesfeuerwehrschule Schleswig-Holstein

24955 Harrislee, Süderstr 46;
Tel (04 61) 76 74 und 76 75; Fax (04 61) 7 44 86

Staatsrechtliche Grundlage und Aufgabenkreis:
Die Landesfeuerwehrschule ist eine nichtrechtsfähige
Anstalt im Geschäftsbereich des Innenministeriums.
Sie hat die Aufgabe, den Mitgliedern der freiwilligen
Feuerwehren, insbesondere dem Führungsnachwuchs,
eine gründliche Fachausbildung zu vermitteln.
Des weiteren hat sie die Führungsausbildung im Kata-
strophenschutz durchzuführen (Gesetz über den Brand-
schutz und die Hilfeleistungen der Feuerwehren –
Brandschutzgesetz-BrSchG – vom 10. Februar 1996).

Leiter: Dipl-Ing Heinz Speckmann Branddirektor

mit der Außenstelle:

**Landesfeuerwehrschule Schleswig-Holstein, Ausbil-
dungsstätte Rendsburg**

24768 Rendsburg, P-H-Eggers-Str 22-24;
Tel (0 43 31) 52 81 und 52 82; Fax (0 43 31) 52 21

Der Rechtsaufsicht des Innenministers unterstellt:

10 Ausbildungszentrum für Verwaltung

– Körperschaft des öffentlichen Rechts –

24161 Altenholz, Rehmkamp 10; Tel (04 31) 32 09-0;
Fax (04 31) 32 80 44

Rechtsgrundlage und Aufgabenkreis:
Gesetz über das Ausbildungszentrum für Verwaltung
vom 7. Oktober 1974 (GVOBl Schl-H Seite 384),
zuletzt geändert durch Landesverordnung vom
30. November 1994 (GVOBl Schl-H S 527).
Das Ausbildungszentrum hat die Aufgabe, Mitarbeiterinnen und Mitarbeiter der öffentlichen Verwaltung in Schleswig-Holstein auszubilden. Es fördert die Fortbildung dieser Mitarbeiterinnen und Mitarbeiter. Es nimmt Aufgaben der zuständigen Stelle nach dem Berufsbildungsgesetz wahr. Das Ausbildungszentrum unterhält die nichtrechtsfähigen Anstalten „Fachhochschule für Verwaltung, Polizei und Steuerwesen" (Verwaltungsfachhochschule) und die „Verwaltungsschule" als verwaltungsinterne Bildungseinrichtungen und regelt deren Aufgabe und Organisation durch Satzung. Die Fachhochschule für Verwaltung, Polizei und Steuerwesen ist in die Fachbereiche Allgemeine Verwaltung, Polizei, Steuerverwaltung und Rentenversicherung gegliedert. Die Errichtung weiterer Fachbereiche oder die Gliederung der Verwaltungsschule in Abteilungen kann das Ausbildungszentrum durch Satzung regeln.
Mitglieder der Körperschaft: Land Schleswig-Holstein und der Verein zur Unterhaltung der Schleswig-Holsteinischen Gemeindeverwaltungsschule E V (Schulverein).

10.1 Fachhochschule für Verwaltung, Polizei und Steuerwesen

24161 Altenholz, Rehmkamp 10; Tel (04 31) 32 09-0;
Fax (04 31) 32 80 44

Rechtsgrundlage und Aufgabenkreis:
Satzung der Fachhochschule für Verwaltung, Polizei und Steuerwesen vom 14. Dezember 1984 (Amtsbl Schl-H/AAz Seite 257, geändert durch die 2. Änderungssatzung vom 10. Mai 1996 (Amtsbl Schl-H/AAz Seite 92). Die Verwaltungsfachhochschule vermittelt durch anwendungsbezogene Lehre eine Bildung, die die Studierenden zur Anwendung wissenschaftlicher Methoden und Erkenntnisse bei Erfüllung ihrer Dienstaufgaben in einem freiheitlichen demokratischen Rechtsstaat befähigt und sie auf ihre Verantwortung in der Gesellschaft vorbereitet.
Der Verwaltungsfachhochschule obliegt insbesondere

die Ausbildung der Beamtinnen und Beamten für die Laufbahnen des gehobenen Dienstes der allgemeinen Verwaltung des Landes, der Gemeinden, Ämter, Kreise und Zweckverbände, der Polizei, der Steuerverwaltung, der Versorgungsverwaltung, der Datenzentrale und der Landesversicherungsanstalt sowie der vergleichbaren Angestellten nach Maßgabe der Rechts- und Verwaltungsvorschriften über die Ausbildung und Prüfung und der Satzung des Ausbildungszentrums für Verwaltung.
Die Verwaltungsfachhochschule fördert die Fortbildung der Mitarbeiterinnen und Mitarbeiter der öffentlichen Verwaltung in Schleswig-Holstein.

Direktor: Dr Göttrik Wewer
Stellvertreter: Hans-Gunther Hübbe RDir
Büroleitender Beamter: Bernd Ziegler OAR

Fachbereich Allgemeine Verwaltung

Fachbereich Polizei

Fachbereich Steuerverwaltung

Fachbereich Rentenversicherung

10.2 Verwaltungsschule

Ausbildungszentrum für Verwaltung
– Körperschaft des öffentlichen Rechts –

24584 Bordesholm, Heintzestr 13; Tel (0 43 22) 6 93-0;
Fax (0 43 22) 6 93-5 41

Rechtsgrundlage und Aufgabenkreis:
Nach dem Gesetz über das Ausbildungszentrum für Verwaltung vom 7. Oktober 1974 (GVOBl Schl-H Seite 384), geändert durch Landesverordnung vom 30. November 1994 (GVOBl Schl-H Seite 527) und Satzung der Verwaltungsschule obliegt der Schule die Berufsbildung sowie Ausbildung und Prüfung von Mitarbeitern der öffentlichen Verwaltung in Schleswig-Holstein. Die Schule fördert die Fortbildung und führt Arbeitstagungen für Gemeinde-, Stadt- und Kreisvertreter durch. Die Schule nimmt die ihr übertragenen Aufgaben der zuständigen Stelle nach dem Berufsbildungsgesetz wahr.

Leiter: Dr Dietrich Loeber LtdVwSchulDir

11 Datenzentrale Schleswig-Holstein

– Anstalt des öffentlichen Rechts –

24161 Altenholz, Altenholzer Str 10-14;
Tel (04 31) 32 95-0; Fax (04 31) 32 95-4 10

Rechtsgrundlage und Aufgabenkreis:
Die Datenzentrale Schleswig-Holstein (DZ-SH) ist eine rechtsfähige Anstalt des öffentlichen Rechts mit dem gesetzlichen Auftrag, der öffentlichen Verwaltung in Schleswig-Holstein die Erledigung ihrer Aufgaben durch elektronische Datenverarbeitung zu ermöglichen. Sie bietet dazu folgende Dienste an:
– Beratung in allen Fragen der Informationstechnik,
– Entwicklung von Informationstechnik,

- Bereitstellung der Verfahren und der geeigneten Rechnerkapazität (Geräte in den Verwaltungen oder im Rechenzentrum),
- Einführungsunterstützung und Schulung.

Sie führt ihre Geschäfte nach kaufmännischen Grundsätzen unter Beachtung wirtschaftlicher Gesichtspunkte.

Vorstand: Dr Ing Gert Lang-Lendorff Vorsitzender; Dr jur Jürgen Faehling
Vorsitzender des Verwaltungsrats: Hartmut Wegener StSekr

12 Architekten- und Ingenieurkammer Schleswig-Holstein

– Körperschaft des öffentlichen Rechts –

24105 Kiel, Düsternbrooker Weg 77 a;
Tel (04 31) 56 20 66 und 56 20 67; Fax (04 31) 56 28 97

Rechtsgrundlage und Aufgabenkreis:
Gesetz über die Führung der Berufsbezeichnungen Architektin oder Architekt, Stadtplanerin oder Stadtplaner und Beratende Ingenieurin oder Beratender Ingenieur sowie über die Errichtung einer Architekten- und Ingenieurkammer (Architekten- und Ingenieurkammergesetz – ArchIngKG – in der Fassung vom 12. Juli 1995.
Der Architekten- und Ingenieurkammer Schleswig-Holstein gehören als Pflichtmitglieder alle freischaffend tätigen Architektinnen und Architekten, Innenarchitektinnen und Innenarchitekten, Landschaftsarchitektinnen und Landschaftsarchitekten, Stadtplanerinnen und Stadtplaner sowie alle freischaffend tätigen Ingenieurinnen (Beratende Ingenieurinnen) und Ingenieure (Beratende Ingenieure) an, die sich nicht nur gelegentlich mit der Planung, Berechnung oder Prüfung baulicher Anlagen einschließlich Verkehrsanlagen, der Leitung und Überwachung ihrer Ausführung oder entsprechender Beratungs- oder Gutachtertätigkeit befassen, sofern sie die Voraussetzungen für die Eintragung erfüllen.
Aufgabe der Architekten- und Ingenieurkammer ist es,
- die Baukultur, das Bauwesen und die Landespflege unter besonderer Berücksichtigung des Umweltschutzes zu fördern,
- für die berufliche Aus- und Fortbildung ihrer Mitglieder zu sorgen,
- die beruflichen und sozialen Belange der Gesamtheit der Mitglieder zu wahren, die Berufsinteressen ihrer Mitglieder zu fördern und zu vertreten, die Berufsgrundsätze zu regeln und die Erfüllung der beruflichen Pflichten zu überwachen,
- Behörden in Fragen, die den Tätigkeitsbereich der Architektin oder des Architekten und der Ingenieurin oder des Ingenieurs und der Stadtplanerin oder des Stadtplaners allgemein betreffen, durch Vorschläge und Stellungnahmen oder in sonstiger Weise zu beraten,
- auf die Beilegung von Streitigkeiten hinzuwirken,

die sich aus der Berufsausübung zwischen Mitgliedern oder zwischen diesen und Dritten ergeben,
- die Bestellung und Vereidigung von Sachverständigen zu regeln, soweit die Kammer zur Bestellung von Sachverständigen mitzuwirken und auf Verlangen von Gerichten und Behörden Sachverständige zu benennen,
- im Wettbewerbswesen die Übereinstimmung der jeweiligen Wettbewerbsbedingungen mit den geltenden bundes-, landes- und berufsrechtlichen Vorschriften zu überwachen und im Einzelfall innerhalb einer Ausschlußfrist von vierzehn Tagen Einspruch in schriftlicher Form gegenüber der Ausloberin oder dem Auslober zu erheben; bei Überschreitung der Frist gilt die Ausschreibung als bestätigt,
- im Wettbewerbswesen beratend tätig zu sein,
- die nach dem Gesetz vorgesehenen Listen und Verzeichnisse zu führen und die für die Berufsausübung notwendigen Bescheinigungen zu erteilen.

Präsident der Architekten- und Ingenieurkammer Schleswig-Holstein: Prof Diethelm Hoffmann
Geschäftsführendes Vorstandsmitglied: Dr Klaus Alberts

V Ministerium für Frauen, Jugend, Wohnungs- und Städtebau des Landes Schleswig-Holstein

24113 Kiel, Theodor-Heuss Ring 49; Tel (04 31) 9 88-0; Fax (04 31) 9 88-74 06

Aufgabenkreis:
Frauenpolitik; Entwicklung und Förderung von Maßnahmen die der Verwirklichung der Gleichstellung von Frauen dienen; Förderung von Kindern und Jugendlichen; Erziehungs- und Familienhilfen; Wahrnehmung der Aufgaben des Landesjugendamtes Schleswig-Holstein; Städtebauförderung; Wohnungswesen.

Ministerin: Angelika Birk
Staatssekretärin: Dr Ursula Müller

Leiterin Ministerbüro, Persönliche Referentin: Birgit Köhler Richterin am AG
Presseangelegenheiten, Öffentlichkeitsarbeit: Margret Lünenborg

Abt V 1 Allgemeine Abteilung
Leiter: Dr Wolfgang König MinDirig

Ref V 100: **Haushalt** Milkereit MinR
Ref V 1001: **Innerer Dienst** von Renner OAR
Ref V 110: **Personal, Beurteilungswesen, Aus- und Fortbildung** Bökel MinR
Ref V 120: **Organisation, Informtions- und Kommunikationstechnik** Kubach ORR
Ref V 130: **Justitiariat, Dienstrecht, Mitbestimmungsrecht, Datenschutz, Orden** NN
Ref V 140: **Controlling** Wolff RRätin

Abt V 2 Frauenpolitik
Leiterin: Dr Gertrud Weinriefer-Hoyer MinDirigentin

Ref V 200: **Grundsatzfragen der Frauenförderung im öffentlichen Dienst und in Personalangelegenheiten, Gleichstellungsgesetz, Mitbestimmungsrecht, Arbeits- und Tarifrecht, kommunale Gleichstellungsbeauftragte, Angelegenheiten der Staatskanzlei und des Ministeriums für Justiz, Bundes- und Europaangelegenheiten** Freifrau von Steinaecker RRätin
Ref V 2001: **Einzelfragen des Gleichstellungsgesetzes, Beamtenrecht, Fortbildung und Zusammenarbeit mit Gleichstellungs- und Frauenbeauftragten, dienstrechtliche Fragen der Aus- und Fortbildung für Frauen im öffentlichen Dienst, Angelegenheiten des Innenministeriums und des Ministeriums für Finanzen und Energie (Versorgungsrecht, Beihilfe, Besoldung)** Richter ARätin
Ref V 210: **Strafrecht, soziale Problematik von Schwangerschaftsabbrüchen, Gewalt gegen Frauen, Familienrecht, Besetzung von Gremien, Angelegenheiten des Ministeriums für Justiz, Bundes- und Europaangelegenheiten (Justizangelegenheiten), des** Innenministeriums und des Ministeriums für Finanzen und Energie (Ausländer, Flüchtlings- und Vertriebenenangelegenheiten) Dohm RRätin
Ref V 220: **Sozialrecht, Arbeitsmarktpolitik, Frauenförderung in der Privatwirtschaft, Angelegenheiten des Ministeriums für Arbeit, Gesundheit und Soziales (Arbeit und Sozialordnung) und des Ministeriums für Wirtschaft, Technologie und Verkehr** Boneit ORRätin
Ref V 230: **Frauen und Gesundheit, Tagesmutter, Zusammenarbeit mit Verbänden, Organisationen und Gruppen, Frauenberatungsstellen einschließlich Notrufgruppen, Angelegenheiten des Ministeriums für Arbeit, Gesundheit und Soziales (Gesundheit und Soziales)** Selker Angestellte
Ref V 2301: **Geschäftsleitende Beamtin der Abt V2; Haushalts- und Koordinationsangelegenheiten, Frauen und Soziales, Angelegenheiten des Ministeriums für Arbeit, Gesundheit und Soziales (Soziales)** Schürmann-Arndt Angestellte
Ref V 240: **Berufsrückkehrerinnen, frauenspezifische Fragen der Bildung, einschließlich der beruflichen Bildung, Bauleitplanung und Bauwesen, Angelegenheiten des Ministeriums für Bildung, Wissenschaft, Forschung und Kultur (Bildung) und des Ministeriums für Umwelt, Natur und Forsten** Scheer Angestellte
Ref V 250: **Frauenförderung in der Wissenschaft, Frauenförderung im ländlichen Bereich, geringfügig Beschäftigte, Modernisierung der öffentlichen Verwaltung (weibliche Beschäftigte), Angelegenheiten des Ministeriums für ländliche Räume, Landwirtschaft, Ernährung und Tourismus sowie des Ministeriums für Bildung, Wissenschaft, Forschung und Kultur (Wissenschaft, Forschung und Kultur) und der Staatskanzlei (Landesplanung)** Dr Duda Angestellte

Abt V 3 Kinder, Jugend und Familie
Leiterin: Dorothea Berger MinDirigentin

Ref V 300: **Kinder- und Jugendpolitik, Aktion „Schleswig-Holstein – Land für Kinder" –** Dr Tiemann Ang
Ref V 310: **Jugendhilfeplanung, Internationale Kinder- und Jugendpolitik, Ostseekooperation der Jugendarbeit** Dr Hesse RVwR
Ref V 3101: **Geschäftsleitender Beamter der Abteilung, Haushalts- und Koordinierungsangelegenheiten, Arbeitsgemeinschaft „Deutsches Schleswig"** Heinz AR
Ref V 320: **Mädchen und junge Frauen in der Jugendhilfe** Stabenow Angestellte
Ref V 330: **Jugendarbeit** Krellenberg MinR
Ref V 340: **Außerschulische Jugendbildung, Fortbildung** Edelmann ORR
Ref V 350: **Kinder- und Jugendhilferecht, Hilfen zur Erziehung** Denkmann MinR
Ref V 360: **Schutz von Kindern und Jugendlichen in Einrichtungen der Jugendhilfe, Beratung, Kostenerstattungen** Schüler OAR
Ref V 370: **Jugendsozialarbeit, Modellvorhaben** Egge Ang

Ref V 380: **Kinder- und Jugendschutz** Kottenstein Ang

Ref V 390: **Familienangelegenheiten, Beratungsstellen, gleichgeschlechtliche Lebensformen** Zabel-Wiese RDirektorin

Ref V 3901: **Angelegenheiten der Lesben** NN

Ref V 3902: **Angelegenheiten der Schwulen** NN

Abt V 4 Städtebauförderung und Wohnungswesen
Leiter: Dr Ing Eckart Güldenberg Ang

Ref V 400: **Volks-, betriebs- und finanzwirtschaftliche Grundsatzangelegenheiten der Abteilung, Wohnungsmarktbeobachtung, Abwicklung und Controlling Wohnungsbauprogramme** Dr Mangelsdorff RVwR

Ref V 410: **Wohnungsbindungsrecht, Wohngeld, Subventionsabbau in der Wohnungsförderung, Grundsatzfragen des Wohnungsmietrechts** Köhler RDir

Ref V 420: **Grundsatzfragen der Wohnungsbauförderung, Aufstellung der Wohnungsbauprogramme, Koordinierung (ARGEBAU, Bundesrat)** Meyer-Bergatt MinR

Ref V 430: **Städtebauförderungsrecht, finanzielle Angelegenheiten der Förderprogramme** Dr Dreher RR

Ref V 440: **Grundsätze der Städtebauförderung, Programme, Maßnahmen, Angelegenheiten der LEG** Pook MinRätin

Gemeinsame Einrichtung der Länder Freie Hansestadt Bremen, Freie und Hansestadt Hamburg, Niedersachsen und Schleswig-Holstein:

1 Gemeinsame Zentrale Adoptionsstelle

der Länder Freie Hansestadt Bremen, Freie und Hansestadt Hamburg, Niedersachsen und Schleswig-Holstein

20355 Hamburg, Kaiser-Wilhelm-Str 100;
Tel (0 40) 35 04 22 04

Staatsrechtliche Grundlage und Aufgabenkreis:
Gesetz zu dem Abkommen über die Errichtung einer Gemeinsamen Zentralen Adoptionsstelle der Länder Freie Hansestadt Bremen, Freie und Hansestadt Hamburg, Niedersachsen und Schleswig-Holstein vom 16. Juli 1979 (BremGBl S 299).
Die Gemeinsame Zentrale Adoptionsstelle hat die Aufgabe,
– schwer zu vermittelnde Kinder sowie die Adoptionsbewerber, denen die Adoptionsvermittlungsstellen kein Kind vermitteln konnten, zu erfassen und nach geeigneten Adoptionsbewerbern und geeigneten Kindern zu suchen,
– die Adoptionsvermittlungsstellen in tatsächlich oder rechtlich schwierigen Fällen zu unterstützen,
– die Mitwirkung und Beratung bei allen Adoptionen mit Auslandsberührung,
– unbeschadet der Verantwortlichkeit der Jugendämter

in Zusammenarbeit mit den Landesjugendämtern und ihren für die Heimaufsicht zuständigen Stellen zu prüfen, für welche Kinder in den Heimen ihres Breichs die Annahme als Kind in Betracht kommt,
– Richtlinien für die Tätigkeit der Adoptionsvermittlungsstellen und der Landesjugendämter im Rahmen des Adoptionsvermittlungsgesetzes zu erarbeiten, deren Erlaß den zuständigen Behörden der beteiligten Länder vorbehalten bleibt,
– Fortbildungsveranstaltungen für die mit der Durchführung des Adoptionsvermittlungsgesetzes befaßten Mitarbeiter der in den Ländern zuständigen Stellen durchzuführen.

Leiter: Rolf Bach ORR

VI Ministerium für Finanzen und Energie des Landes Schleswig-Holstein

24105 Kiel, Düsternbrooker Weg 64; Tel (04 31) 9 88-0;
Fax (04 31) 9 88-41 72; Teletex 43 15 74=FinMiSH

Aufgabenkreis:
Der Geschäftsbereich des Ministeriums für Finanzen und Energie umfaßt im wesentlichen folgende Aufgaben:
- Die Vertretung der finanzpolitischen und finanzwirtschaftlichen Interessen des Landes,
- das Haushalts-, Kassen- und Rechnungswesen,
- die Verwaltung des landeseigenen Vermögens sowie der Schulden,
- den Finanzausgleich mit dem Bund und den Ländern sowie die Mitwirkung beim kommunalen Finanzausgleich,
- die Verwaltung der Landesbürgschaften, Kreditaufträge und Gewährleistungen sowie die Mitwirkung bei bestimmten Aufgaben der Wirtschaftsförderung,
- das Steuerwesen und die Steuerverwaltung des Landes,
- die Durchführung des Lastenausgleichs,
- die Verteidigungslastenverwaltung des Landes,
- den Neubau, die Instandsetzung und die Unterhaltung der Bauten des Bundes und des Landes sowie die Mitwirkung bei sonstigen öffentlich geförderten Baumaßnahmen,
- die Reaktorsicherheit,
- die Energiewirtschaft,
- Koordinierung der Unterbringung von Landesbehörden.

Außerdem ist dem Ministerium die Landeshauptkasse eingegliedert.

Minister für Finanzen und Energie: Claus Möller

Leiter des Ministerbüros: Wolfgang Röttgers Ang
Pressereferent: Dr Hans-Friedrich Traulsen Ang

Staatssekretär für den Bereich Finanzen: Dr Joachim Lohmann
Staatssekretär für den Bereich Energie: Wilfried Voigt

Dem Staatssekretär unmittelbar unterstellt:

VI KSt: Koordinierungsreferat, Planungsbeauftragter Drögemüller RDir

Abt VI 1 Allgemeine Abteilung
Leiter: Joachim Boldt MinDirig

Ref VI 100: **Innerer Dienst, Vorprüfung** Hansen RR
Ref VI 110: **Justitiariat, Kfz-Schadensfälle, Ersatzansprüche** Sulimma ORR
Ref VI 120: **Haushalt des Finanzressorts** Scholze RDir
Ref VI 130: **Personal, Aus- und Fortbildung** Kerssenfischer MinR
Ref VI 140: **Organisation, Automation, Informations- und Kommunikationstechniken** Trost MinR

Ref VI 141: **IT-Leitstelle, Informationsbeauftragter** Schulz RR
Ref VI 150: **Besoldung, Versorgung, Beihilfen, Reisekosten- und Umzugskostenvergütung** Dr Helmer MinR
Ref VI 160: **Arbeits- und Tarifrecht** Friedrichs MinR
Ref VI 170: **Lastenausgleich** Wiese Ltd RDir

Abt VI 2 Finanzpolitik, Finanzwirtschaft, Haushalt
Leiter: Günther Rohs MinDirig

Ref VI 200: **Generalreferent für den Landeshaushalt** Pelny MinR
Ref VI 201: **Gesamtplan Landeshaushalt** Guscharzek OAR
Ref VI 202: **Einzelplan 12** Greve RR
Ref VI 203: **Einzelplan 11, Finanzielle Angelegenheiten der Kommunen, Steuerschätzungen** Lüthje RR
Ref VI 210: **Modernisierung der Verwaltung auf dem Gebiet des Haushaltswesens, Einzelplan 10, Haushaltsrecht** Dr Baehr RDirektorin
Ref VI 211: **Controlling, Budgetierung, Kosten-Leistungsrechnung** NN
Ref VI 220: **Einzelpläne 01, 02, 03, 04, 09 und 16, Verwaltungsgebühren, Zustimmung zum An- und Verkauf von Grundstücken usw** Reese-Cloosters MinRätin
Ref VI 230: **Einzelplan 07, Haushalts- und wirtschaftspolitische Grundsatzfragen, Analysen und Stellungnahme für die Leitung des Hauses** Neuhausen RR
Ref VI 250: **Bundesstaatlicher Finanzausgleich, Bundeshaushalt, Einzelplan 09** Storf MinR
Ref VI 260: **Haushaltsvollzug, Kassenverstärkungskredite** Seidler RDir
Ref VI 270: **Einzelplan 06, Haushaltsrechnung** Klatt RDir
Ref VI 280: **Einzelpläne 05, 08 und 13** Dr Kruse MinR
Ref VI 290: **Konjunktur und Kapitalmarkt, Wirtschaftlichkeitsuntersuchungen, Kreditaufnahmen, Einzelplan 11 (teilweise)** Schaffer MinR
Ref VI 291: **Neue Finanzierungsinstrumente** Jungk Ang

Abt VI 3 Steuerabteilung
Leiterin: Inge Carlsen MinDirigentin

Ref VI 300: **Steuerverfahrensrecht, Außenprüfung, Abgabenordnung, Steuerberatungswesen** Drusch MinR
Ref VI 310: **Steuerrecht der Arbeitnehmer, Einheitsbewertung, bewertungsabhängige Steuern** Rating MinR
Ref VI 320: **Umsatzsteuer, Verkehrsteuern, Einkommensteuer-Einzelsachen** Papenfuß RDir
Ref VI 330: **Einkommensteuer-Grundsatzfragen, Gesetzgebungsverfahren** Bohlmann MinR
Ref VI 340: **Körperschaftsteuer, Gemeinnützigkeit, Gewerbesteuer, Außensteuerrecht** Dr Friedrich MinR
Ref VI 350: **Bürgschaften** Traber MinR
Ref VI 360: **Verwaltung der Beteiligungen des Landes, Lotterien, Kreditausschüsse** Dr Steffen MinR

Ref VI 370: **Verwaltung der Beteiligungen des Landes, Grundsatzfragen** Diener RVwR z A
Ref VI 380: **Verwaltung der Beteiligungen des Landes, Europaangelegenheiten** Funck RR

Abt VI 4 Bauabteilung
Leiter: Dipl-Ing Peter Hense MinDirig

Ref VI 400: **Grundsatzfragen der Bauverwaltung, EDV im Bauwesen, Bundesbau** Dipl-Ing Basten RBauDir
Ref VI 410: **Hochschulbau (ohne Uni-Kliniken Kiel und Lübeck), Kulturbauten, Denkmalpflege, Kunst in öffentlichen Bauten, Investkartei Land** Dipl-Ing Beilke MinR
Ref VI 420: **Maschinenbau, Elektro- und Medizintechnik, Energieversorgung** Dipl-Ing Drings MinR
Ref VI 430: **Bauvorhaben der Universitäts- und Fachkliniken, Kommunaler und freigemeinnütziger Krankenhausbau** Dipl-Ing Wollsdorf MinR
Ref VI 440: **Verwaltungsbau, Zuwendungsbau** Dipl-Ing Paetow RBauDir
Ref VI 450: **Städtebau** Dipl-Ing Hagen RBauR
Ref VI 460: **Liegenschaftsplanung** Jessen ORR

Abt VI 5 Energiewirtschaft
Leiter: Dr Hartmut Euler MinR

Ref VI 500: **Abteilungsübergreifende Koordinierungsaufgaben für den gesamten Energiebereich, Aufbereitung fachpolitischer Konzepte** Schreiber Ang
Ref VI 510: **Grundsatzangelegenheiten der Energiewirtschaft und Energiepolitik, rationelle Energienutzung, Energieeinsparung** Dr Euler MinR
Ref VI 511: **Strom- und Wärmeeinsparung, Energiebericht und -bilanzen, EU-Programme, Zusammenarbeit mit der Energiestiftung Schleswig-Holstein, Haushaltsangelegenheiten der Referate 510 bis 550** Sörnsen OAR
Ref VI 520: **Fachtechnische und Grundsatzfragen der rationellen Energieverwendung, Nah- und Fernwärmeversorgung, Kraft-Wärme-Kopplung und erneuerbare Energien einschließlich Koordination von Förderprogrammen, IB-Koordinierungsreferat** Schulz Ang
Ref VI 530: **Aufsicht nach dem Energiewirtschaftsgesetz** Löwner Ang
Ref VI 540: **Recht der Energiewirtschaft, Landeskartellbehörde für den Bereich Energie** Mengers RDir
Ref VI 550: **Informations- und Öffentlichkeitsarbeit, Planung und Durchführung von Informationsveranstaltungen** von Leesen Ang

Abt VI 6 Reaktorsicherheit
Leiter: Dr Wolfgang Cloosters MinDirig

Referatsgruppe VI 60 Kernkraftwerk Brunsbüttel sowie periodische Sicherheitsüberprüfungen und spezielle sicherheitstechnische Prüfungen
Leiter: Heß MinR

Ref VI 600: **Risiken der Kernenergie, grundsätzliche Fragen der Sicherheitsüberprüfung und grundsätz**liche Angelegenheiten der atomrechtlichen Aufsichts- und Genehmigungsverfahren der Referatsgruppe 60, projektübergreifend Grundsatzfragen der Festigkeit Heß MinR
Ref VI 601: **Kernkraftwerk Brunsbüttel, Genehmigungs- und Aufsichtsverfahren** NN
Ref VI 602: **Kernkraftwerk Brunsbüttel; Einzelfragen der Genehmigungs- und Aufsichtsverfahren sowie spezielle projektübergreifende Angelegenheiten** Dr Hoffmann Ang
Ref VI 603: **Teilbereiche der Sicherheitsüberprüfungen, Änderungsverfahren zur Sicherheitstechnik, projektübergreifende Aufsichtsverfahren** Fuhrmann ORGwR
Ref VI 604: **Durchführung der allgemeinen Sicherheitsüberprüfungen, grundsätzliche Fragen der Systemauslegung** Dr Nagel Ang
Ref VI 605: **Kernreaktor-Fern-Überwachungssystem (KFÜ), Mitwirkung beim Katastrophenschutz, Radioökologie** Dr Zöllner RDir

Referatsgruppe VI 61 Kernkraftwerk Krümmel, Kernkraftwerk Brokdorf, Forschungsreaktoren, Entsorgung sowie spezielle sicherheitstechnische Prüfungen
Leiter: Dr Wolter MinR

Ref VI 610: **Grundsätzliche und projektübergreifende Angelegenheiten der atomrechtlichen Genehmigungs- und Aufsichtsverfahren der Referatsgruppe 61** Dr Wolter MinR
Ref VI 611: **Umgebungsüberwachung bei kerntechnischen Anlagen, Genehmigungs- und Aufsichtsverfahren für Forschungs- und Unterrichtsreaktoren, Kontrollmessungen zur Emissionsüberwachung bei kerntechnischen Anlagen** Nebendahl OAR
Ref VI 612: **Strahlenschutzbelange der Abteilung, Grundlagen und Grundsatzfragen des Strahlenschutzes, personenbezogener Strahlenschutz in den kerntechnischen Anlagen, Mitwirkung bei der Weiterentwicklung des Strahlenschutzrechts, Berichterstattung an den Bund (Strahlenschutz), Umweltaspekte kerntechnischer Anlagen, Strahlenschutzbelange der Mitarbeiterinnen und Mitarbeiter der Abteilung** Dr Müller Ang
Ref VI 613: **Kernbrennstoffkreislauf, radioaktive Abfälle und Reststoffe aus kerntechnischen Anlagen, Entsorgung, kerntechnische Regeln und Richtlinien** Dr Wirth MinR
Ref VI 614: **Objektschutz, Sonderaufgaben, MOX-Genehmigungsverfahren** Dr Becker RGwDir
Ref VI 615: **Kernkraftwerk Krümmel, Genehmigungs- und Aufsichtsverfahren** Fromm Ang
Ref VI 616: **Kernkraftwerk Krümmel, Einzelfragen der Genehmigungs- und Aufsichtsverfahren sowie spezielle projektübergreifende Angelegenheiten** Dr von Raczeck Ang
Ref VI 617: **Kernkraftwerk Brokdorf, Genehmigungs- und Aufsichtsverfahren** Scharlaug RBauDir
Ref VI 618: **Kernkraftwerk Brokdorf, Einzelfragen der Genehmigungs- und Aufsichtsverfahren sowie spezielle projektübergreifende Angelegenheiten** Dr Mensching Ang

Referatsgruppe VI 62 Allgemeine, organisatorische und Rechtsangelegenheiten der Abteilung
Leiterin: Zühlke Angestellte

Ref VI 620: Allgemeine und organisatorische Angelegenheiten der Abteilung, Rechtsangelegenheiten der Referatsgruppe 60, Organisation von Erörterungsterminen Zühlke Angestellte
Ref VI 622: **Rechtsangelegenheiten der Referatsgruppe 61 (soweit nicht 62 zuständig ist), Kostenrecht, Deckungsvorsorge, Bekanntmachungsverfahren** Drechsler MinRätin
Ref VI 623: **Haushaltsangelegenheiten der Abteilung, Personenüberprüfung, Sachverständigenrechnungswesen, abteilungsinterne Fortbildung und Fachbücherei** Clasen OAR
Ref LHK: **Landeshauptkasse, Kassenleiter** Falk OAR

Beirat, dessen sich das Ministerium für Finanzen und Energie bei der Durchführung seiner Aufgaben bedient:

Landesenergiebeirat

Dem Ministerium für Finanzen und Energie zugeordnet:

1 Der Minister für Finanzen und Energie

– Landesausgleichsamt –

24113 Kiel, Speckenbeker Weg 133;
Tel (04 31) 64 87-0; Fax (04 31) 64 87-5 75

Staatsrechtliche Grundlage und Aufgabenkreis:
Bereich des Landes Schleswig-Holstein in Angelegenheiten des Lastenausgleichsgesetzes (LAG), Altsparergesetzes (ASpG), Beweissicherungs- und Feststellungsgesetzes (BFG), Währungsausgleichsgesetzes (WAG) und Reparationsschädengesetzes (RepG).

Leiter: Wiese LtdRDir
Vertreter: Trares RDir

Dez VI LAA 100: **Vertretung des Landes, des Kreises und Kreisfreien Städte in LA-Rechtsstreitigkeiten vor Gericht; Vorsitzender des Beschwerdeausschusses; Datenschutz; Geschäftsprüfungen bei den Ausgleichsämtern; Zustimmungsverfahren nach § 308 Lastenausgleichsgesetz (LAG); Dienstbesprechungen, Fachtagungen, Prüfungsmitteilungen der Rechnungshöfe; Sachaufsicht über die Heimatauskunftstellen 22-33 und Auskunftstellen 40 und 41; Grundsatzfragen der Sachaufsicht über die Ausgleichsämter; Aufbaudarlehen; Archivierung; Ausschließung, Warnkartei, Stundung, Niederschlagung, Erlaß, Verrechnung und Vollstreckung, Verschuldenshaftung; Kriegsschadenrente, Beihilfe zum Lebensunterhalt; Währungsausgleichs-, Altsparer-, Westvermögensabwicklungsgesetz; Hausratentschädigung, Einrichtungshilfe; Geschäfts- und Zahlstelle des Beschwerdeausschusses** Wiese LtdRDir

Dez VI LAA 110: **Vorsitzende des Beschwerdeausschusses; Härtefonds; Einzelfallbearbeitung gemäß LVO vom 19. Januar 1994 in Angelegenheiten der Schadensfeststellung bzw -berechnung an Grundvermögen, land- und forstwirtschaftlichem Vermögen, Urheberrechten, Schutzrechten, Lizenzen, Betriebsvermögen, Anteilsrechten und Genossenschaftsguthaben nach allen Gesetzesbereichen; Gutachten im Vorortverfahren für Tierzucht-, Tierhaltungs-, Molkereibetriebe, Eisdielen und -konditoreien, Badeanstalten, Bewachungsgewerbe** Möller ARätin
Dez VI LAA 120: **Vorsitzender des Beschwerdeausschusses; Grundsatzfragen betreffend Verfahren, Antragsrecht, Zuständigkeit in Feststellungssachen; Sachaufsicht und Einzelfallbearbeitung gemäß LVO vom 19. Januar 1994 in Angelegenheiten der Rückerstattungsfälle nach dem Reparationsschädengesetz, der Schadensfeststellung und -berechnung an entzogenem Vermögen, privatrechtlichen geldwerten Ansprüchen, land- und forstwirtschaftlichen Vermögen, Gegenständen der Berufsausübung und wissenschaftlichen Forschung nach allen Gesetzesbereichen; Ermittlung und Auswertung von Verbindlichkeiten in allen Schadensgebieten; Hauptentschädigung LAG/RepG; Zuerkennung, Erfüllung, Umwandlung; Grundsatzfragen und Einzelfälle bei Rückforderungen nach § 349 LAG** Trares RDir

Landesausgleichsamt
–Beschwerdeausschuß –

24113 Kiel, Speckenbeker Weg 133;
Tel (04 31) 64 87-0; Fax (04 31) 64 87-5 75
Staatsrechtliche Grundlage und Aufgabenkreis:
Der Beschwerdeausschuß wurde gemäß Landesverordnung vom 23. November 1976 (GVOBl Schl-H Seite 277) errichtet. Er ist zuständig für Entscheidungen über Beschwerden nach den Kriegsfolgegesetzen.

Vorsitzende: Wiese LtdRDir; Trares RDir

Landesausgleichsamt
– Heimatauskunftstellen, Auskunftstellen –

23566 Lübeck, Meesenring 9; Tel (04 51) 6 10 62-0
Staatsrechtliche Grundlage und Aufgabenkreis:
Gemäß § 24 des Feststellungsgesetzes sind im Land Schleswig-Holstein 12 Heimatauskunftstellen in Lübeck für die Vertreibungsgebiete Ostpreußen, Westpreußen, Pommern und Posen errichtet worden.
Gemäß § 28 des Beweissicherungs- und Feststellungsgesetzes sind in Lübeck 2 Auskunftstellen für Mecklenburg und Vorpommern errichtet worden.
Begutachtungen von Vermögensschäden für Zwecke des Lastenausgleichs; Mitarbeit bei der Rückforderung von Lastenausgleich in Zusammenarbeit mit Behörden zur Regelung offener Vermögensfragen und den Ausgleichsämtern; Mithilfe bei der Rekonstruktion von Personenstandsurkunden, Sozialversicherungsverhältnissen; Stellungnahmen zur deutschen Staatsangehörigkeit bzw Volkszugehörigkeit und zu Vertreibungsschicksalen.
Heimatauskunftstellen für: Regierungsbezirk Königs-

berg (Pr), Stadtkreis Königsberg (Pr), Regierungsbezirk Gumbinnen einschließlich Memel und Regierungsbezirk Allenstein, Regierungsbezirk Danzig, Stadtkreise Danzig und Zoppot, Regierungsbezirk Bromberg, Regierungsbezirk Marienwerder, Regierungsbezirk Stettin, Regierungsbezirk Köslin und Regierungsbezirk Schneidemühl, Posen;
Auskunftsstellen für: Mecklenburg und Vorpommern

Leiter: Rudolf Giese OAR

Zum Geschäftsbereich des Ministers für Finanzen und Energie gehören:

2 Landesbesoldungsamt

Schleswig-Holstein

24113 Kiel, Speckenbeker Weg 133;
Tel (04 31) 6 48 70; Fax (04 31) 6 48 71 89

Staatsrechtliche Grundlage und Aufgabenkreis:
Landesverordnung vom 13. März 1969 (GVOBl Schl-H Seite 38), geändert durch die Landesverordnung vom 27. August 1969 (GVOBl Schl-H Seite 210).
Das Landesbesoldungsamt, eine Landesoberbehörde, ist zuständig für die Festsetzung und Anweisung beamtenrechtlicher und entsprechender Leistungen, tarifrechtlicher und vertraglicher Leistungen an die Beamten, Richter und Versorgungsempfänger, Angestellten und Arbeiter des Landes sowie an die Versorgungsempfänger nach dem G 131, Fachaufsichtsbehörde für Unterhaltssicherung.

Leiter: Dr Helmut Holzlöhner Dir des Landesbesoldungsamtes
Vertreter: Hofmann LtdRDir

Dez 1: **Rechtsfragen, Zentrale Abzugsstelle, Beihilfen, Umzugskosten und Trennungsgeld, Unterhaltssicherung** Hofmann LtdRDir
Dez 2: **Organisation und Datenverarbeitung** Maaß RDir
Dez 3: **Besoldung, Versorgung G 131 und Landesbeamte** Moedebeck ORR
Dez 4: **Tarif- und Sozialversicherungsrecht, Angestelltenvergütung, Arbeiterlöhne** Schlotfeld RRätin

3 Oberfinanzdirektion Kiel

(Bundesfinanzverwaltung in der Teilausgabe „Bund")

24105 Kiel, Adolfstr 14-28; Tel (04 31) 59 51; Fax (04 31) 5 95 25 51; Telex 292 520 ofd d

Staatsrechtliche Grundlage und Aufgabenkreis:
Die Oberfinanzdirektion Kiel, eine Landesoberbehörde im Sinne von § 6 Landesverwaltungsgesetz, hat die Leitung der Finanzverwaltung des Bundes und des Landes für ihren Bezirk (Mittelinstanz). Sie überwacht die Gleichmäßigkeit der Gesetzesanwendung und beaufsichtigt die Geschäftsführung ihrer nachgeordneten Dienststellen. Zu den Aufgaben gehören ferner die Organisations-, Haushalts- und Personalangelegenheiten ihrer einzelnen Abteilungen und der nachgeordneten Dienststellen.

Oberfinanzpräsident: Harro Muuss
Präsidialbüro: Weiser ORR

Abt St Besitz- und Verkehrsteuerabteilung
Leiter: Bodo Chemnitz FinPräs

Gruppe St 1
Leiter: Petersen LtdRDir

Ref St 11: **Einkommensteuer** Draß RDir
Ref St 12: **Lohnsteuer** Römer RDir
Ref St 13: **Betriebsprüfung** Petersen LtdRDir
Ref St 14: **Körperschaftsteuer** Krumwiede RDir
Ref St 15: **Betriebsprüfung** Paetsch RDir

Gruppe St 2
Leiter: Weber LtdRDir

Ref St 21: **Grunderwerbsteuer, Festsetzung von Steuern aus Billigkeitsgründen, Steuerberatungswesen** Weber LtdRDir
Ref St 22: **Einheitsbewertung des Grundvermögens, Grundsteuer, Vermögensteuer, Bodenschätzung** Dr Kiefer RLandwR
Ref St 23: **Einheitsbewertung forstwirtschaftlicher Vermögen** Kaup FoR
Ref St 24: **Abgabenordnung, Steuerstrafrecht, Steuerfahndung, Rechtsbehelfsverfahren** Strauß ORR
Ref St 25: **Umsatzsteuer und Verkehrsteuern** Papenfuß RDir
Ref St 26: **Haushalt, Reisekosten, Kassenwesen** Kühn ORR
Ref St 27: **Vollstreckung** Artz SteuOAR

Gruppe St 3
Leiter: Bertermann LtdRDir

Ref St 31: **Automation – Grundsatzfragen** Bertermann LtdRDir
Ref St 32: **Automation – Planung, Analyse, Programmierung** Tepel RR
Ref St 33: **Automation – Rechenzentrale** Bahnert RDir
Ref St 34: **Organisation** Kirsch RDir
Ref St 35: **Automation, Systemtechnik** Godau RDir
Ref St 36: **Programmierung** Prieß ORR
Ref St 37: **Automation, dezentrale Systeme** Neumann SteuOAR

Gruppe St 4
Leiter: Dr Plate LtdRDir

Ref St 41: **Personal (höherer Dienst)** Dr Plate LtdRDir
Ref St 42: **Personal** Schulz ORR
Ref St 43: **Ausbildungs- und Prüfungswesen** Dorowski RDir
Ref St 44: **Fortbildung** Dibbern SteuOAR
Ref St 45: **Personal der Landesbauverwaltung** Papke RDir
Ref St 46: **Bearbeitung von Rechtsbehelfen, insbesondere im Beurteilungsverfahren** Paetsch RDir
Innenrevision Hiltner RDir

Abt LV Landesvermögens- und Bauabteilung
Leiter: Hans J Kuhlmann FinPräs
Vertreter: Dietrich Schröder LtdRBauDir

Gruppe LV 1
Leiter: Dietrich Schröder LtdRBauDir

Ref LV 11: **Allgemeine Bauverwaltungsangelegenheiten; Organisationsangelegenheiten der Abt LV, der Landesbauämter und der Fachtechnischen Vorprüfungsstelle; Mitwirkung bei Personalangelegenheiten/Aus- und Fortbildung** Schröder LtdRBauDir
Ref LV 12: **Vertrags- und Vergabewesen, bauaufsichtliche Angelegenheiten, Einsatz freiberuflich Tätiger, Prüfungsbemerkungen der Rechnungshöfe, Vergabeprüfstelle der Landesbauverwaltung Schleswig-Holstein** Knopf RBauR
Ref LV 13: **Justitiarangelegenheiten der Abt LV und Landesbauämter (ohne Personalangelegenheiten); Bearbeitung der Vergleichs- und Konkursangelegenheiten** Helwig RDir
Ref LV 14: **Liegenschaftsverwaltung (Allgemeines Grundvermögen); Fiskalerbschaften und Rechte des Landes; Besatzungs- und Verteidigungslasten; Wertermittlung, Mieten und Pachten gemäß § 64 LHO/BHO, baufachliche Stellungnahmen, Bauleitplanung, Planfeststellungsverfahren** Ahrendsen RDir
Ref LV 15: **Automation der Landesbauverwaltung Schleswig-Holstein, Mitwirkung im Bund/Länder Gemeinschaftsvorhaben ISYBAU und Anwenderbetreuung, ISYBAU-Projektgruppe Schleswig-Holstein, CAD-Leitstelle** Halbensleben ORBauR

Gruppe LV 2
Leiter: Dr-Ing Graf von Hardenberg LtdRBauDir

Ref LV 21: **Haushalts- und Terminplanung für Bundes- und Landesbauten; Baufachliche Grundsatzangelegenheiten der Bundeswehr und NATO; Baumaßnahmen NATO-Luftwaffe, Genehmigung von Baumaßnahmen, deren Zuständigkeit auf die OFD delegiert worden ist; Abstimmung von bundesweiten Planungen mit Bundesverteidigungsministerium und den Oberfinanzdirektionen der Länder im NATO-Bereich – Grundsatzangelegenheiten Kunst am Bau –** Dr-Ing Graf von Hardenberg LtdRBauDir
Ref LV 22: **Zivile Bauten des Bundes einschließlich Bundesgrenzschutz und Bauten für Bund, Dritte (Arbeitsverwaltung) und Baumaßnahmen in Mecklenburg-Vorpommern, BGS, Zoll, Arbeitsverwaltung, Bundesvermögens-Wohnungen und GUS-Liegenschaften** Steinwachs RBauR
Ref LV 23: **Bauten des Landes** Brink ORBauR
Ref LV 24: **Baufachliche Beteiligung bei Zuwendungen für Baumaßnahmen gemäß § 44 LHO/BHO (ZBau); Bundeswohnungsfürsorge sowie Darlehnsbauvorhaben** Franken RBauR
Ref LV 25: **Bundeswehrbauten, Marine – Heer** Lange RBauDir

Gruppe LV 3
Leiter: Nicken RBauDir (mdWdGb)

Ref LV 31: **Betriebstechnische Anlagen inner- und außerhalb von Gebäuden, Treibstoffgroßanlagen und Fernleitungen, (POL-Anlagen); Fachtechnische Mitwirkung bei Ingenieurverträgen** Petersen RBauDir
Ref LV 32: **Elektrotechnische Anlagen; Nachrichtentechnische Anlagen** Sonne RBauDir
Ref LV 33: **Wirtschaftliche Überwachung betriebstechnischer Anlagen und Einrichtungen; Betriebsüberwachungsstelle** Böckmann ORBauR
Ref LV 34: **Sicherheitstechnische Überwachung betriebstechnischer Anlagen und Einrichtungen, Grundsätze des energiesparenden Planens und Bauens, Kostendämpfung Baunutzungskosten** Nicken RBauDir

Gruppe LV 4
Leiter: Götze RBauDir (mdWdGb)

Ref LV 41: **Allgemeiner Tiefbau, Depot- und Schießstandanlagen, baulicher Zivil- und Selbstschutz, Altlastensanierung; Grundsatzfragen des Natur- und Landschaftsschutzes, Landschafts- und Gartengestaltung, Sportstättenbau** Götze RBauDir
Ref LV 42: **Baukonstruktionen, Gründungen; Prüfstelle für Baustatik, Prüfung der erforderlichen Nachweise zu §§ 16-20 Landesbauordnung; Einsatz freiberuflich Tätiger für Tragwerksplanung und Gründung, Wärmeschutz, bauphysikalische Grundsatzfragen** Gardeler ORBauR
Ref LV 43: **Bautechnische Grundsatzfragen; Bauen im Bestand, Schäden an Gebäuden, Gefahrstoffe** NN
FVp: **Fachtechnische Vorprüfungsstelle (Land)** Bigott RBauDir

Der Dienst- und Fachaufsicht der Oberfinanzdirektion unterstehen:

3.1 Finanzämter

Staatsrechtliche Grundlage:
Gesetz über die Finanzverwaltung vom 6. September 1950 (BGBl I Seite 448) in der Fassung vom 30. August 1971 (BGBl I Seite 1426) und Landesverordnung über die Zuständigkeiten der Finanzämter in Schleswig-Holstein vom 28. November 1996 (GVOBl Schl-H Seite 709). Die Finanzämter sind untere Landesbehörden im Sinne von § 7 Landesverwaltungsgesetz.

Finanzamt Bad Segeberg
23795 Bad Segeberg, Theodor-Storm-Str 4-10;
Tel (0 45 51) 54-0; Fax (0 45 51) 5 43 03
Vorsteher: Werner Köhncke LtdRDir
Sachlicher Zuständigkeitsbereich:
Besteuerung nach dem Einkommen, dem Ertrag, dem Vermögen und dem Umsatz sowie der Körperschaften, Vermögensabgabe und Kreditgewinnabgabe.
Örtlicher Zuständigkeitsbereich:
Gebiet des Kreises Segeberg mit Ausnahme der Gemeinden, die in den Bezirk des Finanzamts Neumünster eingegliedert sind.

53

Finanzamt Eckernförde
24340 Eckernförde, Bergstr 50; Tel (0 43 51) 7 56-0;
Fax (0 43 51) 8 33 79
Vorsteher: Christian Schnier RDir
Sachlicher Zuständigkeitsbereich:
Besteuerung nach dem Einkommen, dem Ertrag, dem
Vermögen und dem Umsatz (ohne Körperschaften, Ver-
mögensabgabe und Kreditgewinnabgabe).
Örtlicher Zuständigkeitsbereich:
Gebiet des aufgelösten Kreises Eckernförde mit Aus-
nahme des Stadtteils Kopperby und der Satdt Kappeln.

Finanzamt Elmshorn
25335 Elmshorn, Friedensallee 7-9;
Tel (0 41 21) 4 81-0; Fax (0 41 21) 4 81-4 60
Vorsteher: Ulrich Mörchen LtdRDir
Sachlicher Zuständigkeitsbereich:
Besteuerung nach dem Einkommen, dem Ertrag, dem
Vermögen und dem Umsatz; Einheitsbewertung
(Grundvermögen), Grunderwerbsteuer, Kraftfahrzeug-
steuer, Gewährung von Sparprämien, Bußgeld- und
Strafsachenstelle und gemeinsame Steuerfahndungs-
stelle für die Finanzämter Elmshorn, Heide, Itzehoe und
Meldorf; Zentrale Verwaltung der Umsatzsteuer aus-
ländischer Unternehmer, die im Erhebungsgebiet keine
Betriebsstätte unterhalten und nur der Umsatzbesteue-
rung unterliegen ohne Finnland, Dänemark und die üb-
rigen in der Verordnung über die Zuständigkeit für die
Umsatzsteuer im Ausland ansässiger Unternehmer
(USt-ZuständigkeitsV) vom 21. Februar 1995 genann-
ten Länder; Vergütung der Vorsteuer im besonderen
Verfahren ohne Dänemark, Finnland, Norwegen und
Schweden).
Örtlicher Zuständigkeitsbereich:
Gebiet des Kreises Pinneberg

Finanzamt Eutin
23701 Eutin, Robert-Schade-Str 22;
Tel (0 45 21) 7 04-0; Fax (0 45 21) 7 04-4 06
Vorsteher: Wolf-Rüdiger Jacobs RDir
Sachlicher Zuständigkeitsbereich:
Besteuerung nach dem Einkommen, dem Ertrag, dem
Vermögen und dem Umsatz (ohne Körperschaften).
Zuständig für die Betriebsprüfung bei Steuerpflichti-
gen, die land- und forstwirtschaftliche Betriebe unter-
halten, für den Bezirk des Finanzamtes Oldenburg.
Örtlicher Zuständigkeitsbereich:
Vom Kreis Ostholstein das Gebiet des ehemaligen Krei-
ses Eutin mit Ausnahme der in die Stadt Lübeck einge-
gliederten Flurstücke.

Finanzamt Flensburg
24939 Flensburg, Duburger Str 58-64;
Tel (04 61) 8 13-0; Fax (04 61) 8 13-2 54
Vorsteherin: Angelika Schütz LtdRDirektorin
Sachlicher Zuständigkeitsbereich:
Besteuerung nach dem Einkommen, dem Ertrag, dem
Vermögen und dem Umsatz einschließlich Körper-
schaften; ferner: Besteuerung der Körperschaften, so-
weit sich ihre Geschäftsleitung oder ihr Vermögen im
Bezirk der Finanzämter Husum, Leck und Schleswig
befindet; Bußgeld- und Strafsachenstelle und gemein-
same Steuerfahndungsstelle für die Bezirke der Finanz-

ämter Flensburg, Husum, Leck und Schleswig, Umsatz-
besteuerung der im Königreich Dänemark ansässigen
und in der Bundesrepublik Deutschland tätigen Unternehmer.
Örtlicher Zuständigkeitsbereich:
Kreisfreie Stadt Flensburg und Gebiet des aufgelösten
Kreises Flensburg-Land.

Finanzamt Heide
25746 Heide, Ernst-Mohr-Str 34; Tel (04 81) 9 21;
Fax (04 81) 9 26 90
Vorsteher: Rolf Breyhahn RDir
Sachlicher Zuständigkeitsbereich:
Besteuerung nach dem Einkommen, dem Ertrag, dem
Vermögen und dem Umsatz sowie einzelne Sonderzu-
ständigkeiten.
Örtlicher Zuständigkeitsbereich:
Vom Kreis Dithmarschen das Gebiet des ehemaligen
Kreises Norderdithmarschen.

Finanzamt Husum
25813 Husum, Herzog-Adolf-Str 18;
Tel (0 48 41) 89 49-0; Fax (0 48 41) 89 49-2 00
Vorsteher: Henning Schreiner RDir
Sachlicher Zuständigkeitsbereich:
Besteuerung nach dem Einkommen, dem Ertrag, dem
Vermögen und dem Umsatz (ohne Körperschaften, Ver-
mögensabgabe und Kreditgewinnabgabe), zusätzlich
Betriebsprüfung von land- und gastwirtschaftlichen Be-
trieben für den Bezirk des Finanzamtes Leck.
Örtlicher Zuständigkeitsbereich:
Gebiet der aufgelösten Kreise Husum und Eiderstedt
sowie die Gemeinden Drage, Friedrichstadt und Seeth.

Finanzamt Itzehoe
25524 Itzehoe, Fehrsstr 5; Tel (0 48 21) 66-0;
Fax (0 48 21) 66-14 99
Vorsteher: Walter Herrgesell RDir
Sachlicher Zuständigkeitsbereich:
Besteuerung nach dem Einkommen, dem Ertrag, dem
Vermögen und dem Umsatz, Investitionszulagen, Be-
steuerung des Grunderwerbs und der Kraftfahrzeuge,
Bewertung des Grundvermögens und des land- und
forstwirtschaftlichen Vermögens, Körperschaftsteuer
für die Finanzämter Elmshorn, Heide, Meldorf.
Örtlicher Zuständigkeitsbereich:
Gebiet des Kreises Steinburg sowie erweiterter Zustän-
digkeitsbereich für die Besteuerung von Körperschaf-
ten der Kreise Dithmarschen, Pinneberg und Steinburg.

Finanzamt Kiel-Nord
24118 Kiel, Holtenauer Str 183; Tel (04 31) 88 19-0;
Fax (04 31) 88 19-2 00
Vorsteher: Uwe Schmidt LtdRDir
Sachlicher Zuständigkeitsbereich:
Besteuerung nach dem Einkommen, dem Ertrag, dem
Vermögen und dem Umsatz, Besteuerung der Körperschaften für die Finanzämter Neumünster, Plön, Rendsburg, Eckernförde, Körperschaftsteuer jedoch einschließlich Steuerabzug vom Arbeitslohn (Lohnsteuer)
für den Bezirk des Finanzamtes Kiel-Süd, Vermögensabgabe und Kreditgewinnabgabe; ferner: Verwaltung
der Kapitalverkehrsteuern, Feuerschutzsteuer, Versi-
cherungsteuer, Rennwett- und Lotteriesteuer, Hypothe-

kengewinnabgabe für alle Finanzämter des OFD-Bezirks, Besteuerung bei Auslandsbeziehungen, Wahrnehmung der Rechte des Landes Schleswig-Holstein an der Zerlegung der Körperschaftsteuer für den Bezirk der Oberfinanzdirektion Kiel; Abwicklung der Vermögensabgabe und Kreditgewinnabgabe für die Bezirke der Finanzämter Eckernförde, Kiel-Süd, Neumünster, Rendsburg, Flensburg, Husum, Leck und Schleswig; Anträge auf Erstattung der Arbeitnehmer-Zulage nach § 28 des Berlinförderungsgesetzes für die Finanzämter des OFD-Bezirks.
Örtlicher Zuständigkeitsbereich:
Nordteil des Stadtgebiets Kiel.

Finanzamt Kiel-Süd
24114 Kiel, Hopfenstr 2 a; Tel (04 31) 60 20; Fax (04 31) 60 21 00
Vorsteher: Norbert Hoyndorf RDir
Sachlicher Zuständigkeitsbereich:
Besteuerung nach dem Einkommen, dem Ertrag, dem Vermögen und dem Umsatz (ohne Körperschaften, Vermögensabgabe und Kreditgewinnabgabe); ferner: Verwaltung der Erbschaftsteuer für den Bezirk der Oberfinanzdirektion Kiel; Verwaltung der Grunderwerbsteuer und Kraftfahrzeugsteuer, Einheitsbewertung des Grundbesitzes, Besteuerung der Land- und Forstwirte für den Bezirk des Finanzamtes Kiel-Nord; Bußgeld- und Strafsachenstelle und gemeinsame Steuerfahndungsstelle für die Finanzämter Eckernförde, Bad Segeberg, Kiel-Nord, Kiel-Süd, Neumünster, Plön und Rendsburg.
Örtlicher Zuständigkeitsbereich:
Teil des Kieler Stadtgebietes, der nicht zum Bezirk des Finanzamtes Kiel-Nord gehört und die Gemeinden Boksee, Heikendorf, Klausdorf, Kleinbarkau, Mönkeberg, Schönkirchen des Kreises Plön und die Gemeinden Achterwehr, Blumenthal, Böhnhusen, Felde, Flintbek, Kronshagen, Melsdorf, Mielkendorf, Molfsee, Ottendorf, Quarnbek, Rodenbek, Rumohr, Schierensee, Schönhorst, Techelsdorf des Kreises Rendsburg-Eckernförde.

Finanzamt Leck
25917 Leck, Eesacker Str 11 a; Tel (0 46 62) 85-0; Fax (0 46 62) 85-2 66
Vorsteher: Gerd Michels RDir
Sachlicher Zuständigkeitsbereich:
Besteuerung nach dem Einkommen, dem Ertrag, dem Vermögen und dem Umsatz (ohne Körperschaften, Vermögensabgabe und Kreditgewinnabgabe).
Örtlicher Zuständigkeitsbereich:
Gebiet des aufgelösten Kreises Südtondern mit Ausnahme der Gemeinden Böxlund, Holt, Jardelund, Medelby, Osterby und Weesby.

Finanzamt Lübeck
23560 Lübeck, Posselhlstr 4;
Tel (04 51) 1 32-1 und 6 94 17; Fax (04 51) 1 32-5 01
Vorsteher: Dr Hans Henning Förster LtdRDir
Sachlicher Zuständigkeitsbereich:
Besteuerung nach dem Einkommen, dem Ertrag, dem Vermögen und dem Umsatz; Bußgeld- und Strafsachenstelle, Steuerfahndungsstelle. Zentrale Besteuerung

umsatzsteuerpflichtiger Ausländer ohne Betriebsstätte im Inland mit Sitz in Finnland, Norwegen und Schweden.
Örtlicher Zuständigkeitsbereich:
Kreisfreie Hansestadt Lübeck, Körperschaftsteuerstelle, Bußgeld- und Strafsachenstelle und Gemeinsame Steuerfahndungsstelle auch für die Bezirke der Finanzämter Eutin, Oldenburg/H, Ratzeburg und Stormarn.

Finanzamt Meldorf
25704 Meldorf, Jungfernstieg 1; Tel (0 48 32) 87-0; Fax (0 48 32) 87-5 08
Vorsteher: Hans-Arno Tittelbach RDir
Sachlicher Zuständigkeitsbereich:
Besteuerung nach dem Einkommen, dem Ertrag, dem Vermögen und dem Umsatz (ohne Körperschaften), Betriebsprüfung von land- und gastwirtschaftlichen Betrieben für den Bezirk des Finanzamtes Heide.
Örtlicher Zuständigkeitsbereich:
Gebiet des aufgelösten Kreises Süderdithmarschen.

Finanzamt Neumünster
24534 Neumünster, Bahnhofstr 9; Tel (0 43 21) 4 96-0; Fax (0 43 21) 4 96-1 89
Vorsteher: Bernd Möller RDir
Sachlicher Zuständigkeitsbereich:
Besteuerung nach dem Einkommen, dem Ertrag, dem Vermögen und dem Umsatz.
Örtlicher Zuständigkeitsbereich:
Kreisfreie Stadt Neumünster und a) die Gemeinden Bönebüttel, Bothkamp, Großharrie, Rendswühren, Schillsdorf, Tasdorf des Kreises Plön, die Gemeinden Arpsdorf, Bissee, Bordesholm, Brügge, Dätgen, Ehndorf, Grevenkrug, Groß Buchwald, Hoffeld, Loop, Mühbrook, Negenharrie, Padenstedt, Reesdorf, Schmalstede, Schönbek, Sören, Wasbek, Wattenbek des Kreises Rendsburg-Eckernförde, die Gemeinden Boostedt, Großenaspe, Groß Kummerfeld, Latendorf des Kreises Segeberg.

Finanzamt Oldenburg
23758 Oldenburg, Lankenstr 1; Tel (0 43 61) 4 97-0; Fax (0 43 61) 4 97-1 25
Vorsteher: Klaus Steffens RDir
Sachlicher Zuständigkeitsbereich:
Besteuerung nach dem Einkommen, dem Ertrag, dem Vermögen und dem Umsatz (ohne Körperschaften, Vermögensabgabe und Kreditgewinnabgabe).
Örtlicher Zuständigkeitsbereich:
Gebiet des aufgelösten Kreises Oldenburg in Holstein.

Finanzamt Plön
24306 Plön, Markt 17; Tel (0 45 22) 5 06-0; Fax (0 45 22) 5 06-2 31
Vorsteher: Klaus Biewend RDir
Sachlicher Zuständigkeitsbereich:
Besteuerung nach dem Einkommen, dem Ertrag, dem Vermögen und dem Umsatz (ohne Körperschaften, Vermögensabgabe und Kreditgewinnabgabe).
Örtlicher Zuständigkeitsbereich:
Gebiet des Kreises Plön mit Ausnahme der Gemeinden, die in die Bezirke der Finanzämter Kiel-Süd und Neumünster eingegliedert sind; Kraftfahrzeugsteuer für das

gesamte Kreisgebiet, landwirtschaftliche Betriebsprüfung auch für den Bereich des Finanzamtes Neumünster.

Finanzamt Ratzeburg
23909 Ratzeburg, Bahnhofsallee 20;
Tel (0 45 41) 8 82-01; Fax (0 45 41) 8 82-2 00
Vorsteher: Dietrich Sauer RDir
Sachlicher Zuständigkeitsbereich:
Besteuerung nach dem Einkommen, dem Ertrag, dem Vermögen und dem Umsatz (ohne Körperschaften, Vermögensabgabe und Kreditgewinnabgabe).
Örtlicher Zuständigkeitsbereich:
Gebiet des Kreises Herzogtum Lauenburg.

Finanzamt Rendsburg
24768 Rendsburg, Ritterstr 10; Tel (0 43 31) 5 98-0;
Fax (0 43 31) 5 98-2 77
Vorsteher: Ulrich Gagzow RDir
Sachlicher Zuständigkeitsbereich:
Besteuerung nach dem Einkommen, dem Ertrag, dem Vermögen und dem Umsatz ohne Körperschaften, Betriebsprüfunge von land- und gastwirtschaftlichen Betrieben für den Bezirk des Finanzamtes Eckernförde, Besteuerung von land- und gastwirtschaftlichen Betrieben für den Bezirk des Finanzamtes Kiel-Nord teilweise für das Finanzamt Kiel-Süd.
Örtlicher Zuständigkeitsbereich:
Gebiet des aufgelösten Kreises Rendsburg mit Ausnahme der Gemeinden Aasbüttel, Agethorst, Besdorf, Bokelrehm, Bokhorst, Einfeld, Gribbohm, Holsteinniendorf, Nienbüttel, Nutteln, Oldenborstel, Puls, Russee, Schenefeld, Siezbüttel, Vaale, Vaalermoor, Wacken, Warringholz, der Gemeinden, die in die Bezirke der Finanzämter Kiel-Süd und Neumünster eingegliedert sind.

Finanzamt Schleswig
24837 Schleswig, Suadicanistr 26/28;
Tel (0 46 21) 8 05-0; Fax (0 46 21) 8 05-2 90
Vorsteher: Bernd Schreiber RDir
Sachlicher Zuständigkeitsbereich:
Besteuerung nach dem Einkommen, dem Ertrag, dem Vermögen und dem Umsatz (ohne Körperschaften), Betriebsprüfung von land- und gastwirtschaftlichen Betrieben für den Bezirk des Finanzamtes Flensburg.
Örtlicher Zuständigkeitsbereich:
Vom Kreis Schleswig-Flensburg das Gebiet des ehemaligen Kreises Schleswig.

Finanzamt Stormarn
23843 Bad Oldesloe, Berliner Ring 25;
Tel (0 45 31) 5 07-0; Fax (0 45 31) 5 07-3 99
Vorsteher: Werner Schatzmann LtdRDir
Sachlicher Zuständigkeitsbereich:
Besteuerung nach dem Einkommen, dem Ertrag, dem Vermögen und dem Umsatz, Besteuerung von land- und gastwirtschaftlichen Betrieben für den Bezirk des Finanzamtes Lübeck.
Örtlicher Zuständigkeitsbereich:
Gebiet des Kreises Stormarn.

3.2 Landesbauämter

Aufgabenkreis:
Neubau, Unterhaltung und Instandsetzung aller Gebäude und baulichen Anlagen des Bundes und des Landes. Die Landesbauämter sind untere Landesbehörden im Sinne von § 7 Landesverwaltungsgesetz.

Landesbauamt Kiel
24103 Kiel, Gartenstr 3; Tel (04 31) 5 99-1;
Fax (04 31) 5 99-23 32
Vorsteher: Dipl-Ing Thies Fesefeldt LtdRBauDir
Örtlicher Zuständigkeitsbereich:
Landeshauptstadt Kiel, vom Kreis Rendsburg-Eckernförde die Gemeinden Altenholz und Kronshagen, vom Kreis Plön die Gemeinden Mönkeberg, Heikendorf und Laboe sowie die Landesvertretungen Schleswig-Holstein beim Bund.

Landesbauamt Lübeck
23568 Lübeck, Eschenburgstr 3; Tel (04 51) 3 71 25 01;
Fax (04 51) 3 71 26 18
Vorsteher: Dirk-Rainer Grunau RBauDir
Örtlicher Zuständigkeitsbereich:
Hansestadt Lübeck, Kreis Plön ohne die Gemeinden Mönkeberg, Heikendorf und Laboe, die Kreise Ostholstein, Stormarn ohne die Gemeinde Tangstedt, Herzogtum Lauenburg sowie der Kreis Segeberg ohne die dem Landesbauamt Itzehoe zugeordneten Gemeinden.

Landesbauamt Itzehoe
25524 Itzehoe, Bergstr 6; Tel (0 48 21) 66-0
Vorsteher: Peter Pfeiffer RBauDir
Örtlicher Zuständigkeitsbereich:
Kreise Dithmarschen, Steinburg, Pinneberg, Stadt Neumünster, Kreis Rendsburg-Eckernförde ohne das Landesbauamt Flensburg zugeordnete Kreisgebiet und ohne die Gemeinde Kronshagen, vom Kreis Segeberg die Gemeinden Boostedt, Großenaspe, Hardebek, Hasenkrug, Armstedt, Wiemersdorf, Hagen Borstel, Fuhlendorf, Bimöhlen, Hasenmoor, Föhrden-Barl, Hitzhusen, Stadt Bad Bramstedt, Schmalfeld, Weddelbrook, Mönkloh, Lentföhrden, Heidmoor, Nützen, Oersdorf, Kattendorf, Hüttblek, Stadt Kaltenkirchen, Winsen, Kisdorf, Alveslohe, Ellerau, Henstedt-Ulzburg, Wakendorf II, Kayhude, Stadt Norderstedt, vom Kreis Stormarn die Gemeinde Tangstedt, teilweise Mecklenburg-Vorpommern.

Landesbauamt Flensburg
24943 Flensburg, Fichtestr 2; Tel (04 61) 31 31-0
Vorsteher: Heinz Wächter RBauDir
Örtlicher Zuständigkeitsbereich:
Kreisfreie Stadt Flensburg, Kreis Schleswig-Flensburg, Kreis Nordfriesland, vom Kreis Rendsburg-Eckernförde die Gemeinden Christiansholm, Friedrichsholm, Königshügel, Hohn, Lohe-Föhrden, Alt Duvenstedt, Rickert, Büdelsdorf und der ehemalige Kreis Eckernförde ohne den südlich des Nord-Ostsee-Kanals gelegenen Teil der Gemeinde Sehestedt und ohne die Gemeinde Altenholz.

3.3 Landesfinanzschule

Schleswig-Holstein

23714 Malente, Roevkampallee 2; Tel (0 45 23) 26 40; Fax (0 45 23) 38 47

Staatsrechtliche Grundlage und Aufgabenkreis:
Ausbildung der Nachwuchskräfte für den mittleren und gehobenen Dienst sowie Fortbildung von Beamten und Angestellten der Steuerverwaltung, Landesverordnung vom 26. September 1972 (GVOBl Schl-H Seite 178).

Leiter: Holger Dorowski RDir

4 Landesbezirkskassen

Aufgabenkreis:
Kassengeschäfte mit Ausnahme der Steuern, Verwaltungszwangsverfahren.

Landesbezirkskasse Flensburg
24939 Flensburg, Schiffbrücke 39; Tel (04 61) 14 58-0; Fax (04 61) 14 58 66
Leiter: Dietmar Kühl OAR
Amtsbezirk:
Amtsgerichtsbezirke Flensburg, Husum, Kappeln, Niebüll und Schleswig.
Sachliche Zuständigkeit:
Landeskassengeschäfte und Vollstreckung.

Landesbezirkskasse Itzehoe
25524 Itzehoe,
Große Paaschburg 66 (Behördenzentrum);
Tel (0 48 21) 66-0; Fax (0 48 21) 66 29 53
Leiter: Eberhard Krieg OAR
Amtsbezirk:
Amtsgerichtsbezirke Elmshorn, Itzehoe, Meldorf, Pinneberg.
Sachliche Zuständigkeit:
Kassengeschäfte und Vollstreckung.

Landesbezirkskasse Kiel I
24103 Kiel, Gartenstr 1; Tel (04 31) 5 99-1; Fax (04 31) 5 99-24 51
Leiter: Horst Petersen OAR
Amtsbezirk:
Bezirk des Landgerichts Kiel.
Sachliche Zuständigkeit:
Kassengeschäfte und Vollstreckung für: Ministerium für Justiz-, Bundes- und Europaangelegenheiten; Ministerium für ländliche Räume, Landwirtschaft, Ernährung und Tourismus; Ministerium für Arbeit, Gesundheit und Soziales; Ministerium für Umwelt, Natur und Forsten. Die nachgeordneten Dienststellen zu den vorstehenden Ministerien sowie Personalzahlungen für das Landesbesoldungsamt.

Landesbezirkskasse Kiel II
24105 Kiel, Düppelstr 23 und 7; Tel (04 31) 9 88-0; Fax (04 31) 9 88-75 63
Leiter: Helfried Kreitlow OAR
Amtsbezirk:
aus dem Landgerichtsbezirk Kiel die Amtsgerichtsbezirke Bad Bramstedt, Bad Segeberg, Eckernförde, Kiel, Neumünster, Norderstedt, Plön und Rendsburg.

Sachliche Zuständigkeit:
Kassengeschäfte für: Landtag, Landesrechnungshof, Ministerpräsidentin und Chef der Staatskanzlei; Ministerium für Justiz, Bundes- und Europaangelegenheiten; Ministerium für Bildung, Wissenschaft, Forschung und Kultur und seine Dienststellen; Innenministerium und seine Dienststellen; Ministerium für Frauen, Jugend, Wohnungs- und Städtebau und seine Dienststellen; Ministerium für Finanzen und Energie und seine Dienststellen; Ministerium für Wirtschaft, Technologie und Verkehr und seine Dienststellen. Christian-Albrechts-Universität.

Landesbezirkskasse Lübeck
23560 Lübeck, Possehlstr 4; Tel (04 51) 1 32-1
Leiter: Manfred Zieroth OAR
Amtsbezirk:
Amtsgerichtsbezirke Ahrensburg, Bad Oldesloe, Bad Schwartau, Geesthacht, Lübeck, Mölln, Ratzeburg, Reinbek, Schwarzenbek, Eutin, Oldenburg.
Sachliche Zuständigkeit:
Kassengeschäfte und Vollstreckung.

5 Vertreter der Interessen des Ausgleichsfonds

im Land Schleswig-Holstein

24113 Kiel, Speckenbeker Weg 133;
Tel (04 31) 64 87-5 73

Staatsrechtliche Grundlage und Aufgabenkreis:
Gemäß § 316 des Gesetzes über den Lastenausgleich (LAG) vom 14. August 1952 (BGBl I Seite 446) in der Fassung der Bekanntmachung vom 2. Juni 1993 (BGBl I Seite 845), berichtigt durch Gesetz vom 27. August 1995 (BGBl I Seite 1090) ist im Land Schleswig-Holstein 1 Vertreter der Interessen des Ausgleichsfonds (VIA) beim Beschwerdeausschuß in Kiel und beim Verwaltungsgericht Schleswig mit Dienstsitz in Kiel bestellt.

VII Ministerium für Wirtschaft, Technologie und Verkehr des Landes Schleswig-Holstein

24105 Kiel, Düsternbrooker Weg 94;
Tel (04 31) 9 88-0; Fax (04 31) 9 88-47 00

Aufgabengebiet:
Wirtschaftspolitik, Wirtschaftsförderung, wirtschaftliche Angelegenheiten der EU, Außenwirtschaft, Förderung der wirtschaftsnahen Forschung, Preisbildung und -überwachung, Bank- und Kreditwesen, Versicherungsaufsicht (ohne Sozialversicherung), Kartellwesen, Technologiepolitik und -förderung, Mittelstandspolitik, Berufliche Aus- und Weiterbildung im Bereich der Wirtschaft, Aufsicht über die Industrie-, Handels- und Handwerkskammern, Eichwesen, Verkehrspolitik, Luftverkehr, Schienenverkehr, Häfen, Schiffahrt, Wasserstraßen, Öffentlicher Personennahverkehr, Straßenpersonen- und Straßengüterverkehr, Straßen- und Wegerecht, technisches Kraftfahrwesen, Förderung des öffentlichen schienen- und straßengebundenen Personenverkehrs, des kommunalen Straßenbaues und der kommunalen Hafeninvestitionen.

Minister: Peer Steinbrück
Leiter des Ministerbüros: Jürgen Fenske Ang
Analysen, abteilungsübergreifende Maßnahmen: Jürgen Fenske Ang
Persönlicher Referent: Thomas Horlohe
Koordinierung von Landtags- und Kabinettsangelegenheiten, Planungsbeauftragter: Uwe Petersen RR
Presse und Öffentlichkeitsarbeit: Esther Seemann Angestellte

Staatssekretärin: Dr Helga Schmid
Vertreter der Staatssekretärin: Dr Dieter Mumm MinDirig

Investitionsbeauftragter: Dipl-Betriebsw Michael Rocca
Außenwirtschaftsbeauftragter: Dr Dieter Mumm MinDirig
Gleichstellungsbeauftragte: Sabiene Recupero

Abt VII 1 Allgemeine Abteilung
Leiter: Klaus Qualen MinDirig
Vertreter: Jürgen Dietz MinR

Ref VII 100: **Innerer Dienst** Griem MinR
Ref VII 110: **Personal** Hohnheit RDir
Ref VII 120: **Haushalt** Höck RR
Ref VII 130: **Justitiar, Koordinierung der Zivilverteidigungs- und Katastrophenschutzmaßnahmen, Ordensangelegenheiten, Beteiligung bei der Landesgesetzgebung** Hamm RDir
Ref VII 140: **Fortbildung, Leitbild** Mann MinR
Ref VII 150: **Grundsatzangelegenheiten des Eich- und Beschußwesens sowie der Normung** Reinhard LtdREichDir

Ref VII 160: **Organisation und Automation, IT-Leitstelle, Informationsbeauftragter** Dunkel RR
Ref VII 1601: **Kosten-/Leistungsrechnung, Modernisierungsvorhaben, Modellprojekte** Quirmbach Ang
Ref VII 170: **Koordinierung von Bundesratsangelegenheiten und Länder-Gremien** Dietz MinR

Abt VII 2 Wirtschaftspolitik und Wirtschaftsförderung
Leiter: Dipl-Betriebsw Michael Rocca
Vertreter: Dr Jens Haass MinR

Ref VII 20: **Wirtschaftspolitik** Dr Haass MinR
Ref VII 200: **Wirtschafts- und Strukturpolitik, Regionalprogramm** Dr Haass MinR
Ref VII 201: **Gemeinschaftsaufgabe „Verbesserung der regionalen Wirtschaftsstruktur" (GA), wirtschaftspolitische Angelegenheiten der Arbeitsmarkt-, Beschäftigungs- und Sozialpolitik** Roloff RVwDirektorin
Ref VII 202: **Europäische Fonds für regionale Entwicklung (EFRE), spezielle Förderprogramme der EU, Konversion** Balduhn MinR
Ref VII 203: **Wirtschaftliche Aspekte des Landesplanung, Norddeutsche Zusammenarbeit, Wirtschaftsberichte, Fachministerkonferenzen** Kruse ORR
Ref VII 204: **Konjunkturpolitik, Wirtschaftsanalysen und -prognosen, Wirtschaftsstatistik** Druba RVwDirektorin
Ref VII 21: **Wirtschaftsförderung** Schäfer MinR
Ref VII 210: **Grundsatzangelegenheiten der Investitionspolitik, Verbindungsreferent zur Investitionsbank Schleswig-Holstein, Bürgschaftsbank und Mittelständische Beteiligungsgesellschaft, Bank- und Kreditwesen** Schäfer MinR
Ref VII 211: **Unternehmensfinanzierung** Unger RVwDir
Ref VII 213: **Betriebliche Förderung, Verbindungsreferent zur Wirtschaftsförderung Schleswig-Holstein GmbH (WSH)** Behmenburg ORVwR
Ref VII 230: **Wirtschaftsnahe Infrastruktur** Pesch MinR

Abt VII 3 Technologie, Mittelstand, Außenwirtschaft
Leiter: Dr Dieter Mumm MinDirig
Vertreter: Dr Bernd Bösche MinR

Ref VII 300: **Technologiepolitik, Außenwirtschaftspolitik** Dr Bösche MinR
Ref VII 3001: **Post- und Telekommunikation** Steudte OAR
Ref VII 310: **Außenwirtschaftliche Zusammenarbeit im Ostseeraum und mit Mittel-/Osteuropa, Koordinierung EU-Angelegenheiten, Fortbildung von ausländischen Fach- und Führungskräften** Wiechert RVwDir
Ref VII 320: **Mittelstandspolitik, Fachpolitische Angelegenheiten des Handwerks, des Groß- und Einzelhandels, Design** Leopold RVwDir
Ref VII 330: **Grundsätze der Aus- und Weiterbildung, BFQG, AFBG** Dipl-Soz Sörensen
Ref VII 340: **Außenwirtschaftliche Zusammenarbeit**

(ohne Ostseeraum und MOE), Außenwirtschaftsförderung Dr Janocha MinR
Ref VII 350: **Technologieförderung** Dipl-Ing Liebthal
Ref VII 370: **Förderung der Aus- und Weiterbildung** Cremer Angestellte

Abt VII 4 Wirtschaftsordnung
Leiter: Dr Wolfgang Zeichner MinDirig
Vertreter: Bernd Schriewer MinR

Ref VII 400: **Maritime Wirtschaft, Meerestechnik, Rohstoffe, Bergbau** NN
Ref VII 410: **Schiffbau** Schriewer MinR
Ref VII 420: **Gewerbe- und Handwerksrecht, Kammeraufsicht** Riedel MinR
Ref VII 430: **Betriebliche Prüfungen** Klose RVwDir
Ref VII 440: **Wirtschaftliche Angelegenheiten des Umweltschutzes, Umweltbeauftragter** Glanz WiDir
Ref VII 450: **Grundstoff-, Verbrauchsgüter- und Investitionsgüterindustrie, Bauwirtschaft, öffentliches Auftrags- und Verdingungswesen** Dr Dorschel MinR
Ref VII 460: **Kartellrecht, Bank- und Versicherungsaufsicht, Steuern der Wirtschaft, Wirtschaftsprüfer, Privatisierung** Dr Sachse MinR

Abt VII 5 Verkehrspolitik
Leiter: Dr Jan Eggers MinDirig
Vertreter: Henning Reiff MinR

Ref VII 50: **Verkehrspolitik und -wirtschaft, Öffentlicher Personennahverkehr** Reiff MinR
Ref VII 500: **Grundsatzfragen und Koordinierung der Verkehrspolitik, Straßenpersonen- und Straßengüterverkehr** Reiff MinR
Ref VII 501: **Europäische Verkehrsangelegenheiten** Kuhlmann MinR
Ref VII 502: **Öffentlicher Personennahverkehr (ÖPNV), Verkehrstarife (ohne Häfen), Betriebswirtschaftliche Aufgaben der Verkehrswirtschaft, GVFG-Förderung von ÖPNV-Vorhaben** Himstedt RVwDirektorin
Ref VII 503: **Verkehrszweigübergreifende Planungen, Umwelt und Telematik im Verkehr** NN
Ref VII 510: **Schiffahrt und Häfen** Dr Jenisch MinR
Ref VII 5101: **Häfen** Ruppel OAR
Ref VII 520: **Planfeststellungsverfahren für schienengebundene Verkehrssysteme** Dr Fuglsang-Petersen RDir
Ref VII 530: **Eisenbahnen und Stadtbahnen** Franck Ang
Ref VII 540: **Luftfahrt** Schneider MinR

Abt VII 6 Straßenbau und Straßenverkehr
Leiter: Hans-Jürgen Voigt MinDirig
Vertreter: Reinhard Wannek MinR

Ref VII 600: **Straßenbauprogramme und -finanzierung, Bedarfspläne für Bundesfern- und Landesstraßen, Radwegeinfrastruktur** Wannek MinR
Ref VII 610: **Straßenplanungen, Verkehrsuntersuchungen, Bauleitplanung** Richter MinR
Ref VII 6101: **Einzel- und Sonderaufgaben in den Bereichen Straßenplanungen, Verkehrsuntersuchungen, Bauleitplanung** Dipl-Ingenieurin Unger
Ref VII 620: **Kommunaler Straßenbau** Pastow RDir

Ref VII 630: **Straßenbau- und Straßenverkehrstechnik, Umweltschutz im Straßenbau** Jensen ORBauR
Ref VII 640: **Straßenrecht und Straßenbaurecht, Straßennetzgestaltung** Schunck RDir
Ref VII 650: **Anhörungsverfahren bei der Planfeststellung für den Straßenbau** Czeloth MinR
Ref VII 660: **Straßenverkehrsrecht** Käding RDir
Ref VII 670: **Kraftfahrwesen, Kfz-Überwachung, Gefahrgutbeförderung, Verkehrssicherheit** Germ MinR
Ref VII 6701: **Verkehrssicherheitsarbeit** Kelm RR

Dem Ministerium für Wirtschaft, Technologie und Verkehr zugeordnet:

1 Minister für Wirtschaft, Technologie und Verkehr

– Amt für das Eichwesen –

24105 Kiel, Düppelstr 63; Tel (04 31) 9 88-44 50; Fax (04 31) 9 88-44 59

Staatsrechtliche Grundlage und Aufgabenkreis:
Gesetz über das Meß- und Eichwesen (Eichgesetz); Gesetz über Einheiten im Meßwesen; Medizinproduktgesetz; Waffengesetz; Landesverordnung zur Bestimmung der zuständigen Behörden für die Durchführung des Gesetzes über Einheiten im Meßwesen vom 8. Dezember 1972 (GVOBl Schl-H Seite 253); Landesverordnung zur Ausführung des Waffengesetzes vom 4. April 1987 (GVOBl Schl-H Seite 175); Medizinprodukte-Zuständigkeitsverordnung vom 7. November 1995 (GVOBl Schl-H Seite 376). Grundsatzfragen des Eich- und Beschußwesens; Fachaufsicht über die Eichämter des Landes; Fachaufsicht über 19 staatlich anerkannte Prüfstellen für die Beglaubigung von Meßgeräten für Elektrizität, Gas, Wasser oder Wärme; öffentliche Bestellung von leitendem Prüfstellenpersonal; Anerkennung von Wartungsdiensten; Beschuß von Waffen und Prüfung von Munition; Entgegennahme und Weiterleitung von Anzeigen, Abwehr von Risiken, Ausstellen von Bescheinigungen, soweit es sich um medizinische Meßgeräte handelt.

Leiter: Sigurd Reinhard LtdREichDir
Vertreter: Dr Jörn Eggers

Dem Amt für das Eichwesen nachgeordnet:

1.1 Beschußstelle Eckernförde

24340 Eckernförde, Sauerstr 2-6; Tel (0 43 51) 47 10 oder 4 71-1 08; Fax (04 31) 9 88-44 59

Aufgabenkreis:
Beschuß von Handfeuerwaffen und Böllern, Prüfung von Munition.

Leiter: Ernst Hanke EichAmtm
Amtsbezirk: Land Schleswig-Holstein

Zum Geschäftsbereich des Ministers für Wirtschaft, Technologie und Verkehr gehören:

2 Landesamt für Straßenbau und Straßenverkehr Schleswig-Holstein

24106 Kiel, Mercatorstr 9; Tel (04 31) 3 83-0; Fax (04 31) 3 83-27 54; Teletex 43 15 13 lswik

Staatsrechtliche Grundlagen und Aufgabenkreis:
Das Landesamt für Straßenbau und Straßenverkehr Schleswig-Holstein (LS) wurde nach der Landesverordnung vom 10. November 1969 (GVOBl Schl-H Seite 238) als Landesoberbehörde errichtet. Aufgrund des Straßen- und Wegegesetzes des Landes Schleswig-Holstein in der Fassung der Bekanntmachung vom 2. April 1996 (GVOBl Schl-H Seite 409) und des Bundesfernstraßengesetzes in der Fassung der Bekanntmachung vom 19. April 1994 (BGBl I Seite 854), der Landesverordnung vom 3. April 1979 (GVOBl Schl-H Seite 286), geändert durch die Landesverordnungen vom 5. Dezember 1991 (GVOBl Schl-H Seite 635) und vom 23. März 1994 (GVOBl Schl-H Seite 195), die Landesverordnung vom 22. Januar 1988 (GVOBl Schl-H Seite 32) in der Bekanntmachung der Neufassung vom 3. März 1994 (GVOBl Schl-H Seite 169) wurden dem Landesamt für Straßenbau und Straßenverkehr Zuständigkeiten im Bereich der Straßenbauverwaltung übertragen. Ferner regeln die Landesverordnungen vom 19. Mai 1971 (GVOBl Schl-H Seite 314) und 26. August 1971 (GVOBl Schl-H Seite 421), geändert durch die Landesverordnung vom 15. September 1981 (GVOBl Schl-H Seite 183), und vom 24. Juli 1980 (GVOBl Schl-H Seite 276) sowie die Landesverordnung vom 18. März 1982 (GVOBl Schl-H Seite 106) für das Landesamt für Straßenbau und Straßenverkehr bestimmte Aufgaben des Straßenverkehrsrechts. Dienst- und Fachaufsicht über die unteren Straßenbaubehörden; Planfeststellung, Plangenehmigung und Freistellung von der Planfeststellung nach den Straßengesetzen; Zentrale Bearbeitung einzelner Aufgabenbereiche für die Straßenbauverwaltung; Fachaufsicht über die unteren Straßenverkehrsbehörden; Aufgaben der höheren Verwaltungsbehörde nach der StVO und der StVZO und der Landesverkehrsbehörde nach dem Güterkraftverkehrsgesetz.

Leiter: Dr Jürgen Falkenhagen Dir des Landesamtes für Straßenbau und Straßenverkehr Schl-H
Vertreter: Dieter Hein LtdRBauDir

Abt LS 1 Verwaltungsabteilung
Leiter: Dieter Hein LtdRBauDir

Dez LS 100: **Allgemeine Verwaltungsangelegenheiten** Bremer OAR
Dez LS 110: **Personal und Haushalt** Hein LtdRBauDir
Dez LS 120: **Straßenbaujustitiariat** Holst RDir
Dez LS 130: **Allgemeiner Straßenverkehr und Straßengüterverkehr** Doose RR

Dez LS 140: **Planfeststellung** Ricke ORBauR
Dez LS 150: **Grunderwerb** Menzel RR
Dez LS 160: **EDV-Straßenbau** Pavaknewitz RBauDir
Dez LS 170: **Straßenverkehrsrecht, Bauvertragsrecht** Neelsen RDir
Dez LS 190: **Straßeninformationsbank, Vermessung** Woesner RVmDir

Abt LS 2 Technische Abteilung
Leiter: Karl-Adolf Rusch LtdRBauDir

Dez LS 200: **Straßenunterhaltung** Bärenwald RBauDir
Dez LS 210: **Umweltschutz im Straßenbau** Hethke RBauDir
Dez LS 220: **Entwurf Bundesautobahnen, Bundesstraßen, Landesstraßen** Conradt RBauDir
Dez LS 230: **Baudurchführung** Papke RBauDirektorin
Dez LS 240: **Brückenbau** Gersteuer RBauDir

Der Dienst- und Fachaufsicht des Landesamtes für Straßenbau und Straßenverkehr unterstehen:

2.1 Straßenbauämter

Staatsrechtliche Grundlage und Aufgabenkreis:
Durch Landesverordnung über die unteren Landesbehörden der Straßenbauverwaltung vom 19. Juli 1977 (GVOBl Schl-H Seite 197), geändert durch Landesverordnung vom 6. Dezember 1990 (GVOBl Schl-H Seite 651) sind für die Verwaltung, Unterhaltung und Verkehrssicherung sowie die Wiederherstellung, Erneuerung und Erweiterung (Um- und Ausbau) von Bundesfernstraßen, Landesstraßen und Kreisstraßen in der Verwaltung oder Baulast des Landes und für andere Aufgaben der Straßenbauverwaltung 5 Straßenbauämter als untere Landesbehörden errichtet.

Straßenbauamt Flensburg
24941 Flensburg, Schleswiger Str 55; Tel (04 61) 9 03 09-0; Fax (04 61) 9 03 09-1 85
Leiter: Knud Philippsen LtdRBauDir
Amtsbezirk:
Kreisfreie Stadt Flensburg, der Kreis Schleswig-Flensburg sowie der nördliche Teil des Kreises Nordfriesland.

Straßenbauamt Rendsburg
24768 Rendsburg, Hollestr 27-29; Tel (0 43 31) 7 84-0
Leiter: Dieter Ipsen RBauDir
Amtsbezirk:
Kreisfreie Städte Kiel und Neumünster sowie die Kreise Rendsburg-Eckernförde und Plön.

Straßenbauamt Itzehoe
25524 Itzehoe, Breitenburgerstr 37; Tel (0 48 21) 66-0; Fax (0 48 21) 66-27 14
Leiter: Dipl-Ing Christian Nissen LtdRBauDir (mdWdGb)
Amtsbezirk:
Kreise Steinburg, Pinneberg und Segeberg, Verwaltung von Bundesautobahnen A 7 von Hamburger Landes-

grenze bis Anschlußstelle Neumünster Einfeld und A 23 von der Hamburger Landesgrenze bis Anschlußstelle Schafstedt (NOK).

Straßenbauamt Lübeck
23568 Lübeck, Jerusalemberg 9; Tel (04 51) 3 71-0; Fax (04 51) 3 71 21 24
Leiter: Walter Boden LtdRBauDir
Amtsbezirk:
Hansestadt Lübeck sowie die Kreise Herzogtum Lauenburg, Stormarn und Ostholstein.

Straßenbauamt Heide
25746 Heide, Ernst-Mohr-Str 33; Tel (04 81) 92-1; Fax (04 81) 92-6 00
Leiter: Klaus Meß LtdRBauDir
Amtsbezirk:
Kreis Dithmarschen und das Gebiet des südlichen Teils des Kreises Nordfriesland.

2.2 Straßenneubauämter

Staatsrechtliche Grundlage und Aufgabenkreis:
Durch Landesverordnung über die unteren Landesbehörden der Straßenbauverwaltung vm 19. Juli 1977 (GVOBl Schl-H Seite 197), geändert durch Landesverordnung vom 6. Dezember 1990 (GVOBl Schl-H Seite 651) sind für den Neubau von Bundesfernstraßen, Landesstraßen und Kreisstraßen in der Verwaltung des Landes oder Baulast des Landes 2 Straßenneubauämter als untere Landesbehörden errichtet.

Straßenneubauamt Ost
23701 Eutin, Johann-Specht-Str 13; Tel (0 45 21) 7 05-0; Fax (0 45 21) 7 05-1 50
Leiter: Gerhard Diedrichs RBauDir
Amtsbezirk:
Hansestadt Lübeck, Kreise Ostholstein, Stormarn und Herzogtum Lauenburg.

Straßenneubauamt Mitte
24539 Neumünster, Alemannenstr 14-18; Tel (0 43 21) 4 95-0; Fax (0 43 21) 4 95-1 00
Leiter: Jürgen Zwickel LtdRBauDir
Amtsbezirk:
Kreisfreie Städte Kiel, Neumünster und Flensburg sowie Kreise Plön, Segeberg, Rendsburg-Eckernförde, Schleswig-Flensburg, Pinneberg und Steinburg.

3 Eichämter

– untere Landesbehörden im Sinne von § 7 Landesverwaltungsgesetz –

Staatsrechtliche Grundlagen und Aufgabenkreis:
Gesetz über das Meß- und Eichwesen (Eichgesetz); Gesetz über Einheiten im Meßwesen. Landesverordnung über die Organisation der Eichverwaltung vom 2. Dezember 1973 (GVOBl Schl-H Seite 413). Eichen von Meßgeräten, die im geschäftlichen Verkehr, im amtlichen Verkehr, im Verkehrswesen oder in der Heilkunde verwendet werden; Überwachung der Hersteller von vorverpackten Waren mit Füllmengen bis zu 10 kg oder 10 l; Überwachung der öffentlichen Waagen und der öffentlich bestellten Wäger.

Eichamt Kiel
24105 Kiel, Düppelstr 63; Tel (04 31) 9 88-44 80; Fax (04 31) 9 88-44 86
Leiter: Dipl-Ing Klaus Dreise OAR
Amtsbezirk:
Die kreisfreien Städte Kiel und Neumünster sowie die Kreise Rendsburg-Eckernförde und Plön.

Eichamt Lübeck
23568 Lübeck, Glashüttenweg 44-48; Tel (04 51) 3 70 71 11; Fax (04 51) 3 70 71 23
Leiter: Dipl-Ing Achim Holz AR
Amtsbezirk:
Kreisfreie Hansestadt Lübeck; Kreise Herzogtum Lauenburg, Ostholstein, Segeberg, Stormarn.

Eichamt Flensburg
24937 Flensburg, Karlstr 6; Tel (04 61) 2 45 98; Fax (04 61) 1 74 60
Leiter: Rolf Günzel OAR
Amtsbezirk:
Die kreisfreie Stadt Flensburg sowie die Kreise Schleswig-Flensburg und Nordfriesland.

Eichamt Elmshorn
25335 Elmshorn, Kaltenweide 76; Tel (0 41 21) 48 65-0; Fax (0 41 21) 48 65-30
Leiter: Gerald Hempel EichAR
Amtsbezirk:
Die Kreise Pinneberg, Steinburg und Dithmarschen.

Sonstige Einrichtung im Geschäftsbereich des Ministeriums für Wirtschaft, Technologie und Verkehr:

4 Schleswig-Holsteinische Seemannsschule

– Seemännische Berufsschule, überbetriebliche Ausbildungsstätte, Trainings- und Fortbildungsstätte –

23570 Lübeck, Wiekstr 3 a (Priwall); Tel (0 45 02) 51 52; Fax (0 45 02) 44 01

Aufgabenkreis:
Die seemännischen Berufsschüler werden im Blockunterricht (10 Wochen pro Ausbildungsjahr) im Rahmen der dualen Berufsbildung beschult. Die Unterbringung, Verpflegung und soziale Betreuung erfolgt im schuleigenen Internat (110 Betten). Schulträger ist der Minister für Wirtschaft, Technik und Verkehr des Landes Schleswig-Holstein. Ergänzend werden Sicherheits- und Trainingskurse durchgeführt. Einzige Schule in Deutschland für die Ausbildung zum Schiffsbetriebsmeister (30 Wochen) und zur Fachkraft für Arbeitssicherheit im Bordbetrieb.

Leiter: Burkhard Rahn Kapitän, StudDir

5 Oberbergamt

38678 Clausthal-Zellerfeld, Hindenburgplatz 9;
Tel (0 53 23) 72 32 00 und 72 20 50;
Fax (0 53 23) 72 32 58

Staatsrechtliche Grundlage und Aufgabenkreis:
Bundesberggesetz vom 13. August 1980 (BGBl
Seite 1310).

Das Oberbergamt und das ihm nachgeordnete Amt in
Celle haben u a folgende Aufgaben:

– Erteilung von Berechtigungen nach dem Bundes-
berggesetz für das Aufsuchen und Gewinnen von
Bodenschätzen u a unter Berücksichtigung ihrer
Standortgebundenheit und des Lagerstättenschutzes,
Sicherung der Rohstoffversorgung.

– Bergaufsicht hinsichtlich der Sicherheit der Betriebe,
seiner Einrichtungen und der Beschäftigten, des Umweltschutzes.

– Überwachung von Maßnahmen der Untersuchung,
des Errichtens und des Betreibens von Untergrund-
speichern.

– Überwachung der bergbaulichen Tätigkeiten im Bereich des deutschen Festlandsockels von Nord- und
Ostsee.

Präsident des Oberbergamtes: Dipl-Ing Hans Ambos
Vertreter: Dipl-Ing Franz Josef Rölleke VPräs

Amtsbezirk:
Schleswig-Holstein.

*Der Dienst- und Fachaufsicht des Oberbergamtes un-
terstehen:*

5.1 Bergämter

Bergamt Celle
29221 Celle, Im Werder 15; Tel (0 51 41) 9 27 10;
Fax (0 51 41) 92 71 10
Leiter: Dipl-Ing Peter Schaar BergDir
Amtsbezirk:
Land Schleswig-Holstein, Festlandsockel der Ostsee
des Landes Schleswig-Holstein.

Bergamt Meppen
49716 Meppen, Vitusstr 6; Tel (0 59 31) 93 56-0;
Fax (0 59 31) 93 56 13
Leiter: Dipl-Ing Lothar Lohff BergDir
Amtsbezirk:
Festlandsockel der Nordsee des Landes Schleswig-Hol-
stein.

6 Landesbevollmächtigter für Bahnaufsicht beim Eisenbahnbundesamt Hamburg

20099 Hamburg, Hachmannplatz 16;
Tel (0 40) 3 28 13-2 10; Fax (0 40) 3 28 13-2 99

Staatsrechtliche Grundlage und Aufgabenkreis:
§ 5 Abs 1 des Allgemeinen Eisenbahngesetzes (AEG
vom 27. Dezember 1993, BGBl I Seite 2398). Eisenbahngesetz für das Land Schleswig-Holstein (Lan-
deseisenbahngesetz – LEisenBG vom 27. Juni 1995),
Verwaltungsabkommen zwischen der Deutschen Bun-
desbahn und dem Land Schleswig-Holstein vom
14./22. Dezember 1988.
Der Landesbevollmächtigte für Bahnaufsicht führt die
Aufsicht über die nicht zum Netz der Eisenbahnen des
Bundes gehörenden Eisenbahnen durch.

Landesbevollmächtigter: Dipl-Ing Franz Kellinghaus

*Mit anderen Ländern bzw dem Bund gemeinsam errich-
tete Behörde:*

7 Gemeinsamer Zulassungs-ausschuß und Gemein-samer Prüfungsausschuß Wirtschaftsprüfer

der Länder Freie Hansestadt Bremen, Freie und
Hansestadt Hamburg, Mecklenburg-Vorpommern,
Niedersachsen und Schleswig-Holstein bei der Wirtschaftsbehörde der Freien und Hansestadt Hamburg

20459 Hamburg, Alter Steinweg 4 und Wexstr 7;
Tel (0 40) 35 04-0; Fax (0 40) 35 04-16 20;
Telex 21 11 00 bwvl d

Staatsrechtliche Grundlage und Aufgabenkreis:
§§ 5 Abs 1; 12 Abs 2 der Wirtschaftsprüferordnung. Gesetz über eine Berufsordnung der Wirtschaftsprüfer
(Wirtschaftsprüferordnung) in der Fassung vom
20. August 1975 (BGBl I S 2258), zuletzt geändert am
5. Oktober 1994 (BGBl I Seite 2911).
Durchführung des Zulassungsverfahrens für Wirtschaftsprüfer und des Prüfungsverfahrens für Wirtschaftsprüfer und vereidigte Buchprüfer auf Grund eines Staatsabkommens. Das Zulassungsverfahren für
vereidigte Buchprüfer erfolgt nicht durch den Zulassungsausschuß, sondern durch die Wirtschaftsbehörde
in Hamburg für die Länder Freie Hansestadt Bremen,
Freie und Hansestadt Hamburg, Mecklenburg-Vorpommern, Niedersachsen und Schleswig-Holstein auf
Grund eines Staatsabkommens.

Zulassungsausschußvorsitzende: Dorothea Werk-
Dorenkamp RDirektorin (Hamburg)
Prüfungsausschuß: Gernot Diergarten RDir (Bremen);

Dorothea Werk-Dorenkamp RDirektorin (Hamburg); Ingo Nimz RDir (Hamburg); Dr Dieter Weinhardt MinR (Hannover); Franz Genegel MinR (Hannover); Sven-Uwe Sachse MinR (Kiel); Norbert Müller-König RDir (Schwerin); Dr Ralf Günter Wetzel MinR (Hannover)

Der Rechtsaufsicht des Ministers für Wirtschaft, Technik und Verkehr unterstehen:

8 Industrie- und Handelskammern

– Körperschaften des öffentlichen Rechts –

Rechtsgrundlage und Aufgabenkreis:
Gesetz zur vorläufigen Regelung des Rechts der Industrie- und Handelskammern vom 18. Dezember 1956 (BGBl I Seite 920), zuletzt geändert am 14. Dezember 1976 (BGBl I Seite 3341).
Die Industrie- und Handelskammern haben, soweit nicht die Zuständigkeit der Organisationen des Handwerks nach Maßgabe des Gesetzes zur Ordnung des Handwerks (Handwerksordnung) in der Fassung vom 28. Dezember 1965 (BGBl I Seite 1) gegeben ist, die Aufgabe, das Gesamtinteresse der ihnen zugehörigen Gewerbetreibenden ihres Bezirkes wahrzunehmen, für die Förderung der gewerblichen Wirtschaft zu wirken und dabei die wirtschaftlichen Interessen einzelner Gewerbezweige oder Betriebe abwägend und ausgleichend zu berücksichtigen; dabei obliegt es ihnen insbesondere, durch Vorschläge, Gutachten und Berichte die Behörden zu unterstützen und zu beraten sowie für Wahrung von Anstand und Sitte des ehrbaren Kaufmanns zu wirken.
Die Industrie- und Handelskammern können Anlagen und Einrichtungen, die der Förderung der gewerblichen Wirtschaft oder einzelner Gewerbezweige dienen, begründen, unterhalten und unterstützen sowie Maßnahmen zur Förderung und Durchführung der kaufmännischen und gewerblichen Berufsausbildung unter Beachtung der geltenden Rechtsvorschriften treffen.
Den Industrie- und Handelskammern obliegt die Ausstellung von Ursprungszeugnissen und anderen dem Wirtschaftsverkehr dienenden Bescheinigungen, soweit nicht Rechtsvorschriften diese Aufgaben anderen Stellen zuweisen.

Industrie- und Handelskammer zu Flensburg
– KdöR –

24937 Flensburg, Heinrichstr 28-34;
Tel (04 61) 8 06-0; Fax (04 61) 80 61 71
Präsident der Industrie- und Handelskammer: Hans-Georg Carstens
Hauptgeschäftsführer: Dipl-Volksw Peter Michael Stein
Kammerbezirk:
Stadt Flensburg, Kreise Schleswig-Flensburg, Nordfriesland, Dithmarschen.

mit

Verbindungsstelle Dithmarschen
25746 Heide, Rungholdtstr 5 d; Tel (04 81) 85 77-0; Fax (04 81) 85 77-20
Geschäftsführerin: Dipl-Geographin Telsche Ott

Industrie- und Handelskammer zu Kiel
– KdöR –
24103 Kiel, Lorentzendamm 24; Tel (04 31) 51 94-0; Fax (04 31) 51 94-2 34; Telex 29 98 64; BTX Btx *96 90 90 (10)
Präsident der Industrie- und Handelskammer: Dr Fritz Süverkrüp Konsul
Hauptgeschäftsführer: Wolf-Rüdiger Janzen Assessor
Kammerbezirk:
Städte Kiel und Neumünster, Kreise Pinneberg, Plön, Rendsburg-Eckernförde, Steinburg.

mit den Geschäftsstellen:

Zweigstelle Elmshorn
25335 Elmshorn, Kaltenweide 6; Tel (0 41 21) 48 77-0; Fax (0 41 21) 48 77-39
Stellvertretender Hauptgeschäftsführer: Heinz Meyer

Zweigstelle Neumünster
24534 Neumünster, Am Teich 1-3;
Tel (0 43 21) 4 20 91 und 4 20 92; Fax (0 43 21) 4 45 90
Leiter: Dipl-Volksw Peter-Jochen Dohm

Zweigstelle Rendsburg
24768 Rendsburg, Thormannplatz 2-4;
Tel (0 43 31) 53 49; Fax (0 43 31) 2 59 75
Leiter: Dipl-Volksw Peter-Jochen Dohm

Industrie- und Handelskammer zu Lübeck
– KdöR –
23552 Lübeck, Breite Str 6-8; Tel (04 51) 70 85-01; Fax (04 51) 7 08 52 84; Telex 26 776
Präsident der Industrie- und Handelskammer: Dipl-Kfm Hans Georg Rieckmann
Hauptgeschäftsführer: Dr-Ing Hans-Rüdiger Asche
Kammerbezirk:
Hansestadt Lübeck, Kreise Herzogtum Lauenburg, Ostholstein, Segeberg und Stormarn.

mit:

Außenstelle Ahrensburg
22926 Ahrensburg, Hamburger Str 2;
Tel (0 41 02) 8 00 50
Leiter: Dietrich Janzen

9 Handwerkskammern

– Körperschaften des öffentlichen Rechts –

Rechtsgrundlage und Aufgabenkreis:
Handwerksordnung vom 28. Dezember 1965 (BGBl I 1966 Seite 1). Zur Vertretung der Interessen des Handwerks werden Handwerkskammern errichtet; sie sind Körperschaften des öffentlichen Rechtes.
Aufgaben der Handwerkskammer sind insbesondere:
– die Interessen des Handwerks zu fördern und für einen gerechten Ausgleich der Interessen der einzelnen Handwerke und ihrer Organisationen zu sorgen,

- die Behörden in der Förderung des Handwerks durch Anregungen, Vorschläge und durch Erstattung von Gutachten zu unterstützen und regelmäßig Berichte über die Verhältnisse des Handwerks zu erstatten,
- die Handwerksrolle zu führen,
- die Berufsausbildung der Lehrlinge zu regeln, Vorschriften hierzu zu erlassen und ihre Durchführung zu überwachen sowie eine Lehrlingsrolle zu führen,
- Vorschriften für Prüfungen im Rahmen einer beruflichen Fortbildung oder Umschulung zu erlassen und Prüfungsausschüsse hierfür zu errichten,
- Gesellenprüfungsordnungen für die einzelnen Handwerke zu erlassen, Prüfungsausschüsse für die Abnahme der Gesellenprüfungen zu errichten oder Handwerksinnungen zu der Errichtung von Gesellenprüfungsausschüssen zu ermächtigen und die ordnungsgemäße Durchführung der Gesellenprüfungen zu überwachen,
- Meisterprüfungsordnungen für die einzelnen Handwerke zu erlassen und die Geschäfte des Meisterprüfungsausschusses zu führen,
- die technische und betriebswirtschaftliche Fortbildung der Meister und Gesellen zur Erhaltung und Steigerung der Leistungsfähigkeit des Handwerks in Zusammenarbeit mit den Innungsverbänden zu fördern, die erforderlichen Einrichtungen hierfür zu schaffen oder zu unterstützen und zu diesem Zweck eine Gewerbeförderungsstelle zu unterhalten,
- Sachverständige zur Erstattung von Gutachten über die Güte der von Handwerkern gelieferten Waren oder bewirkten Leistungen und über die Angemessenheit der Preise zu bestellen und zu vereidigen,
- die wirtschaftlichen Interessen des Handwerks und die ihnen dienenden Einrichtungen, insbesondere das Genossenschaftswesen, zu fördern,
- Vermittlungsstellen zur Beilegung von Streitigkeiten zwischen selbständigen Handwerkern und ihren Auftraggebern einzurichten,
- Ursprungszeugnisse über in Handwerksbetrieben gefertigte Erzeugnisse und andere dem Wirtschaftsverkehr dienende Bescheinigungen auszustellen, soweit nicht Rechtsvorschriften diese Aufgaben anderen Stellen zuweisen,
- Maßnahmen zur Unterstützung notleidender Handwerker und Gesellen zu treffen oder zu unterstützen.

Handwerkskammer Flensburg
– KdöR –
24937 Flensburg, Johanniskirchhof 1-7;
Tel (04 61) 8 66-0; Fax (04 61) 8 66-1 10
Präsident der Handwerkskammer: Carsten Jensen
Hauptgeschäftsführer: Assessor Udo Hansen
Kammerbezirk:
Kreise Schleswig-Flensburg, Rendsburg-Eckernförde, Nordfriesland und Dithmarschen, Stadt Flensburg.

Handwerkskammer Lübeck
– KdöR –
23552 Lübeck, Breite Str 10-12; Tel (04 51) 15 06-0;
Fax (04 51) 15 06-1 80
Präsident der Handwerkskammer: Nikolaus Lang
Hauptgeschäftsführer: Peter Kober
Kammerbezirk:

Städte Hansestadt Lübeck, Kiel, Neumünster; Kreise Herzogtum Lauenburg, Ostholstein, Pinneberg, Plön, Segeberg, Steinburg und Stormarn.

10 Sparkassen- und Giroverband für Schleswig-Holstein

– Körperschaft des öffentlichen Rechts –

24109 Kiel, Faluner Weg 6; Tel (04 31) 53 35-0;
Fax (04 31) 53 35-6 60

Präsident des Sparkassen- und Giroverbandes:
Dr Jürgen Miethke
Verbandsdirektor: Wolfgang Stut

11 Landesbank Schleswig-Holstein Girozentrale

– Anstalt des öffentlichen Rechts –

24103 Kiel, Martensdamm 6; Tel (04 31) 9 00-01;
Fax (04 31) 9 00-24 46

Rechtsgrundlage und Aufgabenkreis:
§§ 41-44 des Sparkassengesetzes für das Land Schleswig-Holstein in der Fassung vom 3. Mai 1994 (GVOBl Schl-H 1994 Seite 240, 241) und Satzung der Landesbank Schleswig-Holstein Girozentrale; Wahrnehmung bankmäßiger Geschäfte jeder Art.

Vorsitzende: Dr Dietrich Rümker; Hans Berger
Stellvertretender Vorsitzender: Peter Pahlke
Weitere Vorstandsmitglieder: Dieter Pfisterer; Ernst Schröder

mit

11.1 Investitionsbank Schleswig-Holstein

24103 Kiel, Fleethörn 29-31; Tel (04 31) 9 00-03;
Fax (04 31) 9 00-33 83

Aufgabenkreis:
Zentrales Förderinstitut für die Betreuung von Förderprogrammen des Landes Schleswig-Holstein in den Bereichen gewerbliche Wirtschaft, Wohnungsbau, Umwelt und Energie, Kommunalförderung und Städtebau sowie Agrarförderung.

Geschäftsleitung: Peter Rieck; Dr Heinz Engelhaupt; Dr Klaus Rave

12 Provinzial Versicherungen

– Anstalten des öffentlichen Rechts –

24114 Kiel, Sophienblatt 33; Tel (04 31) 6 03-0

Rechtsgrundlage und Aufgabenkreis:
Gesetz über öffentlich-rechtliche Versicherungsanstalten in Schleswig-Holstein vom 15. Juni 1995 (GVBl Schl-H Seite 230). Satzung der Provinzial Brandkasse Versicherung Schleswig-Holstein und Satzung der Leben Versicherungsanstalt Schleswig-Holstein vom 30. Juni 1995 (Amtsbl Schl-H/AAz Seite 268).

Provinzial Leben
Die Anstalt betreibt in den Ländern Schleswig-Holstein, Mecklenburg-Vorpommern und in der Freien und Hansestadt Hamburg die Lebensversicherung.

Provinzial Brandkasse
Die Anstalt betreibt in den Ländern Schleswig-Holstein, Mecklenburg-Vorpommern und in der Freien und Hansestadt Hamburg alle Arten der Schadens- und Unfallversicherung, Kraftfahrt-, Strafrechtsschutzversicherungen sowie in Hamburg alle Arten der Sachversicherung. Sie schließt ferner für die Gemeinschaft des Deutschen Luftpools alle Arten von Luftfahrtversicherungen ab, als Landesdirektion der ÖRAG-Rechtsschutzversicherungs-Aktiengesellschaft Düsseldorf übernimmt die Anstalt alle Arten der Rechtsschutzversicherung. Als Landesdirektion der Union Kranken übernimmt die Anstalt alle Arten von Krankenversicherungen.

Vorsitzender: Klaus R Uschkoreit Dir
Weitere Vorstandsmitglieder: Hans-Georg Bergmann Dir; Franz Breindl Dir; Norbert Kahlen Dir; Roland Reime Dir

13 Technologiestiftung Schleswig-Holstein

– Stiftung des öffentlichen Rechts –

24103 Kiel, Lorentzendamm 21; Tel (04 31) 5 19 37-0; Fax (04 31) 5 19 37-37

Rechtsgrundlage und Aufgabenkreis:
Gesetz über die Errichtung einer „Technologiestiftung Schleswig-Holstein" vom 2. Juli 1991.
Die Stiftung hat den Zweck, in Schleswig-Holstein nach näherer Bestimmung der Satzung
– ergänzend zur staatlichen Förderung Maßnahmen, die der technologischen Entwicklung im Land und seiner Wirtschaft sowie dem ökologischen und sozialen Umbau der Wirtschaft dienen, zu fördern,
– die Nutzung wissenschaftlicher Erkenntnisse in der Wirtschaft durch Technologietransfer zu unterstützen und
– die Technologiebewertung sowie die ökologisch- und sozialverträgliche Gestaltung der Technik zu fördern.

Die Stiftung kann sich insbesondere zum Ausbau der anwendungsnahen Forschung und Entwicklung sowie des Technologietransfers an Gesellschaften mit beschränkter Haftung, Vereinen, Stiftungen oder ähnlichen Einrichtungen beteiligen oder eigene errichten.

Direktor: Klaus P Friebe
Verwaltungsleiter: Michael Fornahl

VIII Ministerium für ländliche Räume, Landwirtschaft, Ernährung und Tourismus des Landes Schleswig-Holstein

24105 Kiel, Düsternbrooker Weg 104;
Tel (04 31) 9 88-0; Fax (04 31) 9 88-50 10

Aufgabenkreis:
Landwirtschaft, Ernährungswirtschaft, Verbesserung der Agrarstruktur, ländliche Siedlung und Flurbereinigung, Landschaftspflege, Tourismus, Entwicklung ländlicher Räume, Veterinärwesen, Küstensicherung, Fischereiwesen.

Minister: Hans Wiesen
Persönlicher Referent: Holger Wege AR
Öffentlichkeitsarbeit: Dr Bartelt Brauer ORLandwR
Gleichstellungsbeauftragte: Petra Oschadleus

Staatssekretär und Beauftragter des Landes für den Landesteil Schleswig: Rüdiger von Plüskow

Abt VIII 1 Allgemeine Abteilung
Leiter: Dr Dieter Rave MinDirig
Vertreter: Horst Eger RDir (mdWdGb)

Ref VIII 100: **Referent des Inneren Dienstes** Woltmann OAR
Ref VIII 110: **Personalreferent, Aus- und Fortbildung** Eger RDir
Ref VIII 120: **Leitender Justitiar, Mitwirkung bei Rechts- und Verwaltungsvorschriften** Dr Wilde MinR
Ref VIII 121: **Rechtsangelegenheiten der Abteilung 4 und des Referats 330** Hoppe-Kossack ORR
Ref VIII 130: **Kabinettsangelegenheiten, Verbindung zum Landtag und zur Staatskanzlei, Planungsbeauftragter** Mews RR
Ref VIII 140: **Beauftragter für den Haushalt** Sauerberg RR
Ref VIII 141: **Prüfungen im Rahmen von Förderprogrammen, Vorprüfstelle (Bundeshaushalt)** Sauerberg RR
Ref VIII 150: **Rechtsangelegenheiten der Abteilungen 2 und 3, Grundstücksverkehr, Spruchstelle, Flurbereinigung** Dr Herzog MinRätin
Ref VIII 160: **Automationsreferent, Informationsbeauftragter** Dreyer RR
Ref VIII 170: **Organisationsreferent** Hübner-Berger RR
Ref VIII 180: **Bescheinigende Stelle für EAGFL-Garantie-Maßnahmen, Interner Revisionsdienst** Boehnke RR

Abt VIII 2 Ländliche Räume, Tourismus und Küstenschutz
Leiter: Ulrich Lorenz MinDirig
Vertreter: Dipl-Volksw Holger-Jürgen Börner

Ref VIII 200: **Grundsätzliche Angelegenheiten der Entwicklung ländlicher Räume, Koordinierung grundsätzlicher Angelegenheiten des Ressorts, Federführung der IMAG** Dipl-Volksw Börner
Ref VIII 201: **Allgemeine Finanzierungsangelegenheiten der Abteilung** Seidler OARätin
Ref VIII 210: **Förderung Ländlicher Räume aus den Strukturfonds und Gemeinschaftsinitiativen der EU; Aktionsgemeinschaft Programm Nord** Dr Beyer MinR
Ref VIII 220: **Grundsätzliche Angelegenheiten der Tourismuspolitik, Förderung der touristischen Infrastruktur** Helle RVwDir
Ref VIII 221: **Tourismusgewerbe, Tourismuswerbung, Raumordnung Tourismus** Krackow-Laukat OARätin
Ref VIII 230: **Grundsätzliche Angelegenheiten der Dorf- und ländlichen Regionalentwicklung** Thoben RVwDir
Ref VIII 240: **Grundsätzliche Angelegenheiten der Flurneuordnung** Ohrt MinR
Ref VIII 250: **Grundsätzliche Fragen und Planungen des Küstenschutzes** Probst MinR
Ref VIII 260: **Bau, Betrieb, Unterhaltung und Verwaltung landeseigener Häfen** Eiben MinR

Abt VIII 3 Landwirtschaft und Fischerei
Leiter: Hans-Joachim Pieper MinDirig
Vertreter: Detlef Christian MinR

Ref VIII 300: **Grundsätzliche Angelegenheiten der Agrarpolitik, Fachministerkonferenzen, Bundesratsreferent, Europaangelegenheiten** Dipl-Ing Agr Dr Terwitte
Ref VIII 301: **Regionales Entwicklungskonzept für die Metropolregion Hamburg, Agrar- und Ernährungsstatistik** Dr Finck ORLandwR
Ref VIII 302: **Allgemeine Angelegenheiten der Abteilung, Planung und Koordinierung des Mitteleinsatzes für die Abteilung** Graap OAR
Ref VIII 303: **Erstattung nach EU-Recht, Bankenverfahren** Seidler OARätin
Ref VIII 310: **Grundsätzliche Angelegenheiten der Agrarstruktur, Koordinierung der Gemeinschaftsaufgabe „Verbesserung der Agrarstruktur und des Küstenschutzes"** Dr Clauß MinR
Ref VIII 320: **Grundsätzliche Angelegenheiten der Ausgleichszahlungen und der landwirtschaftlichen Fördermaßnahmen** Christian MinR
Ref VIII 321: **Verwaltungs- und Kontrollsysteme der EU** Herzog RLandwR
Ref VIII 322: **EU-Prämienzahlung Flächen** Wilhelmsen RLandwR
Ref VIII 323: **EU-Prämienzahlung Tiere** Finger RR
Ref VIII 324: **Leiter der Zahlstelle für EAGFL-Maßnahmen** Liedecke OAR
Ref VIII 330: **Grundsätzliche Angelegenheiten der Fischerei und Fischwirtschaft** Dr Denker MinR
Ref VIII 331: **Belange der Fischerei bei Rechtsvorschriften und Abkommen des Natur- und Umweltschutzes** Drud RR
Ref VIII 340: **Landwirtschaftliches Bildungs- und Ausbildungswesen, Schulaufsicht über die landwirt-**

schaftlichen Fach- und Berufsfachschulen, Hochschulangelegenheiten, Aufsicht über die Landwirtschaftskammer Prof Hansen MinR
Ref VIII 341: **Mitwirkung bei der Schulgestaltung, Lehrplanarbeit für die landwirtschaftlichen Fachschulen, Koordinierung der Umweltbildung im Zusammenwirken mit dem Ministerium für Umwelt, Natur und Forsten** Assessor der Landwirtschaft Koschinski

Abt VIII 4   Ernährungswirtschaft und landwirtschaftliche Produktion
Leiter: Dipl-Ing Agr Dr Reinhold Stauß
Vertreter: Dr Karl Tamme MinR

Ref VIII 400: **Koordinierung von Marktstrukturfördermaßnahmen, Direktvermarktung, ökologischer Landbau, Vermarktung ökologisch erzeugter landwirtschaftlicher Produkte** Dr Brandt MinR
Ref VIII 410: **Ernährungs- und Verbraucherpolitik, Biotechnologie im Ernährungsbereich, Koordinierung der Ernährungsberatung und der Biotechnologie** Dipl Oec trophin Oschadléus Ang
Ref VIII 420: **Wirtschaftsförderung, Bürgschaften, Verkehr, landwirtschaftliches Genossenschaftswesen, Verwertung nachwachsender Rohstoffe** Dipl Kfm Maier-Staud Ang
Ref VIII 430: **Marketing, Qualitätssicherungssysteme, Exportförderung** Goldenstern MinR
Ref VIII 440: **Milch- und Fleischwirtschaft** Dr Tamme MinR
Ref VIII 441: **Garantiemengensystem Milch** Finger RR
Ref VIII 450: **Grundsätzliche Angelegenheiten der tierischen Produktion, Tierzuchtrecht** Dr Placke RLandwDir
Ref VIII 470: **Grundsätzliche Angelegenheiten der pflanzlichen Produktion (Acker-, Pflanzen-, Gartenbau)** Dr Janßen MinR
Ref VIII 471: **Spezielle Angelegenheiten des Produktionsgartenbaus** Wehking ORLandwR
Ref VIII 472: **Pflanzenschutz und amtliche Pflanzenbeschau, Leiter des Pflanzenschutzamtes des Landes Schleswig-Holstein** Becker-Birck Direktor des Pflanzenschutzamtes
Ref VIII 473: **Pflanzliche Erzeugung und Markt, Futtermittel- und Getreidewirtschaft** NN
Ref VIII 480: **Grundsätzliche Angelegenheiten des Veterinärwesens, tierärztliches Berufsrecht, Fachaufsicht über die Tierärztekammer** Dr Best MinR
Ref VIII 481: **Tierseuchenbekämpfungszentrum** Dr Heilemann RVetR
Ref VIII 482: **Tierseuchenfonds, freiwillige Tierseuchenbekämpfungsprogramme** Dr Pflitsch Tierärztin
Ref VIII 483: **Prüfung technischer Einrichtungen** Dipl Ing Hasselmann

Zum Geschäftsbereich des Ministeriums für ländliche Räume, Landwirtschaft, Ernährung und Tourismus gehören:

1   Landesamt für Fischerei Schleswig-Holstein

24148 Kiel, Wischhofstr 1-3; Tel (04 31) 7 20 80-0; Fax (04 31) 7 20 80-26

Staatsrechtliche Grundlage und Aufgabenkreis:
Fischereigesetz für das Land Schleswig-Holstein (Landesfischereigesetz – LFischG) vom 10. Februar 1996 (GVOBl Schl-H Seite 211). Zu den Aufgaben des Landesamtes für Fischerei Schl-Holst, das nach § 42 LFischG eine Landesoberbehörde im Sinne von § 6 Abs 1 Landesverwaltungsgesetz ist, gehören u a: die Fischereiaufsicht in den schleswig-holsteinischen Küstengewässern und Binnengewässern; hierzu sind 5 Außenstellen in Büsum, Heiligenhafen, Husum, Kappeln und Kiel eingerichtet.
Die Durchführung des Landesfischereigesetzes und die Erstellung von Gutachten in allen Fragen der Binnenfischerei sowie die Bearbeitung von Strafangelegenheiten auf dem Gebiete der Fischerei; Vergabe und Verwaltung von Landes- und Bundesfischereidarlehen.

Leiter: Dr Hans-Otto Boysen RFischDir

Außenstelle Büsum
25761 Büsum, Alte Hafeninsel 20; Tel (0 48 34) 25 67; Fax (0 48 34) 25 67

Außenstelle Heiligenhafen
23774 Heiligenhafen, Am Yachthafen 4; Tel (0 43 62) 82 09; Fax (0 43 62) 82 09

Außenstelle Husum
25813 Husum, Außenhafen; Tel (0 48 41) 34 23; Fax (0 48 41) 34 23

Außenstelle Kappeln
24376 Kappeln, Am Hafen 20 e; Tel (0 46 42) 21 09; Fax (0 46 42) 21 09

Außenstelle Kiel
24148 Kiel, Wischhofstr 1-3; Tel (04 31) 7 20 80-21; Fax (04 31) 7 20 80-26

2   Pflanzenschutzamt

des Landes Schleswig-Holstein

24118 Kiel, Westring 383; Tel (04 31) 8 80 13 00-13 28; Fax (04 31) 8 80 13 14

Staatsrechtliche Grundlage und Aufgabenkreis:
Durch Kabinettsbeschluß vom 1. April 1955 wurde die Pflanzenschutzverwaltung in der Trägerschaft des Landes übernommen. Dem Pflanzenschutzamt (PA), einer Landesoberbehörde, obliegt mit den in Heide, Husum, Kappeln, Kiel, Lübeck und Rellingen gelegenen Abteilungen Pflanzenschutz der Ämter für Land- und Wasserwirtschaft (untere Landesbehörden) die Durchführung des Pflanzenschutzgesetzes. Die Aufgaben

erstrecken sich hauptsächlich auf die Bereiche: Hoheitliche Tätigkeiten, Versuche und Untersuchungen, Aufklärung, Schulung und Beratung.

Direktor des Pflanzenschutzamtes: Jürgen Becker-Birck
Vertreter: Dr Jürgen Ceynowa RLandwDir

Pflanzenbeschau, fachübergreifende Rechtsfragen, Nachweis der Sachkunde, Qualitätssicherung bei GLP-Versuchen, Öffentlichkeitsarbeit Dr Büring Ang
Pflanzenschutz im Ackerbau und Grünland, landwirtschaftliches Versuchswesen, Versuchsbericht, Pflanzenschutzmittel-Verkehrskontrolle, Gute Laborpraxis (GLP) im Pflanzenschutzamt Dr Ceynowa RLandwDir
Pflanzenschutz im Gartenbau und Tabakanbau, gartenbauliches Versuchswesen, Obstvirustestung Rose RLandwRätin
Biologie und Diagnose von phytopathogenen Erregern an Pflanzen und Pflanzenerzeugnissen Dr Junga Ang
Chemie der Pflanzenschutzmittel, rückstandsanalytische Untersuchungen Dr Rexilius Ang

3 Ämter für Land- und Wasserwirtschaft

Staatsrechtliche Grundlage und Aufgabenkreis:
Die Ämter für Land- und Wasserwirtschaft wurden durch das Gesetz einer Neuordnung der landwirtschaftlichen Staats- und Selbstverwaltung vom 24. Februar 1973 (GVOBl Schl-H S 67) als untere Landesbehörden zur Durchführung der staatlichen und landwirtschaftlichen Verwaltung errichtet. Ihre Aufgaben sind insbesondere:
– Planung und Durchführung überbetrieblicher Vorhaben zur Verbesserung der Agrarstruktur und zur Entwicklung des ländlichen Raumes,
– Durchführung von einzelbetrieblichen Fördermaßnahmen,
– Schutz der Küsten gegen Hochwasser und Sturmfluten,
– Ausbau und Unterhaltung der Wasserläufe des Landes,
– Wasserversorgung, Abwässerbeseitigung und Abfallbeseitigung,
– Überwachung des Verkehrs mit landwirtschaftlichen Grundstücken,
– Durchführung des amtlichen Pflanzenschutzes.
Die Ämter für Land- und Wasserwirtschaft sind gegliedert in die Abteilungen Wasserwirtschaft, Flurbereinigung, Landwirtschaft und Pflanzenschutz.
Weitere Dienststellen der Ämter für Land- und Wasserwirtschaft sind die Seemannsämter mit der Durchführung des Musterungswesens.

Amt für Land- und Wasserwirtschaft Heide
25746 Heide, Berliner Str 19; Tel (04 81) 92-1; Fax (04 81) 9 23 30
Leiter: Maaßen LtdRLandwDir

Amtsbezirk:
Kreis Dithmarschen.

Amt für Land- und Wasserwirtschaft Husum
25813 Husum, Herzog-Adolf-Str 1-1 c;
Tel (0 48 41) 6 67-0; Fax (0 48 41) 6 67-1 15
Leiter: Kamp LtdRBauDir
Amtsbezirk:
Kreis Nordfriesland.

Amt für Land- und Wasserwirtschaft Itzehoe
25524 Itzehoe, Breitenburger Str 25; Tel (0 48 21) 66-0;
Fax (0 48 21) 66 22 23
Leiter: Carstens LtdRBauDir
Amtsbezirk:
Kreise Pinneberg, Segeberg, Steinburg und kreisfreie Stadt Neumünster.

Amt für Land- und Wasserwirtschaft Kiel
24114 Kiel, Sophienblatt 50 a; Tel (04 31) 67 08-0;
Fax (04 31) 67 08-2 28
Leiter: Ernst-Wilhelm Rabius LtdRLandwDir
Amtsbezirk:
Kreise Plön, Rendsburg-Eckernförde und Landeshauptstadt Kiel.

Amt für Land- und Wasserwirtschaft Lübeck
23558 Lübeck, Am Bahnhof 12/14 (Handelshof);
Tel (04 51) 8 85-1; Fax (04 51) 8 85-2 70
Leiter: R Meisterjahn LtdRVmDir
Amtsbezirk:
Kreise Herzogtum Lauenburg, Ostholstein, Stormarn und kreisfreie Hansestadt Lübeck.

Amt für Land- und Wasserwirtschaft Flensburg
24939 Flensburg, Schiffbrücke 66; Tel (04 61) 8 04-1;
Fax (04 61) 8 04-2 40
Leiter: Jahn LtdRVmDir
Amtsbezirk:
Kreis Schleswig-Flensburg und kreisfreie Stadt Flensburg.

Der Fachaufsicht des Ministers für ländliche Räume, Landwirtschaft, Ernährung und Tourismus unterstehen:

4 Lebensmittel- und Veterinäruntersuchungsamt

24537 Neumünster, Max-Eyth-Str 5;
Tel (0 43 21) 56 09-0; Fax (0 43 21) 56 09-19

Aufgabenkreis:
Siehe hierzu die Angaben bei dem Ministerium für Umwelt, Natur und Forsten auf Seite 81.
Dem Ministerium für ländliche Räume, Landwirtschaft, Ernährung und Tourismus obliegt die Fachaufsicht im Bereich der Diagnostik von Tierseuchen und Tierkrankheiten.

5 Landesamt für Natur und Umwelt

24220 Flintbek, Hamburger Chaussee 25;
Tel (0 43 47) 7 04-0; Fax (0 43 47) 7 04-1 02

Staatsrechtliche Grundlage und Aufgabenkreis:
Siehe hierzu die Angaben bei dem Ministerium für Umwelt, Natur und Forsten auf Seite 80.
Dem Ministerium für ländliche Räume, Landwirtschaft, Ernährung und Tourismus obliegt die Fachaufsicht über das Landesamt für Natur und Umwelt.
Das Landesamt für Natur und Umwelt ist obere Wasserbehörde für den Küstenschutz gemäß § 105 Nr 2 und § 107 LWG.

Der Rechtsaufsicht des Ministers für ländliche Räume, Landwirtschaft, Ernährung und Tourismus unterstehen:

6 Landwirtschaftskammer Schleswig-Holstein

– Körperschaft des öffentlichen Rechts –

24103 Kiel, Holstenstr 106-108; Tel (04 31) 97 97-0;
Fax (04 31) 97 97-1 40; Teletex 43 15 11 LKSH;
BTX Btx *920 224#

Rechtsgrundlage und Aufgabenkreis:
Gesetz über die Landwirtschaftskammer Schleswig-Holstein in der Fassung der Bekanntmachung vom 4. Februar 1997 (GVOBl Schl-H Seite 70); Hauptsatzung der Landwirtschaftskammer Schleswig-Holstein vom 31. Oktober 1996 (Amtsbl Schl-H/AAz Seite 33).
Die Landwirtschaftskammer hat die Aufgabe, im Einklang mit den Interessen der Allgemeinheit die Landwirtschaft und die Fischerei und die dort tätigen Menschen fachlich zu fördern und zu betreuen. Insbesondere hat sie
– die Wirtschaftlichkeit und die Umweltverträglichkeit bei der Erzeugung durch geeignete Einrichtungen und Maßnahmen zu fördern und auf eine flächenbezogene und artgerechte Tierhaltung hinzuwirken,
– alle dort Tätigen fachlich zu betreuen und wirtschaftliche Maßnahmen zur Verbesserung der Arbeitsbedingungen sowie die zwischen- und überbetrieblichen Zusammenarbeit zu fördern,
– die praktische Berufsausbildung und Berufsfortbildung zu regeln und die Aus- und Fortbildung sowie die Wirtschaftsberatung, soweit sie nicht schon im Auftrage des Landes wahrgenommen wird, zu fördern,
– bei der Verbesserung der Qualität und bei der Vermarktung der Erzeugnisse zu beraten und zu unterstützen sowie bei den Preisnotierungen mitzuwirken,
– den freiwilligen Zusammenschluß zu Vereinigungen, die den vorgenannten Zwecken dienen, zu unterstützen,
– gutachtlich bei den Aufgaben der Landeskultur und Landesentwicklung mitzuwirken,
– für Behörden und Gerichte Gutachten zu erstatten,

ehrenamtliche Richterinnen und Richter für die in Landwirtschaftssachen zuständigen Gerichte und Mitglieder für die Schiedsgerichte vorzuschlagen sowie geeignete Personen als landwirtschaftliche Sachverständige anzuerkennen und zu vereidigen,
– die Entwicklung land- und fischereiwirtschaftlicher Techniken und des landwirtschaftlichen Bauwesens zu fördern,
– das Versuchs- und Untersuchungswesen zu betreiben.

Präsident der Landwirtschaftskammer Schleswig-Holstein: Carsten Mumm
Kammerdirektor: Dr Peter Otzen

7 Tierärztekammer Schleswig-Holstein

– Körperschaft des öffentlichen Rechts –

25746 Heide, Hamburger Str 99 a; Tel (04 81) 55 42;
Fax (04 81) 8 83 35

Rechtsgrundlage und Aufgabenkreis:
Durch Gesetz über die Tierärztekammer Schleswig-Holstein in der Fassung vom 7. März 1978 (GVOBl Schl-H Seite 103), geändert durch Gesetz vom 17. Dezember 1991 (GVOBl Schl-H Seite 693) wurde in Schleswig-Holstein eine Tierärztekammer als Körperschaft des öffentlichen Rechts errichtet. Ihr Wirkungsbereich erstreckt sich auf alle Tierärzte, die in Schleswig-Holstein ihren Beruf als Tierarzt ausüben oder, falls sie ihren Beruf als Tierarzt nicht ausüben, ihren Wohnsitz haben, es sei denn, daß sie durch eine andere Tierärztekammer oder eine entsprechende Einrichtung im Bundesgebiet bereits erfaßt sind.
Die Tierärztekammer hat das Recht und die Pflicht,
– an der Erhaltung einer sittlich und wissenschaftlich hochstehenden Tierärzteschaft mitzuwirken;
– die zuständigen Behörden bei der Erfüllung ihrer Aufgaben auf dem Gebiet der Tierheilkunde zu unterstützen, zu Gesetz- und Verordnungsentwürfen Stellung zu nehmen und in allen den Tierarztberuf und die Tierheilkunde betreffenden Fragen Vorschläge zu unterbreiten und Gutachten zu erstatten;
– die Berufspflichten der Tierärzte in einer Berufsordnung und die Weiterbildung der Tierärzte in einer Weiterbildungsordnung zu regeln und die Erfüllung der Berufspflichten der Tierärzte zu überwachen;
– die beruflichen Belange der Tierärzte wahrzunehmen;
– auf ein gedeihliches Verhältnis der Tierärzte untereinander und der Tierärzte zu Dritten hinzuwirken.

Präsident der Tierärztekammer: Dr Siegfried Fickel

8 Landesverband der Wasser- und Boden- verbände Schleswig- Holstein

– Körperschaft des öffentlichen Rechts –

24103 Kiel, Holstenstr 106-108; Tel (04 31) 97 97-2 41; Fax (04 31) 97 97-3 70

Vorsitzender: Willi Rubien
Geschäftsführer: Georg Peters

Als bundesweite Körperschaft des öffentlichen Rechts in Schleswig-Holstein errichtet:

9 Schleswig-Holsteinische Landwirtschaftliche Berufsgenossenschaft

– Körperschaft des öffentlichen Rechts –

24143 Kiel, Schulstr 29; Tel (04 31) 7 02 40

Rechtsgrundlage und Aufgabenkreis:
§ 34 Sozialgesetzbuch (SGB) – IV. Buch (SGBIV); Satzung der Schleswig-Holsteinischen Landwirtschaftlichen Berufsgenossenschaft vom 10. Dezember 1996 (Amtsbl Schl-H/AAz Seite 422).
Die Berufsgenossenschaft ist zuständig für die Unternehmen, die vom Umfang der landwirtschaftlichen Unfallversicherung erfaßt werden oder für die sich kraft Gesetzes die Zuständigkeit ergibt, sowie für die in ihnen Tätigen gegen Arbeitsunfall und Berufskrankheit Versicherten, soweit nicht die Zuständigkeit der Gartenbaugenossenschaft gegeben ist oder andere gesetzliche Ausnahmen vorliegen.

IX Ministerium für Arbeit, Gesundheit und Soziales des Landes Schleswig-Holstein

24143 Kiel, Adol-Westphal-Str 4; Tel (04 31) 9 88-0; Fax (04 31) 9 88-54 16

Aufgabenkreis:
Öffentliches Gesundheitswesen, Sozialhilfe, Kriegsopferfürsorge und Wohlfahrtswesen, Kindertageseinrichtungen, besondere Familienhilfen, Seniorenpolitik, Betreuung der Opfer des Nationalsozialismus einschließlich der Wiedergutmachung, Sozialversicherung, sozialer Arbeitsschutz, technischer Arbeitsschutz, Arbeitsmedizin, Überleitung Fachkliniken, Kriegsopferversorgung und soziale Entschädigung, Arbeitsmarktpolitik, Arbeitsrecht.

Ministerin: Heide Moser
Staatssekretär: Dr Ralf Stegner

IX MB: **IX Ministerin/IX Staatssekretärs-Büro, Persönlicher Referent** Karlheinz Müller Ang
IX KSt: **Koordinierungsstelle** Bernt Wollesen AR
IX PS: **Pressestelle** Bärbel Krauskopf Angestellte
IX BR: **Bundesrats- und Bundestagsangelegenheiten** Holger Petersen-Schmidt Ang

Abt IX 1 Allgemeine Abteilung
Leiterin: Dr Sigrid Kunze MinDirigentin

Ref IX 10: **Innerer Dienst, Organisation, Automation, Bauangelegenheiten** Hagemann RDir
Ref IX 100: **Innerer Dienst, Bauangelegenheiten** Hagemann RDir
Ref IX 101: **Angelegenheiten der Automation (§ 12 GGO), IT-Leitstelle, Informationsbeauftragter, Informationsverarbeitung und -vermittlung** Zachritz OAR
Ref IX 102: **Organisation** Raesch OARätin
Ref IX 110: **Beauftragter für den Haushalt** Maaß OAR
Ref IX 120: **Personal** Mutke MinR
Ref IX 130: **Justitiar, Arbeitsgerichtsbarkeit, Zivilverteidigung, Katastrophenschutz, Geheimschutzbeauftragter, Rechtsaufsicht über die Fachkliniken, Orden** NN
Ref IX: **Controlling, Koordinierungsreferent** Fritzsche Ang

Abt IX 2 Arbeit und Sozialordnung
Leiter: Andreas Fleck MinDirig

Ref IX 20: **Sozialversicherung, Aufgaben der Versorgungsverwaltung und der Entschädigungsbehörde** Gördes MinR
Ref IX 200: **Grundsatzfragen und gemeinsame Angelegenheiten der Sozialversicherung, Selbstverwaltungs- und Dienstrecht, Unfallversicherung, allgemeine Angelegenheiten der Abteilung** Gördes MinR
Ref IX 2001: **Geschäftsleitender Beamter der Abteilung, allgemeine EDV- und Haushaltsangelegenheiten der Abteilung** Stix AR

Ref IX 201: **Krankenversicherung, Kassenarztrecht** Haas ORR
Ref IX 202: **Renten- und Pflegeversicherung** Liebich RR
Ref IX 203: **Soziales Entschädigungsrecht und sonstige Angelegenheiten der Versorgungsverwaltung** Ballwanz RR
Ref IX 204: **Entschädigung für Opfer von NS-Verfolgung (Entschädigungsbehörde)** NN
Ref IX 21: **Arbeitsmarktpolitik, -berichterstattung und -programm, Arbeitsverfassung, Jugendaufbauwerk, Europapolitik/Europäischer Sozialfonds** Schlachta MinR
Ref IX 210: **Arbeitsmarktpolitik einschließlich Maßnahmen des Europäischen Sozialfonds, Arbeitsverfassung** Schlachta MinR
Ref IX 211: **Arbeitsmarktanalysen, Arbeitsmarktbericht, arbeitsmarktpolitische Förderprogramme** Wetzel RDir
Ref IX 212: **Berufliche Qualifizierung benachteiligter junger Menschen; Berufsvorbereitung und berufliche Ausbildung, Jugendaufbauwerk Schleswig-Holstein (JAW)** Aller MinRätin
Ref IX 213: **Europa-Angelegenheiten** Steinkamp Ang
Ref IX 22: **Gesundheitsschutz in der Arbeitswelt** NN
Ref IX 220: **Landesgewerbearzt, Grundsatzangelegenheiten der Arbeitsmedizin** Dr Hilbert Ang
Ref IX 221: **Spezielle Angelegenheiten des medizinischen Arbeitsschutzes** Petersen ORMedR
Ref IX 222: **Angelegenheiten der betriebsärztlichen Betreuung** Dr Nauert RMedR
Ref IX 223: **Leitstelle Suchtgefahren am Arbeitsplatz** Schulz AR
Ref IX 23: **Arbeitsschutz** Trede MinR
Ref IX 230: **Grundsatzangelegenheiten im Arbeitsschutz, Justitiar für die Bereiche Arbeits- und Strahlenschutz, Organisationsangelegenheiten der Gewerbeaufsichtsämter (MAGS), Arbeitszeitrecht, Schutz besonderer Personengruppen** Trede MinR
Ref IX 231: **Überwachungsbedürftige Anlagen, Sprengstoffwesen, Arbeitsstätten** Janke MinR
Ref IX 232: **Arbeits- und Gerätesicherheit** Klingelhöfer MinR
Ref IX 233: **Jugendarbeitsschutz, Sozialvorschriften im Straßenverkehr, Beirat für Arbeitsschutz, Aus- und Fortbildung der Bediensteten der Gewerbeaufsichtsämter (MAGS), Rechtsangelegenheiten für die Gewerbeaufsicht** Küpper ORRätin
Ref IX 24: **Besondere technische Risiken in der Arbeitswelt; Gefahrstoffe, Strahlenschutz** Dr Steinmann MinR
Ref IX 240: **Stoffbezogener Arbeitsschutz** Dr Steinmann MinR
Ref IX 241: **Strahlenschutz bei ionisierender und nichtionisierender Strahlung (außer kerntechnischen Anlagen und Kernbrennstoffkreislauf), Durchführung des Strahlenschutzvorsorgegesetzes** Ernst-Elz

Abt IX 4 Gesundheitsabteilung
Leiter: Bernd Schloer MinDirig

Ref IX 40: **Recht, Apotheken, Arzneimittel, Seuchenhygiene, öffentlicher Gesundheitsdienst** Classen MinR

Ref IX 400: **Justitiar der Abteilung, Mitwirkung in Fragen der Gesundheitspolitik, EDV-Angelegenheiten der Abteilung** Classen MinR

Ref IX 4001: **Geschäftsleitender Beamter, Haushaltsangelegenheiten, öffentlicher Gesundheitsdienst** Teupke OAR

Ref IX 401: **Apotheken, Arzneimittel, Medizinprodukte, AMÜSt, Kooperation „Nord" im Bereich des Gesundheitswesens** Dr Amschler RPharmDir

Ref IX 402: **Rettungswesen, Gesundheitswesen im Zivil- und Katastrophenschutz** Schmidt OAR (mdWdGb)

Ref IX 403: **Kreisgesundheitsbehörden, Seuchenhygiene, Medizinaluntersuchungsämter, Leichen- und Bestattungswesen** Dr Waldvogel MinRätin

Ref IX 404: **Kur- und Erholungsorte, Grundsatz- und Einzelfragen des Gesundheitsrechts** Kunkat RR

Ref IX 41: **Gesundheitsberufe, Umweltmedizin, Gesundheitsförderung, Krebsregister, Gesundheitspolitische Schwerpunktthemen** Dr Riehl RDir

Ref IX 410: **Gesundheitsberufe, Kammern der Heilberufe, Landesamt für Gesundheitsberufe, Qualitätssicherung im Gesundheitswesen** Dr Riehl RDir

Ref IX 411: **Umweltmedizin, Fortpflanzungsmedizin, Humangenetik, Transplantationswesen, Blutspendewesen** Dr Sitepu Angestellte

Ref IX 412: **Gesundheitsförderung, jugendärztlicher und -zahnärztlicher Dienst, Gesundheitsberichterstattung** Dr Scupin Angestellte

Ref IX 413: **Krankenpflegeberufe, Landesseminar für Krankenpflege** Rehwinkel Angestellte

Ref IX 414: **Krebsregister für das Land Schleswig-Holstein (Ausführungsgesetz zum Bundes-Krebsregistergesetz)** Petersen RDir

Ref IX 42: **Krankenhauswesen** Dr Andreßen MinRätin

Ref IX 420: **Allgemeines Krankenhauswesen** Dr Andreßen MinRätin

Ref IX 421: **Krankenhausplanung** Maaß RDir

Ref IX 422: **Krankenhausfinanzierung, Pflegesätze der Krankenhäuser, volks- und betriebswirtschaftliche Angelegenheiten** Neukamm RVwDir

Ref IX 43: **Psychiatrie, Hilfen für psychisch Kranke, Fachkliniken, Suchtbekämpfung, Drogen, AIDS** Dr Müller-Lucks MinR

Ref IX 430: **Hilfen für psychisch Kranke, Fachkliniken** Dr Müller-Lucks MinR

Ref IX 431: **Drogenbeauftragte des Landes Schleswig-Holstein, Suchtkrankenhilfe** Petersen RDirektorin

Ref IX 4311: **Entwicklung eines Modellversuchs zur Trennung der Märkte von harten und weichen illegalen Drogen; Mitwirkung bei der Novellierung des Gesetzes für psychisch Kranke und einem Maßregelvollzugsgesetz für Schleswig-Holstein** Neke RRätin

Ref IX 432: **AIDS, Sexualpädagogik, gutachtliche Stellungnahmen zu dienstrechtlichen Angelegenheiten** Dr Kröhn Ang

Ref IX 433: **Überleitung der „Landesbetriebe Fachkliniken" in rechtlich selbständige Anstalten** Petersen RDir

Abt IX 5 Sozialabteilung
Leiter: Hans-Werner Krahl MinDirig

Ref IX 50: **Allgemeine Angelegenheiten der Abteilung, Seniorenpolitik, Altenhilfe, Betreuungsgesetz, Pflegeversicherung, besondere Familienhilfen** Görner MinR

Ref IX 500: **Allgemeine Angelegenheiten und Haushaltsangelegenheiten der Abteilung, Grundsatzangelegenheiten, öffentlicher Gesundheitsdienst** Görner MinR

Ref IX 5001: **Geschäftsleitender Beamter, Verbände der freien Wohlfahrtspflege, Koordinierung von referatsübergreifenden Aufgaben** Kühnapfel OAR

Ref IX 501: **Seniorenpolitik, Altenhilfe, Altenpflegeausbildung, Gerontopsychiatrie** Schümann Angestellte

Ref IX 502: **Gefährdetenhilfe, Wohnungslosenhilfe, Suchtkrankenhilfe, Heimgesetz, Betreuungsgesetz** Schirmacher RR

Ref IX 503: **Umsetzung der Pflegeversicherung, ambulante sozialpflegerische Dienste** Arndt RR

Ref IX 504: **Besondere Familienhilfen, Verbraucherinsolvenzrecht, Justitiar der Referatsgruppe IX 50 und des Referats IX 530** Reimer RDir

Ref IX 51: **Hilfe für Behinderte, soziales Entschädigungsrecht** Kraus MinR

Ref IX 510: **Behindertenhilfe (außer psychisch Behinderte), Staatliche Schulen für Behinderte** Kraus MinR

Ref IX 512: **Kriegsopferfürsorge, Schwerbehindertenrecht, Leiter der Hauptfürsorgestelle** Scharff MinR

Ref IX 5121: **Kriegsopferfürsorge nach dem Bundesversorgungsgesetz und der entsprechenden anzuwendenden Gesetzen, Landesblindengeld** Willrodt OAR

Ref IX 5122: **Schwerbehindertenrecht, Aufgaben der Hauptfürsorgestelle nach dem SchwerbehindertenG (SchwbG)** Fimm MinRätin

Ref IX 52: **Sozialhilfe, Abrechnung, Pflegesätze** von Hippel MinR

Ref IX 520: **Überörtlicher Träger der Sozialhilfe** von Hippel MinR

Ref IX 521: **Sozialhilfe, Datenschutz, Eingaben** Armborst RDirektorin

Ref IX 522: **Beratungs- und Prüfdienst, Abrechnung, Kostenerstattung nach § 103 Bundessozialhilfegesetz (BSHG)** Drawer OAR

Ref IX 523: **Pflegesatzangelegenheiten für körperlich, geistig und psychisch Behinderte sowie Gefährdete** Buhs ORR

Ref IX 530: **Kindertageseinrichtungen, Tagespflege** Dr Otto MinR

Ref IX SchS: **Geschäftsführung für die Schiedsstellen für Pflegesatzangelegenheiten nach dem BSHG und für Angelegenheiten des Pflegeversicherungsgesetzes – in dieser Funktion fachlich des jeweiligen Vorsitzenden der Schiedsstellen unterstellt –** Lange AR

Hauptfürsorgestelle
24143 Kiel, Adolf Westphal Str 4;
Tel (04 31) 9 88-56 50; Fax (04 31) 9 88-54 16;
Teletex 431 557=MAGS SH
Das Amt nimmt die Aufgaben des überörtlichen Trägers der Kriegsopferfürsorge und Aufgaben nach dem Schwerbehindertengesetz wahr.
Leiter: Volker Scharff MinR

Zum Geschäftsbereich des Ministers für Arbeit, Gesundheit und Soziales des Landes Schleswig-Holstein gehören:

1 Landesversorgungsamt Schleswig-Holstein

– Landesoberbehörde –

24534 Neumünster, Steinmetzstr 1-11;
Tel (0 43 21) 9 13-5; Fax (0 43 21) 1 33 38

Staatsrechtliche Grundlage und Aufgabenkreis:
Gesetz über die Errichtung der Verwaltungsbehörden der Kriegsopferversorgung vom 12. März 1951 (BGBl I S 169). Bekanntmachung des Landesministers für Arbeit, Soziales und Vertriebene – V/A 4/402.05.53 – (Amtsbl Schl-H 1951 S 228).
Fach- und Dienstaufsicht über die Versorgungsämter des Landes, die für die Versorgung der Kriegsbeschädigten und -hinterbliebenen (BVG), für die Soldatenversorgung (SVG) und Versorgung der Impfgeschädigten (BSeuchG), Opfer von Gewalttaten (OEG) und politischer Haft (HHG), für Feststellungen der Schwerbehinderteneigenschaft (SchwbG) sowie für die Gewährung von Erziehungsgeld (BErzGG) zuständig sind. Zuständig für die Entscheidungen über Anträge auf Gewährung von Badekuren, Heilstättenbehandlungen und Kapitalabfindungen (§ 1 VO über die sachliche Zuständigkeit in der Kriegsopferversorgung vom 20. Mai 1963, BGBl I S 367).

Präsident des Landesversorgungsamtes: Dr Otto Kruse
Vertreter: Rudolf Petereit LtdRDir

Aufgabengebiet I Verwaltung
Leiter: Dr Otto Kruse Präs des Landesversorgungsamtes

Aufgabengebiet III Rechtsabteilung/Versorgung
Leiter: Rudolf Petereit LtdRDir

Aufgabengebiet V Ärztlicher Dienst
Leiter: Dr Wilhelm Vogelberg LtdMedDir
Vorprüfungsstelle Bodenhagen OAR

Der Dienst- und Fachaufsicht des Landesversorgungsamtes unterstehen:

1.1 Orthopädische Versorgungsstelle

– untere Landesbehörde –

24534 Neumünster, Steinmetzstr 1;
Tel (0 43 21) 9 13-5; Fax (0 43 21) 91 36 00

Aufgabenkreis:
Versorgung mit Hilfsmitteln und Gewährung von Ersatzleistungen nach dem Bundesversorgungsgesetz und den Gesetzen, die dieses Gesetz für anwendbar erklären (Soldatenversorgungsgesetz (SVG), Zivildienstgesetz (ZDG), Häftlingshilfegesetz (HHG), Bundesseuchengesetz (BSeuchG) und Opferentschädigungsgesetz (OEG), Begutachtung orthopädischer Hilfsmittel für andere Leistungsträger.

Leiter: Dr Klaus Dreysel RMedDir
Zuständigkeitsbereich: Schleswig-Holstein und skandinavische Länder.

1.2 Versorgungsärztliche Untersuchungsstelle

– untere Landesbehörde –

24534 Neumünster, Steinmetzstr 1-11;
Tel (0 43 21) 9 13-5; Fax (0 43 21) 1 33 38

Aufgabenkreis:
Chirurgische, internistische, psychiatrische und andere ärztliche Untersuchungen Versorgungsberechtigter und Antragsteller.

Leiter: Dr Rudolf Liffers RMedDir

1.3 Versorgungsämter

– untere Landesbehörden –

Aufgabenkreis:
Aufgaben nach dem Bundesversorgungsgesetz, dem Schwerbehindertengesetz, dem Bundeserziehungsgeldgesetz und dem Strafrechtlichen Rehabilitationsgesetz, soweit nicht das Landesversorgungsamt zuständig ist.

Versorgungsamt Heide
25746 Heide, Neue Anlage 9; Tel (04 81) 6 96-0;
Fax (04 81) 6 35 18
Leiter: Claus Scharnweber LtdRDir
Amtsbezirk: Kreise Dithmarschen, Nordfriesland, Pinneberg und Steinburg.

Versorgungsamt Kiel
24103 Kiel, Gartenstr 7; Tel (04 31) 59 91;
Fax (04 31) 55 44 89
Leiter: Dietrich Brandtner LtdRDir
Amtsbezirk: Die kreisfreien Städte Kiel und Neumünster sowie der Kreis Plön.

Versorgungsamt Lübeck
23552 Lübeck, Große Burgstr 4; Tel (04 51) 14 61;
Fax (04 51) 1 40 64 99
Leiter: Wolfgang Rempe LtdRDir
Amtsbezirk: Die kreisfreie Hansestadt Lübeck sowie
die Kreise Herzogtum Lauenburg, Ostholstein, Segeberg und Stormarn.

Versorgungsamt Schleswig
24837 Schleswig, Seminarweg 6; Tel (0 46 21) 8 06-0;
Fax (0 46 21) 2 95 83
Leiter: Dietrich Hensel RDir
Amtsbezirk: Die kreisfreie Stadt Flensburg sowie die
Kreise Rendsburg-Eckernförde und Schleswig-Flens-
burg und skandinavische Länder.

2 Landesamt für Gesund- heitsberufe

– Landesoberbehörde –

24116 Kiel, Kronshagener Weg 130 a;
Tel (04 31) 16 95-3 02; Fax (04 31) 16 95-3 27

Staatsrechtliche Grundlage und Aufgabenkreis:
Organisationserlaß des Sozialministers vom 31. März
1987 (Amtsbl Schl-H Seite 208). Das Landesamt für
Gesundheitsberufe ist Landesprüfungsamt im Sinne des
– § 8 der Approbationsordnung für Ärzte in der Fassung der Bekanntmachung vom 14. Juli 1987
(BGBl I Seite 1593), geändert durch Gesetz vom
2. August 1994 (BGBl Seite 1963).
– § 5 Abs 1 der Approbationsordnung für Apotheker
vom 19. Juli 1989 (BGBl I Seite 1489), geändert
durch Gesetz vom 27. April 1993 (BGBl I Seite 512).
Wesentliche Aufgabe ist die Durchführung der Ausbil-
dungs- und Berufsverordnungen der Berufe im Gesundheitswesen.

Präsident des Landesamtes für Gesundheitsberufe: Dr
Otto Kruse
Ständiger Vertreter: Lutz Clefsen RDir

3 Gerichte der Arbeitsge- richtsbarkeit

Nähere Angaben hierzu siehe Abschnitt d „Organe der
Rechtspflege", Seiten 91, 102.

4 Ausführungsbehörde für Unfallversicherung

des Landes Schleswig-Holstein

24143 Kiel, Schulstr 29; Tel (04 31) 70 24-0;
Fax (04 31) 70 24-6 12

Staatsrechtliche Grundlage und Aufgabenkreis:
Der Ausführungsbehörde für Unfallversicherung, einer
unteren Landesbehörde, obliegen nach der Reichsversi-
cherungsordnung die Aufgaben der gesamten Unfallversicherung für Mitarbeiter der Landesregierung
Schleswig-Holstein und für Schüler staatlicher berufs-

bildender und privater allgemeinbildender Schulen im
Land Schleswig-Holstein sowie für Hochschüler und
Kinder in Kindergärten der Träger der freien gemein-
nützigen Jugendpflege im Lande Schleswig-Holstein.

Geschäftsführer: Wolfgang Baier Dir

5 Arzneimittel- überwachungsstelle

Schleswig-Holstein

24118 Kiel, Holzkoppelweg 5;
Tel (04 31) 54 14 24 und 54 14 80; Fax (04 31) 54 42 41

Staatsrechtliche Grundlage und Aufgabenkreis:
Landesverordnung über die zuständigen Behörden nach
dem Medizinproduktgesetz (Medizinprodukte-Zuständigkeitsverordnung – MPGZustVO –) vom 7. November 1995 (GVOBl Schl-H Seite 376; Landesverordnung
über die Errichtung der Arzneimittelüberwachungsstelle und über Zuständigkeiten des Veterinärunter-
suchungsamtes vom 22. Februar 1977 (GVOBl Schl-H
Seite 46), geändert durch VO vom 22. Oktober 1979
(GVOBl Schl-H Seite 479); gemäß § 64 Arzneimit-
telgesetz Überwachung von pharmazeutischen Un-
ternehmern, Herstellern, Großhandelsbetrieben und
Krankenhaus-Apotheken. Durchführung des Arznei-
mittelgesetzes, Durchführung des Heilmittelwerbe-
gesetzes; zuständige Behörde für den Vollzug des
Medizinproduktegesetzes vom 2. August 1994 (BGBl I
Seite 1963).

Leiter: Dr Uwe Amschler RPharmDir

6 Gewerbeaufsichtsämter

Für den Bereich technischer und sozialer Arbeitsschutz
liegt die Dienst- und Fachaufsicht bei dem Ministerium
für Arbeit, Gesundheit und Soziales. Weitere Angaben
zu den Gewerbeaufsichtsämtern siehe Seite 82.

7 Landesseminar für Krankenpflege

– Fort- und Weiterbildungsinstitut für Berufe des
Gesundheitswesens –

24116 Kiel, Kronshagener Weg 130 a;
Tel (04 31) 16 95-0; Fax (04 31) 1 49 00 30

Leiterin: Ingrid Rehwinkel

8 Staatliche Internats- schulen für Behinderte

Staatliche Internatsschule für Hörgeschädigte
24837 Schleswig, Lutherstr 14; Tel (0 46 21) 80 70;
Fax (0 46 21) 8 07 88
Leiter: Wichert OStudDir

**Staatliche Schule für Sehgeschädigte (Zentrum für
Beratung und Frühförderung)**

24837 Schleswig, Lutherstr 14; Tel (0 46 21) 2 30 01;
Fax (0 46 21) 2 27 23
Leiter: Dr Peter Appelhans StudDir

Staatliche Internatsschule für Körperbehinderte
24223 Raisdorf, Henri-Dunant-Str;
Tel (0 43 07) 90 91 52
Leiter: Tschirschwitz SonderschulDir

Staatliche Internatsschule für Sprachbehinderte
21465 Wentorf, Golfstr 5; Tel (0 40) 7 29 20-0;
Fax (0 40) 72 92 01 10
Leiter: Schmalfeldt SonderschulDir

Staatliche Schule für Körperbehinderte (Helen-Keller-Schule)
24349 Damp, Postfach 10 00; Tel (0 43 52) 80 83 24
Leiterin: Susanne Dietrich Sonderschulrektorin

Gemeinsame Einrichtungen der Landes Schleswig-Holstein mit anderen Bundesländern:

9 Zentralstelle der Länder für Sicherheitstechnik

80797 München, Winzererstr 9; Tel (0 89) 12 61-01;
Fax (0 89) 12 61-20 78

Staatsrechtliche Grundlage und Aufgabenkreis:
Gesetz zu den Abkommen über die Zentralstelle der Länder für Sicherheitstechnik und über die Akkreditierungsstelle der Länder für Meß- und Prüfstellen zum Vollzug des Gefahrstoffrechts vom 27. April 1996 (GVOBl Schl-H Seite 496).
Wesentliche Aufgabe der Zentralstelle ist, im Rahmen des Gerätesicherungsgesetzes in der jeweils gültigen Fassung und der hierzu erlassenen Rechtsverordnungen den Stand der Produkt- und Anlagensicherheit sowie des Arbeitsschutzes zu verbessern.

Leiter: Dipl-Ing Feitenhansel MinR

10 Akkreditierungsstelle der Länder für Meß- und Prüfstellen zum Vollzug des Gefahrstoffrechts (AKMP)

34121 Kassel, Ludwig-Mond-Str 43;
Tel (05 61) 20 00-1 06; Fax (05 61) 28 51 98

Staatsrechtliche Grundlage und Aufgabenkreis:
Gesetz zu dem Abkommen über die Zentralstelle der Länder für Sicherheitstechnik und über die Akkreditierungsstelle der Länder für Meß- und Prüfstellen zum Vollzug des Gefahrstoffrechts vom 27. September 1994 (GVOBl Schl-H Seite 496).
Die AKMP akkreditiert und überwacht Meß- und Prüfstellen, die Aufgaben zum Vollzug des Gefahrstoffrechts wahrnehmen.
Der AKMP obliegen insbesondere folgende Aufgaben:

– die Akkreditierungskriterien für außerbetriebliche Meßstellen zur Überwachung von Gefahrstoffen an Arbeitsplätzen festzulegen,
– ein Akkreditierungssystem aufzubauen und zu betreiben,
– Begutachtungen der außerbetrieblichen Meßstellen durchzuführen,
– ein Qualitätssicherungssystem für akkreditierte Stellen festzulegen und den Erfahrungsaustausch der akkreditierten Meßstellen zu organisieren und durchzuführen,
– Gutachten im Einzelfall zu erstellen.

Leiter: Dr Gerd Elfers ChemR z A

11 Zentralstelle der Länder für Gesundheitsschutz bei Medizinprodukten (ZLG)

53115 Bonn, Sebastianstr 189; Tel (02 28) 9 77 94-0;
Fax (02 28) 9 77 94-44

Staatsrechtliche Grundlage und Aufgabenkreis:
Abkommen über die Zentralstelle der Länder für Gesundheitsschutz bei Medizinprodukten (GVOBl Schl-H 1995 Seite 111; GVOBl Schl-H 1997 Seite 70).
Die ZLG nimmt die Aufgaben der Länder nach dem Medizinproduktegesetz für den Bereich der Akkreditierung von Prüflaboratorien, Zertifizierungsstellen für Qualitätssicherungssysteme, Personal und nicht energetisch betriebene Medizinprodukte wahr. Sie akkreditiert im Bereich In-vitro-Diagnostika, überwacht akkreditierte Stellen, erarbeitet Vorschriften über die bei Prüfung und Zertifizierung zu beachtenden Anforderungen und erstellt Gutachten im Einzelfall, um den erreichten Stand an Qualität und Sicherheit von Medizinprodukten zu halten und zu verbessern.
Die ZLG ist Geschäftsstelle für den Erfahrungsaustausch der akkreditierten Stellen.

Leiterin: Dr Undine Soltau Direktorin

Der Rechtsaufsicht der Ministerin für Arbeit, Gesundheit und Soziales unterstehen:

12 Heilberufskammern

Rechtsgrundlage und Aufgabenkreis:
Gesetz über die Kammern und die Berufsgerichtsbarkeit für die Heilberufe – Heilberufegesetz – vom 29. Februar 1996 (GVOBl Schl-H Seite 248).
Als Körperschaften des öffentlichen Rechts bestehen in Schleswig-Holstein die Ärztekammer, die Apothekerkammer, die Tierärztekammer (siehe hierzu nähere Angaben auf Seite 69) und die Zahnärztekammer.
Die Kammern
– wirken an der Erhaltung eines sittlich und wissenschaftlich hochstehenden Berufsstandes mit;
– unterstützen den öffentlichen Gesundheitsdienst und das öffentliche Veterinärwesen bei der Erfüllung ihrer Aufgaben, nehmen zu Gesetz- und Verordnungsentwürfen Stellung sowie unterbreiten Vorschläge

für alle den Berufsstand und die Berufsausübung betreffenden Fragen und erstatten Gutachten;
- regeln die Berufspflichten der Kammermitglieder unter Beachtung der §§ 29 und 30 in einer Berufsordnung (§ 31) und die Weiterbildung der Kammermitglieder in einer Weiterbildungsordnung (§ 39) und überwachen die Erfüllung der Berufspflichten der Kammermitglieder;
- stellen einen ärztlichen, tierärztlichen und zahnärztlichen Notfallbereitschaftsdienst unbeschadet der Vorschriften des Fünften Buches Sozialgesetzbuch über die Sicherstellung der vertragsärztlichen und vertragszahnärztlichen Versorgung sicher und stellen die Versorgung der Bevölkerung mit Arzneimitteln durch die Regelung der Dienstbereitschaft und durch die Erteilung von Erlaubnissen zum Betrieb von Rezeptsammelstellen sicher;
- nehmen die beruflichen Belange der Kammermitglieder wahr;
- wirken auf ein gedeihliches Verhältnis der Kammermitglieder untereinander und zu Dritten hin.

Die Kammern können Versorgungseinrichtungen zur Sicherung der Kammermitglieder im Alter und bei Berufsunfähigkeit sowie zur Sicherung der Hinterbliebenen unterhalten. Die Versorgungseinrichtungen sind unselbständige Teile der Kammern.

Die Organe der Kammern sind die Kammerversammlung und der Vorstand.

Die Kammerversammlung beschließt über alle Angelegenheiten der Kammer von allgemeiner Bedeutung und wählt den Vorstand.

Der Vorstand besteht aus der Präsidentin oder dem Präsidenten, der Vizepräsidentin oder dem Vizepräsidenten und bis zu fünf weiteren Mitgliedern.

Der Vorstand führ die Geschäfte der Kammer und erläßt die zur Durchführung der Aufgaben der Kammer erforderlichen Verwaltungsakte.

Die Präsidentin oder der Präsident beruft die Kammerversammlung und den Vorstand ein und leitet ihre Sitzungen.

Ärztekammer Schleswig-Holstein
– Körperschaft des öffentlichen Rechts –
23795 Bad Segeberg, Bismarckallee 8-12;
Tel (0 45 51) 8 03-0; Fax (0 45 51) 8 03-1 80
Präsident der Ärztekammer: Dr med Dietrich Weisener
Hauptgeschäftsführer: Dr med Karl-Werner Ratschko

Zahnärztekammer Schleswig-Holstein
– Körperschaft des öffentlichen Rechts –
24106 Kiel, Westring 498; Tel (04 31) 38 97-2 00;
Fax (04 31) 38 97-2 10
Präsident der Zahnärztekammer Schleswig-Holstein:
Dr Rüdiger Schultz
Hauptgeschäftsführer: Dr Thomas Ruff

Apothekerkammer Schleswig-Holstein
– Körperschaft des öffentlichen Rechts –
24105 Kiel, Düsterbrooker Weg 75;
Tel (04 31) 5 79 35 10; Fax (04 31) 5 79 35 20
Präsident der Apothekerkammer Schleswig-Holstein:
Ernst Heinrich Wehle
Syndikus: Dr Udo Beer
Geschäftsführender Apotheker: Frank Jaschkowski

13 Kassenärztliche Vereinigung Schleswig-Holstein

– Körperschaft des öffentlichen Rechts –

23795 Bad Segeberg, Bismarckallee 1-3;
Tel (0 45 51) 8 83-0; Fax (0 45 51) 8 83-2 09

Rechtsgrundlage und Aufgabenkreis:
§ 77 des Sozialgesetzbuches V.

1. Vorsitzender: Dr Eckhard Weisner
Hauptgeschäftsführer: Dr Bodo Kosanke

14 Kassenzahnärztliche Vereinigung Schleswig-Holstein

– Körperschaft des öffentlichen Rechts –

24106 Kiel, Westring 498; Tel (04 31) 38 97-0;
Fax (04 31) 38 97-1 01

Rechtsgrundlage und Aufgabenkreis:
§ 77 Sozialgesetzbuch (SGB) V.

Vorsitzender: Dr Dr Uwe A Garlichs
Kaufmännischer Geschäftsführer: Dipl-Volksw Helmut Steinmetz

15 Landesversicherungsanstalt Schleswig-Holstein

– Körperschaft des öffentlichen Rechts –

23560 Lübeck, Kronsforder Allee 2-6;
Tel (04 51) 4 85-0; Fax (04 51) 4 85-13 03

Aufgabenkreis:
Arbeiterrentenversicherung; Erhaltung, Wiederherstellung und Besserung der Erwerbsfähigkeit eines Versicherten und die Zahlung von Renten an die Versicherten oder an seine Hinterbliebenen.

Vorsitzende (im jährlichen Wechsel): Karl-Heinz Köpke; Hugo Schütt
Geschäftsführer: Hans-Egon Raetzell
Stellvertretender Geschäftsführer: Ingo Koch

16 Krankenkassen

16.1 AOK Schleswig-Holstein

– Körperschaft des öffentlichen Rechts –

24103 Kiel, Gartenstr 9-11; Tel (04 31) 59 03-0;
Fax (04 31) 59 03-3 60

Rechtsgrundlage und Aufgabenkreis:
§§ 4 und 207 (2 a) Sozialgesetzbuch V.

Vorstand: Peter Buschmann (Vorsitzender); Bernhard Warsitzki; Horst Gutowski

Vorsitzende des Verwaltungsrats: Dieter Lensch;
Manfred Hintze

16.2 IKK – Landesverband Nord –

– Körperschaft des öffentlichen Rechts –

24113 Kiel, Hamburger Chaussee 90;
Tel (04 31) 6 48 03-0; Fax (04 31) 6 48 03-30

Aufgabenkreis:
Verband der gesetzlichen Krankenversicherung.

Vorstand: Ralf Hermes
Vorsitzende des Verwaltungsrates: Peter Ladehoff;
Karl-Heinz Jannsen

16.3 BKK – Landesverband Nord –

Hamburg, Mecklenburg-Vorpommern, Schleswig-Holstein – Körperschaft des öffentlichen Rechts –

20537 Hamburg, Wendenstr 279;
Tel (0 40) 25 15 05-0; Fax (0 40) 25 15 05 36

Rechtsgrundlage und Aufgabenkreis:
§ 207 und 211 des Sozialgesetzbuches V; Unterstützung der Mitgliedskassen duch z B Beratung und Unterrichtung, Abschluß von Verträgen, Mitarbeit in Ausschüssen, Vertretung vor Gerichten.

Vorstand: Hans-Otto Schurwanz
Vorsitzende des Verwaltungsrats: Ernst Hornung;
Günter Friedrichs

17 Fachkliniken

Rechtsgrundlage und Aufgabenkreis:
Gesetz über die Errichtung öffentlich-rechtlicher psychiatrischer Fachkliniken (Fachklinikgesetz – FKIG) vom 8. Dezember 1995 (GVOBl Schl-H Seite 452).
Die Fachkliniken Schleswig, Neustadt und Heiligenhafen wurden zum 1. Januar 1996 als rechtsfähige Anstalten des öffentlichen Rechts errichtet. Die Fachkliniken erfüllen Aufgaben der Versorgung der Bevölkerung mit psychiatrischen, psychotherapeutischen, psychosozialen, neurologischen und kinder- und jugendpsychiatrischen Leistungen im Rahmen der Krankenhaus-, Pflegeheim- und Psychiatrieplanung des Landes. Die Fachkliniken sind Bestandteil der regionalen psychiatrischen und psychosozialen Versorgungsstrukturen. Sie beteiligen sich an der Vernetzung und der Kooperation der ambulanten bis stationären Versorgung in der Region. In den Fachkliniken werden vollzogen:
– nach Maßgabe des Unterbringungsplanes nach § 25 Abs 2 des Gesetzes für psychisch Kranke (PsychKG) vom 26. März 1979 (GVOBl Schl-H Seite 251), zuletzt geändert durch Verordnung vom 30. November 1994 (GVOBl Schl-H Seite 527) die Unterbringung nach PsychKg und

– nach Maßgabe des Vollstreckungsplanes nach § 33 Abs 2 PsychKG freiheitsentziehende Maßregeln nach §§ 63, 64 des Strafgesetzbuches sowie die einstweilige Unterbringung nach § 126 a der Strafprozeßordnung.

Fachklinik Schleswig
Akademisches Lehrkrankenhaus für die Universität Kiel
24837 Schleswig, Am Damm 1; Tel (0 46 21) 83-1;
Fax (0 46 21) 2 18 44
Leitung: Dr Arnolt Michael Oschinsky; Joachim Zuza;
Michael Hiller
Einzugsgebiet:
Die kreisfreie Stadt Flensburg sowie die Kreise Schleswig-Flensburg, Dithmarschen und der nördlich des Kanals liegende Teil des Kreises Rendsburg-Eckernförde.

Fachklinik Neustadt
23730 Neustadt, Tel (0 45 61) 6 11-1; Fax (0 45 61) 61 13 15
Ärztlicher Direktor: Dr med Bernhard Schulze
LtdMedDir
Verwaltungsdirektor: Klaus Tieth RDir
Geschäftsführer: Klaus Tieth (mdWdGb)
Direktor des Pflegedienstes: Günther Kunkel
Einzugsgebiet:
Hansestadt Lübeck sowie der Kreis Herzogtum Lauenburg und der nicht zum Einzugsbereich des Landeskrankenhauses Heiligenhafen gehörende Teil des Kreises Ostholstein.

Fachklinik Heiligenhafen
23774 Heiligenhafen, Friedrich-Ebert-Str 100;
Tel (0 43 62) 91-1; Fax (0 43 62) 91 14 50
Ärztlicher Direktor: Dr Andreas Kernbichler
LtdMedDir
Direktor der Verwaltung: Werner Struck Dir
Einzugsgebiet:
Stadt Kiel, Kreise Plön, Pinneberg, Ostholstein (nördlicher Teil), Rendsburg-Eckernförde (südlich des Kanals).

X Ministerium für Umwelt, Natur und Forsten des Landes Schleswig-Holstein

24149 Kiel, Grenzstr 1-5; Tel (04 31) 9 88-0; Fax (04 31) 9 88 72 39

Aufgabenkreis:
Grundsatzangelegenheiten der Umweltpolitik, Umweltvorsorgepolitik, Naturschutz, Wasserwirtschaft, Naturschutz in und an Gewässern, Bodenschutz, Altlasten, Abfallwirtschaft, Immissionen, Biotechnologie, Lebensmittel-Verbraucherschutz mit Fleischhygiene- und Geflügelfleischhrecht sowie Tierarznei- und Betäubungsmittelwesen, Forstwirtschaft, Waldentwicklung und Jagd.

Minister: Rainder Steenblock

Staatssekretärin: Henriette Berg
Vertreter der Staatssekretärin (kommissarisch): Dieter Kestling MinDirig
Gleichstellungsbeauftragte: Dr Brigitte Varchim-Fuchs Angestellte

Ministerbüro LMB
Leiter: Markus Stiegler Ang

MB 1: **Pressesprecherin und Stellvertretende Regierungssprecherin** Claudia Sieg Angestellte
MB 2: **Persönlicher Referent** Jan Caesar Ang
MB 3: **Ministerkonferenz, Öffentlichkeitsarbeit** Wolfgang Götze Ang
Ref MB 31: **Einzelaufgaben der Medienarbeit** Bettina Watermann Angestellte

Abt X 1 Allgemeine Abteilung
Leiter: Dr Jürgen Witt MinDirig
Vertreter: Dietrich Oltmanns MinR

Ref X 100: **Innerer Dienst** Künkel OAR
Ref X 110: **Personal** Jessen MinR
Ref X 120: **Haushalt** Petersen MinR
Ref X 130: **Organisation; Verfahrensunterstützung der Informationstechnik, Daten zur Umwelt** Tietje MinR
Ref X 1301: **Aufbau- und Ablauforganisation, Modernisierung der Verwaltung** Behr OAR
Ref X 140: **Allgemeine Rechtsangelegenheiten des Ministeriums** Sölch MinR
Ref X 150: **Koordinierungsstelle; Landtags- und Kabinettsangelegenheiten; Planungsaufgaben (§ 8 GGO); Bundesrat** Oltmann MinR
Ref X 1501: **Bundesratangelegenheiten** Rothe Angestellte

Abt X 2 Grundsatzangelegenheiten der Umweltpolitik, Umweltvorsorgepolitik
Leiter: NN
Vertreter: Alfred Eberhardt Ang

Ref X 200: **Grundsatzangelegenheiten; Länderübergreifende EU- und internationale Angelegenheiten** Eberhardt Ang

Ref X 220: **Umweltbildung, Verbände, Umweltpreise** Blucha WissOR
Ref X 230: **Umweltvorsorgepolitik, Umwelt und Technologie, Branchenvereinbarungen; Umweltfreundliche Behördenführung** Dr Boller WiDir
Ref X 240: **Umwelt und Verkehr, Umweltverträglichkeitsprüfung; Umwelt und Fremdenverkehr** Dr Pechan ORBauR
Ref X 250: **Umwelt und Energie, Klimaschutz; Ökologische Stoffwirtschaft** Dr Sturm Ang
Ref X 2501: **Umweltökonomie** Barz Ang
Ref X 2502: **Geschäftsführung der Projektgruppe „Umsetzung des Klimaschutzprogramms"** Lewandowski Ang
Ref X 2503: **Initiierung und Begleitung von Ökoaudit-Branchenkonzepten** Wagner Angestellte
Ref X 260: **Umweltschutz bei Handel und Verbauchern** Dr Varchmin-Fuchs Angestellte
Ref X 2601: **Produktbezogener Umweltschutz** Wurr Angestellte
Ref X 270: **Medienübergreifende Branchenkonzepte, Umwelt und Freizeit/Sport** Stenkat Angestellte
Ref X 280: **Gesundheitlicher Umweltschutz; Umwelthygiene; Umwelttoxikologie; Fachkommission für Leukämie** Dr Knobling RMedDir

Abt X 3 Naturschutz
Leiter: Magret Brahms Angestellte
Vertreter: Manfred Otten MinR

Ref X 300: **Grundsatzangelegenheiten einschließlich Rechtsangelegenheiten des Naturschutzes** Elscher RBDir
Ref X 3001: **Gesetzgebung; Rechtsangelegenheiten des Naturschutzes** Dr Kunstreich RBauR
Ref X 3002: **Einzelangelegenheiten der Gesetzgebung und des Naturschutzes** Berndt OAR
Ref X 310: **Arten- und Ökosystemschutz; Internationale Arten- und Biotopschutzabkommen und -angelegenheiten** Dr Rüger MinR
Ref X 3101: **Einzelangelegenheiten der Artenschutzes** Gall Ang
Ref X 32: **Flächenhafter Naturschutz** Otten MinR
Ref X 320: **Grundsatz- und spezielle Angelegenheiten des flächenhaften Naturschutzes** Otten MinR
Ref X 3201: **Geschäftsführung Stiftung Naturschutz** Wrage RVmR
Ref X 321: **Finanzierung der Aufgaben der Referatsgruppe; Sondermaßnahmen und -programme des flächenhaften Naturschutzes** Beckmann RLandwR
Ref X 322: **Naturschutzmaßnahmen einschließlich Beratung in den Kreisen Plön, Rendsburg-Eckernförde, Schleswig-Flensburg und in den kreisfreien Städten Neumünster, Landeshauptstadt Kiel und Flensburg; Naturschutzgebietsbetreuung** Winkler OAR (mdWdGb)
Ref X 323: **Naturschutzmaßnahmen einschließlich Beratung in den Kreisen Dithmarschen, Nordfriesland, Plön und Steinburg; Nationalpark** Müller Ang
Ref X 324: **Naturschutzmaßnahmen einschließlich Beratung in den Kreisen Herzogtum Lauenburg, Ostholstein, Stormarn, Segeberg und in der Hansestadt Lübeck** Schmidt-Moser Ang

Ref X 330: Tierschutz, Tierschutzverbände; Allgemeine Tierschutzangelegenheiten Dr Fisch-Kohl RVetDir

Ref X 340: Grundsatzangelegenheiten der Landschaftsplanung sowie hinsichtlich Freizeit und Erholung in der Natur und Landschaft Koordinierung zwischen Landschaftsplanung und Eingriffsregelung Scharrel MinR

Ref X 3401: Einzelangelegenheiten der Landschaftsplanung sowie von Freizeit und Erholung in Natur und Landschaft Rogacki RR

Ref X 350: Eingriffsregelung Wolter MinR

Ref X 360: Landschaftsplanerische Angelegenheiten in den Kreisen Segeberg, Stormarn, Herzogtum Lauenburg, Flensburg, Nordfriesland, Pinneberg und in den kreisfreien Städen Schleswig-Flensburg und Hansestadt Lübeck; Geschützte Landschaftsbestandteile im Innenbereich Stellet RBauDir

Ref X 370: Landschaftsplanerische Angelegenheiten in den Kreisen Ostholstein, Plön, Diethmarschen, Rendsburg- Eckernförde, Steinburg, und in den kreisfreien Städten Landeshauptstadt Kiel und Neumünster; Ökologisches Bau- und Siedlungswesen Wrage Ang

Abt X 4 Wasserwirtschaft; Naturschutz in und an Gewässern

Leiter: Dieter Kesting MinDirig
Vertretr: Dietmar Wienholdt MinR

Ref X 400: Grundsatzangelegenheiten der Abteilung; Finanzierung Wienholdt MinR

Ref X 410: Wasserrecht; Allgemeine Rechtsangelegenheiten der Abteilung Kollmann MinR

Ref X 4101: Grundwasserabgabenrecht, Wasserverbandsrecht; Gebietsausweisungen Meynberg RR

Ref X 420: Ökologische Entwicklung der Binnengewässer, Hydrometrie in den Küstengewässern Petersen RBauDir

Ref X 430: Grundwasser; Wasserversorgung Dr Scheckorr GeolDir

Ref X 4301: Grundwasserschutz, Wasserschutzgebiete Dr Grett RBauDir

Ref X 4302: Koordinierung von Grundsatzangelegenheiten mit dem Ministerium für ländliche Räume, Landwirtschaft, Ernährung und Tourismus; Landwirtschaft und Grundwasserschutz Koppe ORLandwR

Ref X 440: Anlagenbezogener Gewässerschutz; Abwasser, Umgang mit wassergefährdenden Stoffen Bieber RBauDir

Ref X 450: Schutz der oberirdischen Gewässer einschließlich Meere, nationale, internationale und supranationale Regelungen des Gewässerschutzes; Ostseeschutzgebiete; Schutz der Meeresumwelt vor Verunreinigungen durch Schiffe; Emissionsbegrenzung für gewerbliche-/industrielle Abwassereinleitungen Schell MinR

Ref X 460: Flächenhafter Gewässerschutz; Koordinierung der Gewässerschutzaufgaben mit den Zielen des Naturschutzes; Flächenhafter Naturschutz im Zusammenhang mit der Landwirtschaft Jansson RBauDirektorin

Abt X 5 Bodenschutz; Altlasten und Abfallwirtschaft

Leiter: Peter Steiner MinDirig
Vertreter: Hartmut Roggatz MinR

Ref X 500: Grundsatzangelegenheiten der Kreislaufwirtschaft; Verordnungen nach § 14 Abfallbeseitigungsgesetz; Umweltverträglichkeitsprüfung Roggatz MinR

Ref X 510: Rechtsangelegenheiten der Abteilung Rommel MinR

Ref X 520: Bodenschutz; Angewandte Bodenforschung Adam Ang

Ref X 530: Recht des Bodenschutzes und der Altlasten Harfst RDir

Ref X 540: Flächenhafter Bodenschutz; kontaminiertes Baggergut Simon Ang

Ref X 550: Allgemeine Angelegenheiten der Siedlungsabfallwirtschaft Olbrich MinR

Ref X 5501: Entsorgung von Hausmüll und hausmüllähnlichen Gewerbeabfällen Kleinhans GeolRätin

Ref X 5502: Länderübergreifende Angelegenheiten der Abfallwirtschaftskonzepte und -programme Leuow Angestellte

Ref X 560: Allgemeine Angelegenheiten der Sonderabfallwirtschaft Meyer MinR

Ref X 5601: Spezielle Angelegenheiten der Sonderabfallwirtschaft Dr Fliege RChemR

Ref X 570: Vermeidung von Abfällen Schmidt-Bens MinRätin

Ref X 5701: Vermeidungsstrategien, -kampagnen und Branchenkonzepte Neuschäfer Angestellte

Ref X 580: Altlasten Dr Kuhnt WissDirektorin

Abt X 6 Immissionen; Biotechnologie; Lebensmittel-Verbraucherschutz

Leiter: Dr Gustav Sauer MinDirig
Vertreter: Ekkehard Geib MinR; Dr Susanne Irmer MinRätin

Ref X 600: Grundsatzangelegenheiten der Abteilung; Rechtsangelegenheiten des Immissionsschutzes Geib MinR

Ref X 6001: Grundsatzangelegenheiten der Abteilung und Einzelangelegenheiten der Gewerbeaufsichtsämter Kern OARätin

Ref X 610: Genehmigungsbedürftige Anlagen (außer Geräusche); Sicherheitstechnik Kubitz-Schwind WissOR

Ref X 6101: Technische Angelegenheiten des Chemikalienrechts; Reststoffvermeidung und -verwertung Dr Klein Ang

Ref X 620: Nicht genehmigungsbedürftige Anlagen; Lärm und Erschütterungen; Datenverarbeitung in der Gewerbeaufsicht Grützner ORGwR

Ref X 6201: Regionale Immissionsschutz; Lufthygienische Überwachung Hennig ORGwR

Ref X 630: Rechtsangelegenheiten der Abt sowie Bundesimmissionsschutzgesetz der Gewerbeaufsichtsämter Dr Hinrichsen RDir

Ref X 640: Biotechnologie; Gentechnik Dr Engelke Ang

Ref X 650: **Lebensmittelrecht; Lebensmittelüberwachung** Dr Günther MinR
Ref X 660: **Getränke-/Bedarfsgegenständeüberwachung** Gallasch RChemDir
Ref X 670: **Fleischhygiene; Tierarznei- und Betäubungsmittel** Dr Irmer MinRätin
Ref X 6701: **Fleischhygienerechtliche Betriebszulassungen und -kontrollen** Dr Lorenz RVetRätin

Abt X 7 Forstwirtschaft; Waldentwicklung und Jagd
Leiter: NN
Vertreter: Knut Emeis MinR

Ref X 700: **Grundsatzangelegenheiten der Forstwirtschaft** Emeis MinR
Ref X 7001: **Haushalt und Organisation** Beltermann OAR
Ref X 710: **Oberste Forstbehörde** Dr Holländer FoDirektorin
Ref X 720: **Oberste Jagdbehörde; forstliche Betriebswirtschaft; Informationsgrundlagen** Böhling OFoR
Ref X 730: **Waldökologie; Waldschutz; Holzwirtschaft** Schwarz OFoR
Ref X 740: **Waldinventuren und Forstplanung** Heeschen FoDir
Ref X 7401: **Forstliche Rahmenplanung** Hinrichsen OFoR
Ref X 750: **Waldarbeit und Forsttechnik; Liegenschaften** Boucsein FoDir

Zum Geschäftsbereich des Ministeriums für Umwelt, Natur und Forsten gehören:

1 Landesamt für Natur und Umwelt

– Landesoberbehörde –

24220 Flintbek, Hamburger Chaussee 25;
Tel (0 43 47) 7 04-0; Fax (0 43 47) 7 04-1 02

Staatsrechtliche Grundlage und Aufgabenkreis:
Landesverordnung über die Errichtung des Landesamtes für Natur und Umwelt des Landes Schleswig-Holstein und zur Änderung von Rechtsvorschriften – LANUVO – vom 30. Oktober 1995 (GVOBl Schl-H Seite 351); Organisationserlaß für das Landesamt für Natur und Umwelt des Landes Schleswig-Holstein vom 27. Februar 1996 (Amtsbl Schl-H Seite 257).
Das Landesamt ist zuständig für Aufgaben, die den aufgelösten Behörden und Dienststellen (Landesamt für Naturschutz und Landschaftspflege, Landesamt für Wasserhaushalt und Küsten, Geologisches Landesamt, Untersuchungsstelle für Umwelttoxikologie, Staatliche Vogelschutzwarte) zugewiesen waren. Auf dem Gebiet des Natur- und Umweltschutzes ist das Landesamt im wesentlichen zuständig für folgende Aufgaben:
– Erarbeitung und Bereitstellung von ökologischen und technisch-naturwissenschaftlichen Grundlagen des Natur- und Umweltschutzes, u a des gesundheitlichen Umweltschutzes und der Schadstoffbelastung

der Bevölkerung sowie der angewandten Vogelschutz- und Bodenforschung;
– vorbereitende fachliche Stellungnahmen für Aufgaben des Ministeriums für Umwelt, Natur und Forsten;
– sonstige durch Erlaß übertragene Verwaltungsaufgaben.
Für folgende Aufgaben übt der Minister für Wirtschaft, Technologie und Verkehr des Landes Schleswig-Holstein die Fachaufsicht aus:
– Arbeiten in Ausführung des Lagerstättengesetzes vom 4. Dezember 1934 (RGBl I Seite 1223);
– Arbeiten in Ausführung des Bundesberggesetzes vom 13. August 1980 (BGBl I Seite 1310);
– Bearbeitung und Beurteilung rohstoffwirtschaftlicher Fragen und
– geowissenschaftliche Untersuchungen bei Infrastruktur- und Gewerbevorhaben.

Leiter: Wolfgang Vogel
Vertreter: Dr Sven Christensen LtdGwDir

IU Integrierter Umweltschutz, Umweltbeobachtung, Daten zur Umwelt
Leiter: Dr Uwe Rammert Ang
Gleichstellungsbeauftragte Brigitte Baumgarth Angestellte

Abt 1 Allgemeine Dienste
Leiter: Thomas Engel RR

Dezernat 100: **Innerer Dienst** Rades OARätin
Dezernat 110: **Personal** Krawetzke RR
Dezernat 120: **Haushalt** Flohr OAR
Dezernat 130: **Organisation** Sülau OAR
Dezernat 140: **Informationstechnik** Jessen ORR
Dezernat 150: **Controlling, Prüfung Landes- und Bundesmittel** Voß OARätin

Abt 2 Umwelttoxikologie, Fachtechnische Dienste
Leiter: Dr Birger Heinzow RMedDir

Dezernat 200: **Grundsatzaufgaben, Umweltepidemiologie** Dr Heinzow RMedDir
Dezernat 210: **Umwelttoxikologie** Dr Mohr ORChemR
Dezernat 220: **Fachtechnischer Dienst (Analytik, Gentechnik)** Dr Brandt RChemDir

Abt 3 Naturschutz und Landschaftspflege
Leiter: Dr Jürgen Eigner LtdWissDir

Dezernat 300: **Verwaltungsverfahren gemäß §45b Landesnaturschutzgesetz** Dr Eigner LtdWissDir
Dezernat 310: **Naturschutz/Angewandte Tierökologie, Tierartenschutz** Dr Thiessen WissDir
Dezernat 320: **Staatliche Vogelschutzwarte** Dr Knief Ang
Dezernat 330: **Naturschutz/Angewandte Pflanzenökologie, Pflanzenartenschutz** Beller RBauDir
Dezernat 340: **Landschaftsökologie und Landschaftsplanung, Eingriffsregelung** Dr Kutscher WissOR
Dezernat 350: **Landschaftsinformation, Naturschutzbuch** Mehl Ang

Dezernat 360: Flächenschutzprogramme
Dr Ziesemer WissDir
Dezernat 370: Finanzierung der Maßnahmen des
Naturschutzes NN
Dezernat 380: Schutzgebietsausweisung NN

Abt 4 Gewässer
Leiter: Peter Petersen LtdRBauDir

Dezernat 400: **Rechts- und Verwaltungsangelegenheiten** Looft RDir
Dezernat 410: **Technischer Gewässerschutz, wasserwirtschaftliche Planungen** Voss LtdRBauDir
Dezernat 420: **Fließgewässer: Zustandserfassung, Bewertung, Schutz, Regeneration** Dr Wolter Angestellte
Dezernat 430: **Seen: Zustandserfassung, Bewertung, Schutz, Regeneration** Wesseler Angestellte
Dezernat 440: **Grundwasserhydrologie, Informationsgrundlagen** Dr Holthusen GeolOR
Dezernat 450: **Grundwasserschutz** Dr Moritz GeolOR
Dezernat 460: **Grundwasserbewirtschaftung, Schutzgebiete, Zulassungen** NN
Dezernat 470: **Küstengewässer** Dr Voß WissOR
Dezernat 480: **Küstenschutz, Küstenmanagement, Systemuntersuchungen** Schulz-Kosel RBauDir

Abt 5 Geologie/Boden
Leiter: Dr Sven Christensen LtdGeolDir

Dezernat 500: **Geowissenschaftliche Grundlagen**
Dr Sänger von Oepen RChemDir
Dezernat 510: **Geologische und Bodenkundliche Landesaufnahme** Dr Weinhold Ang
Dezernat 520: **Bodenschutz** Dr Cordsen Ang
Dezernat 530: **Hydrogeologie** Dr Nommensen GeolOR
Dezernat 540: **Altlasten** Dr Brill GeolDir
Dezernat 550: **Ingenieurgeologie/Angewandte Geologie** Dr Temmler GeolDir

Abt 6 Abfall/Immissionen
Leiter: Peter-Manfred Poos LtdRBauDir

Dezernat 600: **Recht der Abfallwirtschaft, Abfallabgabe** NN
Dezernat 610: **Abfallwirtschaftliche Planungen, Vermeidung, Verwertung, neue Technologie, Förderprogramme** Poos RBauDir
Dezernat 620: **Aufgaben der oberen Abfallentsorgungsbehörde (Sonderabfälle), Zulassung und Überwachung von Deponien, Abfall- und Reststoffbehandlungsanlagen und Zwischenläger, Abfalltransporte** Fiedler RBauR z A
Dezernat 630: **Aufgaben der oberen Abfallentsorgungsbehörde (Siedlungsabfälle), Zulassung und Überwachung von Deponien, Abfall- und Reststoffbehandlungsanlagen** Rüter Ang
Dezernat 640: **Abfalltechnik; Beurteilung und Zuordnung von Abfällen und Reststoffen, Stoffinformation, Stofffreisetzungen, chemische Abfallbehandlung, Geotechnik von Abfalldeponien, Umgehungsüberwachung, Stofftransporte** Dr Zerbe RChemDir

2 Lebensmittel- und Veterinäruntersuchungsamt

24537 Neumünster, Max-Eyth-Str 5;
Tel (0 43 21) 56 09-0; Fax (0 43 21) 56 09-19;
Teletex (17) 43 21 22 lvua n ms

Aufgabenkreis:
Untersuchung und wissenschaftliche Begutachtungen im Rahmen
– der Überwachung des Verkehrs mit Lebensmitteln, Tabakerzeugnissen, kosmetischen Mitteln und Bedarfsgegenständen,
– der Schlachttier- und Fleischüberwachung,
– der staatlichen Tierseuchenbekämpfung,
– der Überwachung des Verkehrs mit Tierarzneimitteln.

Leiter: Dr Hey LtdRChemDir
Vertreter: Dr Rieve RVetDir

Dezernatsgruppe 1 Tierseuchen/Tierkrankheiten
Dezernatsgruppenleiter: Dr Steinhagen RVetDir

Dezernatsgruppe 2 Lebensmittelhygiene, Lebensmittelchemie, bakteriologische Fleischhygiene
Dezernatsgruppenleiter: Dr Stengel RVetDir

Dezernatsgruppe 3 Fleischhygienische und lebensmittelchemische Schadstoff- und Rückstandsanalytik, veterinärmedizinische Toxikologie (chemisch)
Dezernatsgruppenleiter: Dr Rimkus WissAng

Dezernatsgruppe 4 Tierarzneimittelüberwachung, Probenahme für Rückstandsuntersuchungen
Dezernatsgruppenleiter: Dr Bettin ORVetR

– Außenstelle Kiel –
24107 Kiel, Eckernförder Str 421; Tel (04 31) 31 30 80;
Fax (04 31) 31 30 91

Dezernatsgruppe 5 Bedarfsgegenstände, Kosmetika, Tabakwaren, Schadstoff- und Rückstandsanalytik pflanzlicher Lebensmittel
Dezernatsgruppenleiter: Dr Block ORChemR

Dezernatsgruppe 6 Spezialanalytik für diätetische und andere Zwecke
Dezernatsgruppenleiterin: Dr Bohnenstengel WissAngestellte

– Außenstelle Lübeck –
23554 Lübeck, Katharinenstr 35;
Tel (04 51) 1 22 33 10-17; Fax (04 51) 1 22 33 14

Dezernatsgruppe 8 Pflanzliche Fette, Ölsamen, Süßwaren, Konfitüren, alkoholische und alkoholfreie Getränke, Rückstands- und Kontaminantenanalytik von Lösemitteln und Mykotoxinen
Dezernatsgruppenleiter: Lange RChemDir

3 Landesamt für den Nationalpark „Schleswig-Holsteinisches Wattenmeer"

25832 Tönning, Schloßgarten 1; Tel (0 48 61) 6 16-0; Fax (0 48 61) 4 59

Staatsrechtliche Grundlage und Aufgabenkreis:
Gesetz zum Schutze des Schleswig-Holsteinischen Wattenmeeres (Nationalparkgesetz) vom 22. Juli 1985 (GVOBl 1985 Seite 202).

An der schleswig-holsteinischen Nordseeküste ist entsprechend § 14 Bundesnaturschutzgesetz (BNatSchG) und § 16 (7) Landesnaturschutzgesetz (LNatSchG) ein Nationalpark errichtet und nach Maßgabe dieser Gesetze unter Schutz gestellt. Der Nationalpark trägt den Namen „Nationalpark Schleswig-Holsteinisches Wattenmeer".

Er besteht aus

- dem Wattenmeer mit den Wattflächen, Rinnen und anderen Unterwasserbereichen;
- Teilen der Vorländereien am Festland sowie an den Inseln Föhr, Amrum, Sylt und Pellworm, der Halbinsel Nordstrand sowie der Halligen Langeneß, Oland, Hooge und Nordstrandischmoor
- den Halligen Habel, Norderoog, Süderoog, Südfall, Helmsand und der Hamburger Hallig;
- den vom Watt umgebenen Außensänden Uthörn, Knobsände, Japsand, Norderoogsand, Süderoogsand, Blauort und der Strandinsel Trischen;
- den sonstigen entstandenen oder entstehenden kleinen Inseln sowie
- den Sandplaten westlich der Halbinsel Eiderstedt.

Die Errichtung des Nationalparks dient dem Schutz des schleswig-holsteinischen Wattenmeeres und der Bewahrung seiner besonderen Eigenart, Schönheit und Ursprünglichkeit. Seine artenreiche Pflanzen- und Tierwelt ist zu erhalten und der möglichst ungestörte Ablauf der Naturvorgänge zu sichern.

Zumutbare Beeinträchtigungen der Interessen und herkömmlichen Nutzungen der einheimischen Bevölkerung sind zu vermeiden. Jegliche Nutzungsinteressen sind mit dem Schutzzweck im allgemeinen und im Einzelfall gerecht abzuwägen.

Das Landesamt ist als obere und untere Naturschutzbehörde für die Durchführung dieses Gesetzes und der aufgrund dieses Gesetzes erlassenen Verordnungen zuständig, soweit in diesem Gesetz nichts anderes bestimmt ist. Es hat nach pflichtgemäßem Ermessen die zur Durchführung und Einhaltung dieser Vorschriften notwendigen Maßnahmen zu treffen.

Das Landesamt kann sich zur Durchführung bestimmter Aufgaben der Ämter für Land- und Wasserwirtschaft in Husum und Heide bedienen. Das Landesamt hat mit den Naturschutzbehörden der Kreise Nordfriesland und Dithmarschen eng zusammenarbeiten sowie über Grundsatzfragen und langfristige Planungen im Einvernehmen mit den Nationalparkkuratorien Nordfriesland und Dithmarschen zu entscheiden.

Leiter: Dr Bernd Scherer

4 Gewerbeaufsichtsämter

Staatsrechtliche Grundlage und Aufgabenkreis:
Die Gewerbeaufsichtsämter sind untere Verwaltungsbehörden des Landes und Sonderordnungsbehörden im Sinne des Allgemeinen Verwaltungsgesetzes für das Land Schleswig-Holstein (LVwG) in der Fassung vom 19. März 1979 (GVOBl Schl-H Seite 182). Landesverordnung über die zuständigen Behörden nach dem Chemikaliengesetz, nach der Chemikalien-Verbotsverordnung und nach der Gefahrstoffverordnung vom 15. September 1995 (GVOBl Schl-H Seite 322). Ihnen obliegen die durch Rechts- und Verwaltungsvorschriften des Bundes und des Landes zugewiesenen Aufgaben auf dem Gebiet des technischen und sozialen Arbeitsschutzes, des Nachbarschutzes und auf sonstigen technischen und sozialen Gebieten, wie z B des Strahlenschutzes und der Heimarbeit sowie die im Einzelfalle durch die oberste Landesbehörde übertragenen Aufgaben. Nach der Landesverordnung sind die Gewerbeaufsichtsämter nach der Chemikalien-Zuständigkeitsverordnung im wesentlichen zuständig für die Überwachung der Herstellerbetriebe nach dem Chemikaliengesetz (ChemG) und die Einhaltung der Verordnungen bei Inverkehrbringen von bestimmten gefährlichen Stoffen. Nach der Gefahrstoff-Zuständigkeitsverordnung ist eine weitere wesentliche Aufgabe die Überwachung und Durchführung des Chemikaliengesetzes.

Für den Bereich technischer und sozialer Arbeits- und Strahlenschutz liegt die Dienst- und Fachaufsicht bei dem Ministerium für Arbeit, Gesundheit und Soziales.

Gewerbeaufsichtsamt Itzehoe
25524 Itzehoe, Oelixdorfer Str 2;
Tel (0 48 21) 66 28 00; Fax (0 48 21) 66 28 98
Leiter: Dipl-Ing Heinz-Dieter Hartwig LtdRGwDir
Amtsbezirk:
Die Kreise Dithmarschen, Pinneberg und Steinburg.

Gewerbeaufsichtsamt Kiel
24143 Kiel, Schwedendamm 2; Tel (04 31) 70 26-0;
Fax (04 31) 70 26-1 11
Leiterin: Dipl-Chem Dr Gisela Holzgraefe ORGwRätin
Amtsbezirk:
Die kreisfreien Städte Kiel und Neumünster sowie die Kreise Plön und Rendsburg-Eckernförde.

Gewerbeaufsichtsamt Lübeck
23568 Lübeck, Glashüttenweg 44/48;
Tel (04 51) 3 70 70; Fax (04 51) 3 70 72 02
Leiter: Dipl-Ing Kurt Walther LtdRGwDir
Amtsbezirk:
Die kreisfreie Hansestadt Lübeck sowie die Kreise Herzogtum Lauenburg, Ostholstein, Segeberg und Stormarn.

Gewerbeaufsichtsamt Schleswig
24837 Schleswig, Gottorfstr 3; Tel (0 46 21) 3 84-0;
Fax (0 46 21) 3 84-40
Leiter: Dipl-Ing Wolfgang Funk LtdRGwDir
Amtsbezirk:
Die kreisfreie Stadt Flensburg sowie die Kreise Schleswig-Flensburg und Nordfriesland.

5 Ämter für Land- und Wasserwirtschaft

Staatsrechtliche Grundlage und Aufgabenkreis:
Siehe hierzu die Angaben bei dem Ministerium für ländliche Räume, Landwirtschaft, Ernährung und Tourismus auf Seite 68.
Dem Ministerium für Umwelt, Natur und Forsten obliegt zum Teil die Fachaufsicht über die 6 Ämter für Land- und Wasserwirtschaft als untere Wasserbehörden für Gewässer erster Ordnung, insbesondere mit der Durchführung der Gewässeraufsicht und gewässerkundlichen Meßdienstes.

6 Forstämter

Staatsrechtliche Grundlage und Aufgabenkreis:
Landeswaldgesetz in der Fassung der Bekanntmachung vom 11. August 1994 (GVOBl Schl-H Seite 438); Landesverordnung zur Bestimmung der unteren Forstbehörden nach dem Landeswaldgesetz vom 2. November 1995 (GVOBl Schl-H Seite 375).
Den Forstämtern, untere Landesbehörden im Sinne von § 7 Nr 3 Landesverwaltungsgesetz, obliegen nachfolgende Aufgaben:
Bewirtschaftung der 45 000 ha umfassenden Landesforsten, forstliche und jagdliche Nutzung sowie Aufgaben des Erholungsverkehrs.

Staatliches Forstamt Barlohe
24819 Nienborstel, Rendsburger Str 4;
Tel (0 48 75) 90 60; Fax (0 48 75) 9 06 20
Leiter: Christian von Buchwaldt FoDir
Amtsbezirk:
Die Staatlichen Förstereien Drage, Iloo, Mörel, Haale, Bargstedt, Christianslust, Sören, Elsdorf; Forstaufsicht über die Landkreise Dithmarschen und Rendsburg/Eckernförde

Staatliches Forstamt Eutin
23701 Eutin, Oldenburger Landstr 18;
Tel (0 45 21) 79 29-0; Fax (0 45 21) 79 29-19
Leiter: Dr Lüdemann FoDir
Amtsbezirk:
Die Staatlichen Förstereien Kellenhusen, Scharbeutz, Wüstenfelde, Malente, Dodau, Bosau und Bordesholm sowie die Seeadlerschutzstation.

Staatliches Forstamt Nordfriesland
24960 Glücksburg, Große Str 22;
Tel (0 46 31) 61 06-0; Fax (0 46 31) 9 40
Leiter: Karl-Jochen Rave FoDir
Amtsbezirk:
Die Staatlichen Förstereien Langenhöft, Bremsburg, Drelsdorf, Handewitt, Wallsbüll, Langenberg und Süderlügum.

Staatliches Forstamt Rantzau
25355 Bullenkuhlen, Zum Forstamt 1;
Tel (0 41 23) 9 02 50; Fax (0 41 23) 90 25 25
Leiter: Hans-Albrecht Hewicker FoDir
Amtsbezirk:
Bereich des Kreises Pinneberg und Teile der Kreise

Steinburg, Segeberg und Stormarn. Untere Forstbehörde für die Kreise Pinneberg und Stainburg; die Staatlichen Förstereien Hasloh, Tangstedt, Winsen, Kummerfeld, Großendorf in Barmstedt, Hasselbusch in Mönkloh und Schierenwald in Lockstedt.
mit

Kontrollstelle für forstliches Saat- und Pflanzgut des Landes Schleswig-Holstein
25462 Rellingen, Hauptstr 108; Tel (0 41 01) 54 05 21; Fax (0 41 01) 64 05 12

Staatliches Forstamt Reinfeld
23858 Reinfeld, Matthias-Claudius-Str 35;
Tel (0 45 33) 70 15-0; Fax (0 45 33) 70 15-25
Leiter: Werner von Eichel-Streiber FoDir
Amtsbezirk:
Die Staatlichen Förstereien Sattenfelde, Fohlenkoppel in Reinfeld, Schwartau, Ahrensbök, Westerrade und Pansdorf.

Staatliches Forstamt Schleswig
24837 Schleswig, Flensburger Str 13;
Tel (0 46 21) 2 50 31/32; Fax (0 46 21) 2 54 23
Leiter: Bernd Friedrichsdorf FoDir
Amtsbezirk:
Die Staatlichen Förstereien Sehestedt, Lohe, Hütten, Kropp, Tiergarten, Idstedtwege, Satrup und Glücksburg; untere Forstbehörde für den Kreis Schleswig-Flensburg und die Stadt Flensburg.

Staatliches Forstamt Segeberg
23812 Glashütte, Post Wahlstedt; Tel (0 43 20) 5 97 30; Fax (0 43 20) 59 73 73
Leiter: Harald Nasse OFoR
Amtsbezirk:
Bereich des Kreises Segeberg; die Staatlichen Förstereien Buchholz, Glashütte, Bockhorn, Heidmühlen, Hamdorf, Trappenkamp, Rickling, Friedrichswalde, Braak Forstmaschinenhof Rickling, Jugendwaldheim Hartenholm, Wildpark Trappenkamp.

Staatliches Forstamt Trittau
22946 Trittau, Hohenfelder Damm 2;
Tel (0 41 54) 8 59 40; Fax (0 41 54) 85 94 94
Leiter: Bernd Friz FoDir
Amtsbezirk:
Die Staatlichen Förstereien Hohenfelde, Hahnheide, Reinbek, Lütjensee sowie Beimoor.

Kommunal- und Privatforstämter

Stadtforstamt Lübeck
23560 Lübeck, Kronsforder Hauptstr 80;
Tel (0 45 08) 10 72; Fax (0 45 08) 14 91
Leiter: Dr Lutz Fähser FoDir

Amt für Kreisforsten
23909 Farchau, Tel (0 45 41) 20 16
Leiter: Dr Gerhard Riehl LtdKFoDir

Fürstlich von Bismarck'sche Forstverwaltung
21521 Friedrichsruh, Bez Hamburg;
Tel (0 41 04) 97 90-0
Leiter: Ruprecht von Hagen Privater FoMstr

Herzoglich Oldenburgisches Forstamt Lensahn
23738 Güldenstein, Tel (0 43 63) 13 21
Leiter: Andreas Mylius FoR

Sonstige Dienststellen im Geschäftsbereich des Ministeriums für Umwelt, Natur und Forsten:

7 Akademie für Natur und Umwelt des Landes Schleswig-Holstein

24537 Neumünster, Carlstr 169; Tel (0 43 21) 90 71-0; Fax (0 43 21) 90 71-32

Staatsrechtliche Grundlage und Aufgabenkreis:
Organisationserlaß des Ministeriums für Natur, Umwelt und Landesentwicklung vom 17. Dezember 1992; Neufassung der Satzung der Akademie für Natur und Umwelt, Bekanntmachung vom 5. Februar 1996 (AmtsBl Schl-H/AAz Seite 59).

Die Akademie für Natur und Umwelt, eine nicht rechtsfähige Anstalt des öffentlichen Rechts, nimmt vorrangig folgende Aufgaben wahr:
– Förderung des Austausches von Erkenntnissen und Erfahrungen auf dem Gebiet von Natur und Umwelt und Koordination von Umweltbildungsmaßnahmen und Aufbau eines Kooperationsnetzes;
– Durchführung von zielgruppenbezogenen Fort- und Weiterbildungsveranstaltungen auf allen Gebieten von Natur und Umwelt, insbesondere für Personen mit umwelterheblichen Entscheidungsbefugnissen sowie Multiplikatoren;
– Herausgabe von Publikationen;
– Erfahrungsaustausch und Kooperation mit den Umweltakademien der anderen Bundesländer.

Leiterin: Cordula Vieth

8 Medizinaluntersuchungsämter

Die Medizinaluntersuchungsämter unterstehen der Dienstaufsicht durch das Ministerium für Bildung, Wissenschaft, Forschung und Kultur.

Aufgabenkreis:
Untersuchung von Trink- und Badewasser.

Medizinaluntersuchungsamt Kiel
24105 Kiel, Brunswiker Str 2-6; Tel (04 31) 5 97 32 70; Fax (04 31) 5 97 32 96

Medizinaluntersuchungsamt Lübeck
23562 Lübeck, Ratzeburger Allee 160;
Tel (04 51) 5 00 28 03; Fax (04 51) 5 00 28 08

Der Rechtsaufsicht des Ministeriums für Umwelt, Natur und Forsten untersteht:

9 Stiftung Naturschutz Schlewig-Holstein
– Stiftung des öffentlichen Rechts –
24149 Kiel, Grenzstr 1-5; Tel (04 31) 9 88-72 78

Vorsitzende des Stiftungsrates: Henriette Berg Staatssekretärin
Vorstandsvorsitzende: Sabine Hamer
Geschäftsführer: Dieter Wrage

XI Landesrechnungshof Schleswig-Holstein

24103 Kiel, Hopfenstr 20; Tel (04 31) 66 41-3;
Fax (04 31) 66 41-4 38

Staatsrechtliche Grundlage und Aufgabenkreis:
Artikel 56 und 57 der Verfassung des Landes Schleswig-Holstein vom 13. Dezember 1949 in der Fassung des Gesetzes zur Änderung der Landessatzung vom 13. Juni 1990 (GVOBl Schl-H Seite 391); Gesetz über den Landesrechnungshof Schleswig-Holstein vom 2. Januar 1991 (GVOBl Schl-H Seite 3); §§ 88 ff der Landeshaushaltsordnung Schleswig-Holstein in der Fassung der Bekanntmachung vom 29. Juni 1992 (GV-OBl Schl-H Seite 381), zuletzt geändert durch Gesetz zur Änderung der Landeshaushaltsordnung Schleswig-Holstein vom 9. November 1995 (GVOBl Schl-H Seite 373); Kommunalprüfungsgesetz vom 25. Juli 1977 (GVOBl Schl-H Seite 186), zuletzt geändert durch Gesetz vom 1. April 1996 (GVOBl Schl-H Seite 401).

Der Landesrechnungshof (LRH) hat den Verfassungsauftrag, die gesamte Haushalts- und Wirtschaftsführung des Landes sowie die Haushalts- und Wirtschaftsführung der kommunalen Körperschaften einschließlich der übrigen landesunmittelbaren juristischen Personen des öffentlichen Rechts zu überwachen. Im Rahmen seiner Überwachung prüft der LRH auch die Betätigung der öffentlichen Hand in privatrechtlichen Unternehmen. Darüber hinaus ist der LRH zuständig, soweit Stellen außerhalb der Landesverwaltung Landesmittel erhalten oder Landesvermögen oder Landesmittel verwalten. Wenn juristische Personen des privaten Rechts Mittel aus dem Landeshaushalt erhalten, Landesvermögen verwalten oder dem LRH ein Prüfungsrecht eingeräumt ist, prüft der LRH die Haushalts- und Wirtschaftsführung auch dieser Personen. Schließlich hat der LRH das Recht, Parlament und Regierung aufgrund seiner Prüfungserfahrungen zu beraten und gutachtliche Stellungnahmen abzugeben. Vor dem Erlaß bestimmter Vorschriften muß der LRH gehört werden.

Der LRH ist eine selbständige, nur dem Gesetz unterworfene oberste Landesbehörde mit Verfassungsrang. Seine Mitglieder, die zugleich das Beschlußorgan, nämlich den Senat, bilden, werden vom Landtag gewählt oder mit Zustimmung des Landtages ernannt. Sie genießen den Schutz richterlicher Unabhängigkeit.

Präsident des Landesrechnungshofs: Dr Gernot Korthals
Vizepräsident: Dr Walter Schmidt-Bens

Allgemeine Abteilung, Angelegenheiten des Landesrechnungshofs als oberster Landesbehörde
Leiter: Gerhard Friedrich Wagner LtdMinR

Prüfungsabteilungen

Abt 1 Querschnittprüfungen; Landtag, Ministerpräsidentin und Chef der Staatskanzlei; Bürgerbeauftragte; Landeshaushalt; Minister für Justiz, Bundes- und Europaangelegenheiten
Leiter: Dr Walter Schmidt-Bens VPräs

Abt 2 Ministerin für Bildung, Wissenschaft, Forschung und Kultur; Ministerin für Arbeit, Gesundheit und Soziales; Ministerin für Frauen, Jugend, Wohnungs- und Städtebau (ohne Wohnungs- und Städtebau)
Leiterin: Elke Siebenbaum MinDirigentin

Abt 3 Minister für Finanzen und Energie (ohne Energiefragen); Minister für Wirtschaft, Technologie und Verkehr; Unternehmen und Beteiligungen; Sparkassen; Stiftungswesen; Wohnungsbau; Rundfunk
Leiter: Ingo Adrian MinDirig

Abt 4 Innenminister, Kommunale Angelegenheiten
Leiter: Jürgen Krastel MinDirig

Abt 5 Hochbau, Tiefbau, Versorgungs- und Betriebstechnik; Technologie, Energie; Minister für ländliche Räume, Landwirtschaft, Ernährung und Tourismus (ohne Tourismus); Minister für Umwelt, Natur und Forsten
Leiter: Dieter Pätschke MinDirig

d Organe der Rechtspflege

Rechtspflege

Einführender Beitrag
Rechtsanwalt Torsten Stiehm

Rechtspflege ist die Ausübung der Gerichtsbarkeit durch die dazu berufenen Organe. Unter Gerichtsbarkeit versteht man die Tätigkeit der Gerichte, das Recht auf einen konkreten Sachverhalt, welcher in einem förmlichen Verfahren gewonnen wird, anzuwenden. Soweit es hierbei um Rechtsprechung geht, ist diese den Richtern vorbehalten; andernfalls können die Aufgaben auch dem Rechtspfleger übertragen werden. Richter sind nicht nur die Berufsrichter, sondern auch die Schöffen bzw ehrenamtlichen Richter. Diese haben das gleiche Stimmrecht wie die Berufsrichter, wirken aber an den Entscheidungen außerhalb der Hauptverhandlung und beim Erlaß von Gerichtsbescheiden in der Verwaltungs-, Sozial- und Finanzgerichtsbarkeit nicht mit. Neben den Gerichten sind die Staatsanwaltschaft und die Rechtsanwälte an der Rechtsfindung beteiligt. Sie sind daher unabhängige Organe der Rechtspflege.
Dieser Beitrag stellt, abgesehen von der Verfassungsgerichtsbarkeit, die sachliche und die funktionelle, den Instanzenweg betreffende Zuständigkeit derjenigen Gerichte dar, bei denen das Land Träger der Gerichtsbarkeit ist, sowie den Aufgabenkreis der Staatsanwaltschaft im Zusammenhang mit der ordentlichen Gerichtsbarkeit.

I. Die Verfassungsgerichtsbarkeit

Das Land Schleswig-Holstein hat kein eigenes Verfassungsgericht. Über Verfassungsstreitigkeiten entscheidet das Bundesverfassungsgericht in Karlsruhe (Art 99 Grundgesetz -GG- iVm Art 44 Verfassung des Landes Schleswig-Holstein -LV-).
Das Bundesverfassungsgericht ist zuständig für
– das Organstreitverfahren, in welchem sich Landesregierung, Landtag und andere mit eigenen Rechten ausgestattete Beteiligte (zB Fraktionen) um ihre Kompetenzen streiten (Art 44 Nr 1 LV),
– die Entscheidung über die Antwort-, Auskunfts- oder Vorlagepflicht der Landesregierung gegenüber einem Untersuchungsausschuß, dem Eingabeausschuß und dem parlamentarischen Eingangsausschuß (Art 18 Abs 2, 19 Abs 2, 23 Abs 3 LV) und
– die abstrakte Normenkontrolle, bei der das Landesrecht auf seine Vereinbarkeit mit der Landesverfassung überprüft wird (Art 44 Nr 2 LV).

II. Die ordentliche Gerichtbarkeit und die Staatsanwaltschaft

Die **Amtsgerichte**
1. in Zivilsachen. Hier entscheiden die **Amtsrichter**, soweit nicht die Geschäfte den Rechtspflegern übertra-

gen sind (§ 22 Gerichtsverfassungsgesetz -GVG-, §§ 3, 20 Rechtspflegergesetz -RPflG-). Die Amtsgerichte sind sachlich zuständig:
1.1. In bürgerlichen Rechtsstreitigkeiten, deren Gegenstandswert die Summe von 10.000,- DM nicht übersteigt (§ 23 Nr 1 GVG). Weiterhin ohne Rücksicht auf den Streitwert – sog sachliche ausschließliche Zuständigkeit – in Mietstreitigkeiten, soweit Wohnraum betroffen ist (§ 23 Nr 2 a GVG), in Kindschaftssachen und bei Streitigkeiten wegen Ansprüchen der Mutter eines nichtehelichen Kindes gegen dessen Vater (§ 23 a Nr 1, 3 GVG).
1.2. Für das Mahnverfahren, in welchem ein Zahlungsanspruch durchgesetzt werden kann (§ 689 Zivilprozeßordnung -ZPO-). Legt der Antragsgegner rechtzeitig Widerspruch gegen einen Mahnbescheid ein und beantragt eine Partei die Durchführung des streitigen Verfahrens, richtet sich die Zuständigkeit hinsichtlich der Streitigkeit jedoch nach den allgemeinen sachlichen und örtlichen Regelungen und das Verfahren wird, soweit erforderlich, dorthin abgegeben (§ 696 ZPO). Gleiches gilt, wenn Einspruch gegen einen Vollstreckungsbescheid eingelegt wird (§ 700 Abs 3 ZPO).
1.3. In Familiensachen, Ehesachen, Scheidungssachen und Scheidungsfolgesachen als **Familiengerichte** (§ 23 b GVG).
1.4. Im Rahmen der freiwilligen Gerichtsbarkeit in Vormundschafts-, Betreuungs-, Sorgerechts- und Unterbringungssachen als **Vormundschaftsgerichte** (§ 35 Gesetz über die Angelegenheit der freiwilligen Gerichtsbarkeit -FGG-). In Nachlaß- und Teilungssachen als **Nachlaßgerichte** (§ 72 FGG). Des weiteren obliegt den Amtsgerichten in diesem Bereich die Führung der Register (Vereinsregister, Handelsregister usw).
1.5. In Landwirtschaftssachen als **Landwirtschaftsgerichte** (§§ 1, 2 Abs 1 Gesetz über das gerichtliche Verfahren in Landwirtschaftssachen -LwVG-), wobei 2 ehrenamtliche Richter, die die Landwirtschaft als Haupt- oder Nebenberuf selbständig ausüben, mitwirken (§ 1 Abs 2, § 4 Abs 3 LwVG).
1.6. In Binnenschiffahrtssachen und damit zusammenhängenden Straftaten und Ordnungswidrigkeiten ist das Amtsgericht Hamburg als Schiffahrtsgericht ausschließlich zuständig (§ 4 Abs 3 BSchVerfG iVm Gesetz zum Staatsvertrag vom 14.02.1984).
1.7. In Zwangsvollstreckungssachen, soweit es um die Vollstreckung in Forderungen und sonstige Vermögensrechte sowie in das unbewegliche Vermögen (zB Grundstücke) geht, als Vollstreckungsgerichte (§§ 828, 869 ZPO, § 1 Gesetz über die Zwangsversteigerung und Zwangsverwaltung -ZVG-). Als **Vollstreckungsgerichte** entscheiden die Amtsgerichte auch über die Vollstreckungserinnerung, gerichtet gegen das Handeln des Gerichtsvollziehers, wenn dieser in das bewegliche Vermögen vollstreckt bzw vollstrecken soll (§ 766 ZPO).
Ferner in Konkurssachen als **Konkursgerichte** (§ 71 Konkursordnung -KO-) und im Vergleichsverfahren zur Abwendung des Konkurses als **Vergleichsgerichte** (§ 2 Vergleichsordnung -VerglO-).
Für das gerichtliche Verteilungsverfahren, in welchem die Haftung für Seeforderungen bei Todesfällen, Körperverletzungen, Sachschäden etc auf einen zu diesem

Zweck errichteten Fond beschränkt werden kann, ist das Amtsgericht Hamburg ausschließlich zuständig (§ 2 Abs 4 Seerechtliche Verteilungsordnung -SeeVertO- iVm Gesetz zum Abkommen vom 19.3.1992).

2. in Strafsachen:

2.1. Die **Strafrichter** sind zuständig für Straftaten, die als Vergehen eingestuft werden, wenn Geldstrafe oder keine höhere Freiheitsstrafe als 2 Jahre zu erwarten ist (§ 25 Nr 2 GVG). Außerdem für Straftaten, die im Wege der Privatklage verfolgt werden (§ 25 Nr 1 GVG, § 374 Strafprozeßordnung -StPO-) und für Ordnungswidrigkeiten, wenn Einspruch gegen einen Bußgeldbescheid eingelegt wurde (§ 68 Abs 1 Gesetz über Ordnungswidrigkeiten -OWiG-).

2.2. Die **Schöffengerichte** sind besetzt mit 1 Amtsrichter und 2 Schöffen; bei umfangreichen Sachen kann ein 2 Amtsrichter hinzugezogen werden (§ 29 GVG). Sie sind zuständig für Vergehen, wenn eine höhere Strafe als 2 Jahre Freiheitsstrafe zu erwarten ist, und für Straftaten, die als Verbrechen klassifiziert werden, die sich aber nicht gegen das Leben richten oder keinen ähnlich schweren Schuldvorwurf enthalten. Allerdings ist die Zuständigkeit des Schöffengerichts auch nur insoweit gegeben, als daß keine höhere Freiheitsstrafe als 4 Jahre und keine Unterbringung in der Psychiatrie (§ 63 Strafgesetzbuch -StGB-) oder in der Sicherungsverwahrung (§ 66 StGB) zu erwarten ist (§ 24 GVG).

2.3. Bei Verfehlungen von Jugendlichen und Heranwachsenden sind die **Jugendrichter** zuständig, wenn Erziehungsmaßregeln oder Zuchtmittel (Jugendarrest) zu erwarten sind, bzw bei Heranwachsenden evtl die Rechtsfolgen des allgemeinen Strafrechts anzuwenden sind und der Strafrichter zuständig wäre (§§ 39, 108 Jugendgerichtsgesetz -JGG-).

Die **Jugendschöffengerichte** bestehen aus dem Jugendrichter und 2 Jugendschöffen (§ 33 a JGG). Sie sind bis auf bestimmte Verbrechen zuständig, wenn Jugendstrafe oder bei Heranwachsenden keine höhere Strafe als 4 Jahre Freiheitsstrafe zu erwarten ist (§§ 40, 108 JGG).

Die Jugendrichter sind zudem **Vollstreckungsleiter** (§ 82 JGG). In dieser Eigenschaft überwachen sie die Einhaltung der jugendgerichtlichen Maßnahmen und Strafen und entscheiden über die Strafaussetzung.

2.4. Im Ermittlungsverfahren sind die Amtsrichter als **Untersuchungsrichter** zuständig für die Anordnung der Telefonüberwachung (§ 100 b Abs 1 StPO) und der Hausdurchsuchung (§ 105 Abs 1 StPO) etc. Des weiteren sind die Amtsrichter **Haftrichter**. In dieser Funktion erlassen sie den Haftbefehl und ordnen die Untersuchungshaft an (§§ 114, 115 StPO).

Die örtlichen ausschließlichen Zuständigkeiten einiger Amtsgerichte sind im folgenden Kapitel – Die Gerichte der ordentlichen Gerichtsbarkeit – aufgeführt.

Die **Landgerichte** befinden sich in Flensburg, Itzehoe, Kiel und der Hansestadt Lübeck (§ 2 Gerichtsorganisationsgesetz -GOG-).

1. Die **Zivilkammern** verhandeln und entscheiden in der Besetzung mit 3 Richtern, wenn nicht die Entscheidung einem Einzelrichter übertragen worden ist (§ 75 GVG, § 348 ZPO). Sie sind zuständig:

1.1. In erster Instanz in bürgerlichen Rechtsstreitigkeiten ab dem Streitwert von 10.000,01 DM (§ 71 Abs 1 GVG). Unabhängig vom Streitwert für Ansprüche gegen den Staat oder eine Körperschaft des öffentlichen Rechts wegen Amtspflichtverletzungen (§ 71 Abs 2 Nr 2 GVG). Des weiteren ua für Streitigkeiten wegen unzulässiger Wettbewerbsbeschränkungen sowie aus Kartellverträgen und Kartellbeschlüssen (§§ 2-8, 87 Gesetz gegen Wettbewerbsbeschränkungen -GWB-). Das Landgericht Kiel ist ausschließlich zuständig in Wettbewerbs- und Kartellsachen (§ 89 GWB iVm Verordnung -VO- vom 11.2.1958), in Entschädigungssachen für Opfer nationalsozialistischer Verfolgung nach dem Bundesentschädigungsgesetz (§ 208 Abs 2 BEG, Art V und VI BEG Schlußgesetz iVm VO vom 22.2.1955) und für Rückerstattungsansprüche von Opfern nationalsozialistischer Unterdrückungsmaßnahmen (Gesetz Nr 59 iVm VO 26.9.1949).

Das Landgericht Hamburg ist auch für das Gebiet des Landes Schleswig-Holstein ausschließlich zuständig in Patentstreitsachen einschließlich der Rechtsstreitigkeiten über den ergänzenden Schutz sowie die Verletzung und die Rechtsgültigkeit von Gemeinschaftspatenten (§ 143 PatG iVm Gesetz zum Abkommen über technische Schutzrechte vom 27.9.1993), in Gebrauchsmusterstreitsachen (§ 27 GebrMG iVm Gesetz vom 27.09.1993), in Halbleiterschutzstreitsachen (§ 11 HalbleiterSchG iVm Gesetz vom 27.09.1993) und in Sortenschutzstreitsachen (§ 38 SortschG iVm Gesetz vom 27.09.1993).

1.2. In zweiter und letzter Instanz für die Berufung gegen die Urteile der Amtsgerichte unter Punkt 1.1. mit Ausnahme der Kindschaftssachen (§ 72 GVG, §§ 511, 545 Abs 1 ZPO). Des weiteren für die Beschwerde gegen andere Entscheidungen der Amtsgerichte unter Punkt 1.1. und 1.7. zB die sofortige Beschwerde gegen Entscheidungen der Vollstreckungsgerichte (§ 793 ZPO), der Konkursgerichte (§ 73 Abs 3 KO) und der Vergleichsgerichte (§ 121 Abs 2 VerglO).

1.3. Als **Beschwerdekammern** für die Beschwerde gegen Entscheidungen, die im Rahmen der freiwilligen Gerichtsbarkeit ergangen sind (§§ 19 Abs 2, 30 Abs 1 FGG, §§ 71 Abs 1, 81 Abs 1 Grundbuchordnung -GBO-).

1.4. Die **Kammern für Handelssachen** (1 Richter und 2 ehrenamtliche Richter) befinden sich bei allen Landgerichten (§ 93 GVG iVm VO vom 25.7.1960). Sie sind zuständig, wenn es sich bei der Klage um eine Handelssache gem § 95 GVG – Klagen gegen Kaufleute, Wechsel- und Scheckklagen – handelt und ein Antrag des Klägers aus der Beklagten vorliegt (§§ 96, 98 GVG). Die Zuständigkeit ist auch in zweiter Instanz gegeben (§ 100 GVG).

Eine Kammer für Handelssachen beim Landgericht Kiel ist ausschließlich zuständig in Wertpapierbereinigungssachen (§ 29 Wertpapierbereinigungsgesetz iVm VO'en vom 23.9.1949 und vom 21.9.1968).

1.5. Die **Kammer für Baulandsachen** (2 Richter des Landgerichts, 1 Richter des Verwaltungsgerichts; § 220 Baugesetzbuch -BauGB-) befindet sich beim Landgericht Kiel (§ 219 BauGB iVm VO vom 26.10.1960). Diese ist zuständig zur Entscheidung über Anträge gemäß § 217 BauGB, zB die Anfechtung der Verwaltungsakte im Enteignungsverfahren.

2. In Strafsachen entscheiden:

2.1. In erster Instanz die **großen Strafkammern** in der Besetzung mit 2 Berufsrichtern und 2 Schöffen, wenn nicht wegen des Umfangs oder der Schwierigkeit der Sache die Mitwirkung eines dritten Berufsrichters notwendig erscheint (§ 76 Abs 1, 2 GVG). Sie sind zuständig in den Fällen, in denen die Zuständigkeit der Amtsgerichte nicht gegeben ist und bei politischen Straftaten die Zuständigkeit des Oberlandesgerichts wegen der geringen Bedeutung der Straftat auch nicht begründet ist (§ 74 Abs 1 GVG). Zudem kann die Staatsanwaltschaft bei Straftaten, die an und für sich zur Zuständigkeit der Amtsgerichte gehören, Anklage vor dem Landgericht erheben, wenn die Straftat im Blickpunkt der Öffentlichkeit steht (§ 24 Abs 1 Nr 3 GVG).

Die großen Strafkammern, die über Verbrechen gegen das Leben und bestimmte andere schwere Verbrechen (zB Raub mit Todesfolge, besonders schwere Brandstiftung) zu entscheiden haben, führen die Bezeichnung **Schwurgericht** (§ 74 Abs 2 GVG). Sie entscheiden generell in der Besetzung mit 3 Berufsrichtern (§ 76 Abs 2 GVG).

Im Bereich der Wirtschaftskriminalität und der Steuerstraftaten, mit Ausnahme der Straftaten nach dem Weingesetz und dem Lebensmittelrecht, sind die **großen Wirtschaftsstrafkammern** (§ 74 c GVG) des Landgerichts Kiel für die LG-Bezirke Flensburg und Kiel und des Landgerichts Lübeck für die LG-Bezirke Itzehoe und Lübeck ausschließlich zuständig (§ 74 c Abs 3 iVm VO vom 11.4.1979 GVG).

Bei politischen Straftaten mit geringem Gewicht ist die **Staatsschutzkammer** des Landgerichts Flensburg zuständig (§ 74 a GVG).

2.2. In zweiter Instanz die **kleinen Strafkammern** in der Besetzung mit 1 Berufsrichter und 2 Schöffen; wenn jedoch das erweiterte Schöffengericht entschieden hat, mit 2 Berufsrichtern (§ 76 Abs 1, 3 GVG). Sie sind zuständig für die Berufung gegen die Urteile der Amtsgerichte mit Ausnahme der Urteile im Bereich der Ordnungswidrigkeiten (§ 74 Abs 3 GVG).

2.3. Die **großen Jugendkammern** in der Besetzung mit 3 Richtern und 2 Jugendschöffen, wenn nicht die Mitwirkung eines dritten Richters entbehrlich erscheint (§ 33 b JGG). Sie sind zuständig zur Aburteilung von Taten gegen das Leben und bestimmte andere schwere Verbrechen (§ 41 Abs 1 Nr 1 JGG) und wenn das Jugendschöffengericht wegen des Umfangs die Sache vorgelegt hat (§ 41 Abs 1 Nr 2 JGG).

Die großen Jugendkammern sind außerdem zuständig für Berufungen gegen Urteile des Jugendschöffengerichts (§ 41 Abs 2, 33 b JGG).

Die **kleinen Jugendkammern** (1 Richter und 2 Jugendschöffen) für Berufungen gegen Urteile des Jugendrichters (§ 33 b JGG).

2.4. Die **Strafvollstreckungskammern** befinden sich beim Landgericht Kiel für die LG-Bezirke Flensburg und Kiel und beim Landgericht Lübeck für die LG-Bezirke Itzehoe und Lübeck (§ 78 a Abs 2 GVG iVm VO vom 16.12.1974). Sie sind besetzt mit 1 Richter, soweit es sich um die während des Vollzuges zu treffende Entschei-

dung der Aussetzung des Strafrestes geht (§ 78 a Abs 1 Nr 1 GVG). Außerdem überprüfen sie die Rechtmäßigkeit von Maßnahmen während des Strafvollzugs (§ 78 a Abs 1 Nr 2 GVG).

Über die Aussetzung der Vollstreckung einer lebenslangen Freiheitsstrafe oder der Unterbringung in der Psychiatrie entscheiden die Strafvollstreckungskammern in der Besetzung mit 3 Richtern (§ 78 b GVG). Für die Strafanstalten Glasmoor und Alt-Erfrale im Kreis Segeberg ist das Landgericht Hamburg zuständig (§ 78 a Abs 3 iVm Gesetz zum Abkommen vom 18.12.1974).

3. Die **Kammer für Steuerberater- und Steuerbevollmächtigtensachen** sowie die **Kammer für Wirtschaftsprüfersachen** befinden sich beim Landgericht am Sitz der Berufskammern (§ 95 Abs 1 Steuerberatungsgesetz -StBerG-; § 72 Abs 1 Wirtschaftsprüferordnung -WPrüfO-). Sie entscheiden außerhalb der Hauptverhandlung in der Besetzung mit 3 Berufsrichtern des Landgerichts, in der Hauptverhandlung mit 1 Berufsrichter und 2 Beisitzern der jeweiligen Berufsgruppe über Pflichtverletzungen dieser Berufsgruppen (§ 95 Abs 4 StBerG; § 72 Abs 2 WPrüfO).

4. Das Dienstgericht für Richter ist das **Schleswig-Holsteinische Dienstgericht**, welches beim Landgericht Kiel errichtet ist (§ 56 Landesrichtergesetz -LRiG-). Es entscheidet in der Besetzung mit einem Vorsitzenden, einem ständigen und einem nichtständigen Beisitzer, welcher dem Gerichtszweig des betroffenen Richters angehören soll (§§ 63, 65 LRiG). Das Dienstgericht entscheidet sowohl in Disziplinarsachen gegen Richter als auch über die Rechtmäßigkeit aller sonstigen Maßnahmen, die den Richter betreffen (§ 57 Abs 1 LRiG). Ebenfalls entscheidet es in Disziplinarsachen gegen Staatsanwälte (§ 57 Abs 2 LRiG).

Das **Schleswig Holsteinische Oberlandesgericht** hat seinen Sitz in Schleswig (§ 1 GOG).

1. Die **Senate in Zivilsachen** verhandeln und entscheiden in der Besetzung mit 3 Richtern (§ 122 Abs 1 GVG). Es gibt:

1.1. Zivilsenate für die Berufung gegen erstinstanzliche Urteile der Zivil- und Handelskammern und für die Beschwerde gegen andere Entscheidungen dieser Kammern (§ 119 Abs 1 Nr 3, 4 GVG). Diese entscheiden somit auch über die weitere Beschwerde in Zwangsvollstreckungs- und Konkurssachen (§ 793 Abs 2 ZPO, § 73 Abs 3 KO).

1.2. Den **Senat für Baulandsachen** (2 Richter des OLG, 1 Richter des OVG) als Berufungsinstanz für die Entscheidungen der Kammer für Baulandsachen (§ 229 BauGB).

1.3. Den **Kartellsenat**, zuständig für die Beschwerde gegen Verfügungen der Landeskartellbehörde (§ 62 GWB), den Einspruch gegen einen Bußgeldbescheid dieser Behörde (§ 82 GWB) und als Berufungsinstanz für die Entscheidungen der Landgerichts in Kartellsachen (§ 92 GWB).

1.4. Den **Beschwerdesenat** für die weitere Beschwerde gegen Entscheidungen der Beschwerdekammern (§§ 28, 30 FGG, §§ 89, 81 GBO).

1.5. Familiensenate als Berufungsinstanz gegen die

Entscheidungen der Familiengerichte (§ 119 Abs 1 Nr 1, 2 GVG) und der Amtsgerichte in Kindschaftssachen (§ 119 Nr 1, 2 GVG).

1.6. Den **Senat für Landwirtschaftssachen** (3 Richter des OLG und 2 ehrenamtliche Richter). Dieser entscheidet im zweiten Rechtszug über die sofortige Beschwerde gegen Entscheidungen der Landwirtschaftsgerichte (§§ 2, 9 LwVG) und über die Berufung gegen Urteile der Landwirtschaftsgerichte (§§ 2, 38 LwVG).

2. Die **Senate in Strafsachen** entscheiden in der Besetzung mit 3 Richtern, wenn nicht im ersten Rechtszug die Mitwirkung zweier weiterer Richter notwendig erscheint (§ 122 GVG).

2.1. Im ersten Rechtszug sind die Strafsenate zuständig für Straftaten, die sich gegen den Staat bzw seine Organe richten oder die äußere und innere Sicherheit betreffen (§ 120 GVG). In diesem Fall kann Ermittlungsrichter neben dem Amtsrichter auch ein Richter am Oberlandesgericht sein (§ 169 Abs 1 StPO). Die Entscheidung über die Beschwerden gegen die Entscheidungen des Ermittlungsrichters steht dann ebenfalls dem Senat zu (§ 120 Abs 3 GVG). Wenn der Generalbundesanwalt das Ermittlungsverfahren führt und Anklage erhebt, wird das Oberlandesgericht im Rahmen der Organleihe tätig und übt insoweit Bundesgerichtsbarkeit aus (§ 120 Abs 6 GVG).

2.2. Als Revisionsinstanz sind die Strafsenate zuständig für die Berufungsurteile der kleinen Strafkammern und der Jugendkammern, für die Sprungrevision gegen Urteile der Amtsgerichte und für die erstinstanzlichen Urteile der großen Strafkammern in dem sehr seltenen Fall, daß die Revision auf die Verletzung von Landesrecht gestützt wird (§§ 121, 122 GVG).

2.3. Ferner sind die Strafsenate zuständig für die Haftprüfung, wenn die U-Haft länger als 6 Monate dauert (§ 122 StPO). Im Klageerzwingungsverfahren des Verletzten, wenn die Staatsanwaltschaft die Anklageerhebung abgelehnt hat (§ 172 StPO). Für die Rechtsbeschwerde im Bereich der Ordnungswidrigkeiten gegen Urteile und Beschlüsse des Amtsrichters (§ 79 OWiG). Und für die Rechtsbeschwerde gegen Entscheidungen der Strafvollstreckungskammern im Bereich der Vollzugsentscheidungen (§ 121 Abs 1 Nr 3 GVG).

3. Der **Senat für Steuerberater- und Steuerbevollmächtigtensachen** sowie der **Senat für Wirtschaftsprüfersachen** entscheiden im zweiten Rechtszug mit 3 Richtern und 2 Beisitzern aus der jeweiligen Berufsgruppe über Urteile und andere Entscheidungen der berufsgerichtlichen Kammer (§ 96 StBerG; § 73 WPrüfO).

4. Der **Schleswig-Holsteinische Dienstgerichtshof**, das Richterdienstgericht zweiter Instanz, ist beim Oberlandesgericht errichtet (§ 56 LRiG). Er entscheidet mit 1 Vorsitzenden, 1 ständigen und 1 nichtständigen Beisitzer über Berufungen gegen Urteile und Beschwerden gegen andere Entscheidungen des Dienstgerichts (§§ 58, 66 LRiG). Ferner entscheidet es im förmlichen Disziplinarverfahren gegen Mitglieder des Landesrechnungshofes (§ 7 Abs 1 Gesetz über den Landesrechnungshof Schleswig-Holstein (LRH-G).

5. Das **Disziplinargericht für Notare** ist das Oberlandesgericht (§ 99 Bundesnotarordnung -BNotO-). Es entscheidet in der Besetzung mit 2 Richtern und einem Notar über Dienstvergehen der Notare (§§ 95, 101 BNotO).

6. Der **Anwaltsgerichtshof** ist beim Oberlandesgericht errichtet (§ 100 Bundesrechtsanwaltsordnung -BRAO-). Die Senate entscheiden in der Besetzung von 5 Mitgliedern und je 2 weiteren anwaltlichen und richterlichen Beisitzern über die Berufungen gegen Urteile und die Beschwerden gegen Beschlüsse des Anwaltsgerichts (§§ 104, 142, 143 BRAO).

Die **Staatsanwaltschaft** ist eine hierarchisch aufgebaute, von den Gerichten unabhängige Justizbehörde (§§ 146, 150 GVG). Die Dienstaufsicht obliegt dem Leitenden Oberstaatsanwalt für die Staatsanwälte beim Landgericht, dem Generalstaatsanwalt für die Staatsanwälte beim Oberlandesgericht und dem Justizminister hinsichtlich aller Staatsanwälte (§ 147 GVG).

Die Staatsanwaltschaft ist Herrin des Ermittlungsverfahrens. In dieser Eigenschaft hat sie sowohl sämtliches belastende Material als auch alle entlastenden Umstände zu ermitteln (§ 160 Abs 2 StPO). Hierfür kann sie von allen Behörden Auskunft verlangen und Ermittlungen jeder Art entweder selbst vornehmen oder durch die Behörden und Beamten des Polizeidienstes vornehmen lassen (§ 161 StPO). Zeugen, Sachverständige und der Beschuldigte sind verpflichtet, vor der Staatsanwaltschaft zu folgen (§§ 161 Abs 1, 163 Abs 3 StPO). Zudem hat sie die gleichen Befugnisse wie der Untersuchungsrichter (zB die Anordnung der Telefonüberwachung). Die Anordnungen der Staatsanwaltschaft bedürfen jedoch der richterlichen Bestätigung innerhalb von 3 Tagen.

Nach Abschluß der Ermittlungen entscheidet sie, ob das Verfahren mangels hinreichenden Tatverdachts oder wegen Verfahrensmängeln (zB Verjährung) eingestellt wird (§ 170 Abs 2 StPO). Ferner hat sie die Möglichkeit, im Bereich der Kleinkriminalität das Verfahren mit Zustimmung des Gerichts einzustellen (§§ 153, 153 a StPO), und bei Delikten wie Sachbeschädigung, Beleidigung und Hausfriedensbruch kann sie bei Verneinung des öffentlichen Interesses den Verletzten auf den Privatklageweg verweisen (§ 374 StPO).

Entschließt sich die Staatsanwaltschaft zur Anklageerhebung, geschieht dies durch Einreichung der Anklageschrift beim zuständigen Gericht (§ 170 Abs 1 StPO). In der Hauptverhandlung vertritt sie die Anklage. Des weiteren wacht sie über die richtige Rechtsanwendung. Sie kann deshalb gegen ein Urteil Berufung (§ 312 StPO) und Revision (§ 333 StPO) einlegen. Nach Rechtskraft des Urteils sorgt die Staatsanwaltschaft bei Erwachsenen für die Vollstreckung desselben (§ 451 StPO).

III. Die Verwaltungsgerichtsbarkeit

Das **Schleswig-Holsteinische Verwaltungsgericht** hat seinen Sitz in Schleswig (§ 3 Verwaltungsgerichtsordnung -VwGO- iVm § 1 Abs 1 Ausführungsgesetz zur Verwaltungsgerichtsordnung -AGVwGO-).

1. Es bestehen **Kammern**, die in der Besetzung mit 3 Berufsrichtern und 2 ehrenamtlichen Richtern entscheiden, soweit nicht ein Einzelrichter entscheidet, weil die

Sache keine besonderen Schwierigkeiten tatsächlicher oder rechtlicher Art aufweist und keine grundsätzliche Bedeutung hat (§ 5 Abs 3, § 6 VwGO).

1.1. Die Kammern sind zuständig, wenn der Verwaltungsrechtsweg aufgrund einer Spezialzuweisung eröffnet ist. Dies ist beispielsweise der Fall bei Streitigkeiten aus dem Beamtenverhältnis (§ 126 Abs 1 Beamtenrechtsrahmengesetz -BRRG-) und im Zusammenhang mit der Wehrpflicht (§ 32 Wehrpflichtgesetz -WPflG-). Des weiteren in allen öffentlich-rechtlichen Streitigkeiten nichtverfassungsrechtlicher Art, soweit nicht die Streitigkeiten durch Gesetz einem anderen Gerichtszweig ausdrücklich zugewiesen sind (§ 40 Abs 1 VwGO, sog Generalklausel). Eine öffentlich-rechtliche Streitigkeit liegt vor, wenn die Streitigkeit nach Normen zu beurteilen ist, deren berechtigtes oder verpflichtetes Zuordnungsobjekt ausschließlich ein Träger hoheitlicher Gewalt ist; sog Sonderrechtstheorie. Träger hoheitlicher Gewalt sind sowohl der Bund und die Länder, denen die unmittelbare Staatsverwaltung obliegt, als auch zB die Universitäten als Teile der mittelbaren Staatsverwaltung sowie die Gemeinden als Kommunalverwaltung. Berechtigen und Verpflichten können die Normen die Träger nicht nur im Verhältnis zum Bürger, so zB zum Erlaß einer Ordnungsverfügung oder zur Erteilung einer Baugenehmigung, sondern auch untereinander, zB zur Weisungserteilung. Bei der Streitigkeit darf es sich zudem nicht um eine verfassungsrechtliche Streitigkeit handeln. Eine solche liegt vor, wenn sie materiell dem Bundes- oder Landesverfassungsrecht zuzurechnen ist und die Parteien Verfassungsorgane oder sonst am Verfassungsleben beteiligte Organe sind. Regelungsbereiche, in denen der Verwaltungsrechtsweg gegeben ist, sind somit zB das Gemeinderecht, das Polizeirecht, das Baurecht, das Gewerberecht, das Straßen- und Wegerecht sowie das Schul- und Hochschulrecht.

1.2. Es bestehen Fachkammern, bei denen die ehrenamtlichen Richter Mitarbeiter des öffentlichen Dienstes sind, für Streitigkeiten in Personalvertretungsangelegenheiten (§ 187 Abs 2 VwGO iVm § 92 Personalvertretungsgesetz -PersVG-).

1.3. Die Kammern sind ferner zuständig im Verfahren des vorläufigen Rechtsschutzes, wenn es um die Herstellung bzw Wiederherstellung der aufschiebenden Wirkung eines Verwaltungsaktes geht (§§ 80 Abs 5, 80 a VwGO) oder wenn eine einstweilige Anordnung vom Gericht begehrt wird (§ 123 VwGO).

2. Beim Verwaltungsgericht ist das **Disziplinargericht** gebildet (§ 187 Abs 1 VwGO iVm § 36 Disziplinarordnung für das Land Schleswig-Holstein -LDO-). Dieses entscheidet in der Besetzung mit 3 Berufsrichtern und 2 ehrenamtlichen Richtern, von denen einer möglichst aus der Laufbahngruppe des betroffenen Beamten kommen soll, in förmlichen Disziplinarverfahren gegen Beamte wegen begangener Dienstvergehen (§§ 39 Abs 1, 31, 2 LDO)

3. Beim Verwaltungsgericht ist ferner das **Berufsgericht für die Heilberufe** errichtet (§ 187 Abs 1 VwGO iVm § 59 Abs 1 Heilberufsgesetz -HeilBerG-). Dieses entscheidet in der Besetzung mit 1 Berufsrichter und 2 ehrenamtlichen Richtern aus der Berufsgruppe des Be-

schuldigten über schuldhafte Verletzung der Berufspflichten von Ärzten, Zahnärzten, Tierärzten und Apothekern (§§ 55 Abs 1, 59 Abs 3 HeilBerG).

Das **Schleswig-Holsteinische Oberverwaltungsgericht** hat seinen Sitz ebenfalls in Schleswig (§ 1 Abs 2 AGVwGO).

1. Die **Senate** entscheiden in der Besetzung mit 3 Berufsrichtern und 2 ehrenamtlichen Richtern, die im Normenkontrollverfahren auch an den Entscheidungen außerhalb der Hauptverhandlung mitwirken (§ 9 Abs 3 VwGO iVm §§ 3, 5 AGVwGO). Sie sind zuständig:

1.1. Im ersten Rechtszug für die Überprüfung von Satzungen, die nach den Vorschriften des Baugesetzbuchs erlassen worden sind (§ 47 Abs 1 Nr 1 VwGO), sowie von sonstigen Rechtsverordnungen und Satzungen (§ 47 Abs 1 Nr 2 iVm § 5 AGVwGO). Des weiteren bei Streitigkeiten im Zusammenhang mit Atommeilern, Großkraftwerken, Müllverbrennungs- und Sondermüllentsorgungsanlagen, Flughäfen und Planfeststellungsverfahren für Straßen- und Eisenbahnen sowie Bundesfernstraßen (§ 48 Abs 1 VwGO). Ferner zur Entscheidung über Vereinsverbote, die von einer obersten Landesbehörde ausgesprochen wurden, soweit sie sich gegen die Ersatzorganisation richten (§ 48 Abs 2 VwGO). Und für Flurbereinigungssachen nach dem Flurbereinigungsgesetz (§ 9 Ausführungsgesetz zur Flurbereinigung).

1.2. Als Fachsenate, bei denen die ehrenamtlichen Richter aus dem öffentlichen Dienst kommen, in zweiter Instanz für die Rechtsmittel gegen die Entscheidungen der Fachkammern in Personalvertretungsangelegenheiten (§ 187 Abs 2 VwGO iVm § 97 PersVG).

1.3. Im zweiten Rechtszug für die Berufung gegen Urteile und die Urteilen gleichstehenden Gerichtsbescheide sowie für die Beschwerden gegen andere Entscheidungen des Verwaltungsgerichts, insbesondere die Entscheidungen im vorläufigen Rechtsschutz (§ 46 Nr 1, 2 VwGO). Allerdings sind die Berufung und die Beschwerde nur dann statthaft, wenn das OVG diese zugelassen hat (§§ 124, 146 Abs 4 VwGO).

2. Der **Große Senat** besteht aus dem Präsidenten und je einem Richter der beteiligten Senate, in denen der Präsident nicht den Vorsitz führt (§§ 12, 11 Abs 5 VwGO). Dieser entscheidet, wenn ein Senat in einer Rechtsfrage bez des Landesrechts von der Entscheidung eines anderen Senats abweichen will oder wenn es zur Rechtsfortbildung des Landesrechts angezeigt ist (§§ 12, 11 Abs 1, 4 VwGO).

3. Beim Oberverwaltungsgericht besteht das **Disziplinargericht** zweiter Instanz (§ 187 Abs 1 VwGO iVm § 36 LDO). Es ist besetzt mit 3 Berufsrichtern und 2 ehrenamtlichen Richtern, von denen einer aus der Laufbahngruppe des betroffenen Beamten kommen soll (§ 39 Abs 1 LDO). Es ist Rechtsmittelinstanz für die Entscheidungen des Disziplinargerichts erster Instanz (§ 64 LDO).

4. Beim Oberverwaltungsgericht ist der **Berufsgerichtshof für die Heilberufe** errichtet (§ 187 Abs 1 iVm § 59 Abs 2 HeilBerG). Er entscheidet in der Besetzung mit 3 Berufsrichtern und 2 ehrenamtlichen Richtern, die der Berufsgruppe des Beschuldigten angehören, über die Berufung gegen Urteile und die Beschwerde gegen andere Entscheidungen des Berufsgerichts für Heilberufe (§§ 59 Abs 4, 71 HeilBerG).

IV. Die Sozialgerichtsbarkeit

Die **Sozialgerichte** befinden sich in Kiel, Lübeck, Itzehoe und Schleswig (§ 7 Abs 1 Sozialgerichtsgesetz -SGG- iVm § 1 Schleswig-Holsteinisches Ausführungsgesetz zum Sozialgerichtsgesetz -AGSGG-).

Die **Kammern** der Sozialgerichte entscheiden in der Besetzung mit 1 Berufsrichter sowie 2 ehrenamtlichen Richtern als Beisitzer, wobei die ehrenamtlichen Richter der Fachkammern den beteiligten Kreisen angehören (§ 12 Abs 2-4 SGG). Es gibt:

1. Kammern für Streitigkeiten in Angelegenheiten der Sozialen Pflegeversicherung (§ 51 Abs 2 SGG), auf Grund des Lohnfortzahlungsgesetzes (§ 51 Abs 3 SGG) und in den durch Gesetz ausdrücklich zugewiesenen Fällen (§ 51 Abs 4 SGG). Diese Zuweisung ist zB gegeben bei Streitigkeiten im Zusammenhang mit dem Kindergeld (§ 15 Bundeskindergeldgesetz) und mit der Versorgung von Soldaten und Zivildienstleistenden, wenn diese während der Dienstzeit Schäden erlitten haben (§ 88 Abs 7 Soldatenversorgungsgesetz, § 51 Abs 2 ZDG).

Ferner sind die Kammern zuständig für Streitigkeiten wegen Entscheidungen der gemeinsamen Gremien von Ärzten, Zahnärzten, Krankenhäusern und Krankenkassen, zB Landesschiedsstellen (§ 51 Abs 2 Nr 2 SGG), sowie Entscheidungen und Verträgen der Krankenkassen oder ihrer Verbände, zB Zulassung von Leistungen der Krankenkassen an Versicherte (§ 51 Abs 2 Nr 3 SGG).

2. Fachkammern für Streitigkeiten in Angelegenheiten der Sozialversicherung, der Arbeitslosenversicherung und der übrigen Aufgaben der Bundesanstalt für Arbeit (§§ 10 Abs 1, 51 Abs 1 SGG).

3. Fachkammern beim Sozialgericht Kiel, ausschließlich zuständig für Streitigkeiten in Angelegenheiten des Kassenarztrechts auf Grund der Beziehungen zwischen Ärzten, Zahnärzten und Krankenkassen (§§ 10 Abs 2, 51 Abs 2 Nr 1 SGG iVm § 1 Abs 6 AGSGG).

4. Fachkammern beim Sozialgericht Kiel, die für die Angelegenheiten der Knappschaftsversicherung einschließlich der Unfallversicherung für den Bergbau ausschließlich zuständig sind (§§ 10 Abs 1, 51 Abs 1 SGG iVm § 1 Abs 6 AGSGG).

Das **Landessozialgericht** hat seinen Sitz in Schleswig (§ 28 SGG iVm § 2 AGSGG). Die **Senate** entscheiden in der Besetzung mit 3 Berufsrichtern und 2 ehrenamtlichen Richtern, wobei die ehrenamtlichen Richter der Fachsenate den beteiligten Kreisen angehören (§ 33 SGG). Sie sind zuständig für Berufungen gegen Urteile und die einem Urteil gleichstehenden Gerichtsbescheide sowie für Beschwerden gegen andere Entscheidungen der Kammern der Sozialgerichte (§ 131 SGG). Es bestehen Fachsenate für Angelegenheiten der Sozial- und Arbeitslosenversicherung, des Kassenarztrechts und der Knappschaftsversicherung (§ 31 SGG).

V. Die Finanzgerichtsbarkeit

Das **Schleswig-Holsteinische Finanzgericht** hat seinen Sitz in Schleswig (§ 3 Finanzgerichtsordnung -FGO- iVm § 1 Gesetz zur Ausführung der Finanzgerichtsordnung -AGFGO-).

Die **Senate** entscheiden in der Besetzung mit 3 Berufsrichtern und 2 ehrenamtlichen Richtern, es sei denn, der Rechtsstreit ist einem Einzelrichter übertragen worden, weil die Sache keine besonderen Schwierigkeiten tatsächlicher oder rechtlicher Art aufweist und keine grundsätzliche Bedeutung hat (§§ 5 Abs 3, 6 Abs 1 Finanzgerichtsordnung -FGO-). Sie sind zuständig:

1. Für alle Klagen gegen Finanzbehörden (§ 6 Abgabenordnung -AO-) in Abgabenangelegenheiten, soweit die Abgaben durch Finanzbehörden verwaltet werden (§ 33 Abs 1 Nr 1, 4, Abs 2 FGO, § 5 AGFGO). Dies sind die Steuern, soweit es sich nicht um örtliche Verbrauchs- und Aufwandsteuern nach dem Gesetz über kommunale Abgaben -KAG- handelt, Sonderabgaben, Zölle und das Branntweinmonopol. Weiterhin gehören hierzu die Abgaben, die auf Recht beruhen, welches die europäische Union gesetzt hat. Ausgenommen sind von den Bundessteuern die sog Realsteuern, wie Gewerbe- und Grundsteuer, da diese von den Gemeinden verwaltet werden. Allerdings sind die Senate zuständig bei Streitigkeiten um den, dem Realsteuerbescheid zugrundeliegenden Meßbescheid bzw Zerlegungsbescheid des Finanzamtes.

Des weiteren kraft ausdrücklicher Zuweisung zB bei Streitigkeiten im Zusammenhang mit Verwaltungsakten nach dem Wohnungsbau-Prämiengesetz (§ 8 Abs 3 WoPG) und der Arbeitnehmer-Sparzulage (§ 14 Abs 6 5.VermBG).

Die Zollsteuer, Verbrauchssteuer und Finanzmonopolsachen, sonstigen Angelegenheiten der Zollverwaltung sowie Angelegenheiten aus der Durchführung der Agrarmarktordnung sind dem gemeinsamen Senat für die Länder Hamburg, Niedersachsen und Schleswig-Holstein beim Finanzgericht Hamburg zugewiesen (§ 1 Abs 2 FGO iVm Art 1 Gesetz zum Staatsvertrag vom 14.7.1981).

2. Für Streitigkeiten bez der Prüfung zum und der Bestellung von Steuerberatern sowie im Zusammenhang mit der Bildung von Steuerberatungsgesellschaften. Des weiteren bei Streitfragen im Zusammenhang mit der Tätigkeit der Steuerberatung (§ 33 Abs 1 Nr 3 FGO).

VI. Die Arbeitsgerichtsbarkeit

Die **Arbeitsgerichte** befinden sich in Elmshorn, Flensburg, Husum, Kiel, Lübeck und Neumünster (§ 14 Arbeitsgerichtsgesetz -ArbGG- iVm § 2 Gesetz über die Neueinteilung der Bezirke der Gerichte für Arbeitssachen Schleswig-Holstein).

Die **Kammern** der Arbeitsgerichte sind besetzt mit 1 Berufsrichter und 2 ehrenamtlichen Richtern, die aus den Kreisen der Arbeitnehmer und Arbeitgeber stammen (§ 16 Abs 2 ArbGG). Sie sind zuständig:

1. Im Urteilsverfahren (§ 46 ArbGG) bei Streitigkeiten zwischen Arbeitnehmern, Arbeitgebern, den Tarifvertragsparteien und den gemeinsamen Einrichtungen der

Tarifvertragsparteien (§ 2 Nr 1-6, 9 ArbGG), wobei die Streitigkeiten zwischen den Tarifvertragsparteien bei Bestehen eines Schiedsvertrages ausgenommen sind (§§ 4, 101 ArbGG). Unter die Streitigkeiten zwischen Arbeitnehmern und Arbeitgebern fallen auch die Streitigkeiten wegen Arbeitnehmererfindungen und Verbesserungsvorschlägen sowie Urheberrechtsstreitsachen (§ 2 Abs 2 ArbGG).

Des weiteren bei Streitigkeiten zwischen den Trägern des freiwilligen sozialen bzw ökologischen Jahres und ihren Helfern und dem Träger des Entwicklungsdienstes und ihren Helfern (§ 2 Abs 1 Nr 7, 8 ArbGG).

Bei den Arbeitsgerichten Flensburg, Kiel, Lübeck und Neumünster befinden sich die Fachkammern für den öffentlichen Dienst (§ 17 Abs 2 ArbGG iVm VO vom 7.5.1991). Diese sind ausschließlich zuständig für Streitsachen der im öffentlichen Dienst Beschäftigten.

Bei dem Arbeitsgericht Lübeck befindet sich die Fachkammer für die Seeschiffahrt (§ 17 Abs 2 ArbGG iVm VO vom 7.5.1991). Diese ist ausschließlich zuständig für Streitsachen der Seeleute.

2. Im Beschlußverfahren (§ 80 ArbGG), in welchem der Sachverhalt im Gegensatz zum Urteilsverfahren von Amts wegen erforscht wird, in betriebsverfassungsrechtlichen Angelegenheiten (§ 2 a Nr 1 ArbGG), in Angelegenheiten nach dem Sprecherausschußgesetz (§ 2 a Nr 2 ArbGG), in mitbestimmungsrechtlichen Angelegenheiten, soweit es um die Wahl von Vertretern der Arbeitnehmer in den Aufsichtsrat und ihre Abberufung, mit Ausnahme der Abberufung aus wichtigem Grunde, geht (§ 2 a Nr 3 ArbGG) und für die Entscheidung über die Tariffähigkeit und die Tarifzuständigkeit einer Vereinigung (§ 2 a Nr 4 ArbGG).

Das **Landesarbeitsgericht Schleswig-Holstein** hat seinen Sitz in Kiel (§ 33 ArbGG iVm § 2 Gesetz über die Neueinteilung der Bezirke der Gerichte für Arbeitssachen).

Die **Kammern** sind besetzt mit 1 Berufsrichter und 2 ehrenamtlichen Richtern aus den Kreisen der Arbeitgeber und Arbeitnehmer (§ 35 Abs 2 ArbGG). Sie entscheiden über Berufungen gegen Urteile der Arbeitsgerichte (§§ 8 Abs 2, 64 ArbGG) sowie über Beschwerden gegen die das Beschlußverfahren beendenden Entscheidungen (§§ 8 Abs 4, 87 ArbGG). Des weiteren entscheiden sie über die Beschwerde gegen andere Entscheidungen der Arbeitsgerichte.

Eine Kammer ist als Fachkammer zuständig für Angelegenheiten des öffentlichen Dienstes (§§ 35 Abs 3, 17 Abs 2 ArbGG iVm VO vom 7.5.1991).

VII. Weitere Berufsgerichtsbarkeit

1. Das erstinstanzliche Berufsgericht für Rechtsanwälte ist das **Anwaltsgericht** am Sitz der Rechtsanwaltskammer (§§ 92, 119 BRAO). Es entscheidet in der Besetzung mit 3 Rechtsanwälten über Pflichtverletzungen dieser Berufsgruppe sowie über außerhalb der Berufstätigkeit liegendes Fehlverhalten, wenn es das Ansehen der Rechtsanwaltschaft gefährdet (§§ 93, 94 Abs 1, 113 BRAO).

2. Das Berufsgericht der Architekten und Ingenieure ist der **Ehrenausschuß** (§ 19 Architekten- und Ingenieurkammergesetz -ArchIngKG-). Er entscheidet mit einem Berufsrichter als Vorsitzenden und 2 Beisitzern aus der Berufsgruppe des Beschuldigten über berufsunwürdiges Verhalten (§§ 20, 21 ArchIngKG).

I Verfassungsgerichtsbarkeit

Als Verfassungsgericht entscheidet das Bundesverfassungsgericht in Karlsruhe auf Grund von Art 99 des Grundgesetzes in Verbindung mit § 13 Nr 10 Bundesverfassungsgerichtsgesetz i Vm Art 44 Verfassung des Landes Schleswig-Holstein.

II Die Gerichte der ordentlichen Gerichtsbarkeit, Staatsanwaltschaften

– gehören zum Geschäftsbereich des Ministers für Justiz, Bundes- und Europaangelegenheiten –

Staatsrechtliche Grundlage:
Siehe hierzu nähere Angaben auf Seite 86.

Schleswig-Holsteinisches Oberlandesgericht

24837 Schleswig, Gottorf-Str 2; Tel (0 46 21) 8 60
Gliederung und Aufgabenkreis:
Siehe hierzu nähere Angaben auf Seite 88.

Präsident des Schleswig-Holsteinischen Oberlandesgerichts: Dietrich Mett
Ständiger Vertreter: Volker Lindemann VPräs des OLG
Verwaltungsreferent und Geschäftsleitender Beamter: Wolfgang Vogel ORR
OLG-Bezirk: Land Schleswig-Holstein mit den Landgerichten Kiel, Lübeck, Flensburg, Itzehoe

Beim Schleswig-Holsteinischen Oberlandesgericht errichtet:

Der Vorsitzende des Justizprüfungsamtes bei dem Schleswig-Holsteinischen Oberlandesgericht
Aufgabenkreis:
Durchführung der Ersten Juristischen Staatsprüfung.
Vorsitzender: Dietrich Mett Präs des OLG
Verwaltungsleiterin: Lützen JustOARätin

Schleswig-Holsteinischer Dienstgerichtshof für Richter
Aufgabenkreis:
Siehe hierzu die Angaben auf Seite 89.
Vorsitzender Richter 1. Senat: Dr Neumann Dir des SozG
Vorsitzender Richter 2. Senat: Liedtke Richter am SoG

Anwaltsgerichtshof für Rechtsanwälte
Aufgabenkreis:
Siehe hierzu die Angaben auf Seite 89.
Vorsitzender des 1. Senats: Horbach RA und Not
Präsident und Vorsitzender des 2. Senats: Kohlhaas RA und Not

Der Generalstaatsanwalt

Staatsanwaltschaft bei dem Schleswig-Holsteinischen Oberlandesgericht

24837 Schleswig, Gottorfstr 2; Tel (0 46 21) 8 60;
Fax (0 46 21) 86 13 41; Teletex 462 177=STASL
Aufgabenkreis:
Siehe hierzu die Angaben auf Seite 89.

Generalstaatsanwalt: Erhard Rex

Landgericht Flensburg

24937 Flensburg, Südergraben 22; Tel (04 61) 8 90; Fax (04 61) 8 92 95
Gliederung und Aufgabenkreis:
Siehe hierzu die Angaben auf Seite 87.

Präsident des Landgerichts: Dr Erich Wyluda

Staatsanwaltschaft bei dem Landgericht Flensburg

24937 Flensburg, Südergraben 22, Friedrichstr 2; Tel (04 61) 8 90; Fax (04 61) 8 93 89; Teletex 461105 = stafl

Ltd Oberstaatsanwalt: Rüdiger Meienburg

Amtsgerichte im Landgerichtsbezirk Flensburg

Gliederung und Aufgabenkreis:
Siehe hierzu die Angaben auf Seite 86.

Amtsgericht Flensburg
24937 Flensburg, Südergraben 22; Tel (04 61) 89-0; Fax (04 61) 8 94 34; Teletex 46 11 05 stafl
Direktor des Amtsgerichts: Norbert Wüstefeld
Amtsgerichtsbezirk:
Zugehörige Gemeinden: Ausacker, Böxlund, Dollerup, Eggebek, Flensburg, Freienwill, Glücksburg (Ostsee), Großenwiehe, Großsolt, Grundhof, Handewitt, Harrislee, Hörup, Holt, Hürup, Husby, Janneby, Jardelund, Jarplund-Weding, Jerrishoe, Jörl, Langballig, Langstedt, Lindewitt, Maasbüll, Medelby, Meyn, Munkbrarup, Nordhackstedt, Oeversee, Osterby, Quern, Ringsberg, Sankelmark, Schafflund, Sieverstedt, Sörup, Sollerup, Steinberg, Steinbergkirche, Süderhackstedt, Tarp, Tastrup, Wallsbüll, Wanderup, Wees, Weesby, Westerholz
Besondere ausschließliche Zuständigkeiten:
in der Führung des Seeschiffsregisters und Schiffsbauregisters für den Bezirk der Amtsgerichte Flensburg, Kappeln, Schleswig, Husum und Niebüll (Landgerichtsbezirk Flensburg)
in Schöffengerichts- und Jugendschöffengerichtssachen für den Bezirk des Amtsgerichts Flensburg
in Erwachsenenhaftsachen nach Vollzug des Haftbefehls auch für den Bezirk der Amtsgerichte Kappeln, Schleswig, Husum und Niebüll (Landgerichtsbezirk Flensburg)

Amtsgericht Husum
25813 Husum, Theodor-Storm-Str 5; Tel (0 48 41) 6 93-0; Fax (0 48 41) 69 31 00; Teletex 46 11 05 stafl
Direktor des Amtsgerichts: Eggert Sticken
Amtsgerichtsbezirk:
Zugehörige Gemeinden: Ahrenshöft, Ahrenviöl, Ahrenviölfeld, Almdorf, Arlewatt, Augustenkoog, Bargum, Behrendorf, Bohmstedt, Bondelum, Bordelum, Bredstedt, Breklum, Drage, Drelsdorf, Elisabeth-

Sophien-Koog, Fresendelf, Friedrichstadt, Garding, Kirchspiel Garding, Goldebek, Goldelund, Grothusenkoog, Haselund, Hattstedt, Hattstedtermarsch, Högel, Hooge, Horstedt, Hude, Husum, Immenstedt, Joldelund, Katharinenheerd, Koldenbüttel, Kolkerheide, Kotzenbüll, Langenhorn, Löwenstedt, Lütjenholm, Mildstedt, Norderfriedrichskoog, Nordstrand, Norstedt, Ockholm, Oldenswort, Oldersbek, Olderup, Ostenfeld (Husum), Osterhever, Oster-Ohrstedt, Pellworm, Poppenbüll, Ramstedt, Rantrum, Reußenköge, Sankt Peter-Ording, Schobüll, Schwabstedt, Schwesing, Seeth, Simonsberg, Sönnebüll, Sollwitt, Struckum, Süderhöft, Südermarsch, Tating, Tetenbüll, Tönning, Tümlauer-Koog, Uelvesbüll, Viöl, Vollerwiek, Vollstedt, Welt, Westerhever, Wester-Ohrstedt, Winnert, Wisch, Wittbek, Witzwort und Wobbenbüll
Besondere ausschließliche Zuständigkeiten:
in Zwangsversteigerungs- und Zwangsverwaltungssachen für den Bezirk des Amtsgerichts Husum
in Konkurssachen für den Bezirk des Amtsgerichts Husum
in Familiensachen für den Bezirk der Amtsgerichts Husum
in Schöffengerichts- und Jugendschöffengerichtssachen für den Bezirk des Amtsgerichts Husum
in Haftsachen für den Bezirk des Amtsgerichts Husum
in Bußgeldverfahren wegen Ordnungswidrigkeiten nach dem Straßenverkehrsgesetz für den Bezirk des Amtsgerichts Husum

Amtsgericht Kappeln
24376 Kappeln, Gerichtsstr 1; Tel (0 46 42) 91 24-0
Direktor des Amtsgerichts: Wolfgang Lange
Amtsgerichtsbezirk:
Zugehörige Gemeinden: Ahneby, Arnis, Böel, Boren, Brebel, Brodersby, Dollrottfeld, Dörphof, Ekenis, Esgrus, Gelting, Grödersby, Hasselberg, Kappeln, Karby, Kiesby, Kronsgaard, Maasholm, Mohrkirch, Nieby, Niesgrau, Norderbrarup, Nottfeld, Oersberg, Pommerby, Rabel, Rabenholz, Rabenkirchen-Faulück, Rügge, Saustrup, Scheggerott, Stangheck, Steinfeld, Sterup, Stoltebüll, Süderbrarup, Ulsnis, Wagersrott, Winnemark

Amtsgericht Niebüll
25899 Niebüll, Sylter Bogen 1 a; Tel (0 46 61) 6 09-0; Fax (0 46 61) 6 09-2 51 und 6 09-2 32; Teletex 46 11 05 stafl
Direktor des Amtsgerichts: Reinhard Lebéus
Amtsgerichtsbezirk:
Zugehörige Gemeinden: Achtrup, Alkersum, Aventoft, Bosbüll, Borgsum auf Föhr, Braderup, Bramstedtlund, Dagebüll, Dunsum auf Föhr, Ellhöft, Emmelsbüll-Horsbüll, Enge-Sande, Friedrich-Wilhelm.Lübke-Koog, Galmsbüll, Gröde, Hörnum (Sylt), Holm, Humptrup, Kampen (Sylt), Karlum, Klanxbüll, Klixbüll, Ladelund, Langeneß, Leck, Lexgaard, List, Midlum, Nebel, Neukirchen, Nieblum, Niebüll, Norddorf, Oevenum, Oldsum, Rantum (Sylt), Risum-Lindholm, Rodenäs, Sprakebüll, Stadum, Stedesand, Süderende, Süderlügum, Sylt-Ost, Tinningstedt, Uphusum, Utersum, Wenningstedt (Sylt), Westerland, Westre, Witsum, Wittdün, Wrixum, Wyk auf Föhr

Besondere ausschließliche Zuständigkeiten:
in Bußgeldverfahren wegen Ordnungswidrigkeiten
nach dem Straßenverkehrsgesetz für den Bezirk der
Amtsgerichts Niebüll

Amtsgericht Schleswig
24837 Schleswig, Lollfuß 78; Tel (0 46 21) 81 50;
Teletex 46 11 05 stafl
Direktor des Amtsgerichts: Kuno Vöge
Amtsgerichtsbezirk:
Zugehörige Gemeinden: Alt-Bennebek, Bergenhusen,
Böklund, Börm, Bollingstedt, Borgwedel, Brodersby,
Busdorf, Dannewerk, Dörpstedt, Ellingstedt, Erfde,
Fahrdorf, Geltorf, Goltoft, Groß-Rheide, Havetoft, Ha-
vetoftloit, Hollingstedt, Hüsby, Idstedt, Jagel, Jübek,
Klappholz, Klein Bennebek, Klein Rheide, Kropp,
Loit, Lottorf, Lürschau, Meggerdorf, Neuberend, Nord-
erstapel, Nübel, Rüde, Satrup, Schaalby, Schleswig,
Schnarup-Thumby, Schuby, Selk, Silberstedt, Stolk,
Struxdorf, Süderfahrenstedt, Süderstapel, Taarstedt, Tetenhusen, Tielen, Tolk, Treia, Twedt, Ülsby u Wohlde
Besondere ausschließliche Zuständigkeiten:
in Zwangsversteigerungs- und Zwangsverwaltungssa-
chen für den Bezirk der Amtsgerichte Schleswig und
Kappeln
in Konkurssachen für den Bezirk der Amtsgerichte
Schleswig und Kapplen
in Familiensachen für den Amtsgerichtsbezirk Schleswig
in Schöffengerichts- und Jugendschöffengerichtssa-
chen für den Bezirk des Amtsgerichts Schleswig
in Haftsachen für den Amtsgerichtsbezirk Schleswig
in Bußgeldverfahren wegen Ordnungswidrigkeiten
nach dem Straßenverkehrsgesetz für den Amtsgerichtsbezirk Schleswig

Landgericht Itzehoe

25524 Itzehoe, Breitenburger Str 68; Tel (0 48 21) 66-0
Präsident des Landgerichts: Kurt Gerhard

Staatsanwaltschaft bei dem Landgericht Itzehoe

25524 Itzehoe, Feldschmiedekamp 4 (Holstein-Cen-
ter); Tel (0 48 21) 6 47-0; Fax (0 48 21) 64 72 22;
Teletex 04 821 306 STAIZ

Ltd Oberstaatsanwältin: Dr Löhr
Ständiger Vertreter: Schamerowski OStAnw

Amtsgerichte im Landgerichtsbezirk Itzehohe

Amtsgericht Elmshorn
25335 Elmshorn, Bismarckstr 8; Tel (0 41 21) 2 32-0
Direktor des Amtsgerichts: Jürgen Behrendt
Amtsgerichtsbezirk:
Zugehörige Gemeinden: Barmstedt, Bevern, Bilsen, Bokel, Bokholt-Hanredder, Brande-Hörnerkirchen, Bullenkuhlen, Ellerhoop, Elmshorn, Groß Nordende, Groß

Offenseth-Aspern, Haselau, Haseldorf, Heede, Heidgraben, Heist, Hemdingen, Klein Nordende, Klein
Offenseth-Sparrieshoop, Kölln-Reisiek, Langeln, Lutzhorn, Moorrege, Neuendeich, Osterhorn, Raa-Besenbek, Seester, Seestermühe, Seeth-Ekholt, Tornesch,
Uetersen, Westerhorn
Besondere ausschließliche Zuständigkeiten:
in Zwangsversteigerungs- und Zwangsverwaltungssa-
chen für den Bezirk des Amtsgerichts Elmshorn
in Konkurssachen für den Bezirk des Amtsgerichts
Elmshorn
in Familiensachen für den Bezirk des Amtsgerichts
Elmshorn
in Schöffengerichts- und Jugendschöffengerichtssa-
chen für den Bezirk des Amtsgerichts Elmshorn
in Haftsachen für den Bezirk des Amtsgerichts Elmshorn
in Bußgeldverfahren wegen Ordnungswidrigkeiten
nach dem Straßenverkehrsgesetz für den Bezirk des
Amtsgerichts Elmshorn

Amtsgericht Itzehoe
25524 Itzehoe, Bergstr 3-7; Tel (0 48 21) 66-0;
Fax (0 48 21) 66 23 71
Direktor des Amtsgerichts: Hans-Peter Bade
Amtsgerichtsbezirk:
Zugehörige Gemeinden: Aasbüttel, Aebtissinwisch,
Agethorst, Altenmoor, Auufer, Bahrenfleth, Beiden-
fleth, Bekdorf, Bekmünde, Besdorf, Blomesche Wild-
nis, Bokelrehm, Bokhorst, Borsfleth, Breitenberg,
Breitenburg, Brokdorf, Brokstedt, Büttel, Christinen-
thal, Dägeling, Dammfleth, Drage, Ecklak, Elskop,
Engelbrechtsche Wildnis, Fitzbek, Glückstadt, Gre-
venkop, Gribbohm, Hadenfeld, Heiligenstedten, Heiligenstedtenerkamp, Hennstedt, Herzhorn, Hingstheide,
Hodorf, Hohenaspe, Hohenfelde, Hohenlockstedt, Holstenniendorf, Horst (Holstein), Huje, Itzehoe, Kaaks,
Kaisborstel, Kellinghusen, Kiebitzreihe, Kleve, Kollmar, Kollmoor, Krempdorf, Krempe, Kremperheide,
Krempermoor, Kronsmoor, Krummendiek, Kudensee,
Lägerdorf, Landrecht, Landscheide, Lockstedt, Lohbar-
bek, Looft, Mehlbek, Moordiek, Moordorf, Moorhusen, Mühlenbarbek, Münsterdorf, Neuenbrook, Neuendorf bei Elmshorn, Neuendorf bei Wilster, Nienbüttel,
Nortorf, Nutteln, Oelixdorf, Oeschebüttel, Oldenborstel, Oldendorf, Ottenbüttel, Peissen, Pöschendorf,
Poyenberg, Puls, Quarnstedt, Rade, Reher, Rethwisch,
Rosdorf, Sachsenbande, Sankt Margarethen, Sarlhusen,
Scheneeld, Schlotfeld, Siezbüttel, Silzen, Sommerland,
Stördorf, Störkathen, Süderau, Vaale, Vaalermoor, Wak-
ken, Warringholz, Westermoor, Wewelsfleth, Wiedenborstel, Willenscharen, Wilster, Winseldorf, Wittenbergen, Wrist, Wulfsmoor
Besondere ausschließliche Zuständigkeiten:
in der Führung des Seeschiffsregisters und Schiffsbau-
registers für den Bezirk der Amtsgerichte Itzehoe,
Elmshorn, Meldorf, Pinneberg
in Haftsachen (nach Erlaß des Haftbefehls) für den Bezirk der Amtsgerichte Itzehoe, Elmshorn, Meldorf und
Pinneberg

Amtsgericht Meldorf
25704 Meldorf, Domstr 1; Tel (0 48 32) 8 70;
Fax (0 48 32) 8 73 55

Direktor des Amtsgerichts: Hans-Georg Berndt
Amtsgerichtsbezirk:
Zugehörige Gemeinden: Albersdorf, Arkebek, Averlak, Bargenstedt, Barkenholm Barlt, Bergewöhrden, Brikkeln, Brunsbüttel, Buchholz, Büsum, Büsumer Deichhausen, Bunsoh, Burg (Dithmarschen), Busenwurth, Dellstedt, Delve, Diekhusen-Fahrstedt, Dingen, Dörpling, Eddelak, Eggstedt, Elpersbüttel, Epenwöhrden, Fedderingen, Frestedt, Friedrichsgabekoop, Friedrichskoog, Gaushorn, Glüsing, Großenrade, Groven, Gudendorf, Hägen, Hedwigenkoog, Heide, Hellschen-Heringsand-Unterschaar, Helse, Hemme, Hemmingstedt, Hennstedt, Hillgroven, Hochdonn, Hövede, Hollingstedt, Immenstedt, Kaiser-Wilhelm-Koog, Karolinenkoog, Kleve, Krempel, Kronprinzenkoog, Krumstedt, Kuden, Lehe, Lieth, Linden, Lohe-Rickelshof, Lunden, Marne, Marnerdeich, Meldorf, Neuenkirchen, Neufeld, Neufelderkoog, Nindorf, Norddeich, Norderheistedt, Nordermeldorf, Norderwöhrden, Nordhastedt, Odderade, Österdeichstrich, Oesterwurth, Offenbüttel, Osterade, Ostrohe, Pahlen, Quickborn, Ramhusen, Rehm-Flehde-Bargen, Reinsbüttel, Sankt Annen, Sankt Michaelisdonn, Sarzbüttel, Schafstedt, Schalkholz, Schlichting, Schmedeswurth, Schrum, Schülp, Stelle-Wittenwurth, Strübbel, Süderdeich, Süderdorf, Süderhastedt, Süderheistedt, Tellingstedt, Tensbüttel-Röst, Tielenhemme, Trennewurth, Volsemenhusen, Wallen, Warwerort, Weddingstedt, Welmbüttel, Wennbüttel, Wesselburen, Wesselburener Deichhausen, Wesselburenerkoog, Wesseln, Westerborstel, Westerdeichstrich, Wiemerstedt, Windbergen, Wöhrden, Wolmersdorf, Wrohm

Amtsgericht Pinneberg
25421 Pinneberg, Bahnhofstr 17; Tel (0 41 01) 5 03-0
Direktor des Amtsgerichts: Thomas Krull
Amtsgerichtsbezirk:
Zugehörige Gemeinden: Appen, Bönningstedt, Borstel-Hohenraden, Ellerbek, Halstenbek, Hasloh, Helgoland, Hetlingen, Holm, Kummerfeld, Pinneberg, Prisdorf, Quickborn, Rellingen, Tangstedt, Schenefeld, Wedel (Holstein)

Landgericht Kiel

24114 Kiel, Schützenwall 31/35; Tel (04 31) 60 40

Präsident des Landgerichts: Dr Friedrich August Bonde

Beim Landgericht Kiel eingerichtet:

Schleswig-Holsteinisches Dienstgericht für Richter

Staatsanwaltschaft bei dem Landgericht Kiel

24114 Kiel, Schützenwall 31/35;
Tel (04 31) 60 40/6 04 33 16;
Fax (04 31) 6 04 34 69; Teletex 43 17 67 = STAKIEL

Ltd Oberstaatsanwalt: Lothar von Raab-Straube

Amtsgerichte im Landgerichtsbezirk Kiel

Amtsgericht Bad Bramstedt
24576 Bad Bramstedt, Maienbeeck 1;
Tel (0 41 92) 40 96 bis 40 99; Fax (0 41 92) 83 00
Direktor des Amtsgerichts: Harald Pöhls
Amtsgerichtsbezirk:
Zugehörige Gemeinden: Armstedt, Bad Bramstedt, Bimöhlen, Borstel, Föhrden-Barl, Fuhlendorf, Großenaspe, Hagen, Hardebek, Hasenkrug, Hasenmoor, Heidmoor, Henstedt-Ulzburg, Hitzhusen, Hüttblek, Kaltenkirchen, Kattendorf, Kisdorf, Lentföhrden, Mönkloh, Nützen, Oersdorf, Schmalfeld, Sievershütten, Struvenhütten, Stuvenborn, Wakendorf II, Weddelbrook, Wiemersdorf, Winsen

Amtsgericht Bad Segeberg
23795 Bad Segeberg, Am Kalkberg 18;
Tel (0 45 51) 90 00; Fax (0 45 51) 9 00-1 90
Direktor des Amtsgerichts: Hermann Boie
Amtsgerichtsbezirk:
Zugehörige Gemeinden: Bad Segeberg, Bahrenhof, Bark, Bebensee, Blunk, Bornhöved, Bühnsdorf, Daldorf, Damsdorf, Dreggers, Fahrenkrug, Fredesdorf, Geschendorf, Glasau, Gönnebek, Groß Gladebrügge, Groß Kummerfeld, Groß Niendorf, Groß Rönnau, Hartenholm, Heidmühlen, Högersdorf, Itzstedt, Kayhude, Klein Rönnau, Krems II, Kükels, Latendorf, Leezen, Mözen, Nahe, Negernbötel, Nehms, Neuengörs, Neversdorf, Oering, Pronstorf, Rickling, Rohlstorf, Schackendorf, Schieren, Schmalensee, Schwissel, Seedorf, Seth, Stipsdorf, Stocksee, Strukdorf, Sülfeld, Tarbek, Tensfeld, Todesfelde, Trappenkamp, Travenhorst, Wahlstedt, Wakendorf I, Weede, Wensin, Westerrade, Wittenborn

Gemeindefreies Gebiet: Buchholz
Besondere ausschließliche Zuständigkeiten:
in Zwangsversteigerungs- und Zwangsverwaltungssachen für den Bezirk des Amtsgerichts Bad Segeberg
in Konkurssachen für den Bezirk des Amtsgerichts Bad Segeberg
in Familiensachen auch für den Bezirk der Amtsgerichte Bad Segeberg und Bad Bramstedt
in Schöffengerichts- und Jugendschöffengerichtssachen für den Bezirk des Amtsgerichts Bad Segeberg
in Haftsachen für den Bezirk des Amtsgerichts Bad Segeberg
in Bußgeldverfahren wegen Ordnungswidrigkeiten nach dem Straßenverkehrsgesetz für den Bezirk der Amtsgerichte Bad Segeberg, Bad Bramstedt und aus dem Bezirk des Amtsgerichts Neumünster die Gemeinde Boostedt

Amtsgericht Eckernförde
24340 Eckernförde, Reeperbahn 45-47;
Tel (0 43 51) 7 15-3; Fax (0 43 51) 7 15-4 80; Teletex 46 11 05 staft
Direktor des Amtsgerichts: NN
Amtsgerichtsbezirk:
Zugehörige Gemeinden: Ahlefeld, Altenhof, Altenholz, Ascheffel, Barkelsby, Bistensee, Brekendorf, Bünsdorf,

Dänischenhagen, Damendorf, Damp, Eckernförde, Felm, Fleckeby, Gammelby, Gettorf, Goosefeld, Groß Wittensee, Güby, Haby, Holtsee, Holzbunge, Holzdorf, Hütten, Hummelfeld, Klein Wittensee, Kosel, Lindau, Loose, Neudorf-Bornstein, Neu Duvenstedt, Neuwittenbek, Noer, Osdorf, Osterby, Owschlag, Rieseby, Sehestedt, Schinkel, Schwedeneck, Strande, Thumby, Tüttendorf, Waabs, Windeby
Besondere ausschließliche Zuständigkeiten:
in Bußgeldverfahren wegen Ordnungswidrigkeiten nach dem Straßenverkehrsgesetz für die Bezirke der Amtsgerichte Eckernförde sowie für die Gemeinden Brodersby, Dörphof, Karby und Winnemark

Amtsgericht Norderstedt
22846 Norderstedt, Rathausallee 80;
Tel (0 40) 52 60 60; Fax (0 40) 52 60 62 22
Direktor des Amtsgerichts: Peter Feldmann
Amtsgerichtsbezirk:
Zugehörige Gemeinden: Alveslohe, Ellerau, Norderstedt, Tangstedt
Besondere ausschließliche Zuständigkeiten:
in Zwangsversteigerungs- und Zwangsverwaltungssachen für die Bezirke der Amtsgerichte Bad Bramstedt und Norderstedt
in Konkurssachen für die Bezirke der Amtsgerichte Bad Bramstedt und Norderstedt
in Bußgeldsachen wegen Ordnungswidrigkeiten nach dem Straßenverkehrsgesetz für den Bezirk des Amtsgerichts Norderstedt mit Ausnahme der Gemeinde Tangstedt

Amtsgericht Plön
24306 Plön, Lütjenburger Str 48; Tel (0 45 22) 7 45-0; Fax (0 45 22) 17 09
Direktor des Amtsgerichts: Gert Peters
Amtsgerichtsbezirk:
*Zugehörige Gemeinden:*Ascheberg (Holstein), Barmissen, Barsbek, Behrensdorf (Ostsee), Belau, Bendfeld, Blekendorf, Bösdorf, Boksee, Bothkamp, Brodersdorf, Dannau, Dersau, Dobersdorf, Dörnick, Fahren, Fargau-Pratjau, Fiefbergen, Giekau, Grebin, Großbarkau, Helmstorf, Högsdorf, Höhndorf, Hohenfelde, Hohwacht (Ostsee), Honigsee, Kalübbe, Kirchbarkau, Kirchnüchel, Klamp, Klein Barkau, Kletkamp, Köhn, Krokau, Krummbek, Kühren, Laboe, Lammershagen, Lebrade, Lehmkuhlen, Löptin, Lütjenburg, Lutterbek, Martensrade, Muchein, Nehmten, Nettelsee, Panker, Passade, Plön, Pohnsdorf, Postfeld, Parsdorf, Preetz, Probsteierhagen, Raisdorf, Rantzau, Rastorf, Rathjensdorf, Ruhwinkel, Schellhorn, Schlesen, Schönberg (Holstein), Schwartbuck, Selent, Stakendorf, Stein, Stolpe, Stoltenberg, Tröndel, Wahlstorf, Wankendorf, Warnau, Wendtorf, Wisch, Wittmoldt

Amtsgericht Kiel
24114 Kiel, Deliusstr 22; Tel (04 31) 60 40; Fax (04 31) 6 04 28 50
Präsident des Amtsgerichts: Johann-Dietrich Wolters
Amtsgerichtsbezirk:
Zugehörige Gemeinden: Achterwehr, Blumenthal, Bredenbek, Felde, Heikendorf, Kiel, Klausdorf, Kronshagen, Krummwisch, Melsdorf, Mielkendorf, Molfsee,

Mönkeberg, Ottendorf, Quarnbek, Rodenbek, Rumohr, Schierensee, Schönkirchen, Westensee

Amtsgericht Neumünster
24534 Neumünster, Boostedter Str 26;
Tel (0 43 21) 9 40-0; Fax (0 43 21) 9 40-2 99
Direktor des Amtsgerichts: Dieter Thilow
Amtsgerichtsbezirk:
*Zugehörige Gemeinden:*Arpsdorf, Aukrug, Bönebüttel, Boostedt, Ehndorf, Großharrie, Neumünster, Padenstedt, Rendswühren, Schillsdorf, Tasdorf, Wasbek
Besondere Zuständigkeiten:
in Schöffengerichts- und Jugendschöffengerichtssachen für den Bezirk der Amtsgerichte Neumünster und Bad Bramstedt
in U-Haftsachen für männliche Erwachsene des Landgerichtsbezirks Kiel

Amtsgericht Rendsburg
24768 Rendsburg, Königstr 17; Tel (0 43 31) 13 90; Fax (0 43 31) 13 92 00
Direktor des Amtsgerichts: Dieter Witthohn
Amtsgerichtsbezirk:
*Zugehörige Gemeinden:*Alt Duvenstedt, Bargstall, Bargstedt, Beldorf, Bendorf, Beringstedt, Bissee, Böhnhusen, Bokel, Bordesholm, Borgdorf-Seedorf, Borgstedt, Bornholt, Bovenau, Brammer, Breiholz, Brinjahe, Brügge, Büdelsdorf, Christiansholm, Dätgen, Eisendorf, Ellerdorf, Elsdorf-Westermühlen, Embühren, Emkendorf, Flintbek, Fockbek, Friedrichsgraben, Friedrichsholm, Gnutz, Gokels, Grauel, Grevenkrug, Groß Buchwald, Groß Vollstedt, Haale, Hamdorf, Hamweddel, Hanerau-Hademarschen, Haßmoor, Heinkenborstel, Hörsten, Hoffeld, Hohenwestedt, Hohn, Jahrsdorf, Jevenstedt, Königshügel, Krogaspe, Langwedel, Lohe-Föhrden, Loop, Lütjenwestedt, Luhnstedt, Meezen, Mörel, Mühbrook, Negenharrie, Nienborstel, Nindorf, Nortorf, Nübbel, Oldenbüttel, Oldenhütten, Ostenfeld (Rendsburg), Osterrönfeld, Osterstedt, Prinzenmoor, Rade bei Hohenwestedt, Rade bei Rendsburg, Reesdorf, Remmels, Rendsburg, Rickert, Schacht-Audorf, Schmalstede, Schönbek, Schönhorst, Schülldorf, Schülp bei Nortorf, Schülp bei Rendsburg, Seefeld, Sören, Sophienhamm, Stafstedt, Steenfeld, Tackesdorf, Tappendorf, Techelsdorf, Thaden, Timmaspe, Todenbüttel, Wapelfeld, Warder, Wattenbek, Westerrönfeld
Besondere Zuständigkeiten:
in Bußgeldverfahren wegen Ordnungswidrigkeiten nach dem Straßenverkehrsgesetz für den Kreis Rendsburg-Eckernförde mit Ausnahme des Amtsgerichtsbezirks Eckernförde
in der Führung des Binnenschiffsregisters für Binnenschiffe mit Heimatort in den Landgerichtsbezirken Flensburg, Itzehoe und Kiel

Landgericht Lübeck

23568 Lübeck, Am Burgfeld 7; Tel (04 51) 3 71-0; Fax (04 51) 3 71-15 19

Präsident des Landgerichts: Hans-Ernst Böttcher

Staatsanwaltschaft bei dem Landgericht Lübeck

23568 Lübeck, Travemünder Allee 9;
Tel (04 51) 3 71-0; Fax (04 51) 3 71-13 99;
Telex 26 842 stal d

Ltd Oberstaatsanwalt: Heinrich Wille

Amtsgerichte im Landgerichtsbezirk Lübeck

Amtsgericht Ahrensburg
22926 Ahrensburg, Königstr 11; Tel (0 41 02) 51 90;
Fax (0 41 02) 51 91 99
Direktor des Amtsgerichts: Werner Pump
Amtsgerichtsbezirk:
Zugehörige Gemeinden: Ahrensburg, Ammersbek, Bargfeld-Stegen, Bargteheide, Brunsbek, Delingsdorf, Elmenhorst (im Kreis Stormarn), Grande, Grönwohld, Großensee, Großhansdorf, Hamfelde (im Kreis Stormarn), Hammoor, Hohenfelde, Hoisdorf, Jersbek, Köthel (im Kreis Stormarn), Lütjensee, Nienwohld, Rausdorf, Siek, Todendorf, Tremsbüttel, Trittau, Witzhave.
Besondere ausschließliche Zuständigkeiten:
in Zwangsversteigerungs- und Zwangsverwaltungssachen für die Bezirke der Amtsgerichte Ahrensburg und Reinbek
in Familiensachen für die Bezirke der Amtsgerichte Ahrensburg und Reinbek
in Konkurssachen für die Bezirke der Amtsgerichte Ahrensburg und Reinbek
in Bußgeldverfahren wegen Ordnungswidrigkeiten nach dem Straßenverkehrsgesetz für die Bezirke der Amtsgerichte Ahrensburg und Reinbek sowie für die Gemeinden Steinburg und Tangstedt

Amtsgericht Bad Oldesloe
23843 Bad Oldesloe, Weg zum Bürgerpark 1;
Tel (0 45 31) 41 41; Fax (0 45 31) 1 26 08
Direktor des Amtsgerichts: Volkhard Gerber
Amtsgerichtsbezirk:
Zugehörige Gemeinden: Badendorf, Bad Oldesloe, Barnitz, Feldhorst, Grabau (im Kreis Stormarn), Hamberge, Heidekamp, Heilshoop, Klein Wesenberg, Lasbek, Meddewade, Mönkhagen, Neritz, Pölitz, Rehhorst, Reinfeld (Holstein), Rethwisch, Rümpel, Steinburg, Travenbrück, Wesenberg, Westerau, Zarpen

Amtsgericht Bad Schwartau
23611 Bad Schwartau, Markt 1; Tel (04 51) 2 00 30;
Fax (04 51) 2 00 32 22
Direktor des Amtsgerichts: Peter Brandt
Amtsgerichtsbezirk:
Zugehörige Gemeinden: Bad Schwartau, Ratekau, Stockelsdorf, Timmendorfer Strand

Amtsgericht Eutin
23701 Eutin, Jungfernstieg 3; Tel (0 45 21) 7 05-6;
Fax (0 45 21) 70 57 00
Direktor des Amtsgerichts: Adolf Karcher

Amtsgerichtsbezirk:
Zugehörige Gemeinden: Ahrensbök, Bosau, Eutin, Kasseedorf, Malente, Scharbeutz, Schönwalde am Bungsberg, Süsel
Besondere ausschließliche Zuständigkeiten:
in Zwangsversteigerungs- und Zwangsverwaltungssachen für den Bezirk des Amtsgerichts Eutin
in Konkurssachen für den Bezirk des Amtsgerichts Eutin
in Familiensachen für den Bezirk des Amtsgerichts Eutin
in Schöffengerichts- und Jugendschöffengerichtssachen für den Bezirk des Amtsgerichts Eutin
in Haftsachen für den Bezirk des Amtsgerichts Eutin
in Bußgeldverfahren wegen Ordnungswidrigkeiten bezüglich der Bußgeldbescheide, die von einer Verwaltungsbehörde im Bezirk des Amtsgerichts Eutin erlassen wurden, mit Ausnahme von Verkehrsordnungswidrigkeiten, die im Bezirk des AG Oldenburg in Holstein begangen wurden

Amtsgericht Geesthacht
21502 Geesthacht, Bandrieteweg 1;
Tel (0 41 52) 50 94, 50 95, 50 96; Fax (0 41 52) 7 91 96
Direktor des Amtsgerichts: Axel Kothe
Amtsgerichtsbezirk:
Zugehörige Gemeinden: Börnsen, Escheburg, Geesthacht, Hamwarde, Hohenhorn, Kröppelshagen-Fahrendorf, Wiershop, Worth

Amtsgericht Lübeck
23568 Lübeck, Am Burgfeld 7; Tel (04 51) 3 71-0
Präsident/in des Amtsgerichts: NN
Amtsgerichtsbezirk:
Zugehörige Gemeinden: Groß-Grönau, Krummesse, Hansestadt Lübeck
Besondere ausschließliche Zuständigkeiten:
in Zwangsversteigerungs- und Zwangsverwaltungssachen für die Amtsgerichte Lübeck, Bad Schwartau
in Konkurssachen für den Bezirk der Amtsgerichte Lübeck, Bad Schwartau
in der Führung des Seeschiffsregisters und Schiffbauregisters für den Bezirk des Landgerichts Lübeck
in Haftsachen für den Bezirk des Landgerichts Lübeck soweit nicht die örtlichen Amtsgerichte des Bezirks für den Erlaß eines Haftbefehls zuständig sind. Aber nicht gegen weibliche Beschuldigte sowie gegen Jugendliche und Heranwachsende
in Bußgeldverfahren wegen Ordnungswidrigkeiten nach dem Straßenverkehrsgesetz für den Bezirk des Amtsgerichts Lübeck

Amtsgericht Mölln
23879 Mölln, Lindenweg 8;
Tel (0 45 42) 70 81 bis 70 83; Fax (0 45 42) 8 66 78
Direktor des Amtsgerichts: Geert Mackenroth Richter am AG
Amtsgerichtsbezirk:
Zugehörige Gemeinden: Alt-Mölln, Bälau, Besenthal, Borstorf, Breitenfelde, Brunsmark, Göttin, Grambek, Gudow, Güster, Hollenbek, Hornbek, Horst, Koberg, Kühsen, Langenlehsten, Lankau, Lehmrade, Mölln, Niendorf b Berkenthin, Niendorf/Stecknitz, Nusse, Pan-

ten, Poggensee, Ritzerau, Sterley, Walksfelde, Woltersdorf

Amtsgericht Oldenburg in Holstein
23758 Oldenburg, Göhler Str 90; Tel (0 43 61) 6 24-0; Fax (0 43 61) 8 05 76
Direktor des Amtsgerichts: Gerriet Peters
Amtsgerichtsbezirk:
Zugehörige Gemeinden: Altenkrempe, Bannesdorf auf Fehmarn, Beschendorf, Burg auf Fehmarn, Dahme, Damlos, Göhl, Gremersdorf, Grömitz, Großenbrode, Grube, Harmsdorf, Heiligenhafen, Heringsdorf, Kabelhorst, Kellenhusen (Ostsee), Landkirchen auf Fehmarn, Lensahn, Manhagen, Neukirchen, Neustadt in Holstein, Oldenburg in Holstein, Riepsdorf, Schashagen, Sierksdorf, Wangels, Westfehmarn
Besondere ausschließliche Zuständigkeiten:
in Bußgeldverfahren wegen Ordnungswidrigkeiten nach dem Straßenverkehrsgesetz für den Bezirk des Amtsgerichts Oldenburg i H

Amtsgericht Ratzeburg
23909 Ratzeburg, Herrenstr 11; Tel (0 45 41) 40 16 bis 40 18; Fax (0 45 41) 72 32
Direktorin des Amtsgerichts: Marie-Luise Ahlfeld
Amtsgerichtsbezirk:
*Zugehörige Gemeinden:*Albsfelde, Bäk, Behlendorf, Berkenthin, Bliestorf, Buchholz, Düchelsdorf, Duvensee, Einhaus, Fredeburg, Giesensdorf, Göldenitz, Grinau, Groß Boden, Groß Disnack, Groß Sarau, Groß Schenkenberg, Harmsdorf, Kastorf, Kittlitz, Klein Zecher Klempau, Klinkrade, Kulpin, Labenz, Linau, Lüchow, Mechow, Mustin, Pogeez, Ratzeburg, Römnitz, Rondenshagen, Salem, Sandesneben, Schiphorst, Schmilau, Schönberg, Schürensöhlen, Seedorf, Siebenbäumen, Sierksrade, Sirksfelde, Steinhorst, Stubben, Wentorf (Amt Sandesneben), Ziethen
Besondere ausschließliche Zuständigkeiten:
in Bußgeldverfahren für die Bezirke der Amtsgerichte des Kreises Herzogtum Lauenburg;
keine Zuständigkeit in Konkurs- und Zwangsversteigerungssachen, insofern zentral zuständig Amtsgericht Schwarzenbek.

Amtsgericht Reinbek
21465 Reinbek, Sophienstr 7; Tel (0 40) 7 27 59-0; Fax (0 40) 7 22 76 15
Direktorin des Amtsgerichts: Mary Huth
Amtsgerichtsbezirk:
Zugehörige Gemeinden: Barsbüttel, Braak, Glinde, Oststeinbek, Reinbek, Stapelfeld

Amtsgericht Schwarzenbek
21493 Schwarzenbek, Möllner Str 20; Tel (0 41 51) 8 02-0; Fax (0 41 51) 8 02-2 99
Direktor des Amtsgerichts: Rainer Wendt
Amtsgerichtsbezirk:
Zugehörige Gemeinden: Aumühle, Basedow, Basthorst, Bröthen, Brunstorf, Buchhorst, Büchen, Dahmker, Dalldorf, Dassendorf, Elmenhorst (im Kreis Herzogtum Lauenburg), Fitzen, Fuhlenhagen, Grabau (im Kreis Herzogtum Lauenburg), Groß Pampau, Grove, Gülzow, Hamfelde (im Kreis Herzogtum Lauenburg),

Havekost, Juliusburg, Kankelau, Kasseburg, Klein Pampau, Köthel in Lauenburg, Kollow, Krüzen, Krukow, Kuddewörde, Lanze, Lauenberg/Elbe, Lütau, Möhnsen, Mühlenrade, Müssen, Roseburg, Sahms, Schnakenbek, Schretstaken, Schulendorf, Schwarzenbek, Siebeneichen, Talkau, Tramm, Wangelau, Wentorf b Hamburg, Witzeeze, Wohltorf, gemeindefreies Gebiet Forstgutsbezirk Sachsenwald
Besondere ausschließliche Zuständigkeiten:
in Zwangsversteigerungs- und Zwangsverwaltungssachen für die Bezirke der Amtsgerichte Mölln, Ratzeburg, Geesthacht und Schwarzenbek
in Konkurssachen für die Bezirke der Amtsgerichte Mölln, Ratzeburg, Geesthacht und Schwarzenbek
in Schöffengerichts- und Jugendschöffengerichtssachen für die Bezirke der Amtsgerichte Reinbek und Schwarzenbek

III Gerichte der Verwaltungs-gerichtsbarkeit

– gehören zum Geschäftsbereich des Ministers für Justiz, Bundes- und Europaangelegenheiten des Landes Schleswig-Holstein –

Staatsrechtliche Grundlage:
Siehe hierzu nähere Angaben auf der Seite 89.

Schleswig-Holsteinisches Oberverwaltungsgericht

24837 Schleswig, Brockdorff-Rantzau-Str 13; Tel (0 46 21) 86-0; Fax (0 46 21) 86 12 77
Aufgabenkreis:
Siehe hierzu nähere Angaben auf der Seite 90.

Präsident des Oberverwaltungsgerichts: Hans-Joachim Schmalz
Vizepräsident: Peter Missen
Geschäftsleiterin: Sabine Prieß

Beim Oberverwaltungsgericht eingerichtet:

Disziplinarsenat für das Land Schleswig-Holstein beim Oberverwaltungsgericht
24837 Schleswig, Brockdorff-Rantzau-Str 13; Tel (0 46 21) 86 10
Staatsrechtliche Grundlage und Aufgabenkreis:
Siehe hierzu nähere Angaben auf der Seite 90.
Vorsitzender: Dr Karl Lademann

Beim Oberverwaltungsgericht angegliedert:

Berufsgerichtshof für die Heilberufe

Schleswig-Holsteinisches Verwaltungsgericht

24837 Schleswig, Brockdorff-Rantzau-Str 13; Tel (0 46 21) 86 -0; Fax (0 46 21) 86 12 77
Aufgabenkreis:
Siehe hierzu nähere Angaben auf der Seite 89.

Präsident des Verwaltungsgerichts: Manfred Krause
Ständiger Vertreter: Christian Schulze-Anné Vizepräsident
Geschäftsleiterin: Monika Treichel JustARätin
Gerichtsbezirk: Land Schleswig-Holstein

Beim Verwaltungsgericht errichtet:

Berufsgericht für die Heilberufe

IV Gerichte der Sozial-gerichtsbarkeit

– gehören zum Geschäftsbereich des Ministers für Justiz, Bundes- und Europaangelegenheiten des Landes Schleswig-Holstein –

Schleswig-Holsteinisches Landessozialgericht

24837 Schleswig, Gottorfstr 2; Tel (0 46 21) 8 60; Fax (0 46 21) 86-10 25
Staatsrechtliche Grundlage und Aufgabenkreis:
Siehe hierzu nähere Angaben auf Seite 91.

Präsident des Landessozialgerichts: Dr Wolfgang Noftz
Gerichtsbezirk: Land Schleswig-Holstein

Sozialgerichte

Staatsrechtliche Grundlage und Aufgabenkreis:
Siehe hierzu nähere Angaben auf Seite 91.

Sozialgericht Itzehoe
25524 Itzehoe, Bergstr 3; Tel (0 48 21) 66-0
Direktor des Sozialgerichts: Dietrich Hengelhaupt
Gerichtsbezirk: Kreise Dithmarschen, Pinneberg und Steinburg

Sozialgericht Kiel
24114 Kiel, Deliusstr 2; Tel (04 31) 6 04-0; Fax (04 31) 6 04 42 16
Direktorin des Sozialgerichts: Ursula Schmalz
Gerichtsbezirk: Stadt Kiel, Stadt Neumünster sowie die Kreise Rendsburg-Eckernförde und Plön. Die Kammern für Angelegenheiten des Kassenarztrechts und der Knappschaftsversicherung einschließlich der Unfallversicherung für den Bergbau sind auch für die Bezirke der Sozialgerichte Lübeck, Itzehoe und Schleswig zuständig.

Sozialgericht Lübeck
23568 Lübeck, Eschenburgstr 2; Tel (04 51) 3 71-0; Fax (04 51) 3 71-13 50
Direktor des Sozialgerichts: Dr Michael Neumann
Gerichtsbezirk: Hansestadt Lübeck, Kreise Herzogtum Lauenburg, Ostholstein, Segeberg, Stormarn

Sozialgericht Schleswig
24837 Schleswig, Gottorfstr 2; Tel (0 46 21) 86-10 25
Direktorin des Sozialgerichts: Ursula Schmalz
Gerichtsbezirk: Kreis Schleswig-Flensburg, Stadt Flensburg, Kreis Nordfriesland

V Gerichte der Finanzgerichtsbarkeit

– gehören zum Geschäftsbereich des Ministers für Justiz, Bundes- und Europaangelegenheiten des Landes Schleswig-Holstein –

Schleswig-Holsteinisches Finanzgericht

24114 Kiel, Deliusstr 22; Tel (04 31) 6 04-0; Fax (04 31) 6 04 45 70; Teletex 43 17 67 sta Kiel
Staatsrechtliche Grundlage und Aufgabenkreis:
Siehe hierzu nähere Angaben auf der Seite 91.

Präsident des Finanzgerichts: Klaus Salveter
Vizepräsident: Dr Hanns-Reiner Koch
Gerichtsbezirk: Land Schleswig-Holstein

Gemeinsamer Senat des Finanzgerichts Hamburg

20144 Hamburg, Oberstr 18 d; Tel (0 40) 42 12-0; Fax (0 40) 42 12-27 50; Teletex 43 17 67 sta Kiel
Staatsrechtliche Grundlage und Aufgabenkreis:
Gesetz zu dem Staatsvertrag zwischen den Ländern Freie und Hansestadt Hamburg, Niedersachsen und Schleswig-Holstein über die Errichtung enes gemeinsamen Senats des Finanzgerichts Hamburg vom 14. Juli 1981 (GVOBl Schl-H Seite 140).
Dem gemeinsamen Senat werden, soweit der Finanzrechtsweg durch Bundesrecht eröffnet ist, zugewiesen Zoll-, Verbrauchsteuer- und Finanzmonopolsachen, andere Angelegenheiten, die der Zollverwaltung auf Grund von Rechtsvorschriften übertragen sind, Angelegenheiten aus der Durchführung der Agrarmarktordnung der Eurpoäischen Wirtschaftsgemeinschaft.

Präsident des Gemeinsamen Senats: Rudolf Toboll
Geschäftsleiter: Eckehard Witt JustAR

VI Gerichte der Berufsgerichtsbarkeit

Berufsgerichtshof für die Heilberufe

24837 Schleswig, Brockdorff-Rantzau-Str 13; Tel (0 46 21) 86-0; Fax (0 46 21) 86 12 77
Staatsrechtliche Grundlage und Aufgabenkreis:
Siehe hierzu nähere Angaben auf Seite 90.

Vorsitzender Richter am Verwaltungsgericht: Hans-Dieter Roos
Gerichtsbezirk: Land Schleswig-Holstein

Berufsgericht für Heilberufe

24837 Schleswig, Brockdorff-Rantzau-Str 13; Tel (0 46 21) 86-0; Fax (0 46 21) 86 12 77
Staatsrechtliche Grundlage und Aufgabenkreis:
Siehe hierzu nähere Angaben auf Seite 90.

Vorsitzender: Kueßner Richter am VwG
Gerichtsbezirk: Land Schleswig-Holstein

VII Gerichte der Arbeits-
gerichtsbarkeit

– gehört zum Geschäftsbereich der Ministerin für Arbeit, Gesundheit und Soziales des Landes Schleswig-Holstein –

Staatsrechtliche Grundlage:
Siehe nähere Angaben hierzu auf Seite 91.

Landesarbeitsgericht
Schleswig-Holstein

24114 Kiel, Deliusstr 22; Tel (04 31) 6 04-0;
Fax (04 31) 6 04-41 00
Aufgabenkreis:
Siehe nähere Angaben hierzu auf Seite 92.

Präsidentin des Landesarbeitsgerichts: Prof Dr Ninon Colneric
Gerichtsbezirk: Land Schleswig-Holstein

Arbeitsgerichte

Aufgabenkreis:
Siehe hierzu auf Seite 91.

Arbeitsgericht Elmshorn
25335 Elmshorn, Moltkestr 28; Tel (0 41 21) 4 86 60;
Fax (0 41 21) 8 47 28
Direktor des Arbeitsgerichts: Dieter Hansen
Gerichtsbezirk: Kreis Pinneberg, Kreis Steinburg und Kreis Dithmarschen

Arbeitsgericht Flensburg
24937 Flensburg, Südergraben 55; Tel (04 61) 8 93 82;
Fax (04 61) 8 93 86
Direktor des Arbeitsgerichts: Dr Ulrich Jancke
Gerichtsbezirk: Stadt Flensburg, Kreis Schleswig-Flensburg und Kreis Nordfriesland

Arbeitsgericht Kiel
24114 Kiel, Deliusstr 22; Tel (04 31) 6 04-0;
Fax (04 31) 6 04-40 00
Direktorin des Arbeitsgerichts: Birgit Willikonsky
Gerichtsbezirk: Stadt Kiel, Kreis Plön und Kreis Rendsburg-Eckernförde

Arbeitsgericht Lübeck
23568 Lübeck, Neustr 2 a; Tel (04 51) 3 11 96
Direktor des Arbeitsgerichts: Klaus Isert
Gerichtsbezirk: Hansestadt Lübeck, Kreis Stormarn, Kreis Ostholstein und Kreis Herzogtum Lauenburg

Arbeitsgericht Neumünster
24534 Neumünster, Gartenstr 24 II;
Tel (0 43 21) 4 30 41-43; Fax (0 43 21) 4 09 70
Direktor des Arbeitsgerichts: Thielecke
Gerichtsbezirk: Stadt Neumünster und Kreis Segeberg

e Kreisfreie Städte, Kreise und Gemeinden und sonstige kommunale Einrichtungen

Kommunale Selbstverwaltung in Schleswig-Holstein

Einführender Beitrag
Dr Michael Borchmann, Leitender Ministerialrat

I. Verfassungsgarantie der kommunalen Selbstverwaltung

Nach Art 28 Abs 2 Satz 1 des Grundgesetzes (GG) muß den Gemeinden das Recht gewährleistet sein, alle Angelegenheiten der örtlichen Gemeinschaft im Rahmen der Gesetze in eigener Verantwortung zu regeln. Die Vorschrift schafft nach ganz herrschender Auffassung in Rechtsprechung und Schrifttum eine institutionelle Garantie für die Gemeindeselbstverwaltung, d h garantiert wird nicht der Fortbestand einzelner, zur Zeit existenter Gemeinden, sondern das Vorhandensein von Gemeinden überhaupt. Intention der kommunalen Selbstverwaltung ist die Aktivierung der Beteiligten für ihre eigenen Angelegenheiten, die die in der örtlichen Gemeinschaft lebendigen Kräfte des Volkes zur eigenverantwortlichen Erfüllung öffentlicher Aufgaben der engeren Heimat mit dem Ziel zusammenschließt, das Wohl der Einwohner zu fördern und die geschichtliche und heimatliche Eigenart zu wahren. Dazu soll die örtliche Gemeinschaft nach dem Leitbild der Selbstverwaltungsgarantie ihr Schicksal selbst in die Hand nehmen und solidarisch gestalten. Garantiert ist den Gemeinden im einzelnen die Universalität des Aufgabenkreises für Angelegenheiten der örtlichen Gemeinschaft sowie das Recht der eigenverantwortlichen Erledigung dieser Aufgaben. Das Recht der eigenverantwortlichen Aufgabenerledigung seinerseits besteht wiederum aus einem Bündel essentieller Hoheitsrechte wie etwa der Organisationshoheit, der Personalhoheit und der Finanzhoheit. Die Garantie der kommunalen Selbstverwaltung und Eigenverantwortlichkeit ist allerdings nicht absolut, sondern besteht nur im Rahmen der Gesetze. Denn moderne Selbstverwaltung beruht nicht auf Immunitätsprivilegien im Stile mittelalterlicher Städtefreiheit. Beschränkungen der Selbstverwaltung der Gemeinden sind vielmehr mit Art 28 Abs 2 Satz 1 GG vereinbar, wenn und insoweit sie deren Kernbereich unangetastet lassen. Was zu diesem Kernbereich oder auch Wesensgehalt gehört, läßt sich allerdings nicht in eine allgemein gültige Formel fassen. Bei der Bestimmung des verfassungsrechtlich gegen jede gesetzliche Schmälerung gesicherten Wesensgehaltes muß vielmehr der geschichtlichen Entwicklung Rechnung getragen werden. Diese vor allem durch die Rechtsprechung des Bundesverfassungsgerichts betonte Bezugnahme auf die historisch begründete Gestaltung der Selbstverwaltung bedeutet jedoch nicht, daß alles beim alten bleiben müsse und daß eine neue Einrichtung schon deshalb nicht hingenommen werden könne, weil sie neu und ohne Vorbild ist. In einer Faustformel wird man den Wesensgehalt der Selbstverwaltung als denjenigen Beerich der Institution definieren können, den man nicht verändern kann, ohne die Institution selbst qualitativ zu verändern. Besonderes Augenmerk ist darauf zu richten, daß eine verfassungswidrige Beeinträchtigung des Wesensgehalts der Selbstverwaltung auch in einer Häufung verschiedener einzelner, per se an sich zulässiger Eingriffe liegen kann. Art 28 Abs 2 Satz 2 GG sichert auch den Gemeindeverbänden, und zwar – wie sich aus dem Wortlaut des Art 28 Abs 1 Satz 2 GG folgern läßt – speziell den Landkreisen, im Rahmen ihres gesetzlichen Aufgabenbereiches nach Maßgabe der Gesetze das Recht der Selbstverwaltung zu. Die Selbstverwaltungsgarantie für die Kreisebene ist in qualitativer Hinsicht derjenigen für die Gemeindeebene gleichwertig. In quantitativer Hinsicht bleibt sie jedoch hinter der Gewährleistung der Gemeindeselbstverwaltung zurück, weil nur den Gemeinden die Universalität des Wirkungskreises verbürgt ist, das Selbstverwaltungsrecht der Landkreise demgegenüber lediglich im Rahmen des gesetzlich zugewiesenen Aufgabenbereiches von Verfassungs wegen abgesichert ist. Neben Art 28 Abs 2 GG garantiert auch die Verfassung des Landes Schleswig-Holstein (LV) die kommunale Selbstverwaltung. Nach Art 46 Abs 1 LV sind die Gemeinden berechtigt und ihm Rahmen ihrer Leistungsfähigkeit verpflichtet, in ihrem Gebiet alle öffentlichen Aufgaben in eigener Verantwortung zu erfüllen, soweit die Gesetze nicht ausdrücklich etwas anderes bestimmen. Art 46 Abs 1 LV geht über Art 28 Abs 2 GG insoweit hinaus, als er den Gemeinden nicht nur die Regelung der Angelegenheiten der örtlichen Gemeinschaft, sondern alle öffentlichen Aufgaben in ihrem Gebiet zuweist. Auch wenn die Landesverfassungsgarantie damit zunächst eine breitere Wirkung entfaltet als die Grundgesetzgarantie, wird dies dadurch wieder relativiert, daß es im Ermessen des Gesetzgebers steht, abweichende Regelungen zu treffen. Allerdings ist diese Möglichkeit des Gesetzgebers nicht schrankenlos. Denn der Vorbehalt anderweitiger gesetzlicher Regelung in Art 46 Abs 1 LV wird insoweit überlagert von der Mindestgewährleistung des Art 28 Abs 2 GG, die es verbietet, daß das Recht der Gemeinden zur eigenverantwortlichen Regelung der Angelegenheiten der örtlichen Gemeinschaft in seinem Wesensgehalt verletzt wird (s o). Den Gemeindeverbänden räumt Art 46 Abs 2 LV im Rahmen ihrer gesetzlichen Zuständigkeit die gleiche Stellung ein. Ähnlich wie Art 28 Abs 2 Satz 2 GG geht die Selbstverwaltungsgarantie für die Gemeindeverbände nicht von einer Universalität des Wirkungskreises aus, sondern begrenzt diesen Wirkungskreis ex ante auf die durch den Gesetzgeber zugewiesenen Aufgaben. Mit Gemeindeverbänden im Sinne des Art 46 Abs 2 LV sind lediglich die Landkreise gemeint. Demgegenüber sind die Ämter (vgl unter II. 2) keine Gemeindeverbände. Denn Gemeindeverbände im Sinne der Landesverfassung sind nur solche kommunalen Zusammenschlüsse, die entweder zur Wahrnehmung von Selbstverwaltungsaufgaben gebildete Gebietskörperschaften sind oder die diesen Körperschaften jedenfalls nach dem Gewicht ihrer Selbstverwaltungsaufgaben sehr nahe kommen. Die Ämter nehmen nach dem gegenwärtigen Rechtsstand jedoch nur in so beschränktem Umfange Selbstverwaltungsaufgaben wahr, daß sie nicht als Gemeindeverbände angesehen werden können (so das BVerfG).

Nach Art 46 Abs 3 LV sichert das Land durch seine Aufsicht die Durchführung der Gesetze durch die Kommunen; Abs 4 der Vorschrift ermöglicht die Übertragung von Landesaufgaben auf die Gemeinden und Gemeindeverbände und ermächtigt den Gesetzgeber insbesondere zur Schaffung von Weisungsaufgaben (vgl dazu unter II. 1). Die Garantien der Art 47-49 LV schließlich beziehen sich auf die Haushalts- und Finanzwirtschaft der Kommunen. Nach Art 47 LV ist ihnen eine eigenverantwortliche Haushaltswirtschaft gewährleistet, während ihnen Art 48 LV Einnahmen aus den Realsteuern und sonstigen Kommunalsteuern zusichert. Art 49 Abs 1 LV verpflichtet das Land zur Schaffung eines kommunalen Finanzausgleichs.

II. Die Gemeinden

1. Rechtsstellung und Aufgaben

Nach § 1 GO S-H (Gemeindeordnung für Schleswig-Holstein in der Fassung der Bekanntmachung vom 1. April 1996, GVOBl S 321) wird den Gemeinden das Recht der freien Selbstverwaltung in eigenen Angelegenheiten als eines der Grundrechte demokratischer Staatsgestaltung gewährleistet. Die Gemeinden sind Gebietskörperschaften. Eingriffe in die Rechte der Gemeinden sind nur durch Gesetz oder aufgrund eines Gesetzes zulässig. Die Gemeinden haben zuvorderst die Aufgabe, das Wohl ihrer Einwohner zu fördern (§ 1 Abs 1 Satz 2 GO S-H). Insbesondere haben sie in den Grenzen ihrer Leistungsfähigkeit die öffentlichen Einrichtungen, die für die wirtschaftliche, soziale und kulturelle Betreuung ihrer Einwohner erforderlich sind, zu schaffen (§ 17 Abs 1 GO S-H). Die Einwohner ihrerseits sind im Rahmen der bestehenden Vorschriften berechtigt, die öfentlichen Einrichtungen der Gemeinde zu benutzen. Sie sind ebenso verpflichtet, die Lasten zu tragen, die sich aus ihrer Zugehörigkeit zu der Gemeinde ergeben (§ 18 Abs 1 GO S-H). Dementsprechend haben die Gemeinden die zur ordnungsgemäßen Erfüllung ihrer Aufgaben notwendigen Mittel aus eigenen Einnahmen aufzubringen. Soweit die eigenen Finanzquellen nicht ausreichen, regelt das Land den Finanzausgleich unter Berücksichtigung der Steuerkraft und des notwendigen Ausgabenbedarfs der Gemeinden (§ 3 a GO S-H, vgl auch Art 49 Abs 1 LV).

Hinsichtlich der Art der von den Gemeinden wahrgenommenen Aufgaben ist in erster Linie zwischen echten Selbstverwaltungsaufgaben und Aufgaben zur Erfüllung nach Weisung zu unterscheiden. Selbst-

verwaltungsaufagben sind sozusagen die „eigenen" Angelegenheiten der Gemeinden, deren Erfüllung ihnen nach dem Grundsatz der Allseitigkeit des Wirkungskreises eigenverantwortlich durch eigene Organe unter der grundsätzlich auf die Kontrolle der Rechtmäßigkeit beschränkten Aufsicht des Staates zusteht. § 2 Abs 1 GO S-H bestimmt insoweit, daß die Gemeinden berechtigt und im Rahmen ihrer Leistungsfähigkeit verpflichtet sind, in ihrem Gebiet alle öffentlichen Aufgaben in eigener Verantwortung zu erfüllen, soweit die Gesetze nicht ausdrücklich etwas anderes bestimmen (vgl ebenso Art 46 Abs 1 LV). Die Gemeinden sind nicht verpflichtet, öffentliche Aufgaben selbst zu erfüllen, wen diese ebenso gut auf andere Weise, insbesondere durch Private, erfüllt werden. Bevor die Gemeinde eine öffentliche Aufgabe übernimmt, die zu erfüllen sie nicht gesetzlich verpflichtet ist, hat sie zu prüfen, ob die Aufgabe nicht ebenso gut auf andere Weise, insbesondere durch Private, erfüllt werden kann (Subsidiaritätsprinzip). Während sich § 2 Abs 1 GO S-H auf die sog freien Selbstverwaltungsaufgaben bezieht, bei denen die Gemeinden über das „Ob" und „Wie" der Aufgabenerfüllung entscheidet, bezieht sich § 2 Abs 2 GO S-H („Die Gemeinden können durch Gesetz zur Erfüllung einzelner Aufgaben verpflichtet werden.") auf die pflichtigen Selbstverwaltungsangelegenheiten, bei denen die Gemeinde zur Aufgabenerfüllung verpflichtet ist und lediglich hinsichtlich des „Wie" der Aufgabenwahrnehmung einen Gestaltungsspielraum hat. Insoweit läßt sich feststellen, daß im Rahmen der zunehmend beklagten Vergesetzlichung aller Lebensbereiche immer mehr freiwillige Aufgaben zu pflichtigen geworden sind. Den Selbstverwaltungsaufgaben stehen die Aufgaben zur Erfüllung nach Weisung gegenüber (§ 3 Abs 1 GO S-H), die in Schleswig-Holstein weitestgehend an die Stelle der traditionellen staatlichen Auftragsangelegenheiten getreten sind. Anders als bei Selbstverwaltungsangelegenheiten sind die Aufsichtsbehörden hier nicht auf eine Rechtmäßigkeitskontrolle beschränkt, sondern können auch fachliche Weisungen erteilen. Während § 3 Abs 2 GO S-H in der bis 1973 geltenden Fassung vorsah, daß das jeweilige Fachgesetz den Umfang des Weisungsrechts bestimme, finden nunmehr §§ 18 Abs 1, 16 Abs 1 des Landesverwaltungsgesetzes auf den Umfang des Weisungsrechts Anwendung. Daraus ist zu entnehmen, daß der Umfang des Weisungsrechts nunmehr – anders als in anderen Bundesländern, die Auftragsangelegenheiten ebenfalls in Weisungsangelegenheiten umgewandelt haben – allein unbegrenzt ist. Die rechtssystematische Einordnung der Aufgaben zur Erfüllung nach Weisung erscheint noch nicht abschließend geklärt. Sie werden teilweise als staatliche Auftragsangelegenheiten im neuen Gewande, teilweise aber auch als besondere Form von Selbstverwaltungsangelegenheiten bewertet. Das OVG Münster schließlich hat die in ihrer Struktur ähnlichen Pflichtaufgaben zur Erfüllung nach Weisung im nordrhein-westfälischen Recht einmal als keinem der genannten Bereiche zuzuschlagende „Zwischending zwischen Selbstverwaltungs- und Auftragsangelegenheiten" bezeichnet. Soweit durch die Übertragung von Aufgaben zur Erfüllung nach Weisung den Gemenden Aufgaben erwachsen, ist die Bereitstellung der erforderlichen Mittel zu regeln (Art 49 Abs 2 LV). Das Land kommt dieser Verpflichtung durch Zweckzuweisungen im Rahmen des kommunalen Finanzausgleichs nach. Als dritte Form der von den Gemeinden wahrzunehmenden Aufgaben gibt es schließlich noch die traditionellen staatlichen Auftragsangelegenheiten, und zwar bei Gesetzen, die im Auftrag des Bundes ausgeführt werden. Hinsichtlich der Weisungsunterworfenheit der Gemeinden gilt nach § 21 des Landesverwaltungsgesetzes das gleiche wie bei den Aufgaben zur Erfüllung nach Weisung.

2. Funktionale Gliederung

Zur Zeit (Stand: 31. Dezember 1994) gibt es in Schleswig-Holstein 1131 Gemeinden (einschließlich zweier Forstgutsbezirke) gegenüber noch 1378 im Jahre 1968. Die Verringerung der Gemeindezahl ist die Folge der in Schleswig-Holstein wie auch in den übrigen Flächenstaaten der Bundesrepublik vornehmlich in der ersten Hälfte der siebziger Jahre durchgeführten Territorialreform. Allerdings erfolgte diese in Schleswig-Holstein weitaus behutsamer als anderswo und führte nicht zu dem gleichen Kahlschlag der Gemeindezahl wie in manchen anderen Bundesländern. Ausschlaggebend für die Durchführung der Territorialreform war die Überlegung, daß manche Gemeinden zu klein und damit zu verwaltungsschwach waren, um den gestiegenen Ansprüchen ihrer Einwohner im Daseinsvorsorgebereich gerecht zu werden. Dies führte zu einem raumordnungspolitisch unerwünschten erheblichen Strukturgefälle zwischen den einzelnen Gemeinden und darüber hinaus zwischen einzelnen Landesteilen. Infolge der behutsam durchgeführten Territorialreform weist das Gros der Gemeinden, und zwar ein Zweidrittel der Gesamtzahl, immer noch Einwohnerzahlen von weniger als 1000 auf. Andererseits lebt mehr als die Hälfte der Einwohner des Landes in Gemeinden mit über 10000 liegenden Einwohnerzahlen. Daraus wird ersichtlich, daß die schleswig-holsteinischen Gemeinden auch nach der Gebietsreform noch ein beträchtliches Gefälle an Größe und Verwaltungskraft aufweisen. Dem trägt das Landesrecht durch eine funktionale Kategorisierung der Gemeinden Rechnung. Dabei spielt die Unterscheidung zwischen „Stadt" und „Gemeinde" noch die geringste, nämlich lediglich eine kommunalverfassungsrechtliche (Geltung der Magistratsverfassung in den Städten, vgl nachstehend unter 3) und eine nominelle Rolle. Das Stadtrecht haben diejenigen Gemeinden, denen nach bisherigem Recht die Bezeichnung „Stadt" zustand. Darüber hinaus kann die Landesregierung einer Gemeinde auf Antrag das Stadtrecht verleihen, wenn die Gemeinde mindestens 10000 Einwohner hat, mindestens Unterzentrum ode Stadtrandkern im Sinne des Landesplanungsrechts ist und nach Struktur, Siedlungsform und anderen, die soziale und kulturelle Eigenart der örtlichen Gemeinschaft bestimmenden Merkmalen städtisches Gepräge aufweist (§ 59 GO S-H). Wichtiger ist demgegenüber die Unterscheidung zwischen kreisfreien Städten und kreisangehörigen Gemeinden. Die kreisfreien Städte, von denen es in Schleswig-Holstein vier (mit einer Gesamteinwohnerzahl von ca 636000 gegenüber etwa 2 Mio in den kreis-

angehörigen Gemeinden) gibt (Flensburg, Kiel, Lübeck und Neumünster), erfüllen in ihrem Gebiet neben ihren Aufgaben als Gemeinden alle Aufgaben, die sonst den Landkreisen obliegen. Von den 1 127 kreisangehörigen Gemeinden gehören insgesamt 1 026 (darunter drei der insgesamt 58 Städte) insgesamt 119 Ämtern an. Ämter sind Körperschaften des öffentlichen Rechts, die aus Gemeinden desselben Kreises bestehen. Die Ämter treten als Träger von Aufgaben der öffentlichen Verwaltung an die Stelle der amtsangehörigen Gemeinden, soweit die Amtsordnung (AmtsO, in der Fassung der Bekanntmachung vom 1. April 1996, GVOBl S 372), dies vorsieht (§ 5 AmtsO). Über die Zusammenschluß kreisangehöriger Gemeinden zu Ämtern, über die Änderung und Auflösung sowie über den Namen und den Sitz des Amtes entscheidet der Innenminister nach Anhörung der beteiligten Gemeindevertretungen und Kreistage. Das Amt soll zur Durchführung seiner Aufgaben eine eigene Verwaltung einrichten. Wenn das Amt auf eigene Dienstkräfte und Verwaltungseinrichtungen verzichtet, muß es entweder die Verwaltung einer größeren amtsangehörigen Gemeinde mit deren Zustimmung in Anspruch nehmen oder eine Verwaltungsgemeinschaft nach § 19 a des Gesetzes über kommunale Zusammenarbeit (GkZ, in der Fassung der Bekanntmachung vom 1. April 1996, GVOBl S 381) vereinbaren (§ 1 AmtsO).

Nach § 2 AmtsO soll jedes Amt ein abgerundetes Gebiet umfassen, dessen Größe und Einwohnerzahl so zu bemessen ist, daß eine leistungsfähige, sparsame und wirtschaftlich arbeitende Verwaltung unter ehrenamtlicher Verwaltung erreicht wird. Hierbei sind die örtlichen Verhältnisse, im besonderen die Wege-, Verkehrs-, Schul- und Wirtschaftsverhältnisse sowie die kirchlichen, kulturellen und geschichtlichen Beziehungen nach Möglichkeit zu berücksichtigen. Die Ämter sollen in der Regel nicht weniger als 5000 Einwohner umfassen. Aufgabe der Ämter ist es zum einen, nach den Beschlüssen und der Selbstverwaltungsaufgaben der amtsangehörigen Gemeinden durchzuführen. Die Gemeinde kann allerdings mit Zustimmung der Kommunalaufsichtsbehörde auch beschließen, einzelne Selbstverwaltungsaufgaben selbst durchzuführen (§ 3 Abs 1 AmtsO). Während das Amt für Selbstverwaltungsaufgaben nur Ausführungsbehörde ist, ist es hinsichtlich der den Gemeinden zur Erfüllung nach Weisung übertragenen Angelegenheiten eigenständiger Träger (§§ 3 Abs 2; 4 Abs 1 AmtsO). Das Amt besorgt im übrigen die Kassen- und Rechnungsführung und die Vorbereitung der Aufstellung der Haushaltspläne für die amtsangehörigen Gemeinden. Es hat über die öffentlichen Aufgaben, die mehrere amtsangehörige Gemeinden betreffen und eine gemeinsame Abstimmung erfordern, zu beraten und auf ihre Erfüllung hinzuwirken (§ 4 Abs 3, 4 AmtsO). Über die gesetzliche Aufgabenzuweisung hinaus können mehrere amtsangehörige Gemeinden gemeinsam dem Amt Selbstverwaltungsaufgaben übertragen (§ 5 AmtsO). In Betracht kommen etwa die Bauleitplanung oder Schulträgerschaften. Finanziert wird die Tätigkeit der Ämter durch Dotationen im Rahmen des kommunalen Finanzausgleichs (§ 20 AmtsO) und durch eine gegenüber den amtsangehörigen Gemeinden zu erhebende Amtsumlage (vgl im einzelnen §§ 21, 22 AmtsO). Eine besondere Stellung nehmen die Ämter (Kirchspiellandgemeinden) der Kreise Nordfriesland und Dithmarschen ein. Diese haben sich im Rahmen ihrer historischen Entwicklung zu Gebietskörperschaften mit weitergehenden Aufgaben und Befugnissen herausgebildet, als sie die anderen Ämter eingeräumt bekamen. § 24 AmtsO bestätigt diesen Aufgabenbestand und weist den Kirchspiellandgemeinden zudem die Aufgaben der übrigen Ämter zu.

3. Die innere Gemeindeverfassung

Die innere Gemeindeverfassung ist insbesondere in den §§ 27 ff GO S-H geregelt. Bei der inneren Gemeindeverfassung handelt es sich um diejenigen Regeln, die die Einrichtung und das Zusammenwirken der gemeindlichen Organe sowie die Bildung und die Ausführung des Willens der Gemeinde betreffen. Sie lassen sich mit dem organisatorischen Teil von Grundgesetz und Landesverfassung vergleichen. In ihrer Grundstruktur ist die schleswig-holsteinische Gemeindeverfassung gesplittet: In den Städten kommt eine unechte Magistratsverfassung zur Anwendung und in den Gemeinden die Bürgermeisterverfassung mit verschiedenen Modalitäten. Beide Formen der Gemeindeverfassung haben ihre Tradition im preußischen Rechtskreis; die unechte Magistratsverfassung lag bereits der Stein'schen Städteordnung von 1808 zugrunde, während die bürokratische Bürgermeisterverfassung in der preußischen Rheinprovinz zur Anwendung kam. Auch das alsbald nach der Annexion Schleswig-Holstein durch Preußen verabschiedete Gesetz, betreffend die verfassung und Verwaltung der Städte und Flecken in der Provinz Schleswig-Holstein, vom 14. April 1869 sah schon die Geltung einer (allerdings echten) Magistratsverfassung in den Städten und der Bürgermeisterverfassung in den kleineren Städten und Flecken vor. Nach dem Zweiten Weltkrieg sah sich zwar Schleswig-Holstein zunächst ebenso wie Niedersachsen und Nordrhein-Westfalen der „wohlwollenden Gewaltherrschaft" angelsächsischer Reformvorstellungen ausgesetzt und bekam von der britischen besatzungsmacht ein Kommunalverfassungssystem aufoktroyiert, das sein Vorbild im englischen Local Government hatte. Anders als Niedersachsen und Nordrhein-Westfalen gelang es aber dem schleswig-holsteinischen Gesetzgeber, wenn auch unter mühsamer Überwindung beharrlicher Widerstände seitens der Besatzungsmacht, zu in Deutschland tradierten Frmen der Gemeindeverfassung zurückzukehren. Für die Städte wählte man dabei, entsprechend der Meinberger Beschlüsse der Innenminister der Britischen Besatzungszone, die unechte Magistratsverfassung, während die Geltung der Bürgermeisterverfassung in den Landgemeinden vor allem auf entsprechende Forderungen des damaligen Landgemeindeverbandes zurückzuführen ist. Hinsichtlich dieser Rechtslage werden aufgrund des „Gesetzes zur Änderung des kommunalen Verfassungsrechts 1995" (vom 22. Dezember 1995, GVOBl S 33) mit Wirkung vom 1. April 1998 drastische Veränderungen eintreten. Einem Trend der Zeit folgend werden ab diesem Zeitpunkt die hauptamtlichen Bürgermeister in Schleswig-Holstein direkt gewählt werden. Zugleich wird in den Städten das bisherige, traditionelle Konzept eines verwaltungsleitenden Magistrats aufgegeben werden. An dessen Stelle soll eine Konzentration der Machtbefugnisse beim Bürgermeister treten. Insgesamt soll die Verfassung der Stadtgemeinden damit an diejenige der Landgemeinden angeglichen werden, was namentlich auch für die Rechtsstellung des Hauptausschusses gilt. Im einzelnen gilt für die schleswig-holsteinische Gemeindeverfassung folgendes:

Oberstes Organ der Gemeinde ist die von der Bürgerschaft in allgemeiner, unmittelbarer, freier, gleicher und geheimer Wahl (vgl Art 28 Abs 1 Satz 2 GG; 3 Abs 1 LV) für eine Wahlzeit von vier (ab 1998: fünf) Jahren gewählte Gemeindevertretung. Einzelheiten über das Wahlverfahren regelt das Gemeinde- und Kreiswahlgesetz (in der Fassung vom 31. Mai 1985, GVOBl S 146, zuletzt geändert durch Gesetz vom 22. Dezember 1995, GVOBl S 33). Die Gemeindevertretung führt in den Städten die Bezeichnung „Stadtvertretung" (die Hauptsatzung kann allerdings eine andere Bezeichnung, z B „Bürgerschaft", „Ratsversammlung", vorsehen, vgl § 27 Abs 5 GO S-H) und setzt sich – je nach Gemeindegröße – aus zwischen 7 und 49 Mitgliedern zusammen. Die Gemeindevertretung trifft alle für die Gemeinde wichtigen Entscheidungen und überwacht ihre Durchführung. Sie kann in Gemeinden mit Bürgermeisterverfassung die Entscheidung auf den Hauptausschuß oder den Bürgermeister und in Städten auf den Magistrat übertragen (§ 27 Abs 1 GO S-H), bei Bestehen eines Ortsbeirates ferner auf diesen (§ 47 c Abs 2 Satz 1 GO S-H) sowie außerdem auch auf Ausschüsse (§ 45 Abs 3 GO S-H). Eine Reihe wichtiger Angelegenheiten muß aber der Gemeindevertretung selbst entschieden werden, eine Delegation ist hier unzulässig. Dazu zählen etwa Angelegenheiten, über die von Gesetzes wegen die Gemeindevertretung selbst zu entscheiden hat (z B die Wahlen von gemeindlichen Wahlbeamten oder Ausschüssen), der Erlaß, die Änderung oder die Aufhebung von Satzungen, die Aufstellung, Änderung und Aufhebung von Flächennutzungsplänen sowie grundlegende Entscheidungen über gemeindliche Einrichtungen und Eigenbetriebe (vgl näher § 28 GO S-H). Einzelnen Gemeindevertretern hat der Bürgermeister, in den Städten der Magistrat, auf Verlangen Auskunft zu erteilen und Akteneinsicht zu gewähren, soweit dies für die Vorbereitung oder Kontrolle der Ausführung von einzelnen Beschlüssen der Gemeindevertretung oder ihrer Ausschüsse erforderlidh ist. Die Gemeindevertretung, die mindestens einmal im Vierteljahr zusammentritt (§ 34 Abs 1 Satz 2 GO S-H), entscheidet grundsätzlich durch Mehrheitsbeschluß (§ 39 GO S-H). Die Gemeindevertreter sollen in ihrer Tätigkeit nach ihrer freien, durch das öffentliche Wohl bestimmten Überzeugung handeln (Grundsatz des freien Mandats, § 32 Abs 1 GO S-H). Tatsächlich wir die Ausübung der Tätigkeit eines Gemeindevertreters allerdings in nicht unbeträchtlichem Maße von partei- und fraktionspolitischen Rücksichtnahmen bestimmt. Der Gesetzgeber hat dieser Bedeutung des Fraktionswesens durch eine ausdrückliche Bestimmung Rechnung getragen: Nach § 32 a GO S-H bilden die Gemeindevertretung eine

Fraktion sowohl diejenigen Gemeindevertreter, die derselben Partei angehören, als auch diejenigen Gemeindevertreter, die auf Vorschlag einer Wählergruppe gewählt wurden. Die Mindestzahl der Mitglieder einer Fraktion beträgt zwei. Geleitet werden die Sitzungen der Gemeindevertretung durch einen von der Vertretungskörperschaft aus ihrer Mitte gewählten Vorsitzenden (§ 33 Abs 1 GO S-H). Dieser führt in Gemeinden mit hauptamtlichem Bürgermeister und in Städten mit ehrenamtlichem Bürgermeister die Bezeichnung „Bürgervorsteher", in kreisfreien Städten „Stadtpräsident" (§ 33 Abs 4 GO S-H). Der Vorsitzende beruft zu den Sitzungen der Gemeindevertretung ein (§ 34 Abs 1 GO S-H), leitet die Verhandlungen der Vertretungskörperschaft, handhabt die Ordnung und übt das Hausrecht aus (§ 37 GO S-H). Neben dem Bürgermeister repräsentiert der Vorsitzende die Gemeinde bei öffentlichen Anlässen. Die Gemeindevertretung kann zur Vorbereitung ihrer Beschlüsse und zur Überwachung der Gemeindeverwaltung Ausschüsse wählen (§ 45 Abs 1 GO S-H). Gemeinden mit hauptamtlichem Bürgermeister haben aus der Gemeindevertretung einen Ausschuß zu wählen, der auf die Einheitlichkeit der Arbeit der Ausschüsse hinzuwirken und die Gemeindeverwaltung zu überwachen hat (Hauptausschuß); in diesem Rahmen kann der Hauptausschuß die in Ausschüssen übertragenen Entscheidungen im Einzelfall an sich ziehen. Der Bürgermeister ist Mitglied des Hauptausschusses; er führt den Vorsitz (§ 45 Abs 2 GO S-H).

Besondere Differenzierungen nimmt das Gemeindeverfassungsrecht auf der Ebene des Vollzugsorgans, des Bürgermeisters in den Gemeinden und des Magistrats in den Städten, vor. Dies ist bedingt durch die Geltung unterschiedlicher Gemeindeverfassungstypen im Lande (s o). Nach § 48 Abs 1 GO S-H wird die Verwaltung der Gemeinden, die einem Amt angehörigen oder weniger als 2 000 Einwohner haben, vom Vorsitzenden der Gemeindevertretung als ehrenamtlichem Bürgermeister geleitet. Demgegenüber wird die Verwaltung von Gemeinden ab 2 000 Einwohnern grundsätzlich von einem hauptamtlichen Bürgermeister geleitet, wenn die Gemeinde keinem Amt angehört oder die Geschäfte eines Amtes führt. Liegt die Gemeindegröße in diesen Fällen unter 5 000 Einwohnern, kann allerdings die Hauptsatzung eine ehrenamtliche Verwaltung des Bürgermeisteramtes vorsehen. Der hauptamtliche Bürgermeister wird von der Gemeindevertretung nach Maßgabe der Hauptsatzung für eine Amtszeit von zwischen 6 und 12 Jahren gewählt (§ 57 Abs 1 GO S-H). Er ist Leiter der Gemeindeverwaltung, bereitet die Beschlüsse der Gemeindevertretung vor und führt sie durch. Der hauptamtliche Bürgermeister ist ferner Dienstvorgesetzter der Gemeindebediensteten und hat in Dringlichkeitsfällen ein Eilentscheidungsrecht für die Gemeindevertretung. Die der Gemeinde zur Erfüllung nach Weisung übertragenen Angelegenheiten werden durch den Bürgermeister selbständig erledigt (§ 55 GO S-H). Er ist ferner gesetzlicher Vertreter der Gemeinde (§ 56 GO S-H) und hat das Recht und die Pflicht, rechtswidrigen Vertretungs- und Ausschußbeschlüssen zu widersprechen. Gemeinwohlwidrigen Beschlüssen kann er widersprechen (§§ 43, 47 GO S-H).

Das Amt des ehrenamtlichen Bürgermeisters wird durch den Vorsitzenden der Gemeindevertretung für die Dauer seiner Wahlzeit augeübt (§ 48 GO S-H). Seine Aufgaben entsprechen grundsätzlich denjenigen des hauptamtlichen Bürgermeisters. Bei amtsangehörigen Gemeinden sind allerdings diejenigen Aufgaben in Abzug zu bringen, die von der Amtsverwaltung zu besorgen sind (vgl § 50 Abs 5 GO S-H und oben II. 2).

Der Magistrat in den Städten besteht aus dem im Regelfall hauptamtlich tätigen (Ober-)Bürgermeister als Vorsitzendem und hauptamtlichen und ehrenamtlichen Stadträten (§ 62 Abs 1 GO S-H). Die Zahl der ehrenamtlichen Stadträte beträgt je nach Größe der Stadt zwischen 6 und 9, hauptamtliche Stadträte dürfen in Städten mit mehr als 20 000 Einwohner bestellt werden (bis zu höchstens 6 in kreisfreien Städten). Dabei darf die Zahl der hauptamtlichen Stadträte diejenige der ehrenamtlichen nicht erreichen (§ 63 GO S-H). Der ehrenamtliche Bürgermeister und die ehrenamtlichen Stadträte werden dabei von der Stadtvertretung aus ihrer Mitte für die Dauer ihrer Wahlzeit gewählt. Jede Fraktion kann verlangen, daß die Wahl der ehrenamtlichen Stadträte nach den Grundsätzen der Verhältniswahl erfolgt, wobei der ehrenamtliche Bürgermeister dem Wahlvorschlag derjenigen Fraktion zugerechnet wird, die ihn vorgeschlagen hat. Anders als etwa in Hessen, wo Inkompatibilität zwischen der Mitgliedschaft im Magistrat und derjenigen in der Vertretungskörperschaft besteht, bleiben in Schleswig-Holstein die ehrenamtlichen Magistratsmitglieder Angehörige der Stadtvertretung (§ 65 GO S-H). Demgegenüber werden die hauptamtlichen Magistratsmitglieder von der Stadtvertretung für feste Amtszeiten von zwischen 6 und 12 Jahren gewählt. Das Wahlverfahren ist recht kompliziert und zielt darauf ab, daß sich auch in der Zusammensetzung der hauptamtlichen Magistratsbank die politischen Kräfteverhältnisse in der Stadtvertretung widerspiegeln. Wahlvorschlagsberechtigt sind nur die Fraktionen, auf die bei einer Verteilung der hauptamtlichen Magistratspositionen nach dem Stärkeverhältnis der Fraktionen zumindest ein Sitz entfallen würde. Überdies kann jede wahlvorschlagsberechtigte Fraktion die Besetzung der hauptamtlichen Stadtratspositionen nach Proporzgrundsätzen verlangen. In diesem Falle wird das Wahlvorschlagsrecht für die einzelnen Positionen unter den Fraktionen in der Stadtvertretung nach d'Hondt aufgeteilt und die Wahl eines jeden Stadtrats bedarf einer Zweidrittelmehrheit in der Stadtvertretung (vgl näher § 64 GO S-H). Nach § 40 a GO S-H sind die Magistratsmitglieder vorzeitig abberufbar, und zwar ehrenamtliche Stadträte mit einfacher Mehrheit, Bürgermeister (sowohl in Städten als auch in Landgemeinden) sowie hauptamtliche Stadträte mit Zweidrittelmehrheit der Vertretungskörperschaft. Das Bundesverfassungsgericht hat aufgrund eines Abwahlfalles in Schleswig-Holstein entschieden, daß die vorzeitige Abberufung hauptamtlicher kommunaler Wahlbeamter mit Zweidrittelmehrheit verfassungsrechtlich (Art 33 Abs 5 GG) unbedenklich ist. Der Magistrat leitet die Verwaltung der Stadt nach den Grundsätzen und Richtlinien der Stadtvertretung. Er hat insbesondere die Gesetze auszuführen, soweit nicht ein anderes Organ zuständig ist, die Beschlüsse der Stadtvertretung vorzubereiten und auszuführen, die ihm von der Stadtvertretung übertragenen Entscheidungen zu treffen, die Stadtverwaltung zu überwachen und auf die Einheitlichkeit der Arbeit der Ausschüsse hinzuwirken. Er ist Dienstvorgesetzter der Magistratsmitglieder und zudem oberste Dienstbehörde (§ 60 GO S-H). Rechtswidrigen oder gemeinwohlgefährdenden Beschlüssen der Stadtvertretung oder ihrer Ausschüsse kann (nur Recht, keine Pflicht) der Magistrat neben dem Bürgermeister widersprechen (§§ 43, 47 GO S-H). Der Magistrat ist überdies gesetzlicher Vertreter der Stadt (§ 61 Abs 1 GO S-H). Als Kollegialorgan entscheidet der Magistrat in nicht öffentlicher Sitzung durch Mehrheitsbeschluß. Er wird durch den Bürgermeister einberufen, sooft es die Geschäftslage erfordert, mindestens jedoch einmal im Monat (§§ 67, 68 GO S-H). Unterhalb der Verwaltungstätigkeit des Magistrats als Gremium werden die laufenden Verwaltungsgeschäfte durch die einzelnen Magistratsmitglieder erledigt. Die Zuweisung einzelner Sachgebiete an die Magistratsmitglieder erfolgte dabei durch die Hauptsatzung und bedarf einer Zweidrittelmehrheit in der Stadtvertretung (vgl näher § 71 GO S-H). Eine hervorgehobene Stellung nimmt auch in den Städten der Bürgermeister ein. Er hat die Beschlüsse des Magistrats vorzubreiten und auszuführen. Ferner hat er auf die Einheitlichkeit der Verwaltungsführung hinzuwirken und leitet und beaufsichtigt den Geschäftsgang der Verwaltung. Der Bürgermeister ist Dienstvorgesetzter (nicht hingegen fachlicher Vorgesetzter, soweit es nicht sein Dezernat betrifft) der Beamten mit Ausnahme der Stadträte. Diejenigen Aufgaben, die der Stadt zur Erfüllung nach Weisung übertragen sind, führt der Bürgermeister selbständig durch. In dringenden Fällen kann er die erforderlichen Maßnahmen an Stelle des Magistrats oder der Stadtvertretung treffen (vgl § 70 GO S-H). Neben seiner Widerspruchskompetenz gegen Vertretungs- und Ausschußbeschlüsse hat er die Pflicht, rechtswidrigen Magistratsbeschlüssen zu widersprechen, und das Recht, Magistratsbeschlüssen zu widersprechen, die das Wohl der Stadt gefährden (§ 69 GO S-H).

Die Verfassung der Ämter weist gegenüber der beschriebenen Gemeindeverfassung einige Unterschiede auf. Organe sind hier der sich aus den Bürgermeistern der amtsangehörigen Gemeinden sowie weiteren von den Gemeinden entsandten Mitgliedern zusammensetzende Amtsausschuß und der vom Amtsausschuß aus seiner Mitte für die Dauer der allgemeinen Wahlzeit der Gemeindevertretung gewählte Amtsvorsteher. Der Amtsausschuß, dessen Sitzungen grundsätzlich öffentlich sind, trifft alle für das Amt wichtigen Entscheidungen und überwacht ihre Durchführung (vgl § 10 AmtsO). Der Amtsvorsteher ist stimmberechtigter Vorsitzender des Amtsausschusses und leitet die Verwaltung des Amtes ehrenamtlich nach den Grundsätzen und Richtlinien des Amtsausschusses und im Rahmen der von ihm bereitgestellten Mittel. Er breitet die Beschlüsse des Amtsausschusses vor und führt sie durch. Der Amtsvorsteher ist für die sachliche Erledigung der Aufgaben und den Geschäftsgang der Verwaltung verantwortlich.

4. Bezirksgliederung

Als funktionale Untergliederung von Gemeinden sieht § 47 a GO S-H eine Bildung von Ortsteilen vor. Die Gemeinde kann danach durch Beschluß der Gemeindevertretung Ortsteile (oder auch Dorfschaften) bilden. Durch Hauptsatzungsregelung kann die Gemeinde für einen Ortsteil einen Ortsbeirat bilden. Der Ortsbeirat, dem Gemeindevertreter oder andere Gemeindebürger angehören können, wird von der Gemeindevertretung gewählt. Bei der Wahl soll das Wahlergebnis berücksichtigt werden, das die Parteien und Wählergruppen bei der Wahl zur Gemeindevertretung im Ortsteil (also nicht in der Gesamtgemeinde) erzielt haben. Die Sitzungen des Ortsbeirats sind grundsätzlich öffentlich, für sein Verfahren finden die Vorschriften, die für die Vertretungsausschüsse gelten, entsprechende Anwendung (vgl §§ 47 b; 47 c Abs 3 GO S-H). Der Ortsbeirat hat vor allem ein Antragsrecht und ein Informationsrecht. Es ist zum einen über alle wichtigen Angelegenheiten, die den Ortsteil betreffen, zu unterrichten. Zum anderen kann er in Angelegenheiten, die den Ortsteil betreffen, Anträge an die Gemeindevertretung stellen (§ 47 c Abs 1 GO S-H). Darüber hinaus kann die Gemeindevertretung dem Ortsbeirat wie auch den Ausschüssen durch die Hauptsatzung (nicht hingegen durch Einzelentscheidung) bestimmte Angelegenheiten zur Entscheidung übertragen. In jedem Einzelfall kann die Gemeindevertretung allerdings die Entscheidung wieder an sich ziehen (§ 47 c Abs 2 GO-SH).

III. Die Kreise

Oberhalb der Gemeindeebene ist Schleswig-Holstein in 11 (vor der Territorialreform: 17) Kreise eingeteilt. Diese weisen Einwohnerzahlen zwischen rund 277 500 (Kreis Pinneberg) und 122 800 (Kreis Plön) auf, ihre flächenmäßige Größe bewegt sich zwischen 2 186 qkm (Kreis Rensburg-Eckernförde) und 664 qkm (Kreis Pinneberg). Die dichteste Besiedelung weist der Kreis Pinneberg mit 418 Einwohnern je qkm auf, die am wenigsten dichte Besiedelung der Kreis Nordfriesland mit 76 Einwohnern je qkm.

Nach § 1 der Kreisordnung für Schleswig-Holstein (KrO S-H, in der Fassung der Bekanntmachung vom 1. April 1996, GVOBl S 356) sind die Kreise Gemeindeverbände und zugleich dem Land eingegliederte Gebietskörperschaften. Sie verwalten ihr Gebiet nach den Grundsätzen der gemeindlichen Selbstverwaltung. Eingriffe in die Rechte der Kreise sind nur durch Gesetz oder aufgrund eines Gesetzes zulässig. Darüber hinaus sind in den Kreisen allgemeine untere Landesbehörden errichtet (§ 1 Abs 1 des Gesetzes über die Errichtung allgemeiner unterer Landesbehörden in Schleswig-Holstein – ULBehG – vom 25. Februar 1971, GVOBl S 64, zuletzt geändert durch Gesetz vom 25. Juli 1977, GVOBl S 186). Hinsichtlich der Arten der von den Kreisen wahrzunehmenden Aufgaben gilt zunächst das gleiche wie für die Gemeindeebene. Zu unterscheiden ist also zwischen (freiwilligen und pflichtigen) Selbstverwaltungsaufgaben (§ 2 KrO S-H) und Aufgaben zur Erfüllung nach Weisung (§ 3 KrO S-H). Hinsichtlich des Selbstverwaltungsbereichs bestimmt § 2 Abs 1 KrO

S-H folgendes: Soweit die öffentlichen Aufgaben von den kreisangehörigen Gemeinden und Ämtern wegen geringer Leistungsfähigkeit und Größe nicht erfüllt werden können und soweit die Grenze nicht ausdrücklich etwas anderes bestimmen, sind die Kreise berechtigt und verpflichtet, in ihrem Gebiet alle öffentlichen Aufgaben in eigener Verantwortung zu erfüllen. Diese Verpflichtung steht allerdings unter dem Vorbehalt, daß diese Aufgaben nicht ebenso gut auf andere Weise, insbesondere durch Private, erfüllt werden können. Darüber hinaus fordert § 20 KrO S-H, daß die Selbstverwaltung des Kreises die Selbstverwaltung der kreisangehörigen Gemeinden ergänzen und fördern soll (Ergänzungsfunktion) und der Kreis sich gegenüber den Ämtern und Gemeinden auf diejenigen Aufgaben beschränken soll, deren Durchführung durch den Kreis erforderlich ist, um seine Einwohner gleichmäßig zu versorgen und zu betreuen (Ausgleichsfunktion). Insgesamt sollen im Zusammenwirken von Kreis und Gemeinden alle Aufgaben der örtlichen Selbstverwaltung erfüllt werden. Die Aufgaebn der allgemeinen unteren Landesbehörde werden demgegenüber nicht durch die Gebietskörperschaft Kreis, sondern durch den Landrat wahrgenommen (§ 1 Abs 2 ULBehG). Bei Wahrnehmung dieser Aufgaben ist der Landrat ausschließlich dem Land und nicht anderen Kreisorganen verantwortlich. Er untersteht insoweit der Dienstaufsicht des Innenministers und der Fachaufsicht der fachlich zuständigen übergeordneten Landesbehörde. Allerdings soll der Landrat in Angelegenheiten der allgemeinen unteren Landesbehörde den Kreisausschuß unterrichten, und er kann sich auch in wichtigen Angelegenheiten vom Kreisausschuß beraten lassen (§ 2 ULBehG). Die für die Aufgaben der allgemeinen unteren Landesbehörde erforderlichen Dienstkräfte und Einrichtungen stellt grundsätzlich der Kreis, eine Abgeltung der hierdurch entstehenden Kosten erfolgt durch die allgemeinen Finanzzuweisungen im Rahmen des kommunalen Finanzausgleichs (§ 5 ULBehG). Allgemein unterstehen die Kreise mangels Vorhandenseins einer allgemeinen Mittelstufe der Verwaltung der Kommunalaufsicht durch den Innenminister (§ 60 KrO S-H). Die Kreisverfassung weist gewisse Parallelen zur Magistratsverfassung in den Städten auf und entspricht in ihrer Konzeption dem 1948 in Lasbek von den Kommunalreferenten der Länderministerien beschlossenen einheitlichen Kreisverfassungsentwurf. Ähnlich wie auf Gemeindeebene wird es auch hier mit Wirkung vom 1. April 1998 zu einschneidenden und von bewährten Traditionen Abschied nehmenden Änderungen kommen. Dies gilt insbesondere im Hinblick auf die dann in Kraft tretende Urwahl des Landrats und die Neuordnung der Stellung des Kreisausschusses, der seine Stellung als verwaltungsleitendes Organ verlieren und an den gemeindlichen Hauptausschuß angeglichen werden wird. Organe des Kreises sind nach bisher noch geltendem Recht nach § 7 KrO S-H der Kreistag, der Kreisausschuß und der Landrat. Der Kreistag besteht aus den von den Bürgern der kreisangehörigen Gemeinden in allgemeiner, unmittelbarer, freier gleicher und geheimer Wahl gewählten Kreistagsabgeordneten (vgl Art 28 Abs 1 Satz 2 GG; 3 Abs 1 LV; § 26 KrO S-H). Er trifft alle für den Kreis wichtigen Entscheidungen und überwacht ihre Durchführung (§ 22 KrO S-H). Dabei können Entscheidungen auf den Kreisausschuß oder auf vom Kreistag zur Vorbereitung seiner Beschlüsse und zur Überwachung der Kreisverwaltung gewählte Ausschüsse übertragen werden (§ 40 KrO S-H), soweit diese Entscheidungen nicht wegen ihrer Bedeutung ausschließlich dem Kreistag selbst vorbehalten sind (§ 23 KrO S-H). Geleitet werden die Kreistagssitzungen durch einen vom Kreistag aus seiner Mitte gewählten ehrenamtlichen Kreispräsidenten (§§ 28, 32 KrO S-H). Der Kreisausschuß besteht aus dem hauptamtlichen Landrat als Vorsitzenden und acht vom Kreistag aus seiner Mitte gewählten ehrenamtlichen Mitgliedern (§ 45 KrO S-H), die zugleich weiter als Kreistagsabgeordnete amtieren. Die Aufgaben des Kreisausschusses sind denen des Magistrats in den Städten angeglichen, insbesondere leitet der Kreisausschuß die Verwaltung des Kreises nach den Grundsätzen und Richtlinien des Kreistags, bereitet die Beschlüsse des Kreistags vor und führt sie aus (vgl näher § 43 KrO S-H). Er ist gesetzlicher Vertreter des Kreises (vgl § 44 KrO S-H). Ebenso sind die Aufgaben des Landrats als Hauptverwaltungsbeamten denjenigen des Bürgermeisters in den Städten angeglichen. So bereitet der Landrat die Beschlüsse des Kreisausschusses vor und führt sie aus. Er leitet und beaufsichtigt den Geschäftsgang der Verwaltung und erledigt selbständig diejenigen Aufgaben, die dem Kreis zur Erfüllung nach Weisung übertragen sind (vgl näher § 52 KrO S-H; zur Erledigung der Aufgaben der allgemeinen unteren Landesbehörde s o).

IV. Interkommunale Zusammenarbeit

Zu den schon tradierten Ausdrucksformen der kommunalen Selbstverwaltung gehört die interkommunale Zusammenarbeit. Sie dient der Bewältigung von Aufgaben, die über die Verwaltungskraft der einzelnen Kommune hinausgehen oder die einfacher, billiger und besser im Verbund mehrerer Kommunen wahrgenommen werden können. Bekannteste Form der interkommunalen Zusammenarbeit ist der Zweckverband, eine Organisationsform, die bereits dem preußischen Rechtskreis geläufig war. Das Recht der Kommunen zur Bildung von bzw zur Beteiligung an Zweckverbänden gehört zum historisch gewachsenen Kern der Erscheinungsformen kommunaler Selbstverwaltung und ist durch die Selbstverwaltungsgarantie (Organisationshoheit) verfassungsrechtlich geschützt. § 1 Abs 2 GkZ nennt als institutionalisierte Formen interkommunaler Zusammenarbeit Zweckverbände, öffentlich-rechtliche Vereinbarungen, Verwaltungsgemeinschaften und Nachbarschaftsausschüsse. Einzelheiten über den Zweckverband sind in §§ 2 ff GkZ geregelt. Nach § 2 GkZ können sich Gemeinden, Ämter und Kreise zu Zweckverbänden zusammenschließen und ihnen einzelne oder mehrere zusammenhängende Aufgaben der öffentlichen Verwaltung übertragen (Freiverbände). Neben den genannten Körperschaften können auch andere Körperschaften, Anstalten oder Stiftungen des öffentlichen Rechts grundsätzlich Verbandsmitglieder sein. Soweit die Erfüllung

109

der Verbandsaufgaben dadurch gefördert wird und Gründe des öffentlichen Wohls nicht entgegenstehen, ist auch eine Mitgliedschaft von juristischen Personen des Privatrechts oder natürlichen Personen statthaft (§ 2 Abs 2 GkZ). Zweckverbände dürfen demgegenüber nicht gebildet werden, soweit eine Aufgabenerledigung durch eine Übertragung der betreffenden Aufgabe von den Gemeinden auf das Amt möglich ist (§ 2 Abs 3 GkZ). Neben der Bildung von Freiverbänden sieht das Gesetz auch die Bildung von Pflichtverbänden und den Pflichtanschluß vor. Nach § 7 GkZ kann die Aufsichtsbehörde Gemeinden, Ämter und Kreise zur Erfüllung einzelner gesetzlicher übertragener Aufgaben zu einem Zweckverband zusammenschließen oder einem bestehenden Zweckverband anschließen. Für den Bereich freiwilliger Selbstverwaltungsangelegenheiten sind demgegenüber die Bildung eines Pflichtverbandes und der Pflichtanschluß nicht zulässig. Der Zweckverband ist eine Körperschaft des öffentlichen Rechts ohne Gebietshoheit (§ 4 GkZ). Er hat Dienstherrnfähigkeit. Seine Organe sind die aus den Bürgermeistern, Amtsvorstehern und Landräten der verbandsangehörigen Gemeinden, Ämter und Kreise sowie fakultativ weiteren Vertretern der Verbandsmitglieder bestehende Verbandsversammlung sowie der im Regelfall ehrenamtlich tätige Verbandsvorsteher. Die Verbandssatzung kann als weiteres Organ einen Verbandsvorstand vorsehen (vgl näher §§ 8 ff GkZ). Neben dem gesetzlich vorgegebenen Rahmen für die Verbandsverfassung sind weitere Einzelheiten in der Verbandssatzung zu regeln (vgl § 5 GkZ). Der Deckung des Finanzbedarfs des Zweckverbandes dient neben sonstigen Einnahmen eine von den Verbandsmitgliedern erhobene Verbandsumlage (§ 15 GkZ).

Öffentlich-rechtliche Vereinbarungen, die zwischen Gemeinden, Ämtern, Kreisen und Zweckverbänden abgeschlossen werden können, dienen dazu, daß eine der beteiligten Körperschaften Aufgaben der übrigen Beteiligten übernimmt oder den übrigen Beteiligten die Mitbenutzung einer von ihr betriebenne Einrichtung gestattet (§ 18 GkZ). Durch die Bildung einer Verwaltungsgemeinschaft kann vereinbart werden, daß ein Beteiligter zur Erfüllung seiner Aufgaben die Verwaltung eines anderen Beteiligten in Anspruch nimmt (§ 19 a GkZ).

I Die kreisfreien Städte

1 Stadt Flensburg

24944 Flensburg, Fördestr 16, KBA/Haus D;
Tel (04 61) 85-0; Fax (04 61) 85 29 71, Feuerwehr- und
Zivilschutzamt: (04 61) 85-29 25; Stadtreinigungsamt:
(04 61) 85-28 99; Telex 22 754 raths d;
Teletex 46 13 28 raths
Einwohner: 86 820
Fläche: 5 644 ha

Stadtvertretung: 44 Mitglieder (15 SPD, 12 CDU,
11 SSW, 4 Bündnis 90/GRÜNE, 2 Fraktionslose)
Stadtpräsident: Peter Rautenberg
Oberbürgermeister: Olaf Cord Dielewicz
Bürgermeister: Hermann Stell; Rolf Lehfeldt 2. Bgm

Allgemeine Verwaltung, Wirtschaft und Verkehr
Hauptamt, Personalamt, Amt für Stadtentwicklung,
Rechnungsprüfungsamt, Rechts- und Versiche-
rungsamt, Wirtschaftsförderung, Ordnungsamt,
Standesamt
Leiter: Olaf Cord Dielewicz OBgm

Finanzen, Schule und Kultur
Kämmerei (einschließlich Liegenschaften), Stadt-
kasse, Stadtreinigungsamt, Angelegenheiten der
Stadtwerke Flensburg GmbH, Hafenamt; Schulver-
waltungs- und Kulturamt
Leiter: Hermann Stell Bgm

Soziales, Jugend und Gesundheit
Sozialamt, Jugendamt, Gesundheitsamt, Städtische
Frauen- und Kinderklinik, Umwelt- und Grünamt,
Veterinär- und Lebensmittelüberwachungsamt
Leiter: Hans Leppin StaR

Bauwesen
Bauverwaltungsamt, Stadtplanungsamt, Amt für
Stadtsanierung, Bauordnungsamt, Hochbauamt,
Tiefbauamt, Feuerwehr- und Zivilschutzamt
Leiter: Reinhold Roedig StaBauR

2 Landeshauptstadt Kiel

24103 Kiel, Fleethörn 9-17; Tel (04 31) 9 01-0;
Fax (04 31) 9 01-25 07; Telex 299 897 S Kiel
Einwohner: 242 181
Fläche: 11 198 ha

Ratsversammlung: 49 Mitglieder (20 SPD, 16 CDU,
8 Bündnis 90/GRÜNE, 5 Stadt-Union-Kill)
Stadtpräsidentin: Silke Reyer
Oberbürgermeister: Norbert Gansel
Bürgermeister: Karl-Heinz Zimmer

Sachgebiet 1
Bürgeramt, Rechtsamt, Personalamt, Rechnungs-
prüfungsamt, Amt für Organisation und Verwal-
tungsreform, Referat für Frauen, Standesamt
Dezernent: NN

Sachgebiet 2
Ordnungsamt, Umweltschutzamt, Abfallwirt-
schaftsbetrieb Kiel, Städtisches Laboratorium
Dezernent: Erich Schirmer StaR

Sachgebiet 3
Amt für Schulwesen, Amt für die Bühnen der Lan-
deshauptstadt Kiel, Kämmerei- und Steueramt,
Stadtkasse
Dezernent: Karl-Heinz Zimmer Bgm

Sachgebiet 4
Sozialamt, Jugendamt, Amt für Soziale Dienste, Ge-
sundheitsamt, Referat für Ausländerinnen und Aus-
länder
Dezernentin: Annegret Bommelmann StaRätin

Sachgebiet 5
Bauverwaltungsamt, Stadtplanungsamt, Stadtver-
messungsamt, Bauordnungsamt, Hochbauamt,
Tiefbauamt, Grünflächenamt
Dezernent: Dr-Ing Otto Flagge StaBauR

Sachgebiet 6
Städtisches Krankenhaus, Amt für Wirtschaft, Ver-
kehr, Stadt- und Regionalentwicklung, Hafen- und
Seemannsamt, Seehafen Kiel GmbH & Co KG, Lie-
genschaftsamt, Presseamt
Dezernent: Dr Peter Kirschnick StaR

Sachgebiet 7
Amt für Wohnungsbau und Wohnungswesen
Dezernentin: Waltraut Siebke StRätin

Sachgebiet 8
Feuerwehr – Amt für Brandschutz, Rettungsdienst,
Katastrophen- und Zivilschutz –
Dezernent: Jens Moriz StaR

Sachgebiet 9
Amt für Volkshochschule, Kulturamt
Dezernentin: Ursula Schuckenböhmer StaRätin

Sachgebiet 10
Amt für Kriegsopfer und Behinderte, Fürsorgestelle
für Kriegsopfer
Dezernent: Eckehard Raupach StaR

Sachgebiet 11
Sportamt
Dezernentin: Ilse Lebert StaRätin

ohne Sachgebiet
Dezernentin: Ingrid Jöhnk StaRätin

3 Hansestadt Lübeck

23552 Lübeck, Rathaus Breite Str 62; Tel (04 51) 12-0;
Fax (04 51) 1 22 10 90; Teletex 26 27 = 45 14 36
HLueb D
Einwohner: 216 995
Fläche: 21 417 ha

Bürgerschaft: 49 Mitglieder (23 SPD, 18 CDU,
5 Bündnis 90/GRÜNE, 2 WIR e V, 1 fraktionslos)
Stadtpräsident: Peter Oertling
Bürgermeister: Michael Bouteiller

Dezernat Zentrale Verwaltungsaufgaben
Amt für Zentrale Verwaltungsaufgaben, Presse-
und Informationsamt, Amt für Denkmalpflege,
Frauenbüro
Leiter: Michael Bouteiller Bgm

Dezernat Allgemeine Verwaltungsaufgaben
Personalamt, Statistisches Amt und Wahlamt,
Rechnungsprüfungsamt, Rechtsamt, Ordnungsamt,
Standesamt, Feuerwehr, Stadtwerke
Leiterin: Dagmar Pohl-Laukamp Senatorin

Dezernat Finanzen und Wirtschaft
Kämmereiamt, Stadtkasse, Stadtsteueramt, Amt für
Wirtschaft, Verkehr und Hafen, Amt für Lübeck-
Werbung und Tourismus
Leiter: Gerd Rischau Sen

Dezernat Umwelt
Umweltamt, Liegenschaftsamt, Grünflächenamt,
Amt für Abfallwirtschaft und Stadtreinigung
Leiterin: Maria Krautzberger Senatorin

Dezernat Kultur und Bildung und Jugend
Amt für Schulwesen, Amt für Kultur, Amt für Ar-
chäologische Denkmalpflege, Jugendamt
Leiter: Ulrich Meyenborn Sen

Dezernat Sozialwesen
Sozialamt, Amt für Wohnungswesen, Amt für So-
zial- und Jugenddienste
Leiter: Volker Kaske Sen

Dezernat Bauwesen
Bauverwaltungsamt, Stadtplanungsamt, Bauord-
nungsamt, Hochbauamt, Amt für Verkehrsanlagen,
Amt für Stadtentwässerung, Wasser- und Hafen-
bauamt
Leiter: Dr-Ing Volker Zahn Sen

Dezernat Erwachsenenbildung, Volkshochschule

Dezernat Sport
Sportamt

Dezernat Gesundheit
Gesundheitsamt

Dezernat Krankenanstalten
Amt für Krankenanstalten

Dezernat Forsten
Stadtforstamt

Dezernat Marktwesen
Marktamt

Dezernat Kurverwaltung Travemünde
Kurverwaltung
Ehrenamtliche Senatoren: Dietrich Szameit; Anke
Horn; Gabriela Schröder; Gunhild Duske; Prof Dr
Otfried Strubelt; Hans-Jürgen Schubert; Gabriele
Hiller-Ohm; Peter Fick

4 Stadt Neumünster

24534 Neumünster, Großflecken 59;
Tel (0 43 21) 9 42-0; Fax (0 43 21) 4 59 70;
Telex 2 99 658 stnms d
Einwohner: 82 028
Fläche: 7 156 ha

Stadtvertretung: 43 Mitglieder (19 SPD, 14 CDU,
6 Statt Partei, 4 GRÜNE/ALN)
Stadtpräsident: Helmut Loose
Oberbürgermeister: Hartmut Unterlehberg
Bürgermeister: Thomas Michaelis

Dezernat I
Hauptamt, Personalamt, Rechnungsprüfungsamt,
Rechtsamt, Beschäftigungsbeauftragter, Gleichstel-
lungsbeauftragte, Schulverwaltungs- und Sportamt,
Ausgleichsamt
Leiter: Hartmut Unterlehberg OBgm

Dezernat II
Ordnungsamt, Stadtkämmerei, Amt für Wirtschaft,
Verkehr und Liegenschaften, Haus der Jugend
Leiter: Thomas Michaelis Bgm und StaKäm

Dezernat III
Amt für Brandschutz, Rettungsdienst und Katastro-
phenschutz, Amt für Bauverwaltung, Hoch- und
Tiefbau, Stadtplanungs- und Bauaufsichtsamt
Leiter: Hansheinrich Arend Stabeirat

Dezernat IV
Sozialamt, Jugendamt, Amt für soziale Dienste, Ge-
sundheitsamt
Leiter: Günter Humpe-Waßmuth StaR

Dezernat V
Amt für Natur und Umwelt, Kulturamt, Grünflä-
chenamt, Stadtentsorgungsamt
Leiterin: Theda Fresemann StaRätin

II Die Kreise und kreisangehörigen Städte und Gemeinden

1 Kreis Dithmarschen

25746 Heide, Stettiner Str 30; Tel (04 81) 97-0;
Fax (04 81) 97 14 99
Einwohner: 133 430
Fläche: 142 500 ha

Kreistag: 45 Mitglieder (19 CDU, 19 SPD, 4 UWD, 2 Bündnis 90/GRÜNE, 1 parteilos)
Kreispräsident: Rolf Gosau
Landrat: Dr Jörn Klimant

Hauptamt Willer OAR
Rechnungs- und Gemeindeprüfungsamt Klein OAR
Rechts- und Kommunalaufsichtsamt Cornelius LtdKVwDir
Ordnungsamt Kruse OAR
Amt für Umweltschutz Dr Eilers
Schul- und Kulturamt Carstens OAR
Sozialamt Lausten OAR
Jugend- und Sportamt Sturhan-Schwabe OAR
Gesundheitsamt Dr Eger LtdKMedDir
Krankenhausverwaltungsamt Stender KVwDir
Veterinäramt Dr Rosenthal LtdKVetDir
Bauamt Bammert LtdKBauDir
Kämmereiamt Schnauer AR

Gemeinden im Kreis Dithmarschen:

Amt Kirchspielslandgemeinde Albersdorf
25767 Albersdorf, Bahnhofstr 23; Tel (0 48 35) 78-0;
Fax (0 48 35) 78-42
Einwohner: 7 200
Amtsausschuß: 12 KWV, 5 CDU, 3 SPD
Amtsvorsteher: Peter Rathjens
Leitender Verwaltungsbeamter: Gerhard Becker OAR
Kirchspielsangehörige Gemeinden: Albersdorf, Arkebek, Bunsoh, Immenstedt, Offenbüttel, Osterrade, Schafstedt, Schrum, Tensbüttel-Röst, Wennbüttel

Stadt Brunsbüttel
25541 Brunsbüttel, Koogstr 61-63;
Tel (0 48 52) 3 91-0; Fax (0 48 52) 30 70
Einwohner: 13 966
Stadtvertretung: 11 SPD, 8 CDU, 2 UWB, 2 WIR
Bürgervorsteherin: Karin Süfke
Bürgermeister: Ernst Tange

Amt Kirchspielslandgemeinde Büsum
25757 Büsum, Postfach 11 55; Tel (0 48 34) 9 94-0;
Fax (0 48 34) 34 15
Einwohner: 6 532
Amtsausschuß: 6 Bürgermeister, 3 CDU, 3 SPD, 1 FWB, 1 WGW
Amtsvorsteher: Volker Johann
Büroleitender Beamter: Hans-Peter von Postel AR
Amtsangehörige Gemeinden: Büsum (Geschäftsführung), Büsumer Deichhausen, Hedwigenkoog, Oesterdeichstrich, Warwerort, Westerdeichstrich

Amt Kirchspielslandgemeinde Burg – Süderhastedt
25712 Burg, Holzmarkt 7; Tel (0 48 25) 93 05-0;
Fax (0 48 25) 93 05-40
Einwohner: 9 820
Amtsausschuß: 8 CDU, 8 KWV, 6 SPD1, Bündnis 90/GRÜNE
Amtsvorsteher: Hans-Werner Claußen
Leitender Verwaltungsbeamter: Günter Henningsen OAR
Amtsangehörige Gemeinden: Brickeln, Buchholz, Burg (Dithmarschen), Eggstedt, Frestedt, Großenrade, Hochdonn, Kuden, Quickborn, Süderhastedt

Amt Kirchspielslandgemeinde Eddelak – St Michaelisdonn
25693 Sankt Michaelisdonn, Am Rathaus 8;
Tel (0 48 53) 80 02-0; Fax (0 48 53) 80 02-50
Einwohner: 6 487
Amtsausschuß: 7 SPD, 6 CDU, 1 UWA
Amtsvorsteher: Detlev Träris
Leitender Verwaltungsbeamter: Uwe Diekgräf OAR
Amtsangehörige Gemeinden: Averlak, Dingen, Eddelak, Sankt Michaelisdonn

Gemeinde Friedrichskoog
25718 Friedrichskoog, Koogstr 35 a;
Tel (0 48 54) 8 11; Fax (0 48 54) 15 98
Einwohner: 2 459
Gemeindevertretung: 8 SPD, 6 CDU, 3 KWV
Bürgermeister: Peter Dau
Bürgervorsteherin: Anita Lerch-Sonnek

Stadt Heide
25746 Heide, Postelweg 1; Tel (04 81) 6 99-0;
Fax (04 81) 6 52 11
Einwohner: 20 734
Stadtvertretung: 12 SPD, 10 CDU, 5 UWH
Bürgervorsteher: Reinhard Woelk
Bürgermeister: NN

Amt Kirchspielslandgemeinde Heide-Land
25746 Heide, Kirchspielweg; Tel (04 81) 6 05-0;
Fax (04 81) 6 35 24
Einwohner: 8 517
Stadtvertretung: 8 SPD, 6 CDU,3 WGH, 2 WGW
Amtsvorsteher: Fritz Fischer
Leitender Verwaltungsbeamter: Voß OAR
Kirchspielsangehörige Gemeinden: Hemmingstedt, Lieth, Lohe-Rickelshof, Nordhastedt, Wöhrden

Amt Kirchspielslandgemeinde Hennstedt
25779 Hennstedt, Tel (0 48 36) 99 00;
Fax (0 48 36) 9 90 40
Einwohner: 5 785
Amtsausschuß: 15 KWV, 3 CDU, 1 SPD
Amtsvorsteher: Rolf Gosau
Leitender Verwaltungsbeamter: Horst Trettin
Kirchspielsangehörige Gemeinden: Barkenholm, Bergewöhrden, Delve, Fedderingen, Glüsing, Hägen, Hennstedt, Hollingstedt, Kleve, Linden, Norderheistedt, Schlichting, Süderheistedt, Wiemerstedt

Amt Kirchspielslandgemeinde Lunden
25774 Lunden, Nordbahnhofstr 7; Tel (0 48 82) 59 80;
Fax (0 48 82) 5 98 50

Einwohner: 5 265
Amtsausschuß: 8 WG, 6 SPD, 1 CDU
Amtsvorsteher: Hans Otto Schmidt
Leitender Verwaltungsbeamter: Hans-Heinrich Carstens OAR
Kirchspielsangehörige Gemeinden: Groven, Hemme, Karolinenkoog, Krempel, Lehe, Lunden, Rehm-Flehde-Bargen, Sankt Annen

Stadt Marne
25709 Marne, Alter Kirchhof 4-5;
Tel (0 48 51) 95 96-0; Fax (0 48 51) 95 96-39
Einwohner: 6 089
Stadtvertretung: 9 SPD, 7 CDU, 3 WGH
Bürgervorsteher: Uwe Graage
Bürgermeister: Siegfried Bersch

Amt Kirchspielslandgemeinde Marne-Land
25709 Marne, Mittelstr 1; Tel (0 48 51) 80 00-0;
Fax (0 48 51) 80 00 30
Einwohner: 5 104
Amtsausschuß: 11 KWV, 4 SPD, 1 CDU
Amtsvorsteherin: Inge Peters
Leitender Verwaltungsbeamter: Urbschat
Amtsangehörige Gemeinden: Diekhusen-Fahrstedt, Helse, Kaiser-Wilhelm-Koog, Kronprinzenkoog, Marnerdeich, Neufeld, Neufelderkoog, Ramhusen, Schmedeswurth, Trennewurth, Volsemenhusen

Stadt Meldorf
25704 Meldorf, Zingelstr 2; Tel (0 48 32) 60 90
Einwohner: 7 500
Stadtvertretung: 10 SPD, 7 CDU, 2 FDP
Bürgervorsteherin: Anneliese Peters
Bürgermeister: Thies Thiessen

Amt Kirchspielslandgemeinde Meldorf-Land
25704 Meldorf, Hindenburgstr 18;
Tel (0 48 32) 95 97-0; Fax (0 48 32) 95 97-15
Einwohner: 8 200
Amtsausschuß: 23 Mitglieder
Amtsvorsteher: Ferdinand Kollhorst
Leitender Verwaltungsbeamter: Uwe Schmidt OAR
Kirchspielsangehörige Gemeinden: Bargenstedt, Barlt, Busenwurth, Elpersbüttel, Epenwöhrden, Gudendorf, Krumstedt, Nindorf, Nordermeldorf, Odderade, Sarzbüttel, Windbergen, Wolmersdorf

Amt Kirchspielslandgemeinde Tellingstedt
25782 Tellingstedt, Teichstr 1; Tel (0 48 38) 78 69-0
Einwohner: 7 552
Amtsausschuß: 12 KWV, 6 CDU, 2 Bürgermeister von Gemeinden mit Gemeindeversammlung, 2 SPD
Amtsvorsteher: NN
Leitender Verwaltungsbeamter: Karl-Georg Arens OAR
Kirchspielsangehörige Gemeinden: Dellstedt, Dörpling, Gaushorn, Hövede, Pahlen, Schalkholz, Süderdorf, Tellingstedt, Tielenhemme, Wallen, Welmbüttel, Westerborstel, Wrohm

Amt Kirchspielslandgemeinde Weddingstedt
25795 Weddingstedt, Tel (04 81) 85 96-0;
Fax (04 81) 85 96 96

Einwohner: 5 710
Amtsausschuß: 6 KWV, 4 SPD, 2 CDU
Amtsvorsteher: Edgar Lehmann
Leitender Verwaltungsbeamter: Wolfgang Soltau OAR
Amtsangehörige Gemeinden: Neuenkirchen, Ostrohe, Stelle-Wittenwurth, Weddingstedt, Wesseln

Stadt Wesselburen
25764 Wesselburen, Am Markt 5; Tel (0 48 33) 49 00;
Fax (0 48 33) 81 26
Einwohner: 3 295
Stadtvertretung: 8 CDU, 8 SPD, 1 FDP
Bürgermeister: Gerhard Fenske
Bürgervorsteher: Ferdinand Jans OAR

Amt Kirchspielslandgemeinde Wesselburen
25764 Wesselburen, Am Markt 2;
Tel (0 48 33) 17 03, 17 04; Fax (0 48 33) 21 49
Einwohner: 3 159
Amtsausschuß: 13 KWV
Amtsvorsteher: Karl Hermann Thöming
Leitender Verwaltungsbeamter: Fred Gröper OAR
Kirchspielsangehörige Gemeinden: Friedrichsgabekoog, Hellschen-Heringsand-Unterschaar, Hillgroven, Norddeich, Norderwöhrden, Oesterwurth, Reinsbüttel, Schülp, Strübbel, Süderdeich, Wesselburener Deichhausen, Wesselburenerkoog

2 Kreis Herzogtum Lauenburg

23909 Ratzeburg, Barlachstr 2; Tel (0 45 41) 8 88-0;
Fax (0 45 41) 8 88-3 06; Telex 261 801; Teletex 26 27-45 41 11 = KRRZ
Einwohner: 168 827
Fläche: 126 300 ha

Kreistag: 45 Mitglieder (19 CDU, 19 SPD, 5 Bündnis 90/GRÜNE, 2 F.D.P.)
Kreispräsidentin: Helga Hinz
Landrat: Günter Kröpelin

Hauptamt Meier OAR
Kommunalaufsichtsamt Tomm OAR
Rechnungs- und Gemeindeprüfungsamt Laatz OAR
Rechtsamt Schulze
Ordnungsamt; Ordnungsabteilung Duncker OAR
Straßenverkehrsabteilung Schulz AR
Zivilschutzabteilung Müller KAmtm
Schulamt Jordt SchulR
Amt für Schulen, Kultur und Sport Petersen LtdKVwDir
Kreissozialamt Pischke OAR
Amt für Jugend und Familie Jung
Gesundheits- und Veterinäramt Dr Mösinger LtdKMedDir
Bau- und Planungsamt Hansberg LtdKBauDir
Bauverwaltungsabteilung Kappler AR
Planungs- und Entwicklungsabteilung Birgel
Hochbauabteilung Krütgen
Straßenbauabteilung Wieske KBauAmtm
Wasserwirtschaftsabteilung Schütze TAng
Amt für Kreisforsten Dr Riehl LtdKFoDir

Kämmereiamt Jenckel OAR
Kreiskasse Leppin KOI
Liegenschaftsabteilung Hammann KAmtm

Gemeinden im Kreis Herzogtum Lauenburg:

Amt Aumühle-Wohltorf
21521 Aumühle, Bismarckallee 21;
Tel (0 41 04) 97 80-0; Fax (0 41 04) 97 80-13
Einwohner: 5 721
Amtsausschuß: 4 SPD, 2 Wählervereinigung Wohltorf, 2 CDU, 2 Bgm, 2 UWG
Amtsvorsteher: Rolf Birkner
Leitender Verwaltungsbeamter: Michael Schimanel Bgm
Amtsangehörige Gemeinden: Aumühle (Geschäftsführung), Forstgutsbezirk Sachsenwald, Wohltorf

Amt Berkenthin
23919 Berkenthin, Am Schart 8; Tel (0 45 44) 80 01-0
Einwohner: 6 813
Amtsausschuß: 7 WG, 7 SPD, 5 CDU
Amtsvorsteher: Adolf Martens
Leitender Verwaltungsbeamter: Walter Frank
Amtsangehörige Gemeinden: Behlendorf, Berkenthin, Bliestorf, Düchelsdorf, Göldenitz, Kastorf, Klempau, Krummesse, Niendorf bei Berkenthin, Rondeshagen, Sierksrade

Amt Breitenfelde
23881 Breitenfelde, Borstorfer Str 1;
Tel (0 45 42) 80 01-0; Fax (0 45 42) 80 01 88
Einwohner: 5 042
Amtsausschuß: 8 WG, 4 CDU, 2 SPD
Amtsvorsteher: Friedhelm Wenck
Leitender Verwaltungsbeamter: Ulrich Retzlaff OAR
Amtsangehörige Gemeinden: Alt-Mölln, Bälau, Borstorf, Breitenfelde, Hornbek, Niendorf/Stecknitz, Schretstaken, Talkau, Tramm, Woltersdorf

Amt Büchen
21514 Büchen, Amtsplatz; Tel (0 41 55) 80 09-0;
Fax (0 41 55) 80 09 34
Einwohner: 11 000
Amtsausschuß: 8 WG, 7 SPD, 6 CDU, 1 ohne Zugehörigkeit
Amtsvorsteher: Alexander O. von Wachholtz
Büroleitender Beamter: Joachim Bretzke OAR
Amtsangehörige Gemeinden: Bröthen, Büchen, Fitzen, Güster, Klein Pampau, Müssen, Roseburg, Schulendorf, Siebeneichen, Witzeeze

Stadt Geesthacht
21502 Geesthacht, Markt 15; Tel (0 41 52) 13-0;
Fax (0 41 52) 1 32 66
Einwohner: 28 280
Stadtvertretung: 16 SPD, 10 CDU, 6 Statt-Partei, 4 Bündnis 90/GRÜNE
Amtsvorsteher: Rolf Birkner
Bürgervorsteherin: Karin Krull
Bürgermeister: Peter Walter

Amt Gudow-Sterley
23899 Gudow, Kaiserberg 17; Tel (0 45 47) 80 00-0;
Fax (0 45 47) 80 00-30

Einwohner: 5 454
Amtsausschuß: 18 Mitglieder
Amtsvorsteher: Siegfried Lübcke
Leitender Verwaltungsbeamter: Gerken OAR
Amtsangehörige Gemeinden: Besenthal, Brunsmark, Göttin, Grambek, Gudow, Hollenbek, Horst, Klein-Zecher, Langenlehsten, Lehmrade, Salem, Seedorf, Sterley

Amt Hohe Elbgeest
21521 Dassendorf, Falkenring 3; Tel (0 41 04) 9 90-0;
Fax (0 41 04) 9 90-70
Einwohner: 10 640
Amtsausschuß: 11 SPD, 7 Wählergemeinschaft, 6 CDU
Amtsvorsteher: Karl-Hans Straßburg
Leitender Verwaltungsbeamter: Lothar Neinass
Amtsangehörige Gemeinden: Börnsen, Dassendorf, Escheburg, Hamwarde, Hohenhorn, Kröppelshagen-Fahrendorf, Wiershop, Worth

Amt Lütau
21472 Lauenburg, Amtsplatz 6, Postfach 13 60;
Tel (0 41 53) 59 09-0; Fax (0 41 53) 59 09 95
Einwohner: 3 676
Amtsausschuß: 12 Mitglieder
Amtsvorsteher: Werner Schumacher
Leitender Verwaltungsbeamter: Heinz Werner Albrecht
Amtsangehörige Gemeinden: Basedow, Buchhorst, Dalldorf, Juliusburg, Krüzen, Krukow, Lanze, Lütau, Schnakenbek, Wangelau

Stadt Mölln
23879 Mölln, Wasserkrüger Weg 16;
Tel (0 45 42) 8 03-0; Fax (0 45 42) 59 86
Einwohner: 17 950
Stadtvertretung: 11 SPD, 10 CDU, 4 FMW, 2 Bündnis 90/GRÜNE
Bürgervorsteherin: Dagmar Rossow
Bürgermeister: Joachim H Dörfler

Amt Nusse
23896 Nusse, Kirchstr 6;
Tel (0 45 43) 2 01 und (0 45 42) 80 01-70;
Fax (0 45 42) 80 01-88, (0 45 43) 10 01
Einwohner: 4 039
Amtsausschuß: 11 Wählergemeinschaft, 1 SPD
Amtsvorsteher: Horst Rehberg
Leitender Verwaltungsbeamter: Ulrich Retzlaff OAR
Amtsangehörige Gemeinden: Duvensee, Koberg,, Kühsen, Lankau, Nusse, Panten, Poggensee, Ritzerau, Walksfelde

Stadt Ratzeburg
23909 Ratzeburg, Unter den Linden 1;
Tel (0 45 41) 80 00-10; Fax (0 45 41) 8 42 53
Einwohner: 12 755
Stadtvertretung: 9 CDU, 8 SPD, 5 FRW, 1 FDP
Bürgervorsteher: Wolfgang Koslowski
Bürgermeister: Bernd Zukowski

Stadt Lauenburg/Elbe
21481 Lauenburg, Amtsplatz 6; Tel (0 41 53) 59 09-0
Einwohner: 11 826
Stadtvertretung: 13 SPD, 10 CDU
Bürgervorsteherin: Birgit Kuhn
Bürgermeister: Heinz Werner Albrecht

115

Amt Ratzeburg-Land
23909 Ratzeburg, Fünfhausen 1; Tel (0 45 41) 80 02-0;
Fax (0 45 41) 80 02-40
Einwohner: 9 541
Amtsausschuß: 16 WG, 7 CDU, 3 fraktionslose Bürgermeister, 2 SPD, 1 FDP
Amtsvorsteher: Martin Fischer
Leitender Verwaltungsbeamter: Werner Rütz AR
Amtsangehörige Gemeinden: Albsfelde, Bäk, Buchholz, Einhaus, Fredeburg, Giesensdorf, Groß Disnack, Groß Grönau, Groß Sarau, Harmsdorf, Kittlitz, Kulpin, Mechow, Mustin, Pogeez, Römnitz, Schmilau, Ziethen

Amt Sandesneben
23898 Sandesneben, Hauptstr 75;
Tel (0 45 36) 15 00-0; Fax (0 45 36) 15 00-44
Einwohner: 8 648
Amtsausschuß: 14 WG, 7 CDU, 3 SPD
Amtsvorsteher: Fritz Griese
Leitender Verwaltungsbeamter: Eckhart Axenath VwR
Amtsangehörige Gemeinden: Grinau, Groß Boden, Groß Schenkenberg, Klinkrade, Labenz, Linau, Lüchow, Sandesneben, Schiphorst, Schönberg, Schürensöhlen, Siebenbäumen, Sirksfelde, Steinhorst, Stubben, Wentorf A S

Stadt Schwarzenbek
21493 Schwarzenbek, Ritter-Wulf-Platz 1;
Tel (0 41 51) 8 81-0
Einwohner: 11 936
Stadtvertretung 10 SPD, 8 CDU, 3 Bündnis 90/GRÜNE, 2 FDP
Bürgervorsteher: Botho Grabbe
Bürgermeister: Gerd Krämer

Amt Schwarzenbek-Land
21493 Schwarzenbek, Gülzower Str 1;
Tel (0 41 51) 84 22-0
Einwohner: 8 287
Amtsausschuß: 18 parteilos, 4 CDU, 2 SPD, 1 FDP
Amtsvorsteher: Reimund Schröder
Leitender Verwaltungsbeamter: Herbert Hellenbach OAR
Amtsangehörige Gemeinden: Basthorst, Brunstorf, Dahmker, Elmenhorst, Fuhlenhagen, Grabau, Groß Pampau, Grove, Gülzow, Hamfelde, Havekost, Kankelau, Kasseburg, Köthel, Kollow, Kuddewörde, Möhnsen, Mühlenrade, Sahms

Gemeinde Wentorf bei Hamburg
21465 Wentorf, Hauptstr 16; Tel (0 40) 72 00 10;
Fax (0 40) 72 00 12 34
Einwohner: 8 736
Gemeindevertretung 8 CDU, 7 SPD, 4 UWW, 2 FDP
Bürgervorsteher: Thomas Kleipoedszus
Bürgermeister: Holger Gruhnke

3 Kreis Nordfriesland

25813 Husum, Marktstr 6; Tel (0 48 41) 67-0;
Fax (0 48 41) 67-4 57; Telex 02 85 11;
Teletex 48 41 13 = Kreis NF
Einwohner: 156 546
Fläche: 204 843 ha

Kreistag: 45 Mitglieder (17 CDU, 17 SPD, 4 WG-NF, 4 SSW, 3 Bündnis 90/Die Grünen)
Kreispräsidentin: Renate Schnack
Landrat: Dr Olaf Bastian

Dem Landrat direkt unterstellt:

Pressestelle, Rechungsprüfungsamt, Gleichstellungsbüro, Stabstelle Verwaltungsstrukturreform, Erarbeitung Fremdenverkehrsentwicklungskonzept, Dezernate I, II, III, IV, V

Dezernat I:
Hauptamt, Kämmereiamt, Amt für Kommunalaufsicht, Gesundheitsamt, Veterinäramt, Krankenhausverwaltungsamt, Amt für Wirtschafts- und Verkehrsförderung
Dezernent: Dr Olaf Bastian

Dezernat II:
Kulturamt, Sozialamt, Amt für Jugend und Familie
Dezernentin: Bettina Jürgensen

Dezernat III:
Rechtsamt, Ordnungs- und Schulverwaltungsamt
Dezernent: Manfred Müller

Dezernat IV:
Umweltamt
Dezernent: Rudolf-Eugen Kelch

Dezernat V:
Bau- und Planungsamt
Dezernent: Dietrich Storm

Gemeinden im Kreis Nordfriesland

Amt Amrum
25947 Nebel, Postfach 21 60; Tel (0 46 82) 94 11-0;
Fax (0 46 82) 94 11-14
Einwohner: 2 425
Amtsausschuß: 4 WG, 3 CDU
Amtsvorsteher: Jürgen Jungclaus
Leitender Verwaltungsbeamter: Erwin Meinert OAR
Amtsangehörige Gemeinden: Nebel, Norddorf, Wittdün

Amt Bökingharde
25920 Risum-Lindholm, Tel (0 46 61) 96 06-0;
Fax (0 46 61) 96 06-44
Einwohner: 5 631
Amtsausschuß: 7 WG, 3 SPD, 3 CDU, 1 SSW
Amtsvorsteher: Hans Fr Plöhn
Leitender Verwaltungsbeamter: Otto Wilke
Amtsangehörige Gemeinden: Dagebüll, Galmsbüll, Risum-Lindholm, Stedesand

Stadt Bredstedt
25821 Bredstedt, Markt 31; Tel (0 46 71) 9 06-0;
Fax (0 46 71) 90 62 06
Einwohner: 4 803
Stadtvertretung: 7 WGB, 6 SPD, 3 CDU, 1 SSW
Bürgervorsteher: Uwe Hems
Bürgermeister: Udo Reichert

Amt Bredstedt-Land
25821 Breklum, Norderende 2; Tel (0 46 71) 9 19 20;
Fax (0 46 71) 91 92 93

Einwohner: 7 972
Amtsausschuß: 19 WG, 2 SPD, 1 CDU
Amtsvorsteher: Theodor Jessen
Leitender Verwaltungsbeamter: Günter Peters
Amtsangehörige Gemeinden: Ahrenshöft, Almdorf, Bohmstedt, Breklum, Drelsdorf, Goldebek, Goldelund, Högel, Joldelund, Kolkerheide, Lütjenholm, Sönnebüll, Struckum, Vollstedt

Amt Eiderstedt
25836 Garding, Am Markt 1; Tel (0 48 62) 1 00 00
Einwohner: 4 842
Amtsausschuß: 20 Mitglieder
Amtsvorsteher: Richard Rickerts
Leitender Verwaltungsbeamter: Bernd Laue OAR
Amtsangehörige Gemeinden: Augustenkoog, Grothusenkoog, Kirchspiel Garding, Katharinenheerd, Kotzenbüll, Norderfriedrichskoog, Oldenswort, Osterhever, Poppenbüll, Tating, Tetenbüll, Tümlauer-Koog, Vollerwiek, Welt, Westerhever

Amt Föhr-Land
25938 Midlum, Tel (0 46 81) 59 72-0;
Fax (0 46 81) 59 72 30
Einwohner: 4 212
Amtsausschuß: 13 Mitglieder
Amtsvorsteher: Nickels Olufs
Leitender Verwaltungsbeamter: Rolf Then
Amtsangehörige Gemeinden: Alkersum, Borgsum, Dunsum, Midlum, Nieblum, Oevenum, Oldsum, Süderende, Utersum, Witsum, Wrixum

Amt Friedrichstadt
25840 Friedrichstadt, Markt 11; Tel (0 48 81) 99 00;
Fax (0 48 81) 9 90 55
Einwohner: 5 682
Amtsausschuß: 8 WG, 3 CDU, 2 SPD, 1 SSW, 1 hauptamtlicher Bürgermeister
Amtsvorsteher: Walter Clausen
Leitender Verwaltungsbeamter: Helmut Oesen
Amtsangehörige Gemeinden: Drage, Stadt Friedrichstadt, Koldenbüttel, Seeth, Uelvesbüll, Witzwort

Stadt Friedrichstadt
25840 Friedrichstadt, Markt 11; Tel (0 48 81) 99 00;
Fax (0 48 81) 9 90 55
Einwohner: 2 591
Stadtvertretung: 9 SPD, 4 CDU, 4 AWGF, 3 SSW, 2 FBV
Bürgervorsteher: Rainer Pick
Bürgermeister: Siegfried Herrmann

Stadt Garding
25836 Garding, Rathaus, Engestr 5;
Tel (0 48 62) 1 09 00; Fax (0 48 62) 10 90 31
Einwohner: 2 687
Stadtvertretung: 8 CDU, 6 SPD, 1 FDP, 1 SSW, 1 WI
Bürgervorsteher: Dietrich Zimmermann
Bürgermeister: Harald Freye

Amt Hattstedt
25856 Hattstedt, Amtsweg 10; Tel (0 48 46) 6 90 20;
Fax (0 48 46) 18 91
Einwohner: 5 862
Amtsausschuß: 7 WG, 4 CDU, 3 SPD

Amtsvorsteher: Jens Kiesbye
Leitender Verwaltungsbeamter: Hans-Hermann Salzwedel
Amtsangehörige Gemeinden: Arlewatt, Hattstedt, Hattstedtermarsch, Horstedt, Olderup, Schobüll, Wobbenbüll

Stadt Husum
25813 Husum, Zingel 10; Tel (0 48 41) 66 60;
Fax (0 48 41) 66 61 36
Einwohner: 21 200
Stadtvertretung: 15 SPD, 10 CDU, 4 WGH, 4 SSW, 1 FDP
Bürgervorsteher: Dr Konrad Grunsky
Bürgermeister: Cornelius Kohl

Amt Karrharde
25917 Leck, Klixbüller Chaussee 10;
Tel (0 46 62) 8 71 80; Fax (0 46 62) 87 18 40
Einwohner: 6 945
Amtsausschuß: 11 WG, 5 CDU, 3 SPD
Amtsvorsteher: Peter Petersen
Leitender Verwaltungsbeamter: Carsten Thiesen AR
Amtsangehörige Gemeinden: Achtrup, Bramstedtlund, Enge-Sande, Karlum, Klixbüll, Ladelund, Sprakebüll, Stadum, Tinningstedt, Westre

Amt Landschaft Sylt
25980 Sylt, Tel (0 46 51) 9 34 00; Fax (0 46 51) 3 54 22
Einwohner: 9 339
Amtsausschuß: 18 Mitglieder
Amtsvorsteher: Heinz Maurus MdL
Leitender Verwaltungsbeamter: Joachim Rück
Amtsangehörige Gemeinden: Hörnum, Kampen, Rantum, Sylt-Ost, Wenningstedt

Gemeinde Leck
25917 Leck, Marktstr 7-9; Tel (0 46 62) 81-0;
Fax (0 46 62) 81 50
Einwohner: 7 400
Gemeindevertretung: 7 SPD, 6 CDU, 3 SSW, 3 UWL
Bürgervorsteherin: Ruth Gressmann
Bürgermeister: Heinz-Dieter Leipholz

Gemeinde List
25992 List, Landwehrdeich 3; Tel (0 46 52) 95 10-0;
Fax (0 46 52) 95 10 95
Einwohner: 2 545
Gemeindevertretung: 7 SPD, 4 CDU, 2 SSW, 2 FBL, 1 parteiloser, 1 FWG
Bürgermeister: Leo Wittmeier

Stadt Niebüll
25899 Niebüll, Rathausplatz; Tel (0 46 61) 6 01-0;
Fax (0 46 61) 6 01 66
Einwohner: 7 382
Stadtvertretung: 9 SPD, 8 CDU, 2 SSW
Bürgervorsteherin: Beate Jandt
Bürgermeister: Heinz Loske

Amt Nordstrand
25854 Nordstrand, Schulweg 4;
Tel (0 48 42) 82 58, 82 59, 82 50; Fax (0 48 42) 81 02
Einwohner: 2 412
Amtsausschuß: 3 SPD, 2 CDU, 1 WG

Amtsvorsteher: Carl Heinz Winkel MdL
Leitender Verwaltungsbeamter: Uwe Jöns
Amtsangehörige Gemeinden: Elisabeth-Sophien-Koog,
Nordstrand

Amt Pellworm
25849 Pellworm, Tel (0 48 44) 1 89-0;
Fax (0 48 44) 1 89 11
Einwohner: 1 409
Amtsausschuß: 2 SPD, 2 CDU, 1 WG, Bürgermeister
Kleinstgemeinden
Amtsvorsteher: Jürgen Feddersen MdL
Leitender Verwaltungsbeamter: Dieter Harrsen OAR
Amtsangehörige Gemeinden: Gröde, Hooge, Lange-
neß, Pellworm

Gemeinde Reußenköge
25821 Bredstedt, Markt 31; Tel (0 46 71) 9 06-0;
Fax (0 46 71) 9 06-2 06
Einwohner: 376
Gemeindevertretung: 9 Wählergemeinschaft
Bürgermeister: Johann Ludwig Ingwersen MdL

Gemeinde Sankt Peter-Ording
25826 Sankt Peter-Ording, Badallee 1;
Tel (0 48 63) 98 80
Einwohner: 4 122
Gemeindevertretung: 6 CDU, 6 SPD, 4 AWG, 1 FDP
Bürgervorsteher: Peter Hansen MdL
Bürgermeister: Rainer Bahmeier

Amt Stollberg
25842 Langenhorn, Redlingsweg 3;
Tel (0 46 72) 76-0; Fax (0 46 72) 76 33
Einwohner: 5 560
Amtsausschuß: 6 CDU, 3 SPD, 1 FDP, 1 WGO, 1 AWG,
1 BDW
Amtsvorsteher: Klaus Lemke MdL
Leitender Verwaltungsbeamter: Klaus Molzahn
Amtsangehörige Gemeinden: Bargum, Bordelum, Lan-
genhorn, Ockholm

Amt Süderlügum
25923 Süderlügum, Hauptstr 9;
Tel (0 46 63) 71 11 und 71 12; Fax (0 46 63) 14 32
Einwohner: 4 032
Amtsausschuß: 9 WG, 2 SPD, 1 CDU, 1 SSW
Amtsvorsteher: Ingwert Nissen
Leitender Verwaltungsbeamter: Berg
Amtsangehörige Gemeinden: Bosbüll, Braderup, Ell-
höft, Holm, Humptrup, Lexgaard, Süderlügum, Uphu-
sum

Stadt Tönning
25832 Tönning, Am Markt 1; Tel (0 48 61) 6 14-0;
Fax (0 48 61) 6 14 40
Einwohner: 4 870
Stadtvertretung: 9 SPD, 5 CDU, 3 SSW, 3 AWT
Bürgervorsteher: Stefan Runge
Bürgermeister: Gerhard Bittner

Amt Treene
25866 Mildstedt, Am Dornbusch 18;
Tel (0 48 41) 99 20; Fax (0 48 41) 9 92 32
Einwohner: 10 463

Amtsausschuß: 14 WG, 6 CDU, 6 SPD, 1 FDP
Amtsvorsteher: Hans Carstens
Leitender Verwaltungsbeamter: Claus Röhe
Amtsangehörige Gemeinden: Fresendelf, Hude, Mildstedt, Oldersbek, Ostenfeld (Husum), Ramstedt, Rantrum, Schwabstedt, Simonsberg, Süderhöft, Südermarsch, Winnert, Wisch, Wittbek

Amt Viöl
25884 Viöl, Westerende 41; Tel (0 48 43) 2 09 00;
Fax (0 48 43) 20 90-70
Einwohner: 7 939
Amtsausschuß: 17 WG, 2 CDU, 2 SPD
Amtsvorsteher: Christian Petersen MdL
Leitender Verwaltungsbeamter: Klaus-Dieter Saß
Amtsangehörige Gemeinden: Ahrenviöl, Ahrenviölfeld,
Behrendorf, Bondelum, Haselund, Immenstedt, Lö-
wenstedt, Norstedt, Oster-Ohrstedt, Schwesing, Soll-
witt, Viöl, Wester-Ohrstedt

Stadt Westerland
25980 Westerland, Andreas-Nielsen-Str 1;
Tel (0 46 51) 8 51-0; Fax (0 46 51) 8 51-31
Einwohner: 9 362
Stadtvertretung: 9 CDU, 6 SPD, 2 SSW, 2 Bündnis 90/
GRÜNE, 1 UWB
Bürgervorsteherin: Gerda Wimmer
Bürgermeisterin: Petra Reiber

Amt Wiedingharde
25927 Neukirchen, Tel (0 46 64) 9400-0; Fax (0 46 64)
94 00-99
Einwohner: 4 301
Amtsausschuß: 7 WG, 3 SPD, 1 CDU, 1 SSW
Amtsvorsteher: Peter Ewaldsen MdL
Leitender Verwaltungsbeamter: Hans-Georg Rusch
OAR
Amtsangehörige Gemeinden: Aventoft, Emmelsbüll-
Horsbüll, Friedrich-Wilhelm-Lübke-Koog, Klanxbüll,
Neukirchen, Rodenäs

Stadt Wyk auf Föhr
25933 Wyk, Postfach 15 80; Tel (0 46 81) 50 04-0;
Fax (0 46 81) 50 04 50
Einwohner: 4 663
Stadtvertretung: 6 SPD, 4 CDU, 4 WBB, 3 GL, 2 KG
Bürgervorsteher: Hartwig Lesch
Bürgermeister: Heinz-Georg Roth

4 Kreis Ostholstein

23701 Eutin, Lübecker Str 37-41; Tel (0 45 21) 78 80;
Fax (0 45 21) 78 86 00; Telex 2 61 311; Teletex 45 21
1=LROH
Einwohner: 197 378
Fläche: 139 138 ha

Kreistag: 45 Mitglieder (19 SPD, 18 CDU, 4 Bündnis
90/GRÜNE, 4 FWG-OH)
Kreispräsident: Dr Karlfriedrich Berg
Landrat: Horst-Dieter Fischer
1. Stellvertreter: Volker Lohr

Dezernat I
Hauptamt, Rechnungs- und Gemeindeprüfungs-

amt, Amt für Kommunalaufsicht, Kreiskämmerei-
amt, Schulamt, Amt für Krankenhauswesen, Amt
für Kreisentwicklung
Leiter: Horst-Dieter Fischer Ldrt

Dezernat II
**Kreisrechtsamt, Kreisordnungsamt, Kreissozial-
amt, Kreisjugendamt, Kreisgesundheitsamt, Kreis-
veterinär- und Lebensmittelüberwachungsamt**
Leiter: Lucht LtdKVwDir

Dezernat III
**Amt für Hoch- und Tiefbau, Amt für Bauordnung,
Amt für Natur und Umwelt, Kreisplanungsamt**
Leiter: Straßburger LtdKBauDir

Gemeinden im Kreis Ostholstein:

Gemeinde Ahrensbök
23623 Ahrensbök, Poststr 1; Tel (0 45 25) 4 95-0;
Fax (0 45 25) 1 00
Einwohner: 7 800
Gemeindevertretung: 8 SPD, 8 CDU, 3 FWG
Bürgervorsteher: Egon Rieger
Bürgermeister: Wolfgang Frankenstein

Gemeinde Bad Schwartau
23611 Bad Schwartau, Markt 15; Tel (04 51) 20 00-0;
Fax (04 51) 20 00-2 02
Einwohner: 20 134
Stadtvertretung: 11 CDU, 10 SPD, 4 WBS, 2 Bündnis
90/GRÜNE
Bürgervorsteherin: Birgit Wiechmann
Bürgermeister: Joachim Wegener

Gemeinde Bosau
23715 Bosau, Hauptstr 2; Tel (0 45 27) 2 63;
Fax (0 45 27) 18 35
Einwohner: 3 677
Gemeindevertretung: 7 SPD, 6 CDU, 4 FWG
Bürgervorsteherin: Birgit Steingräber-Klinke
Bürgermeister: Joachim Herrmann

Stadt Burg auf Fehmarn
23769 Burg, Rathaus, Am Markt 1; Tel (0 43 71) 50 60;
Fax (0 43 71) 5 06 47
Einwohner: 5 866
Stadtvertretung: 9 SPD, 6 CDU, 3 Statt-Partei, 1 FWV
Bürgervorsteher: Uwe Hardt
Bürgermeister: Klaus Tscheuschner

Amt Fehmarn
23769 Burg, Bahnhofstr 5; Tel (0 43 71) 5 08-0;
Fax (0 43 71) 5 08-50
Einwohner: 6 422
Amtsausschuß: 8 SPD, 3 FWV, 3 CDU
Amtsvorsteher: Wolfgang Jäckisch
Leitender Verwaltungsbeamter: Karl-Heinz Will AR
Amtsangehörige Gemeinden: Bannesdorf auf Fehmarn,
Landkirchen auf Fehmarn, Westfehmarn

Stadt Eutin
23701 Eutin, Markt 1; Tel (0 45 21) 7 93-0;
Fax (0 45 21) 56 36
Einwohner: 17 086
Stadtvertretung: 12 SPD, 11 CDU, 4 Bündnis 90/
GRÜNE

Bürgervorsteher: Hans Schirrmacher
Bürgermeister: Gernot- E Grimm

Amt Grube
23749 Grube, Hauptstr 16;
Tel (0 43 64) 80 15 und 80 16; Fax (0 43 64) 95 88
Einwohner: 4 339
Amtsausschuß: 6 CDU, 4 SPD, 1 FWK
Amtsvorsteher: Hermann von Zitzewitz
Leitender Verwaltungsbeamter: Rudolf Kloth OAR
Amtsangehörige Gemeinden: Dahme, Grube, Kellen-
husen (Ostsee), Riepsdorf

Gemeinde Grömitz
23743 Grömitz, Kirchenstr 11; Tel (0 45 62) 69-1;
Fax (0 45 62) 6 92 58
Einwohner: 7 387
Gemeindevertretung: 8 CDU, 7 SPD, 3 FWV, 1 FDP
Bürgervorsteher: Walter Hagen
Bürgermeister: Jörg-Peter Scholz

Gemeinde Großenbrode
23775 Großenbrode, Teichstr 12; Tel (0 43 67) 9 97 10;
Fax (0 43 67) 99 71 26
Einwohner: 1 969
Gemeindevertretung: 7 CDU, 5 SPD, 1 FDP
Bürgermeister: Hartmut Deiterding

Stadt Heiligenhafen
23774 Heiligenhafen, Markt 4; Tel (0 43 62) 9 06-6;
Fax (0 43 62) 67 48
Einwohner: 9 119
Gemeindevertretung: 9 SPD, 8 CDU, 2 BL
Bürgervorsteher: Ludwig Dettmann
Bürgermeister: Detlef Anders

Stadt Neustadt in Holstein
23730 Neustadt, Am Markt 1; Tel (0 45 61) 6 19-0;
Fax (0 45 61) 6 19-3 28
Einwohner: 15 706
Stadtvertretung: 13 SPD, 10 CDU, 4 BGN
Bürgervorsteher: Volker Weber
Bürgermeister: Torsten Reinholdt

Amt Neustadt-Land
23730 Neustadt, Am Hafensteig 1;
Tel (0 45 61) 61 01-0; Fax (0 45 61) 61 01 30
Einwohner: 4 719
Stadtvertretung: 5 CDU, 4 SPD, 2 FWV
Amtsvorsteher: Karl-Heinz Gast
Leitender Verwaltungsbeamter: Behrendt OAR
Amtsangehörige Gemeinden: Altenkrempe, Schasha-
gen, Sierksdorf

Stadt Oldenburg in Holstein
23758 Oldenburg, Markt 1; Tel (0 43 61) 4 98-0;
Fax (0 43 61) 4 98-48
Einwohner: 9 900
Stadtvertretung: 9 SPD, 9 CDU, 1 FDP
Bürgervorsteherin: Beate Krebs
Bürgermeister: Manfred Hoffmann

Amt Oldenburg-Land
23758 Oldenburg, Hinter den Höfen 2;
Tel (0 43 61) 49 37-0; Fax (0 43 61) 49 37-20
Einwohner: 6 789

Amtsausschuß: 7 CDU, 6 SPD, 1 BGG, 1 FBN
Amtsvorsteher: Klaus Klinckhamer
Leitender Verwaltungsbeamter: Wolfgang Lehrer OAR
Amtsangehörige Gemeinden: Göhl, Gremersdorf, Heringsdorf, Neukirchen, Wangels

Amt Lensahn
23738 Lensahn, Eutiner Str 2; Tel (0 43 63) 5 08-0
Einwohner: 7 053
Amtsausschuß: 7 CDU, 6 SPD, 1 FWD, 1 parteilos
Amtsvorsteher: Hans Detlev Kröger
Leitender Verwaltungsbeamter: Karl Krause Bgm
Amtsangehörige Gemeinden: Beschendorf, Damlos, Harmsdorf, Kabelhorst, Lensahn (Geschäftsführung), Manhagen

Gemeinde Malente
23714 Malente, Bahnhofstr 31; Tel (0 45 23) 99 20-0;
Fax (0 45 23) 99 20-50
Einwohner: 10 596
Gemeindevertretung: 9 CDU, 8 SPD, 3 UMB, 2 Bündnis 90/GRÜNE; 1 FDP
Bürgervorsteher: Klaus Gutsche
Bürgermeister: Michael Koch

Gemeinde Ratekau
23626 Ratekau, Bäderstr 19; Tel (0 45 04) 80 30;
Fax (0 45 04) 8 03 33
Einwohner: 14 848
Gemeindevertretung: 11 SPD, 9 CDU, 3 Bündnis 90/GRÜNE
Bürgervorsteher: Hans Marten
Bürgermeister: Rüdiger Stooß

Gemeinde Scharbeutz
23683 Scharbeutz, Kammerweg 3;
Tel (0 45 03) 77 09-0; Fax (0 45 03) 77 09-87
Einwohner: 10 940
Gemeindevertretung: 9 CDU, 9 SPD, 2 FDP, 2 WUB, 1 partei- und fraktionslos
Bürgervorsteher: Gernot Bollmann
Bürgermeister: Ulrich Rüder

Amt Schönwalde
23744 Schönwalde, Tel (0 45 28) 91 74-0;
Fax (0 45 28) 91 74 44;
email Amt.Schoenwalde@t-online.de
Einwohner: 3 567
Amtsausschuß: 4 CDU, 2 SPD, 1 WUB, 1 FW'94
Amtsvorsteher: Karl-Friedrich Linke
Leitender Verwaltungsbeamter: Uwe Meister Bgm
Amtsangehörige Gemeinden: Kasseedorf, Schönwalde am Bungsberg

Gemeinde Süsel
23701 Süsel, An der Bäckerstr 64; Tel (0 45 21) 7 07 10;
Fax (0 45 21) 70 71 50
Einwohner: 4 758
Gemeindevertretung: 10 SPD, 7 CDU
Bürgervorsteherin: Renate Dudy
Bürgermeister: Wilhelm Boller

Gemeinde Stockelsdorf
23617 Stockelsdorf, Ahrensböker Str 7;
Tel (04 51) 49 01-0; Fax (04 51) 49 01-2 34
Einwohner: 16 153

Gemeindevertretung: 11 CDU, 11 SPD, 3 UWG, 2 Bündnis 90/GRÜNE
Bürgervorsteher: Lothar Kerbstadt
Bürgermeister: Jürgen Sacher

Gemeinde Timmendorfer Strand
23669 Timmendorfer Strand, Strandallee 42;
Tel (0 45 03) 60 09-0; Fax (0 45 03) 60 09 66
Einwohner: 8 904
Gemeindevertretung: 7 CDU, 5 SPD, 4 WUB, 2 Bündnis 90/GRÜNE, 1 FDP
Bürgervorsteher: Rainer Amter
Bürgermeister: Gerhard Fandrey

5 Kreis Pinneberg

25421 Pinneberg, Moltkestr 10; Tel (0 41 01) 2 12-0;
Fax (0 41 01) 20 91 37; Telex 2 189 121
Einwohner: 282 000
Fläche: 66 179 ha (einschließlich Helgoland)

Kreistag: 49 Mitglieder (21 SPD, 19 CDU, 6 Bündnis 90/GRÜNE, 3 FDP)
Kreispräsidentin: Gudrun Schlüter
Landrat: Berend Harms

Fachbereich 1 Innerer Service
Leiter: Jürgen Tober

Fachdienst 11: **Zentrale Dienste/EDV**
Fachdienst 12: **Hoch- und Tiefbau**
Fachdienst 13: **Finanzen**
Fachdienst 14: **Recht**
Fachdienst 15: **Personal**

Fachbereich 2 Ordnung
Leiterin: Sabine Roberts

Fachdienst 21: **Veterinär- und Lebensmittelaufsicht**
Fachdienst 22: **Katastrophenschutz und Rettungsdienst**
Fachdienst 23: **Ordnungsangelegenheiten und Kommunalaufsicht**
Fachdienst 24: **Kfz-Zulassung**
Fachdienst 25: **Straßenvekrehr**

Fachbereich 3
Soziales, Jugend, Schule und Gesundheit
Leiter: Dieter Tietz

Fachdienst 31: **Schule, Kultur und Sport**
Fachdienst 32: **Gesundheit**
Fachdienst 33: **Soziale Dienste**
Fachdienst 34: **Jugend und Familie**
Fachdienst 35: **Sozlales**

Fachbereich 4
Abfall, Umwelt, Bauordnung und Planung
Leiter: Jürgen Schob

Fachdienst 41: **Abfall**
Fachdienst 42: **Umwelt**
Fachdienst 43: **Bauordnung**
Fachdienst 44: **Planung**

dem Landrat unmittelbar unterstellt:

Stabsdienst (Büro des Kreistages, Büro des Landrats, Controllingstelle, Projektgruppe zur Einführung neuer Steuerungsinstrumente), Stabsstelle Planungskoordinierung, Personalrat, Gleichstellungsbeauftragte, Gemeinde- und Rechnungsprüfung, Arbeits- und Gesundheitsschutz

Gemeinden im Kreis Pinneberg:

Gemeinde Appen
25482 Appen, Gärtnerstr 8; Tel (0 41 01) 54 24-0;
Fax (0 41 01) 54 24-20
Einwohner: 4 914
Gemeindevertretung: 8 SPD, 7 CDU, 2 FDP
Bürgervorsteher: Walter Lorenzen
Bürgermeister: Uwe Damm

Stadt Barmstedt
25355 Barmstedt, Bahnhofstr 3; Tel (0 41 23) 6 81-01;
Fax (0 41 23) 6 81 60
Einwohner: 9 205
Stadtvertretung: 6 SPD, 6 FWB, 5 CDU, 2 BALL
Bürgervorsteher: Uwe Nienstedt
Bürgermeister: Nils Hammermann

Amt Bönningstedt
25474 Bönningstedt, Ellerbeker Str 20;
Tel (0 40) 5 56 26-0; Fax (0 40) 5 56 26-36
Einwohner: 10 713
Amtsausschuß: 10 CDU, 8 SPD, 3 FDP, 1 BWG
Amtsvorsteher: Werner Bornholdt
Leitender Verwaltungsbeamter: Klaus Petrat VwR
Amtsangehörige Gemeinden: Bönningstedt, Ellerbek, Hasloh

Stadt Elmshorn
25337 Elmshorn, Schulstr 15; Tel (0 41 21) 2 31-0;
Fax (0 41 21) 2 23 84
Einwohner: 47 131
Stadtvertretung: 18 SPD, 12 CDU,6 WGE, 2 FDP
Bürgervorsteher: Georg Hansen
Bürgermeisterin: Dr Brigitte Fronzek

Amt Elmshorn-Land
25335 Elmshorn, Lornsenstr 52; Tel (0 41 21) 24 09-0;
Fax (0 41 21) 2 53 92
Einwohner: 10 014
Amtsausschuß: 9 SPD, 9 WG, 5 CDU
Amtsvorsteher: Erich Schulz
Leitender Verwaltungsbeamter: Eckhard Groß OAR
Amtsangehörige Gemeinden: Klein Nordende, Klein Offenseth-Sparrieshoop, Kölln-Reisiek, Raa-Besenbek, Seester, Seestermühe, Seeth-Ekholt

Gemeinde Halstenbek
25469 Halstenbek, Gustavstr 6; Tel (0 41 01) 4 91-0;
Fax (0 41 01) 40 16 91
Einwohner: 15 592
Gemeindevertretung: 11 CDU, 10 SPD, 5 Bündnis 90/
GRÜNE, 1 FDP
Bürgervorsteher: Hans-Jürgen Peter
Bürgermeister: Bruno Egge

Amt Haseldorf
25489 Haseldorf, Kamperrege 5; Tel (0 41 29) 9 79 90;

Fax (0 41 29) 97 99 13
Einwohner: 3 696
Amtsausschuß: 5 CDU, 2 SPD, 1 FWH
Amtsvorsteher: Heinz Lüchau
Leitender Verwaltungsbeamter: Reimer Rzepucha OAR
Amtsangehörige Gemeinden: Haselau, Haseldorf, Hetlingen

Gemeinde Helgoland
27486 Helgoland, Lung Wai 28; Tel (0 47 25) 8 08 30;
Fax (0 47 25) 5 15
Einwohner: 1 699
Gemeindevertretung: 5 SPD, 4 IHM, 3 CDU, 1 FDP
Bürgervorsteher: Horst Heikens
Bürgermeister: Franz-Josef Baumann

Amt Hörnerkirchen
25364 Hörnerkirchen, Rosentwiete 4;
Tel (0 41 27) 2 14 und 10 15; Fax (0 41 27) 81 29
Einwohner: 3 245
Amtsausschuß: 4 CDU, 2 SPD, 2 WG
Amtsvorsteher: Eduard Riepen
Leitender Verwaltungsbeamter: Detlef Neumann OAR
Amtsangehörige Gemeinden: Bokel, Brande-Hörnerkirchen, Osterhorn, Westerhorn

Amt Moorrege
25436 Moorrege, Amtsstr 12; Tel (0 41 22) 85 40;
Fax (0 41 22) 8 54 50
Einwohner: 11 658
Amtsausschuß: 13 CDU, 9 SPD, 1 FWH, 1 AKWG
Amtsvorsteher: Walter Rißler
Leitender Verwaltungsbeamter: Jürgen Manske OAR
Amtsangehörige Gemeinden: Groß Nordende, Heidgraben, Heist, Holm, Moorrege, Neuendeich

Stadt Pinneberg
25421 Pinneberg, Bismarckstr 8; Tel (0 41 01) 2 11-0;
Fax (0 41 01) 2 11-4 44
Einwohner: 40 410
Ratsversammlung: 16 SPD, 13 CDU, 4 GAL, 2 Unabhängige Freie Wählergemeinschaft
Bürgervorsteher: Bruno Möwius
Bürgermeister: Horst-Werner Nitt

Amt Pinneberg-Land
25421 Pinneberg, Elmshorner Str 49;
Tel (0 41 01) 79 72-0; Fax (0 41 01) 79 72 48
Einwohner: 7 409
Amtsausschuß: 8 CDU, 4 SPD, 1 BBP
Amtsvorsteher: Hans Albert Höft
Leitender Verwaltungsbeamter: Hans-Peter Schütt OAR
Amtsangehörige Gemeinden: Borstel-Hohenraden, Kummerfeld, Prisdorf, Tangstedt

Stadt Quickborn
25451 Quickborn, Rathausplatz; Tel (0 41 06) 6 11-0;
Fax (0 41 06) 8 15 06
Einwohner: 19 055
Stadtvertretung: 12 CDU, 10 SPD, 4 Bündnis 90/
GRÜNE, 1 FDP
Bürgervorsteher: Lothar Meyer
Bürgermeister: Günter Thonfeld

Amt Rantzau
25355 Barmstedt, Chemnitzstr 30; Tel (0 41 23) 68 80;
Fax (0 41 23) 6 88 44
Einwohner: 7 177
Amtsausschuß: 19 Mitglieder
Amtsvorsteher: Karl Rühe
Leitender Verwaltungsbeamter: Siegfried Hannemann
OAR
Amtsangehörige Gemeinden: Bevern, Bilsen, Bokholt-
Hanredder, Bullenkuhlen, Ellerhoop, Groß Offenseth-
Aspern, Heede, Hemdingen, Langeln, Lutzhorn

Gemeinde Rellingen
25462 Rellingen, Hauptstr 60; Tel (0 41 01) 5 64-0;
Fax (0 41 01) 5 64-1 65
Einwohner: 13 600
Gemeindevertretung: 13 CDU, 8 SPD, 2 Bündnis 90/
GRÜNE
Bürgervorsteher: Albert Hatje
Bürgermeister: Joachim Diercks

Stadt Schenefeld
22869 Schenefeld, Holstenplatz 3-5;
Tel (0 40) 8 30 37-0
Einwohner: 15 998
Stadtvertretung: 12 SPD, 9 CDU, 5 STATT-Partei,
5 BÜNDNIS 90/GRÜNE
Bürgervorsteher: Albert Burs
Bürgermeister: Günter von Appen

Gemeinde Tornesch
25436 Tornesch, Jürgen-Siemsen-Str 8;
Tel (0 41 22) 95 72-0; Fax (0 41 22) 5 58 44
Einwohner: 12 500
Gemeindevertretung: 10 SPD, 9 CDU, 3 Bündnis 90/
GRÜNE, 1 FDP
Bürgervorsteher: Heinz Giese
Bürgermeister: Roland Krügel

Stadt Uetersen
25436 Uetersen, Wassermühlenstr 7;
Tel (0 41 22) 7 14-0; Fax (0 41 22) 71 42 88
Einwohner: 18 679
Stadtvertretung: 14 SPD, 9 CDU, 9 BfB, 4 GAL
Bürgervorsteher: Uwe Dohrn
Bürgermeister: Karl- G Tewes

Stadt Wedel
22880 Wedel, Rathausplatz 3-5; Tel (0 41 03) 70 70;
Fax (0 41 03) 7 07-3 00
Einwohner: 31 719
Stadtvertretung: 15 SPD, 10 CDU, 4 Bündnis 90/
GRÜNE, 2 FDP
Bürgervorsteher: Joachim Reinke
Bürgermeister: Dr Gerd Brockmann

6 Kreis Plön

24306 Plön, Hamburger Str 17/18; Tel (0 45 22) 7 43-0;
Fax (0 45 22) 7 43-4 92
Einwohner: 123 317
Fläche: 108 121 ha

Kreistag: 45 Mitglieder (19 SPD, 19 CDU, 4 Bündnis
90/GRÜNE, 3 FWG)

Kreispräsidentin: Hannelore Fojut
Landrat: Dr Volkram Gebel

Dezernat L
**Hauptamt, Rechnungs- und Gemeindeprüfungs-
amt, Amt für Finanzen und Wirtschaftsförderung,
Rechtsamt, Gesundheitsamt, Veterinär- und Le-
bensmittelüberwachungsamt**
Leiter: Dr Volkram Gebel Ldrt

Dezernat 1
**Amt für Kommunalaufsicht, Amt für Schule und
Kultur, Amt für Soziales, Amt für Kreiseinrichtun-
gen, Ordnungsamt, Amt für Familie, Jugend und
Sport**
Leiter: Gunnar Dunkel LtdKVwDir

Dezernat 2
Bauamt, Umweltamt, Amt für Umweltplanung
Leiter: Klaus Plambeck LtdKVwDir

Gemeinden im Kreis Plön:

Amt Bokhorst
24637 Bokhorst, Kirchenweg 18;
Tel (0 43 94) 3 66 und 4 12; Fax (0 43 94) 10 84
Einwohner: 4 016
Amtsausschuß: 7 CDU, 2 Wählergemeinschaft, 1 SPD
Amtsvorsteher: Claus Hopp
Leitender Verwaltungsbeamter: Schädlich OAR
Amtsangehörige Gemeinden: Bönebüttel, Großharrie,
Rendswühren, Schillsdorf, Tasdorf

Gemeinde Heikendorf
24226 Heikendorf, Dorfplatz 2; Tel (04 31) 24 09-0;
Fax (04 31) 24 09-60
Einwohner: 7 669
Gemeindevertretung: 8 CDU, 6 SPD, 3 UHW,
2 Bündnis 90/GRÜNE
Bürgervorsteher: Dieter Hamann
Bürgermeister: Sönke Jändling

Gemeinde Klausdorf
24147 Klausdorf, Seebrooksberg 1;
Tel (04 31) 7 90 08-0; Fax (04 31) 7 90 08-39
Einwohner: 5 580
Gemeindevertretung: 7 SPD, 6 KG, 4 CDU, 2 Bündnis
90/GRÜNE
Bürgervorsteherin: Monika Vogt
Bürgermeister: Horst Müller

Gemeinde Laboe
24235 Laboe, Reventloustr 20; Tel (0 43 43) 4 27 10;
Fax (0 43 43) 16 28
Einwohner· 4 956
Gemeindevertretung: 7 SPD, 5 LWG, 5 CDU
Bürgervorsteher: Karl Ohm
Bürgermeister: Max Pahl

Stadt Lütjenburg
24321 Lütjenburg, Rathaus, Oberstr 7;
Tel (0 43 81) 4 02 00; Fax (0 43 81) 40 20 24
Einwohner: 5 647
Stadtvertretung: 10 SPD, 7 CDU, 2 Bil
Bürgervorsteher: Harald Brandt
Bürgermeister: Ralf Schmieden

Gemeinde Mönkeberg
24248 Mönkeberg, Dorfstr 1; Tel (04 31) 2 39 72-0
Einwohner: 3 317
Gemeindevertretung: 8 SPD, 7 CDU, 2 FDP
Bürgermeister: Helmut Zimmer

Amt Lütjenburg-Land
24321 Lütjenburg, Neverstorfer Str 7;
Tel (0 43 81) 90 06-0; Fax (0 43 81) 90 06-30
Einwohner: 9 684
Amtsausschuß: 9 CDU, 9 SPD, 8 verschiedene WG
Amtsvorsteher: Klaus Wehrend
Leitender Verwaltungsbeamter: Holger Nehling OAR
Amtsangehörige Gemeinden: Behrensdorf (Ostsee),
Blekendorf, Dannau, Giekau, Helmstorf, Högsdorf,
Hohenfelde, Hohwacht (Ostsee), Kirchnüchel, Klamp,
Kletkamp, Panker, Schwartbuck, Tröndel

Stadt Plön
24306 Plön, Schloßberg 3-4; Tel (0 45 22) 5 05-0;
Fax (0 45 22) 5 05 69
Einwohner: 12 000
Stadtvertretung: 11 CDU, 9 SPD, 2 Bündnis 90/
GRÜNE, 1 FDP
Bürgervorsteher: Albrecht Juhl
Bürgermeister: Uwe Jes Hansen

Amt Plön-Land
24306 Plön, Heinrich-Rieper-Str 8;
Tel (0 45 22) 74 71-0; Fax (0 45 22) 74 71 33
Einwohner: 8 592
Amtsausschuß: 8 CDU, 7 SPD, 6 verschiedene WG
Amtsvorsteher: Martin Leonhardt
Leitender Verwaltungsbeamter: Schroeter OAR
Amtsangehörige Gemeinden: Ascheberg (Holstein),
Bösdorf, Dersau, Dörnick, Grebin, Kalübbe, Lebrade,
Nehmten, Rantzau, Rathjensdorf, Wittmoldt

Stadt Preetz
24211 Preetz, Bahnhofstr 24 und 27;
Tel (0 43 42) 3 03-0; Fax (0 43 42) 3 03-2 29
Einwohner: 15 211
Stadtvertretung: 10 CDU, 9 SPD, 4 BGP, 3 FWG,
1 FDP
Bürgervorsteher: Erich Klimm
Bürgermeister: Walter Riecken

Amt Preetz-Land
24211 Schellhorn, Am Berg 2; Tel (0 43 42) 88 66-6
Einwohner: 8 877
Amtsausschuß: 16 verschiedene WG, 5 CDU, 4 SPD
Amtsvorsteher: Horst Peter Schwarten
Leitender Verwaltungsbeamter: Reinhard Gromke
OAR
Amtsangehörige Gemeinden: Barmissen, Boksee,
Bothkamp, Großbarkau, Honigsee, Kirchbarkau, Klein
Barkau, Kühren, Lehmkuhlen, Löptin, Nettelsee,
Pohnsdorf, Postfeld, Rastorf, Schellhorn, Wahlstorf,
Warnau

Amt Probstei
24217 Schönberg, Knüll 4; Tel (0 43 44) 38-0;
Fax (0 43 44) 3 06-1 68
Einwohner: 8 844
Amtsausschuß: 11 SPD, 9 verschiedene WG, 5 CDU

Amtsvorsteher: Hagen Klindt
Leitender Verwaltungsbeamter: Karl-Heinz Kahlo
OAR
Amtsangehörige Gemeinden: Barsbek, Bendfeld, Bro-
dersdorf, Fahren, Fiefbergen, Höhndorf, Köhn, Krokau,
Krummbek, Lutterbek, Passade, Prasdorf, Probsteier-
hagen, Stakendorf, Stein, Wendtorf, Wisch

Gemeinde Raisdorf
24223 Raisdorf, Theodor-Storm-Platz 1;
Tel (0 43 07) 92-0; Fax (0 43 07) 92 59
Einwohner: 7 287
Gemeindevertretung: 10 SPD, 6 CDU, 4 WIR, 1 FDP
Bürgervorsteherin: Angelika Lange-Hitzbleck
Bürgermeister: Klaus Schade

Gemeinde Schönberg
24217 Schönberg, Knüll 4; Tel (0 43 44) 30 60;
Fax (0 43 44) 30 61 68
Einwohner: 5 842
Gemeindevertretung: 8 SPD, 6 CDU, 3 EIS (Einwoh-
nerinitiative Schönberg), 1 FDP, 1 BGS (Bürgergemein-
schaft Schönberg)
Bürgervorsteherin: Antje Klein
Bürgermeister: Wilfried Zurstraßen

Gemeinde Schönkirchen
24232 Schönkirchen, Mühlenstr 46-48;
Tel (0 43 48) 7 09-0; Fax (0 43 48) 7 09 29
Einwohner: 5 949
Gemeindevertretung: 10 SPD, 8 CDU, 1 FDP
Bürgervorsteherin: Elke Stamer
Bürgermeister: Michael Koops

Amt Selent/Schlesen
24238 Selent, Tel (0 43 84) 7 68, 7 69 und 15 72
Einwohner: 5 279
Amtsausschuß: 7 SPD, 7 CDU, 1 Wählergemeinschaft
Amtsvorsteherin: Antje Josten
Leitender Verwaltungsbeamter: Höge OAR
Amtsangehörige Gemeinden: Dobersdorf, Lammersha-
gen, Martensrade, Mucheln, Fargau-Pratjau, Schlesen,
Selent, Stoltenberg

Amt Wankendorf
24601 Wankendorf, Kampstr 1; Tel (0 43 26) 99 79-0;
Fax (0 43 26) 99 79 99
Einwohner: 5 068
Amtsausschuß: 4 verschiedene WG, 3 CDU, 3 SPD,
1 FDP
Amtsvorsteher: Klaus-Peter Jung
Leitender Verwaltungsbeamter: Holger Müller
Amtsangehörige Gemeinden: Belau, Ruhwinkel,
Stolpe, Wankendorf

7 Kreis Rendsburg-Eckern-förde

24768 Rendsburg, Kaiserstr 8; Tel (0 43 31) 2 02-0;
Fax (0 43 31) 20 22 95; Teletex 0 433 123 = LRRDECK
Einwohner: 257 189
Fläche: 218 572 ha

Kreistag: 49 Mitglieder (21 CDU, 21 SPD, 5 Bündnis
90/GRÜNE, 2 FDP)

Kreispräsidentin: Elke Heinz
Landrat: Geerd Bellmann

Hauptamt Kurbjuhn AOR
Amt für Kommunalaufsicht, Schul- und Kulturwesen Toop OAR
Ordnungsamt Hillgruber OAR
Verkehrsaufsicht und Zivilschutz Taubenheim OAR
Amt für Soziales Schröder AR
Jugendamt Dr Idel KMedDir
Gesundheitsamt Schmidt KMedDir
Bauamt Schröder LtdBauDir
Veterinäramt Dr Schauser LtdVetDir
Amt für Finanzen Hopp OAR
Rechnungs- und Gemeindeprüfungsamt Mischke AR
Umweltamt Saggau KBauDir

Verwaltungsstelle Eckernförde
24340 Eckernförde, Mühlenberg 15;
Tel (0 43 51) 7 57 60

Gemeinden im Kreis Rendsburg-Eckernförde:

Amt Achterwehr
24239 Achterwehr, Inspektor-Weimar-Weg 17;
Tel (0 43 40) 4 09-0; Fax (0 43 40) 4 09-99
Einwohner: 9 746
Amtsausschuß: 10 CDU, 7 SPD, 2 KWG, 1 GRÜNE, 1 FDP, 1 Leb Dorf, 1 WF
Amtsvorsteher: Dr Klaus-Hinnerk Baasch
Leitender Verwaltungsbeamter: Hans-Werner Grewin OAR
Amtsangehörige Gemeinden: Achterwehr, Bredenbek, Felde, Krummwisch, Melsdorf, Ottendorf, Quarnbek, Westensee

Gemeinde Altenholz
24161 Altenholz, Ostpreußenplatz;
Tel (04 31) 32 01-0; Fax (04 31) 32 01 45
Einwohner: 9 313
Gemeindevertretung: 7 CDU, 7 SPD, 4 AWG, 1 FDP
Bürgervorsteher: Fritz-Bodo Nitzer
Bürgermeister: Horst Striebich

Amt Aukrug
24613 Aukrug, Bargfelder Str 10; Tel (0 48 73) 9 99-0;
Fax (0 48 73) 9 99-99
Einwohner: 6 856
Amtsausschuß: 6 CDU, 4 SPD, 4 KWG,1 FDP
Amtsvorsteher: Gustav Göttsch
Leitender Verwaltungsbeamter: Günter Maaß OAR
Amtsangehörige Gemeinden: Arpsdorf, Aukrug, Ehndorf, Padenstedt, Wasbek

Gemeinde Bordesholm
24582 Bordesholm, Marktplatz; Tel (0 43 22) 6 95-0;
Fax (0 43 22) 69 51 49
Einwohner: 7 059
Gemeindevertretung: 10 SPD, 7 CDU, 1 FDP, 1 Bündnis 90/GRÜNE
Bürgervorsteher: Erich Wolf
Bürgermeister: Jürgen Baasch

Gemeinde Büdelsdorf
24782 Büdelsdorf, Am Markt 1; Tel (0 43 31) 3 55-0;
Fax (0 43 31) 3 55 77
Einwohner: 10 593
Gemeindevertretung: 11 SPD, 6 CDU, 5 BWG, 1 FDP
Bürgervorsteher: Dieter Ellefsen
Bürgermeister: Herbert Schütt

Amt Bordesholm-Land
24582 Bordesholm, Marktplatz; Tel (0 43 22) 69 50;
Fax (0 43 22) 69 51 64
Einwohner: 6 180
Amtsausschuß: 10 WG, 4 CDU, 4 SPD
Amtsvorsteher: Klaus Göttsche-Götze
Leitender Verwaltungsbeamter: Heinrich Lembrecht OAR
Amtsangehörige Gemeinden: Bissee, Brügge, Grevenkrug, Groß Buchwald, Hoffeld, Loop, Mühbrook, Negenharrie, Reesdorf, Schmalstede, Schönbek, Sören, Wattenbek

Amt Dänischhagen
24229 Dänischhagen, Sturenhagener Weg 14;
Tel (0 43 49) 8 09-0; Fax (0 43 49) 8 09-60
Einwohner: 8 174
Amtsausschuß: 8 CDU, 8 SPD, 1 FWS, 1 UBS
Amtsvorsteher: Wolfgang Steffen

Amt Dänischer Wohld
24214 Gettorf, Karl-Kolbe-Platz;
Tel (0 43 46) 91-2 00; Fax (0 43 46) 9 12 22
Einwohner: 8 491
Amtsausschuß: 7 CDU, 7 SPD, 4 WG
Amtsvorsteher: Hans Carstensen
Leitender Verwaltungsbeamter: Hans Hansen OAR
Amtsangehörige Gemeinden: Felm, Lindau, Neudorf-Bornstein, Neuwittenbek, Osdorf, Schinkel, Tüttendorf

Stadt Eckernförde
24340 Eckernförde, Rathausmarkt 4-6;
Tel (0 43 51) 9 04-0; Fax (0 43 51) 34 88
Einwohner: 22 847
Stadtvertretung: 15 SPD, 10 CDU, 3 SSW, 2 Bündnis 90/GRÜNE, 2 Statt-Partei
Bürgervorsteher: Dr Jürgen Anbuhl
Bürgermeister: Klaus Buß

Amt Flintbek
24220 Flintbek, Heitmannskamp 2;
Tel (0 43 47) 90 50; Fax (0 43 47) 9 05 60
Einwohner: 7 549
Amtsausschuß: 4 SPD, 4 KWV, 3 CDU, 1 Bündnis 90/GRÜNE, 1 UWF
Amtsvorsteher: Heinrich Kühl
Leitender Verwaltungsbeamter: Lorenzen GemAmtm
Amtsangehörige Gemeinden: Böhnhusen, Flintbek (Geschäftsführung), Schönhorst, Techelsdorf

Gemeinde Gettorf
24214 Gettorf, Karl-Kolbe-Platz; Tel (0 43 46) 91 01;
Fax (0 43 46) 91-1 15
Einwohner: 5 582
Gemeindevertretung: 9 SPD, 7 CDU, 2 FWG, 2 GD, 1 FDP

Bürgervorsteher: Paul-Gerhard Haas
Bürgermeister: D Schönfeld

Amt Fockbek
24787 **Fockbek**, Rendsburger Str 42;
Tel (0 43 31) 66 77-0; Fax (0 43 31) 66 77-66
Einwohner: 9 484
Amtsausschuß: 7 SPD, 6 CDU, 2 KWG, 2 UWF
Amtsvorsteher: Schröder
Amtsangehörige Gemeinden: Alt Duvenstedt, Fockbek, Nübbel, Rickert

Amt Hanerau-Hademarschen
25557 **Hanerau-Hademarschen**, Kaiserstr 11;
Tel (0 48 72) 3 00-0; Fax (0 48 72) 3 00-30
Einwohner: 6 620
Amtsausschuß: 11 verschiedene WG, 6 CDU, 2 SPD
Amtsvorsteher: Hans Peter Sievers
Leitender Verwaltungsbeamter: Hans-Wilhelm Lüdecke GemAmtm
Amtsangehörige Gemeinden: Beldorf, Bendorf, Bornholt, Gokels, Hanerau-Hademarschen, Lütjenwestedt, Oldenbüttel, Seelfeld, Steenfeld, Tackesdorf, Thaden

Amt Hohenwestedt-Land
24594 **Hohenwestedt**, Am Markt 15;
Tel (0 48 71) 3 60; Fax (0 48 71) 36 36
Einwohner: 5 598
Amtsausschuß: 13 KWG, 3 CDU, 3 SPD
Amtsvorsteher: Johannes Mehrens
Leitender Verwaltungsbeamter: Claus Behrens GemAmtm
Amtsangehörige Gemeinden: Beringstedt, Grauel, Heinkenborstel, Jahrsdorf, Meezen, Mörel, Nienborstel, Osterstedt, Rade b Hohenwestedt, Remmels, Tappendorf, Todenbüttel, Wapelfeld

Gemeinde Hohenwestedt
24594 **Hohenwestedt**, Am Markt 15;
Tel (0 48 71) 3 60; Fax (0 48 71) 36 36
Einwohner: 4 859
Gemeindevertretung: 8 CDU, 8 SPD, 1 FDP
Bürgervorsteher: Hansotto Berndsen
Bürgermeister: Helmut Fahrenkrug GemAmtm

Amt Hohn
24806 **Hohn**, Hohe Str 4; Tel (0 43 35) 92 79-0;
Fax (0 43 35) 7 38
Einwohner: 8 306
Amtsausschuß: 12 WW, 6 CDU, 3 SPD, 1 Kleinstgemeinde
Amtsvorsteher: Werner Kuhrt
Leitender Verwaltungsbeamter: Schon OAR
Amtsangehörige Gemeinden: Bargstall, Breiholz, Christiansholm, Elsdorf-Westermühlen, Friedrichsgraben, Friedrichsholm, Hamdorf, Hohn, Königshügel, Lohe-Föhrden, Prinzenmoor, Sophienhamm

Amt Hütten
24358 **Ascheffel**, Schulberg 6; Tel (0 43 53) 99 72-0;
Fax (0 43 53) 99 72-30
Einwohner: 6 853
Amtsausschuß: 5 CDU, 4 SPD, 5 WG, 2 F.D.P.
Amtsvorsteher: Hans Klaus Solterbeck

Leitender Verwaltungsbeamter: Hans-Jürgen Ladwig OAR
Amtsangehörige Gemeinden: Ahlefeld, Ascheffel, Bistensee, Brekendorf, Damendorf, Hütten, Osterby, Owschlag

Amt Jevenstedt
24808 **Jevenstedt**, Tel (0 43 37) 9 17 00
Einwohner: 5 882
Amtsausschuß: 8 WG, 3 CDU, 3 SPD, 1 parteilos
Amtsvorsteher: Christian Grotmack
Leitender Verwaltungsbeamter: Uwe-Niels Husmann OAR
Amtsangehörige Gemeinden: Brinjahe, Embühren, Haale, Hamweddel, Hörsten, Jevenstedt, Luhnstedt, Schülp b Rendsburg, Stafstedt

Gemeinde Kronshagen
24119 **Kronshagen**, Kieler Str 72; Tel (04 31) 58 66-1;
Fax (04 31) 58 66-2 00
Einwohner: 12 227
Gemeindevertretung: 12 CDU, 8 SPD, 3 Bündnis 90/GRÜNE
Bürgervorsteherin: Sabina Strzylecki
Bürgermeister: Wolf-Dietrich Wilhelms GemAmtm

Amt Molfsee
24113 **Molfsee**, Mielkendorfer Weg 2;
Tel (04 31) 6 50 09-0; Fax (04 31) 65 09 14
Einwohner: 8 741
Amtsausschuß: 8 WG, 5 CDU, 5 SPD
Amtsvorsteher: Hans-Friedrich Wisser
Leitender Verwaltungsbeamter: Jürgen Barth (in Personalunion mit der Gemeinde Molfsee)
Amtsangehörige Gemeinden: Blumenthal, Mielkendorf, Molfsee (Geschäftsführung), Rodenbek, Rumohr, Schierensee

Stadt Nortorf
24589 **Nortorf**, Niedernstr 6; Tel (0 43 92) 4 01 00;
Fax (0 43 92) 4 01-2 17
Einwohner: 7 147
Stadtvertretung: 8 CDU, 8 SDP, 2 Bündnis 90/GRÜNE, 1 FDP
Bürgervorsteherin: Gertrud Rybka
Bürgermeister: Hans-Helmut Köppe

Amt Nortorf-Land
24589 **Nortorf**, Niedernstr 6; Tel (0 43 92) 4 01-1;
Fax (0 43 92) 4 01-1 33
Einwohner: 10 100
Amtsausschuß: 15 KWG, 6 SPD, 5 CDU
Amtsvorsteher: Hans Kaack
Leitender Verwaltungsbeamter: Uwe Johannsen OAR
Amtsangehörige Gemeinden: Bargstedt, Bokel, Borgdorf-Seedorf, Brammer, Dätgen, Eisendorf, Ellerdorf, Emkendorf, Gnutz, Groß Vollstedt, Krogaspe, Langwedel, Oldenhütten, Schülp b Nortorf, Timmaspe, Warder

Amt Osterrönfeld
24783 **Osterrönfeld**, Tel (0 43 31) 84 71-0;
Fax (0 43 31) 84 71 40
Einwohner: 6 150
Amtsausschuß: 6 SPD, 5 KWG, 5 CDU
Amtsvorsteher: Henningsen

Leitender Verwaltungsbeamter: Göttsche
Amtsangehörige Gemeinden: Bovenau, Haßmoor, Ostenfeld (Rendsburg), Osterrönfeld, Rade bei Rendsburg, Schülldorf

Gemeinde Schacht-Audorf
24790 Schacht-Audorf, Kieler Str 25;
Tel (0 43 31) 9 47 40
Einwohner: 4 200
Gemeindevertretung: 12 SPD, 5 CDU
Bürgermeister: Gerhard Staack

Stadt Rendsburg
24768 Rendsburg, Am Gymnasium 4;
Tel (0 43 31) 2 06-0; Fax (0 43 31) 2 06-2 70
Einwohner: 30 974
Stadtvertretung: 16 SDP, 10 CDU, 3 WählerInnen Initiative Rendsburg (WIR), 2 FDP
Bürgervorsteher: Uwe Meise
Bürgermeister: Rolf Teucher

Amt Schlei
24357 Fleckeby, Schmiederedder 2;
Tel (0 43 54) 8 08-0; Fax (0 43 54) 8 08-2 80
Einwohner: 6 045
Amtsausschuß: 6 CDU, 4 SPD, 3 WG
Amtsvorsteher: Hans-Wolfgang Dreyer
Leitender Verwaltungsbeamter: Manfred Block
Amtsangehörige Gemeinden: Fleckeby, Güby, Hummelfeld, Kosel, Rieseby

Amt Schwansen
24351 Damp, Auf der Höhe 16; Tel (0 43 52) 91 76-0;
Fax (0 43 52) 91 76-60
Einwohner: 6 850
Amtsausschuß: 10 CDU, 8 SPD, 1 WG
Amtsvorsteher: Günter Prosch
Leitender Verwaltungsbeamter: Wolfgang Will
Amtsangehörige Gemeinden: Brodersby, Damp, Dörphof, Holzdorf, Karby, Thumby, Waabs, Winnemark

Amt Windeby
24340 Eckernförde, Wulfsteert 45;
Tel (0 43 51) 73 79-0; Fax (0 43 51) 73 79-29
Einwohner: 4 841
Amtsausschuß: 6 WG, 4 SPD, 2 CDU
Amtsvorsteher: Wolf-Dieter Ohrt Dreyer
Leitender Verwaltungsbeamter: Günther Gröller
Amtsangehörige Gemeinden: Altenhof, Barkelsby, Gammelby, Goosefeld, Loose, Windeby

Gemeinde Westerrönfeld
24784 Westerrönfeld, Dorfstr 60;
Tel (0 43 31) 84 78-0; Fax (0 43 31) 84 78-30
Einwohner: 4 447
Gemeindevertretung: 9 SPD, 5 CDU, 3 KWG
Bürgermeisterin: Elke Heinz

Amt Wittensee
24361 Groß Wittensee, Mühlenstr 8;
Tel (0 43 56) 2 04, 2 05, 3 36; Fax (0 43 56) 14 05
Einwohner: 5 884
Amtsausschuß: 6 WG, 5 CDU, 4 SPD, 1 FDP
Amtsvorsteher: Ulfert Geertz
Leitender Verwaltungsbeamter: Haß OAR

Amtsangehörige Gemeinden: Borgstedt, Bünsdorf, Groß Wittensee, Haby, Holtsee, Holzbunge, Klein Wittensee, Neu Duvenstedt, Sehestedt

8 Kreis Schleswig-Flensburg

24837 Schleswig, Flensburger Str 7; Tel (0 46 21) 87-0;
Fax (0 46 21) 8 75 69
Einwohner: 183 770
Fläche: 207 120 ha

Kreistag: 45 Mitglieder (19 CDU, 17 SPD, 6 SSW, 3 Bündnis 90/Die Grünen)
Kreispräsident: Johannes Petersen
Landrat: Jörg-Dietrich Kamischke

Dezernatsfreie Ämter:

Hauptamt Meyer OKVwR
Rechnungs- und Gemeindeprüfungsamt Hopp OAR
Kämmereiamt Witt OAR
Veterinär- und Lebensmittelüberwachungsamt
Dr Bahnsen LtdK VetDir
Schulverwaltungsamt Jensen
Kulturamt Dr Bachmann KVwDir
Schulräte Godau OAR; Jesumann; Rehbein
Sozialamt Bühmann OAR
Jugendamt Thomsen OAR
Gesundheitsamt Dr Stolle LtdMedDir
Kreisverkehrsbetriebe Feodoria Werkleiter

Dezernat I
Amt für Kommunalaufsicht und Kreisentwicklung, Umweltamt
Leiter: Bogislav Tessen von Gerlach LtdK VwDir

Dezernat II
Rechtsamt, Bauamt, Ordnungsamt, Brand- und Zivilschutzamt
Leiter: Helmut Birkner KVwDir

Gemeinden im Kreis Schleswig-Flensburg:

Amt Böklund
24860 Böklund, Tel (0 46 23) 78-0; Fax (0 46 23) 78 30
Einwohner: 5 115
Amtsausschuß: 5 WG, 4 CDU, 3 SPD
Amtsvorsteher: Johannes Trahn
Leitender Verwaltungsbeamter: Peter Greve
Amtsangehörige Gemeinden: Böklund, Havetoft, Klappholz, Stolk, Struxdorf, Süderfahrenstedt, Ülsby

Amt Eggebek
24852 Eggebek, Hauptstr 28; Tel (0 46 09) 9 00-0;
Fax (0 46 09) 9 00 30
Einwohner: 6 848
Amtsausschuß: 8 WG, 6 CDU, 4 SPD
Amtsvorsteherin: Greta Lassen
Leitender Verwaltungsbeamter: Klaus-Dieter Rauhut
Amtsangehörige Gemeinden: Eggebek, Janneby, Jerrishoe, Jörl, Langstedt, Sollerup, Süderhackstedt, Wanderup

Amt Gelting
24395 Gelting, Süderholm 18; Tel (0 46 43) 18 32-0;
Fax (0 46 43) 18 32 50

Einwohner: 6 131
Amtsausschuß: 7 CDU, 6 WG, 4 SPD
Amtsvorsteher: Hans-Walter Jens
Leitender Verwaltungsbeamter: Gerd Aloe
Amtsangehörige Gemeinden: Gelting, Hasselberg, Kronsgaard, Maasholm, Nieby, Pommerby, Rabel, Rabenholz, Stangheck, Stoltebüll

Stadt Glücksburg (Ostsee)
24960 Glücksburg, Rathausstr 2; Tel (0 46 31) 45-0;
Fax (0 46 31) 45 77
Einwohner: 6 500
Stadtvertretung: 7 CDU, 7 SPD, 2 GGW, 2 SSW, 1 FWG
Bürgervorsteherin: Elke von Hassel
Bürgermeister: Hans Werner Petersen

Amt Haddeby
24866 Busdorf, Rendsburger Str 54 c;
Tel (0 46 21) 3 89-0; Fax (0 46 21) 3 89 35
Einwohner: 7 350
Amtsausschuß: 8 KWV, 5 CDU, 5 SPD, 1 SSW
Amtsvorsteher: Heinrich Naß
Leitender Verwaltungsbeamter: Knud Hansen
Amtsangehörige Gemeinden: Borgwedel, Busdorf, Dannewerk, Fahrdorf, Geltorf, Jagel, Lottorf, Selk

Amt Handewitt
24981 Handewitt, Postfach 61; Tel (0 46 08) 90 40-0;
Fax (0 46 08) 90 40 30
Einwohner: 9 517
Amtsausschuß: 6 SPD, 4 CDU, 3 SSW, 1 WG, 1 FDP
Amtsvorsteher: Walter Behrens
Leitender Verwaltungsbeamter: Gerd Riemer
Amtsangehörige Gemeinden: Handewitt, Jarplund-Weding

Gemeinde Harrislee
24955 Harrislee, Süderstr 101; Tel (04 61) 7 06-0;
Fax (04 61) 7 06-1 73
Einwohner: 11 154
Gemeindevertretung: 11 SPD, 8 SWW, 7 CDU
Bürgervorsteher: Karl-Hermann Rathje
Bürgermeister: Dr Wolfgang Buschmann

Amt Hürup
24975 Hürup, Schulstr 1; Tel (0 46 34) 88-0;
Fax (0 46 34) 88 22
Einwohner: 7 477
Amtsausschuß: 8 WG, 5 CDU, 5 SPD, 1 SSW
Amtsvorsteher: Peter Mathiesen
Leitender Verwaltungsbeamter: Hans-Wilhelm Peters
Amtsangehörige Gemeinden: Ausacker, Freienwill, Großsolt, Hürup, Husby, Maasbüll, Tastrup

Stadt Kappeln
24376 Kappeln, Reeperbahn 2; Tel (0 46 42) 1 83-0;
Fax (0 46 42) 1 83 28
Einwohner: 10 121
Stadtvertretung: 11 SPD, 8 CDU, 3 FWK, 1 SSW
Bürgervorsteher: Harry Detlefsen
Bürgermeister: Udo Rust

Amt Kappeln-Land
24376 Kappeln, Reeperbahn 2; Tel (0 46 42) 1 83-0;
Fax (0 46 42) 1 83 28

Einwohner: 1 624
Amtsausschuß: 3 CDU, 2 SPD, 2 FWG, 1 SSW, 1 KWG
Amtsvorsteher: Peter Heinrich Lassen
Leitender Verwaltungsbeamter: Udo Rust
Amtsangehörige Gemeinden: Stadt Arnis, Grödersby, Oersberg, Rabenkirchen-Faulück

Amt Kropp
24848 Kropp, Am Markt 10; Tel (0 46 24) 72-0;
Fax (0 46 24) 72-50
Einwohner: 9 642
Amtsausschuß: 6 CDU, 4 SPD, 3 KWG, 2 FWG, 2 AWG, 1 ADB, 1 AKW, 1 ABWG, 1 AWK
Amtsvorsteher: Claus Frahm
Leitender Verwaltungsbeamter: Willi Hufe
Amtsangehörige Gemeinden: Alt Bennebek, Börm, Dörpstedt, Groß Rheide, Klein Bennebek, Klein Rheide, Kropp, Tetenhusen

Amt Langballig
24977 Langballig, Süderende 1; Tel (0 46 36) 88-0;
Fax (0 46 36) 88 33
Einwohner: 6 990
Amtsausschuß: 7 CDU, 4 SPD, 4 WG, 1 SSW
Amtsvorsteher: Jürgen Bachmann
Leitender Verwaltungsbeamter: Walter Schober
Amtsangehörige Gemeinden: Dollerup, Grundhof, Langballig, Munkbrarup, Ringsberg, Wees, Westerholz

Amt Oeversee
24963 Tarp, Tornschauer Str 3-5; Tel (0 46 38) 88-0;
Fax (0 46 38) 16 05
Einwohner: 10 013
Amtsausschuß: 11 CDU, 6 SPD, 2 Wählergruppen
Amtsvorsteher: Werner Heydorn
Leitender Verwaltungsbeamter: Gerhard Beuck
Amtsangehörige Gemeinden: Oeversee, Sankelmark, Sieverstedt, Tarp

Amt Satrup
24986 Satrup, Bahnhofstr 1; Tel (0 46 33) 9 44 40;
Fax (0 46 33) 94 44 27
Einwohner: 4 739
Amtsausschuß: 4 CDU, 3 AWG, 2 SPD, 2 FWG, 1 SSW
Amtsvorsteher: Andreas Lorenzen
Leitender Verwaltungsbeamter: Günter Haack OAR
Amtsangehörige Gemeinden: Havetoftloit, Rüde, Satrup, Schnarup-Thumby

Amt Schafflund
24980 Schafflund, Tannenweg 1; Tel (0 46 39) 70-0;
Fax (0 46 39) 70 30
Einwohner: 10 602
Amtsausschuß: 17 WG, 4 CDU, 3 SPD, 2 SSW
Amtsvorsteher: Johannes Kühl
Leitender Verwaltungsbeamter: Gert Hartwigsen OAR
Amtsangehörige Gemeinden: Böxlund, Großenwiehe, Hörup, Holt, Jardelund, Lindewitt, Medelby, Meyn, Nordhackstedt, Osterby, Schafflund, Wallsbüll, Weesby

Stadt Schleswig
24837 Schleswig, Rathausmarkt 1; Tel (0 46 21) 8 14-0;
Fax (0 46 21) 8 14-1 99
Einwohner: 26 831

Stadtvertretung: 16 SPD, 11 CDU, 5 SSW, 2 GAL Schleswig
Bürgervorsteherin: Margret Fahrinkrug
Bürgermeister: Klaus Nielsky

Amt Schuby
24850 Schuby, Bahnhofstr 7; Tel (0 46 21) 9 45 00;
Fax (0 46 21) 94 50 19
Einwohner: 5 593
Amtsausschuß: 5 SPD, 4 KWG, 3 CDU, 1 SSW
Amtsvorsteher: Winfried Haas
Leitender Verwaltungsbeamter: Martin König OAR
Amtsangehörige Gemeinden: Hüsby, Idstedt, Lürschau, Neuberend, Schuby

Amt Silberstedt
24887 Silberstedt, Hauptstr 41; Tel (0 46 26) 96-0;
Fax (0 46 26) 96 96
Einwohner: 8 598
Amtsausschuß: 8 CDU, 8 KWV, 2 SPD, 1 SSV
Amtsvorsteher: Klaus-Dieter Wendland
Leitender Verwaltungsbeamter: Gerd Muesfeldt
Amtsangehörige Gemeinden: Bollingstedt, Ellingstedt, Hollingstedt, Jübek, Silberstedt, Treia

Gemeinde Sörup
24966 Sörup, Schlesiger Str 3; Tel (0 46 35) 2 96 00
Einwohner: 3 931
Gemeindevertretung: 8 SPD, 6 CDU, 2 FWS, 1 FDP
Bürgermeisterin: Margarethe Kühn

Amt Stapelholm
25868 Norderstapel, Bahnhofstr 29;
Tel (0 48 83) 1 79-0; Fax (0 48 83) 1 79-10
Einwohner: 6 116
Amtsausschuß: 7 CDU, 5 WG, 3 SPD
Amtsvorsteher: Peter Frenzen
Leitender Verwaltungsbeamter: Hans-Otto Burmeister
Amtsangehörige Gemeinden: Bergenhusen, Erfde, Meggerdorf, Norderstapel, Süderstapel, Tielen, Wohlde

Amt Steinbergkirche
24972 Steinbergkirche, Holmlück 2;
Tel (0 46 32) 91-0; Fax (0 46 32) 91 30
Einwohner: 6 800
Amtsausschuß: 12 WG, 2 SPD, 2 CDU
Amtsvorsteherin: Ellen Weißenberg
Leitender Verwaltungsbeamter: Hans Bohnhof
Amtsangehörige Gemeinden: Ahneby, Esgrus, Niesgrau, Quern, Steinberg, Steinbergkirche, Sterup

Amt Süderbrarup
24392 Süderbrarup, Königstr 5; Tel (0 46 41) 78-0;
Fax (0 46 41) 78-33
Einwohner: 10 500
Amtsausschuß: 11 WG, 10 CDU, 7 SPD, 1 SSW
Amtsvorsteher: Emil Johannsen
Leitender Verwaltungsbeamter: Peter Clausen OAR
Amtsangehörige Gemeinden: Böel, Boren, Brebel, Dollrottfeld, Ekenis, Kiesby, Loit, Mohrkirch, Norderbrarup, Nottfeld, Rügge, Saustrup, Scheggerott, Steinfeld, Süderbrarup, Ulsnis, Wagersrott

Amt Tolk
24894 Tolk, Alte Dorfstr 38; Tel (0 46 22) 18 51-0;
Fax (0 46 22) 18 51 51

Einwohner: 5 800
Amtsausschuß: 5 CDU, 5 SPD, 4 WG
Amtsvorsteher: Hans-Georg Andresen
Leitender Verwaltungsbeamter: Heiko Albert
Amtsangehörige Gemeinden: Bordersby, Goltoft, Nübel, Schaalby, Taarstedt, Tolk, Twedt

9 Kreis Segeberg

23795 Bad Segeberg, Hamburger Str 30;
Tel (0 45 51) 9 51-1; Fax (0 45 51) 9 51-2 06
Einwohner: 235 473
Fläche: 134 432 ha

Kreistag: 49 Mitglieder (21 CDU, 20 SPD, 5 Bündnis 90/GRÜNE, 3 FDP)
Kreispräsident: Winfried Zylka
Landrat: Georg Gorrissen
Gleichstellungsbeauftragte: NN
Controlling: Herbert Schütt

Dem Landrat unmittelbar unterstellt:

Rechnungs- und Gemeindeprüfungsamt, Amt für Regionalentwicklung und Wirtschaftsförderung, Gleichstellungsstelle, Schulamt, Schulpsychologischer Dienst, Controlling

Dezernat 1 Querschnittsdezernat
Hauptamt, Personalamt, Amt für Finanzen, Amt für Kommunalaufsicht und KEPL
Leiter: Günter Neitz OAR

Dezernat 2 Dienstleistungsdezernat
Sozialamt, Jugendamt, Rechtsamt, Amt für Schule, Amt für Kultur
Leiter: Dr Georg Hoffmann LtdKVwDir

Dezernat 3 Ordnungsdezernat
Ordnungsamt, Straßenverkehrsamt, Veterinäramt, Gesundheitsamt
Leiterin: Gabriele Anhalt KVwDir

Dezernat 4 Umweltdezernat
Amt für Abfallwirtschaft, Tiefbauamt, Amt für Naturschutz, Wasserwirtschaftsamt
Leiter: Harald Frank LtdKBauDir

Dezernat 5 Baudezernat
Bauaufsichtsamt, Planungsamt, Hochbauamt, Bauverwaltung, Gutachterausschuß
Leiter: Hartwig Knoche KBauDir

Gemeinden im Kreis Segeberg:

Stadt Bad Bramstedt
24576 Bad Bramstedt, Bleeck 17-19;
Tel (0 41 92) 5 06-0; Fax (0 41 92) 5 06 60
Einwohner: 11 215
Stadtvertretung: 10 CDU, 8 SPD, 3 Bündnis 90/GRÜNE, 2 FDP
Bürgervorsteher: Friedmund Wieland
Bürgermeister: Udo Gandecke

Amt Bad Bramstedt-Land
24576 Bad Bramstedt, Rosenstr 20;
Tel (0 41 92) 20 09-0; Fax (0 41 92) 20 09-40

Einwohner: 9 186
Amtsausschuß: 10 CDU, 10 WG, 4 SPD
Amtsvorsteher: Hans Asbahr
Leitender Verwaltungsbeamter: Horst Vuchelich OAR
Amtsangehörige Gemeinden: Armstedt, Bimöhlen, Borstel, Föhrden-Barl, Fuhlendorf, Großenaspe, Hagen, Hardebek, Hasenkrug, Heidmoor, Hitzhusen, Mönkloh, Weddelbrook, Wiemersdorf

Stadt Bad Segeberg
23795 Bad Segeberg, Lübecker Str 9;
Tel (0 45 51) 57-0; Fax (0 45 51) 57-2 21
Einwohner: 15 595
Stadtvertretung: 10 SPD, 9 CDU, 2 BBS, 2 Bündnis 90/GRÜNE
Bürgervorsteherin: Maren Marquardt
Bürgermeister: Dr h c Jörg Nehter

Gemeinde Boostedt
24598 Boostedt, Twiete 9; Tel (0 43 93) 9 97 60, 6 12;
Fax (0 43 93) 99 76 50
Einwohner: 4 349
Gemeindevertretung: 11 CDU, 6 SPD
Bürgermeister: Rüdiger Steffensen

Amt Bornhöved
24619 Bornhöved, Lindenstr 5; Tel (0 43 23) 90 77-0;
Fax (0 43 23) 90 77-27
Einwohner: 5 080
Amtsausschuß: 6 WG, 4 SPD, 3 CDU
Amtsvorsteher: Hans Siebke
Leitender Verwaltungsbeamter: Ernst Timm OAR
Amtsangehörige Gemeinden: Bornhöved, Damsdorf, Gönnebek, Schmalensee, Stocksee, Tarbek, Tensfeld

Gemeinde Henstedt-Ulzburg
24558 Henstedt-Ulzburg, Beckersbergstr 1;
Tel (0 41 93) 90 30; Fax (0 41 93) 9 39 01
Einwohner: 23 400
Gemeindevertretung: 14 CDU, 9 SPD, 3 Bündnis 90/GRÜNE, 3 WHU
Bürgervorsteher: Horst Schmidt
Bürgermeister: Volker Dornquast

Amt Itzstedt
23845 Itzstedt, Segeberger Str 41; Tel (0 45 35) 5 09-0;
Fax (0 45 35) 5 09 99
Einwohner: 10 276
Amtsausschuß: 12 CDU, 9 SPD, 1 WG
Amtsvorsteher: Gerhard Brors
Leitender Verwaltungsbeamter: Gerd Dankert OAR
Amtsangehörige Gemeinden: Itzstedt, Kayhude, Nahe, Oering, Seth, Sülfeld

Stadt Kaltenkirchen
24568 Kaltenkirchen, Holstenstr 14;
Tel (0 41 91) 9 39-0; Fax (0 41 91) 93 91 00
Einwohner: 17 302
Stadtvertretung: 10 CDU, 9 SPD, 2 FDP, 2 Bündnis 90/GRÜNE
Bürgervorsteherin: Renate Amthor
Bürgermeister: Ingo Zobel

Amt Kaltenkirchen-Land
24568 Kaltenkirchen, Schmalfelder Str 9;
Tel (0 41 91) 50 09-0

Einwohner: 14 343
Amtsausschuß: 10 WG, 9 CDU, 8 SPD, 1 FDP, 1 Bündnis 90/GRÜNE
Amtsvorsteher: Klaus Brakel
Leitender Verwaltungsbeamter: Torsten Ridder AR
Amtsangehörige Gemeinden: Alveslohe, Ellerau, Hartenholm, Hasenmoor, Lentföhrden, Nützen, Schmalfeld

Amt Kisdorf
24568 Kattendorf, Winsener Str 2;
Tel (0 41 91) 9 50 60; Fax (0 41 91) 95 06 28
Einwohner: 9 130
Amtsausschuß: 9 CDU, 6 WG, 5 SPD, 1 FDP
Amtsvorsteher: Klaus Mehrens
Leitender Verwaltungsbeamter: Helmut Semmelhack OAR
Amtsangehörige Gemeinden: Hüttblek, Kattendorf, Kisdorf, Oersdorf, Sievershütten, Struvenhütten, Stuvenborn, Wakendorf II , Winsen

Amt Leezen
23861 Leezen, Hamburger Str 28;
Tel (0 45 52) 99 77-0; Fax (0 45 52) 99 77 25
Einwohner: 7 436
Amtsausschuß: 13 WG, 5 CDU, 2 SPD, 1 Forstgutvorsteher
Amtsvorsteher: Claus Danger
Leitender Verwaltungsbeamter: Karl Jeß OAR
Amtsangehörige Gemeinden: Bark, Bebensee, Fredesdorf, Groß Niendorf, Högersdorf, Kükels, Leezen, Mözen, Neversdorf, Schwissel, Todesfelde, Wittenborn, Forstgutsbezirk Buchholz

Stadt Norderstedt
22846 Norderstedt, Rathausallee 50;
Tel (0 40) 5 35 95-0; Fax (0 40) 5 26 44 35
Einwohner: 70 400
Stadtvertretung: 17 SPD, 14 CDU, 5 Die Bürgerpartei, 4 Bündnis 90/GRÜNE
Bürgervorsteher: Peter Clementsen
Bürgermeister: Dr Wilhelm Petri

Amt Rickling
24635 Rickling, Dorfstr 34; Tel (0 43 28) 1 79-0;
Fax (0 43 28) 1 79 44
Einwohner: 6 712
Amtsausschuß: 10 CDU, 3 SPD, 3 Wählergemeinschaften
Amtsvorsteher: Hans Schümann
Leitender Verwaltungsbeamter: Stefan Gonschiorek OAR
Amtsangehörige Gemeinden: Daldorf, Groß Kummerfeld, Heidmühlen, Latendorf, Rickling

Amt Segeberg-Land
23795 Bad Segeberg, Waldemar-von-Mohl-Str 10;
Tel (0 45 51) 99 08-0; Fax (0 45 51) 99 08 13
Einwohner: 12 002
Amtsausschuß: 16 WG, 10 CDU, 4 SPD
Amtsvorsteher: Burghard Dölger
Leitender Verwaltungsbeamter: Rainer Andrasch
Amtsangehörige Gemeinden: Bahrenhof, Blunk, Bühnsdorf, Dreggers, Fahrenkrug, Geschendorf, Groß Gladebrügge, Groß Rönnau, Klein Rönnau, Negern-

bötel, Neuengörs, Pronstorf, Schackendorf, Schieren, Stipsdorf, Strukdorf, Wakendorf I, Weede, Westerrade

Gemeinde Trappenkamp
24610 Trappenkamp, Am Markt 3;
Tel (0 43 23) 9 14-0; Fax (0 43 23) 9 14-1 26
Einwohner: 6 050
Gemeindevertretung: 11 SPD, 6 CDU, 2 FDP
Bürgervorsteher: Richard Hallmann
Bürgermeister: Gert Pechbrenner

Stadt Wahlstedt
23812 Wahlstedt, Markt 3; Tel (0 45 54) 7 01-0;
Fax (0 45 54) 7 01-1 08
Einwohner: 10 058
Stadtvertretung: 10 SPD, 7 CDU, 2 FDP
Bürgervorsteher: Eberhard John
Bürgermeister: Rudolf Gußmann

Amt Wensin
23827 Garbek, Segeberger Str 3; Tel (0 45 59) 9 97 20;
Fax (0 45 59) 99 72 27
Einwohner: 5 702
Amtsausschuß: 5 WG, 4 CDU, 4 SPD
Amtsvorsteher: Hans-Georg Staedler
Leitender Verwaltungsbeamter: Hans-Joachim Hampel OAR
Amtsangehörige Gemeinden: Glasau, Krems II, Nehms, Rohlstorf, Seedorf, Travenhorst, Wensin

10 Kreis Steinburg

25524 Itzehoe, Viktoriastr 16/18;
Tel (0 48 21) 6 90; Fax (0 48 21) 6 93 56;
Telex 28 210
Einwohner: 131 914
Fläche: 105 624 ha

Kreistag: 45 Mitglieder (20 SPD, 18 CDU, 4 Bündnis 90/GRÜNE, 3 WIST)
Kreispräsident: Klaus-Peter Wenzlaff
Landrat: Dr Burghard Rocke

Dezernat I
Rechnungs- und Gemeindeprüfungsamt, Hauptamt, Amt für Finanzen
Leiter: Dr Burghard Rocke Ldrt

Dezernat II
Rechtsamt, Amt für Kommunalaufsicht und Schulen und Kultur, Ordnungsamt, (Allgemeine Ordnungsangelegenheiten, Verkehrsaufsicht, Zentrale Bußgeldstelle, Zivil- und Katastrophenschutz), Sozialamt (Sozialhilfe, andere soziale Aufgaben, Lastenausgleich), Amt für Jugend, Familie und Sport (Wirtschaftliche Erziehungshilfe, Unterhaltsvorschußangelegenheiten, Amtspflegschaften, Amtsvormundschaften, Jugendpflege und Sport, Sozialdienst)
Leiterin: Susanne Clorius KVwDirektorin

Dezernat III
Gesundheitsamt (Verwaltung, Amtsärztlicher Dienst, Sozialpsychiatrischer Dienst, Aufsicht und Überwachung im Gesundheitswesen, gesundheitli-

cher Umweltschutz, Jugendärztlicher Dienst, Jugendzahnärztlicher Dienst)
Leiter: Dr Peter Moritzen LtdKMedDir

Dezernat IV
Kreisbauamt (Denkmalschutz, Hoch- und Tiefbau, Gutachterausschuß, Vorbeugender Brandschutz, Planung und Bauaufsicht, Bauverwaltung), Amt für Umweltschutz (Naturschutz und Landschaftspflege, Wasserwirtschaft, Abfallwirtschaft)
Leiter: Klaus Fischer LtdKBauDir

Dezernat V
Veterinäramt
Leiter: Dr Wilhelm Arp LtdKVetDir

Gemeinden im Kreis Steinburg:

Amt Breitenburg
25524 Breitenburg, Osterholz 5; Tel (0 48 28) 99 00;
Fax (0 48 28) 9 90 99
Einwohner: 6 651
Amtsausschuß: 7 SPD, 6 WG, 5 CDU, 2 parteilos
Amtsvorsteher: Otto Graf zu Rantzau
Leitender Verwaltungsbeamter: Jens-Uwe Jensen OAR
Amtsangehörige Gemeinden: Breitenberg, Breitenburg, Kollmoor, Kronsmoor, Moordiek, Moordorf, Münsterdorf, Oelixdorf, Westermoor

Stadt Glückstadt
25348 Glückstadt, Am Markt 34; Tel (0 41 24) 64-0;
Fax (0 41 24) 64-94
Einwohner: 12 197
Stadtvertretung: 12 SPD, 6 CDU, 6 GWG
Bürgervorsteherin: Dr Sibylle Lindenberg
Bürgermeister: Dr Michael Morath

Amt Herzhorn
25379 Herzhorn, Wilhelm-Ehlers-Str 10;
Tel (0 41 24) 91 65-0; Fax (0 41 24) 91 65-50
Einwohner: 6 150
Amtsausschuß: 10 KWV, 5 SPD, 1 CDU
Amtsvorsteher: Klaus Lage
Leitender Verwaltungsbeamter: Manfred Glißmann OAR
Amtsangehörige Gemeinden: Blomesche Wildnis, Borsfleth, Engelbrechtsche Wildnis, Herzhorn, Kollmar, Krempdorf, Neuendorf b Elmshorn

Amt Hohenlockstedt
25551 Hohenlockstedt, Kieler Str 49;
Tel (0 48 26) 3 00; Fax (0 48 26) 30 15
Einwohner: 7 257
Amtsausschuß: 6 Bgm, 4 CDU, 3 SPD, 1 WVH, 1 HBV
Amtsvorsteher: Rüdiger Blaschke
Büroleitender Beamter: Harry Kock AR
Amtsangehörige Gemeinden: Hohenlockstedt, Lockstedt, Lohbarbek, Schlotfeld, Silzen, Winseldorf

Amt Horst
25358 Horst, Bahnhofstr 7; Tel (0 41 26) 39 28-0;
Fax (0 41 26) 39 28-17
Einwohner: 8 600
Amtsausschuß: 8 CDU, 6 SPD, 1 KWV, 1 WGH, 1 KWS
Amtsvorsteher: Klaus Siebert

Leitender Verwaltungsbeamter: Willi Kühl OAR
Amtsangehörige Gemeinden: Altenmoor, Hohenfelde, Horst (Holstein), Kiebitzreihe, Sommerland

Stadt Itzehoe
25524 Itzehoe, Reichenstr 23; Tel (0 48 21) 6 03-1; Fax (0 48 21) 60 33 21
Einwohner: 35 041
Stadtvertretung: 16 SPD, 12 CDU, 6 UWI, 4 Grüne Liste
Bürgervorsteher: Paul Barth
Bürgermeister: Harald Brommer

Amt Itzehoe-Land
25524 Itzehoe, Margarete-Steiff-Weg 3; Tel (0 48 21) 73 88-0; Fax (0 48 21) 73 88 35
Einwohner: 8 367
Amtsausschuß: 12 KWV, 7 SPD, 3 CDU, 1 AAW, 1 FWV, 1 parteilos
Amtsvorsteher: Otto Reese
Leitender Verwaltungsbeamter: Klaus Thun OAR
Amtsangehörige Gemeinden: Bekdorf, Bekmünde, Drage, Heiligenstedten, Heiligenstedtenerkamp, Hodorf, Hohenaspe, Huje, Kaaks, Kleve, Krummendiek, Mehlbek, Moorhusen, Oldendorf, Ottenbüttel, Peissen

Stadt Kellinghusen
25548 Kellinghusen, Am Markt 9; Tel (0 48 22) 39-0; Fax (0 48 22) 39 30
Einwohner: 8 066
Stadtvertretung: 11 SPD, 8 CDU
Bürgervorsteher: Dr Hans-Werner Haase
Bürgermeister: Siegfried Kalis

Amt Kellinghusen-Land
25548 Kellinghusen, Brauerstr 42-44; Tel (0 48 22) 3 70 10; Fax (0 48 22) 37 01 37
Einwohner: 8 200
Amtsausschuß: 15 KWV, 6 CDU, 3 SPD, 2 Parteilose
Amtsvorsteher: Otto Fölster
Leitender Verwaltungsbeamter: Erik Bornholdt OAR
Amtsangehörige Gemeinden: Auufer, Brokstedt, Fitzbek, Hennstedt, Hingstheide, Mühlenbarbek, Oeschebüttel, Poyenberg, Quarnstedt, Rade, Rosdorf, Sarlhusen, Störkathen, Wiedenborstel, Willenscharen, Wittenbergen, Wrist, Wulfsmoor

Stadt Krempe
25361 Krempe, Am Markt 1; Tel (0 48 24) 8 16
Einwohner: 2 208
Stadtvertretung: 10 SPD, 7 CDU
Bürgervorsteher: Wilhelm Steinmann
Bürgermeister: Ernst-Eugen Réer

Amt Krempermarsch
25361 Krempermarsch, Tel (0 48 24) 3 89 00; Fax (0 48 24) 3 89 10
Einwohner: 8 580
Amtsausschuß: 8 CDU, 8 KWV, 6 SPD, 1 parteilos
Amtsvorsteher: Uwe Stahl
Leitender Verwaltungsbeamter: Babendreier OAR
Amtsangehörige Gemeinden: Bahrenfleth, Dägeling, Elskop, Grevenkop, Stadt Krempe, Kremperheide, Krempermoor, Neuenbrook, Rethwisch, Süderau

Gemeinde Lägerdorf
25566 Lägerdorf, Breitenburger Str 23; Tel (0 48 28) 3 25, 4 15 und 7 10
Einwohner: 3 002
Gemeindevertretung: 11 SPD, 4 CDU, 2 LWG
Bürgervorsteherin: Ina-Marie Kunkelmoor
Bürgermeister: Rudolf Dietrich

Amt Schenefeld
25560 Schenefeld, Tel (0 48 92) 89-0; Fax (0 48 92) 89 44
Einwohner: 9 770
Amtsausschuß: 23 KWG, 6 CDU, 3 SPD parteilos
Amtsvorsteher: Hans Buhmann
Leitender Verwaltungsbeamter: Wolfgang Ohrt OAR
Amtsangehörige Gemeinden: Aasbüttel, Agethorst, Besdorf, Bokelrehm, Bokhorst, Christinenthal, Gribbohm, Hadenfeld, Holstenniendorf, Kaisborstel, Looft, Nienbüttel, Nutteln, Oldenborstel, Pöschendorf, Puls, Reher, Schenefeld, Siezbüttel, Vaale, Vaalermoor, Wacken, Warringholz

Stadt Wilster
25554 Wilster, Rathausstr 4; Tel (0 48 23) 9 40 40; Fax (0 48 23) 71 52
Einwohner: 4 576
Stadtvertretung: 9 SPD, 7 CDU, 1 FDP
Bürgervorsteher: Helmut Jacobs
Bürgermeister: Peter Labendowicz

Amt Wilstermarsch
25554 Wilster, Kohlmarkt 25; Tel (0 48 23) 9 48 20; Fax (0 48 23) 94 82 20
Einwohner: 7 204
Amtsausschuß: 12 WG, 6 CDU, 4 SPD
Amtsvorsteher: Eggert Block
Leitender Verwaltungsbeamter: Hans-Werner Speerforck OAR
Amtsangehörige Gemeinden: Äbtissinwisch, Beidenfleth, Brokdorf, Büttel, Dammfleth, Ecklak, Kudensee, Landrecht, Landscheide, Neuendorf b Wilster, Nortorf, Sachsenbande, Sankt Margarethen, Stördorf, Wewelsfleth

11 Kreis Stormarn

23843 Bad Oldesloe, Stormarnhaus; Tel (0 45 31) 16 00; Fax (0 45 31) 8 47 34; Telex 2-61 506; Teletex 453 120 = lrod
Einwohner: 208 861
Fläche: 76 631 ha

Kreistag: 49 Mitglieder (21 CDU, 20 SPD, 6 Bündnis 90/GRÜNE, 2 FDP)
Kreispräsident: H Priemel
Landrat: Dr Hans Jürgen Wildberg

Hauptamt Kupper OAR
Rechtsamt Stephan KORechtsR
Amt für Kommunalaufsicht und Wahlen Rehders OAR
Rechnungs- und Gemeindeprüfungsamt Warncke OAR
Ordnungsamt Kroß OAR

131

Sozialamt Wendler OAR
Amt für Jugend, Schule und Familie Hegermann OAR
Gesundheitsamt Dr Immelmann LtdKMedDir
Veterinäramt Dr Hille LtdKVetDir
Bauamt Kucinski LtdKBauDir
Umweltamt Eissing KBauDir
Amt für Finanzen Kiekebusch OAR

Gemeinden im Kreis Stormarn:

Stadt Ahrensburg
22926 Ahrensburg, Rathausplatz 1; Tel (0 41 02) 7 70
Einwohner: 28 400
Stadtvertretung: 11 SPD, 10 CDU, 7 WAB, 3 Bündnis 90/GRÜNE
Bürgervorsteher: Hans A Pahl
Bürgermeister: Klaus Boenert

Gemeinde Ammersbek
22949 Ammersbek, Am Gutshof 3;
Tel (0 40) 6 05 81-0; Fax (0 40) 6 05 81-1 15
Einwohner: 8 624
Gemeindevertretung: 7 SPD, 7 CDU, 4 Bündnis 90/GRÜNE, 1 FDP
Bürgervorsteherin: Ingeborg Reckling
Bürgermeister: Werner Schwiderski

Stadt Bad Oldesloe
23843 Bad Oldesloe, Markt 5; Tel (0 45 31) 50 40;
Fax (0 45 31) 50 41 21
Einwohner: 23 000
Stadtverordnetenversammlung: 11 CDU, 11 SPD, 2 Bündnis 90/GRÜNE, 1 Parteilose, 1 FDP, 1 ÖDP
Bürgerworthalterin: Ilse Magdalene Siebel
Bürgermeister: Gerd-Manfred Achterberg

Gemeinde Barsbüttel
22885 Barsbüttel, Stiefenhoferplatz 1;
Tel (0 40) 6 70 72-0; Fax (0 40) 6 70 72-1 01
Einwohner: 10 704
Gemeindevertretung: 8 CDU, 8 SPD, 4 BfB, 3 Bündnis 90/GRÜNE
Bürgervorsteher: Hans-Dieter Endeward
Bürgermeister: Dieter Weis

Amt Bad Oldesloe-Land
23843 Bad Oldesloe, Mewesstr 22/24;
Tel (0 45 31) 17 61-0; Fax (0 45 31) 17 61-60
Einwohner: 9 920
Amtsausschuß: 9 WG, 8 CDU, 6 SPD
Amtsvorsteher: Rainer Westphal
Leitender Verwaltungsbeamter: Jürgen Redelin OAR
Amtsungehörige Gemeinden: Grabau, Lasbek, Meddewade, Neritz, Pölitz, Rethwisch, Rümpel, Steinburg, Travenbrück

Stadt Bargteheide
22941 Bargteheide, Rathausstr 26;
Tel (0 45 32) 40 47-0; Fax (0 45 32) 40 47-77
Einwohner: 12 279
Stadtvertretung: 10 SPD, 8 CDU, 5 WfB
Bürgervorsteherin: Jutta Werner
Bürgermeister: Frank Pries

Amt Bargteheide-Land
22941 Bargteheide, Eckhorst 34; Tel (0 45 32) 40 45-0;
Fax (0 45 32) 40 45 99
Einwohner: 10 611
Amtsausschuß: 9 Wählergemeinschaft, 8 CDU, 7 SPD
Amtsvorsteher: Helmut Drenkhahn
Leitender Verwaltungsbeamter: Burkhard Gilewski OAR
Amtsangehörige Gemeinden: Bargfeld-Stegen, Delingsdorf, Elmenhorst, Hammoor, Jersbek, Nienwohld, Todendorf, Tremsbüttel

Stadt Glinde
21509 Glinde, Markt 1;
Tel (0 40) 7 10 02-0;
Fax (0 40) 7 10 57 69, Bauamt Fax (0 40) 7 10 11 22
Einwohner: 16 012
Stadtvertretung: 12 SPD, 11 CDU, 4 Bündnis 90/Die Grünen
Bürgervorsteherin: Gerda Maßmann
Bürgermeister: Hans-Peter Busch

Gemeinde Großhansdorf
22927 Großhansdorf, Barkholt 64;
Tel (0 41 02) 6 94-0; Fax (0 41 02) 69 41 27
Einwohner: 8 741
Gemeindevertretung: 10 CDU, 6 SPD, 2 Bündnis 90/GRÜNE, 1 FDP
Bürgervorsteher: Uwe Eichelberg
Bürgermeister: Uwe Petersen

Amt Nordstormarn
23858 Reinfeld, Am Schiefen Kamp 10;
Tel (0 45 33) 20 09-0; Fax (0 45 33) 20 09 75
Einwohner: 8 679
Amtsausschuß: 14 WG, 6 CDU, 4 SPD
Amtsvorsteher: Heinrich Blunck
Leitender Verwaltungsbeamter: Sönke Hansen
Amtsangehörige Gemeinden: Badendorf, Barnitz, Feldhorst, Hamberge, Heidekamp, Heilshoop, Klein Wesenberg, Mönkhagen, Rehhorst, Wesenberg, Westerau, Zarpen

Gemeinde Oststeinbek
22113 Oststeinbek, Möllner Landstr 20;
Tel (0 40) 7 13 00 30; Fax (0 40) 71 30 03 39
Einwohner: 8 162
Gemeindevertretung: 8 CDU, 7 SPD, 2 Bündnis 90/GRÜNE, 2 OWG
Bürgervorsteher: Hans-Ulrich Moll
Bürgermeister: Erhard Bobert

Stadt Reinbek
21465 Reinbek, Hamburger Str 5-7;
Tel (0 40) 7 27 50-0; Fax (0 40) 7 22 94 07
Einwohner: 24 667
Stadtvertretung: 11 CDU, 11 SPD, 4 Bündnis 90/GRÜNE, 1 FDP
Bürgervorsteher: Helmut Schomann
Bürgermeister: Detlef Palm

Stadt Reinfeld (Holstein)
23858 Reinfeld, Paul-von-Schoenaich-Str 14;
Tel (0 45 33) 20 01-0; Fax (0 45 33) 20 01-69
Einwohner: 8 003

Stadtvertretung: 9 SPD, 7 CDU, 3 WIR (Wählerinitiative Reinfeld)
Bürgervorsteher: Detlev Andresen
Bürgermeister: Diethard Bubolz

Amt Siek
22962 Siek, Hauptstr 49; Tel (0 41 07) 8 89 30;
Fax (0 41 07) 88 93 88
Einwohner: 8 621
Amtsausschuß: 8 CDU, 5 SPD, 2 DGH, 1 BBV, 1 FBB, 1 ABW, 1 WGS
Amtsvorsteher: Ortwin Jahnke
Leitender Verwaltungsbeamter: Uwe Schwab
Amtsangehörige Gemeinden: Braak, Brunsbek, Hoisdorf, Siek, Stapelfeld

Gemeinde Tangstedt
22889 Tangstedt, Hauptstr 93; Tel (0 41 09) 51-0;
Fax (0 41 09) 51 51
Einwohner: 5 874
Gemeindevertretung: 9 CDU, 5 SPD, 4 BGT, 1 FDP
Bürgervorsteher: Karl Harder
Bürgermeister: Horst Hassel

Amt Trittau
22946 Trittau, Europaplatz 5; Tel (0 41 54) 80 79-0;
Fax (0 41 54) 80 79-75
Einwohner: 15 552
Amtsausschuß: 11 CDU, 11 SPD, 7 WG, 1 Bündnis 90/GRÜNE; 2 Parteilos
Amtsvorsteher: Uwe Tillmann-Mumm
Amtsangehörige Gemeinden: Grande, Grönwohld, Großensee, Hamfelde, Hohenfelde, Köthel, Lütjensee, Rausdorf, Trittau (Geschäftsführung), Witzhave

III Kommunale Spitzen-
verbände

1 Städtetag Schleswig-
Holstein

24105 Kiel, Reventlouallee 6; Tel (04 31) 57 00 50 70;
Fax (04 31) 57 00 50 79

Vorsitzender: Olaf Cord Dielewicz OBgm
Geschäftsführer: Karl-Ludwig Schmiing

2 Schleswig-Holsteinischer
Landkreistag

24105 Kiel, Reventlouallee 6; Tel (04 31) 56 75 62;
Fax (04 31) 56 95 75

Vorsitzender: Geerd Bellmann Ldrt
Geschäftsführendes Vorstandsmitglied: Dr Carl-August
Conrad

3 Städtebund Schleswig-
Holstein

24105 Kiel, Reventlouallee 6; Tel (04 31) 57 00 50 30;
Fax (04 31) 57 00 50 35

Vorsitzender: Klaus Buß Bgm
Geschäftsführer: Harald Rentsch

4 Schleswig-Holsteinischer
Gemeindetag

24105 Kiel, Reventlouallee 6; Tel (04 31) 57 00 50 50;
Fax (04 31) 57 00 50 54

Vorsitzender: Max Pahl Bgm

SUCHWORTVERZEICHNIS

A

Abfall- und Reststoffbehandlungsanlagen 81
Abfallabgabe 81
Abfallbehandlung, Chemische - 81
Abfallbeseitigung 68
Abfalldeponien 81
Abfälle 79, 81
Abfallentsorgungsbehörde 81
Abfalltechnik 81
Abfalltransporte 81
Abfallwirtschaft 12, 81
Abfallwirtschaftsbetrieb 111
Abfallwirtschaftskonzepte und -programme 79
Abgabenordnung 49, 52
Abgabenrecht 37
Abgeordnetendatei 6, 7
Abschiebung 37
Abwasser 79
Abwässerbeseitigung 68
Abwassereinleitungen,
    Gewerbliche-/Industrielle - 79
Ackerbau, Pflanzenschutz im - 68
Adoptionsstelle, Gemeinsame Zentrale - 48
Agrar- und Ernährungsstatistik 66
Agrarausschuß 6, 7
Agrarpolitik 66
Agrarproduktion 41
Agrarstruktur 41, 66, 68
– und Küstenschutz 66
Agrarwissenschaftliche Fakultät 30
AIDS 72
Akademie für Natur und Umwelt 84
Akademie für Publizistik 21
Akademisches Lehrkrankenhaus für die Universität
    Kiel 77
Akkreditierungsstelle der Länder für Meß- und Prüf-
    stellen zum Vollzug des Gefahrstoffrechts 75
Aktion „Schleswig-Holstein Land für Kinder" 47
Alkoholische und alkoholfreie Getränke 81
Allgemeinbildende Schulen 20, 21
Altenhilfe 72
Altenpflegeausbildung 72
Ältestenrat 6, 7
– des Landtages 4
Altlasten 79, 81
Altlastensanierung 53
Altsparergesetz 51
Ambulante sozialpflegerische Dienste 72
Amt für
– Abfallwirtschaft und Stadtreinigung 112
– Archäologische Denkmalpflege 112
– Brandschutz 111
– das Eichwesen 59
– die Bühnen 111
– Katastrophenschutz 38
– Kriegsopfer und Behinderte 111
– Kultur 112
– Organisation und Verwaltungsreform 111
– Schulwesen 111, 112
– Sozial- und Jugenddienste 112
– Soziale Dienste 111
– Stadtentwässerung 112
– Umweltschutz 113 – 134
– Volkshochschule 111
– Wirtschaft 111
– Wirtschaft, Verkehr und Hafen 112
– Wohnungsbau und Wohnungswesen 111
– Wohnungswesen 112
Ämter für Land- und Wasserwirtschaft 68, 83
Amtsanwälte 15
Amtsgericht 15, 86
Amtsgerichte
– im Landgerichtsbezirk Flensburg 94
– im Landgerichtsbezirk Itzehohe 95
– im Landgerichtsbezirk Kiel 96
– im Landgerichtsbezirk Lübeck 98
Angestellte 15
Angestelltenvergütung 52
Angewandte Geologie 81
Angewandte Tierökologie 80
Anwalts- und Notarrecht 15
Anwaltsgerichtshof 89
Anwaltsgerichtshof für Rechtsanwälte 93
AOK Schleswig-Holstein 76
Apotheken 72
Apothekerkammer 76
Arbeit und Soziales 16
Arbeiter 15
Arbeiterlöhne 52
Arbeitnehmer
– Ausländische 37
– Steuerrecht der - 49
Arbeits- und Gerätesicherheit 71
Arbeitsgerichte 91, 102
Arbeitsgerichtsbarkeit 91, 102
Arbeitskräfte 41
Arbeitsmarkt 41
Arbeitsmarkt- und Beschäftigungspolitik 12
Arbeitsmarktanalysen 71
Arbeitsmarktbericht 71
Arbeitsmarktpolitik 58, 71
Arbeitsmarktpolitische Förderprogramme 71
Arbeitsmedizin 71
Arbeitsplatzentwicklung, Bevölkerungs- und - 12
Arbeitsprogramm der Landesregierung 11
Arbeitsschutz 71
– Beirat für - 71
– Medizinischer - 71
– Stoffbezogener - 71
Arbeitsstätten 71
Arbeitsstättenzählung 41
Arbeitsverfassung 71
Arbeitswelt
– Gesundheitsschutz in der - 71
– Risiken in der - 71
Arbeitszeitrecht 36, 71
Archäologisches Landesamt 23
Archäologisches Landesmuseum 30

Architekten- und Ingenieurkammer 46
Architektenrecht 37
Architektur 32
Archivgut 23
Archivwesen 22
Ars Baltica 22
Arten- und Biotopschutzabkommen 78
Arten- und Ökosystemschutz 78
Arzneimittel 72
Arzneimittelüberwachungsstelle 74
Ärztekammer 76
Asylbewerber 37, 41
Asylbewerberleistungsgesetz 41
Asylrecht 37
– in Europa 37
Atomrechtliche Aufsichts- und Genehmigungs-
    verfahren 50
Aufgabenvollzug 37
Auftrags- und Verdingungswesen 59
Aufwandsentschädigung 6
Aus- und Fortbildung 37, 71
– Polizeidirektion für - 44
Aus- und Weiterbildung 58, 59
Ausbildungszentrum für Verwaltung 45
Ausgleichsfonds, Vertreter der Interessen des - 57
Ausgleichszahlungen 66
Ausländerangelegenheiten, Landesamt für - 41
Ausländerextremismus, Links- und - 37
Ausländerrecht 37
Auslandsreisen 6
Auslandsschuldienst 19
Ausschußdienst, Stenographischer Dienst und - 6
Außenhandel 41
Außenprüfung 49
Außensteuerrecht 49
Außenwirtschaftliche Zusammenarbeit 58
Außenwirtschaftspolitik 58
Außergerichtliche Streitschlichtung 16
Außerschulische Jugendbildung 47
Aussiedler 37
Automation 71
Automationsreferentin 6

B

Bahnaufsicht beim Eisenbahnbundesamt, Landesbe-
    vollmächtigter für - 62
Bakteriologische Fleischhygiene 81
Bank- und Kreditwesen 58
Bank- und Versicherungsaufsicht 59
Bankenverfahren 66
Bau- und Bodenrecht 37
Bau- und Siedlungswesen, Ökologisches - 79
Bau- und Vermessungswesen 37
Bauamt 113 – 132
Bauaufsicht 37
Bauaufsichtsangelegenheiten 37
Baudurchführung 60
Bauen im Bestand 53
Baufachliche Grundsatzangelegenheiten der Bundes-
    wehr 53

Baugewerbe 41
Baukonstruktionen 53
Baulandsachen 88
Bauleitpläne 37
Bauleitplanung 53, 59
– Stadtentwicklungs- und - 37
Baulicher Zivil- und Selbstschutz 53
Baumaßnahmen 53
Baunutzungskosten 53
Bauordnungsamt 111, 112
Bauphysikalische Grundsatzfragen 53
Baurecht 37
Baustatik, Prüfstelle für - 53
Bautätigkeit 41
Bautechnik 37
Bauten des Landes 53
Bauvertragsrecht 60
Bauverwaltung 50
Bauverwaltungsamt 111, 112
Bauverwaltungsangelegenheiten 53
Bauvorhaben 50
Bauvorhaben der Fachhochschulen 19
Bauwesen 32
Bauwirtschaft 37, 59
Beamten- und Disziplinarrecht 37
Beamtenrecht 15, 36
Beamtenversorgung 15
Behinderte
– Amt für Kriegsopfer und - 111
– Hilfe für - 72
– Staatliche Internatsschulen für - 74
– Staatliche Schulen für - 72
Behindertenhilfe 72
Behördenführung, Umweltfreundliche - 78
Behördenselbstschutz 15
Beihilferecht 15
Beirat für Arbeitsschutz 71
Bergämter 62
Bergbau 59
Berufliche Ausbildung, Berufsvorbereitung und - 71
Berufliche Bildung 21
Berufliche Qualifizierung 71
Berufs- und Weiterbildung 41
Berufsakademie 25
Berufsaufbauschule 25
Berufsbildende Schulen 19
Berufsfachschule 25
Berufsgericht für Heilberufe 90, 101
Berufsgerichtsbarkeit, Gerichte der - 101
Berufsgerichtshof für die Heilberufe 90, 101
Berufsrückkehrer 47
Berufsschule 24
Berufsvorbereitung und berufliche Ausbildung 71
Besatzungs- und Verteidigungslasten 53
Beschäftigungspolitik 58
– Arbeitsmarkt- und - 12
Beschußstelle Eckernförde 59
Beschwerdekammern 87
Beschwerdesenat 88
Besitz- und Verkehrsteuer 52
Besoldungsrecht 15
Bestattungswesen, Leichen- und - 72

Betäubungsmittel, Tierarznei- und - 80
Betäubungsmittelstrafrecht 16
Beteiligungen des Landes 49
Betreuungsgesetz 72
Betriebliche Förderung 58
Betriebliche Prüfungen 59
Betriebsärztliche Betreuung 71
Betriebsprüfung 52
Beurteilungsrichtlinien 15
Bevölkerungs- und Arbeitsplatzentwicklung 12
Bevölkerungsbewegung 41
Bevölkerungsstand 41
Bevölkerungsvorausberechnung 41
Bewährungs- und Gerichtshilfe 16
Bewährungshilfe, Landesbeirat für - 17
Beweissicherungs- und Feststellungsgesetz 51
Bewertungsabhängige Steuern 49
Bezirksgliederung 108
Bildende Kunst 22
Bildung, Berufliche - 21
Bildungs- und Ausbildungswesen 66
Bildungsausschuß 6, 7
Bildungsnachweise, Ausländische - 19
Bildungsplanung und Forschungsförderung 19
Bildungswissenschaftliche Hochschule Flensburg 31
Binnengewässer, Ökologische Entwicklung der - 79
Binnenhandel 41
Biotechnologie 67, 79
Biotechnologie im Ernährungsbereich 67
Biotopschutzabkommen, Arten- und - 78
BKK Landesverband Nord 77
Blutspendewesen 72
Bodenforschung 79
Bodenkundliche Landesaufnahme,
    Geologische und - 81
Bodennutzung 41
Bodenrecht, Bau- und - 37
Bodenschätzung 52
Bodenschutz 79, 81
Bodenverbände, Landesverband der Wasser- und - 70
Brahms-Institut an der Musikhochschule Lübeck 33
Brandschutz 37
Brückenbau 60
Bühnen- und Konzertgesang 33
Bund Freikirchlicher Pfingstgemeinden 33
Bundes- und Landesbauten 53
Bundesangelegenheiten 16
Bundesautobahnen 60
Bundesfernstraßen, Bedarfspläne für - 59
Bundeshaushalt 49
Bundes-Krebsregistergesetz 72
Bundesleistungsrecht 37
Bundesreisekostengesetz 15
Bundesstaatlicher Finanzausgleich 49
Bundesstraßen 60
Bundesverfassungsrecht 36
Bundeswehr, Baufachliche Grundsatz-
    angelegenheiten der - 53
Bundeswehrbauten 53
Bundeswohnungsfürsorge 53
Bürgeramt 111
Bürgerbeauftragte für soziale Angelegenheiten 8

Bürgerinitiativen 7
Bürgerkriegsflüchtlinge 37
Bürgschaften 49, 67
Bürgschaftsbank 58

C

CDU-Fraktion im Landtag 5
Chemie der Pflanzenschutzmittel 68
Chemikalienrecht 79
Chemische Abfallbehandlung 81
Christengemeinschaft 35
Christian-Albrechts-Universität zu Kiel 30

D

Dänemark 17
Darlehnsbauvorhaben 53
Daten zur Umwelt 80
Datenbank Landesrecht 7
Datenschutz 8, 19, 37, 47, 72
– im Justizbereich 8
– im Polizei- und Verfassungsschutzbereich 8
– Landesbeauftragte für den - 7
Datenschutzangelegenheiten 16
Datenschutzbeauftragter 15
Datenschutzrecht 36
– Internationales 8
Datenverarbeitung in der Gewerbeaufsicht 79
Datenzentrale Schleswig-Holstein 45
Denkmalpflege 22, 50
– Landesamt für - 22
Denkmalschutzgesetz 22
Deponien 81
Depot- und Schießstandanlagen 53
Design 58
Deutsche Einigung 16
Deutsche Unitarier Religionsgemeinschaft 34
Deutschlandfunk 13
Deutschlandradio 13
Diäten- und Versorgungsrecht 6
Diätenkommission 6, 7
Dienstaufsichtsbeschwerden 37
Dienstgericht für Richter 96
Dienstgerichtshof 89
– für Richter 93
Dienstrecht 19, 47
– Selbstverwaltungs- und - 71
Dienstrechtsreform 11
Direktvermarktung 67
Disziplinargericht 90
– für Notare 89
Disziplinarrecht 36
– Beamten- und - 37
Disziplinarsenat 100
Dorf- und ländliche Regionalentwicklung 66
Dorfentwicklung 12
Drogen 72
Drogenbeauftragter 72

E

Ehesachen, Entscheidungen in - 16
Ehrenamtliche Mitglieder des Verwaltungs-
  gerichts 17
Ehrenamtliche Richterinnen und Richter 15
Ehrenpreise 6
Ehrenzeichen, Orden und - 11
Eichämter 61
Eichgesetz 59, 61
Eider-Treene-Sorge-Niederung 12
Einbürgerungen 37
Eingabenausschuß 6, 7
Einheitsbewertung 49
– des Grundvermögens 52
– Forstwirtschaftlicher Vermögen 52
Einigungsausschuß 7
Einkommensteuer 52
Einkommensteuer-Grundsatzfragen 49
Einrichtungen der Jugendhilfe 47
Einwohner Land Schleswig-Holstein 1
Eisenbahnbundesamt, Landesbevollmächtigter für
  Bahnaufsicht beim - 62
Eisenbahnen und Stadtbahnen 59
Eisenbahngesetz 62
Elektro- und Medizintechnik 50
Elektrotechnik 32
Elektrotechnische Anlagen 53
Eltern und Schule 27
Emissionsbegrenzung 79
Energie- und Wasserwirtschaft 41
Energie, Umwelt und - 78
Energiebericht 50
Energieeinsparung 50
Energien, Erneuerbare - 50
Energienutzung 50
Energiepolitik 16, 50
Energiesparendes Planens und Bauen 53
Energiestiftung 50
Energieversorgung 50
Energieverwendung 50
Energiewirtschaft 50
Energiewirtschaftsgesetz 50
Enquetekommission Gentechnologie 6
Enteignungsbehörde 37
Enteignungsrecht 37
Entschädigungsbehörde 71
Entschädigungsrecht 72
Entsorgung 50
Entsorgung von Hausmüll 79
Entwicklung ländlicher Räume 66
Entwicklungsfragen, Kommunale - 37
Entwicklungspolitik 17
Erbrecht 16
Erholungsorte, Kur- und - 72
Erkennungsdienst, Kriminaltechnik und - 38
Ernährung 16
Ernährungs- und Verbraucherpolitik 67
Ernährungsberatung 67
Ernährungsbereich, Biotechnologie im - 67
Ernährungsstatistik, Agrar- und - 66
Erneuerbare Energien 50

Ernten 41
Ersatzschulen 19
Erschütterungen, Lärm und - 79
Erstattung nach EU-Recht 66
Erwerbstätige 40
Erzbischöfliches Amt 33
Erziehung und Unterricht 26, 27
Erziehungswissenschaftliche Fakultät 30
EU
– Angelegenheiten 36
– Aufenthaltsrecht 37
– Datenbanken 17
– Förderprogramme 17, 58
– Informationsarbeit 17
– Prämienzahlung 66
– Recht 16, 17, 37, 66
Eurobrief 17
Europaangelegenheiten 7, 21, 47, 50, 71
Europaausschuß 6, 7
Europäische
– Fonds für regionale Entwicklung 58
– Medienangelegenheiten 11
– Raumordnung 12
– Sozialfonds 71
– Verkehrsangelegenheiten 59
Europäischer Wirtschaftsraum 17
Europäisches Gemeinschaftsrecht 7
Europaministerkonferenz 17
Europapolitik 71
Europarat 17
Evangelisch-Freikirchliche Gemeinde 34
Evangelisch-Methodistische Kirche 33
Evangelisch-reformierte Kirche 35
Exportförderung 67

F

F.D.P.-Fraktion im Landtag 5
Fach- und Führungskräfte, Ausländiche - 58
Fachgerichtsbarkeit 16
Fachgymnasium 25
Fachhochschule 31
– Flensburg 32
– für Kunst und Gestaltung 32
– für Verwaltung, Polizei und Steuerwesen 45
– Kiel 31
– Lübeck 32
– Wedel 32
– Westküste 32
Fachhochschulen 20
Fachkliniken 72, 77
Fachministerkonferenzen 58, 66
Fachoberschule 25
Fachschule 25
Fahndung 38
Fakultät
– Agrarwissenschaftliche - 30
– Erziehungswissenschaftliche - 30
– Mathematisch-Naturwissenschaftliche - 30
– Medizinische - 30
– Philosophische - 30

– Rechtswissenschaftliche - 30
– Technische - 30
– Technisch-Naturwissenschaftliche - 30
– Theologische - 30
– Wirtschafts- und Sozialwissenschaftliche - 30
Familie 16
Familiengerichte 86
Familienhilfen 72
Familienrecht 16
Familiensenate 88
Feiertagsrecht, Sonn- und - 36
Fernleitungen, Treibstoffgroßanlagen und - 53
Fernwärmeversorgung, Nah- und - 50
Feuerwehr 112
Filmförderung, Musik- und - 22
Finanzämter 53
Finanzaufsicht, Kommunale - 36
Finanzausgleich
– Bundesstaatlicher - 49
– Kommunaler - 36
Finanzausschuß 5, 7
Finanzen 16
Finanzgericht 91
– Gemeinsamer Senat des - Hamburg 101
Finanzgerichtsbarkeit 91
– Gerichte der - 101
Finanzierungsinstrumente, Neue - 49
Fischerei und Fischwirtschaft 66
Fischerei, Forsten und - 16
Fischwirtschaft, Fischerei und - 66
Flächenhafter Gewässerschutz 79
Flächenhafter Naturschutz 78, 79
Flächeninhalt Land Schleswig-Holstein 1
Flächenschutzprogramme 81
Fleischhygiene 80
Fleischhygienerechtliche Betriebszulassungen und
-kontrollen 80
Fleischhygienische und lebensmittelchemische Schad-
stoff- und Rückstandsanalytik 81
Fleischwirtschaft, Milch- und - 67
Fließgewässer 81
Flüchtlinge
– Ausländische 37
Flurneuordnung 66
Förderprogramme 66
– der EU 58
Förderung Ländlicher Räume 66
Förderungsfonds 37
Forschungsangelegenheiten 21
Forschungsförderung 21
– Bildungsplanung und - 19
Forschungsinstitute 19
Forschungsreaktoren 50
Forschungsstatistik 22
Forstämter 83
Forsten und Fischerei 16
Forstliche Betriebswirtschaft 80
Forstplanung 80
Forsttechnik, Waldarbeit und - 80
Forstwirtschaft 80
Forstwirtschaft, Land- und - 12
Fort- und Weiterbildung 27

Fortpflanzungsmedizin 72
Fraktion Bündnis 90/Die Grünen im Landtag 5
Fraktionen im Landtag 5
Frauen im öffentlichen Dienst 47
Frauen und Gesundheit 47
Frauen und Soziales 47
Frauen, Gewalt gegen - 47
Frauenförderung 47
– in der Privatwirtschaft 47
Frauenforschung 22
Frauenfragen 31
Frauenstrafvollzug 16
Freie Kunst 32
Freigang 16
Freiwillige Gerichtsbarkeit 16
Freizeit und Erholung 79
Freizeit/Sport, Umwelt und - 78
Fremdenverkehr 16
Friedenserziehung 27
Friedenswissenschaften, Institut für - 31
Friesische Bevölkerungsgruppe 7
Fürsorgestelle für Kriegsopfer 111
Futtermittel- und Getreidewirtschaft 67

G

Garantiemengensystem Milch 67
Gartenbau 41
Gartenbau und Tabakanbau, Pflanzenschutz im -
68
Gartengestaltung, Landschafts- und - 53
Gebietsausweisungen 79
Gefährdetenhilfe 72
Gefahrenabwehr 37
Gefahrgutbeförderung 59
Gefahrstoffe 71
Gefahrstoffrechts, Akkreditierungsstelle der Länder für
Meß- und Prüfstellen zum Vollzug des - 75
Gefangene 16
Gefangenenarbeitswesen 16
Geheimschutz 15, 37
Geheimschutzbeauftragter 7, 16
Geld und Kredit 40
Gemeinden 104
– Funktionale Gliederung der - 105
– Kreise und - 103
– Kreise und Kreisangehörige Städte und - 113 – 131
– Rechtsstellung und Aufgaben der - 104
Gemeindeprüfungsamt, Rechnungs- und - 113 – 131
Gemeindeverfassung, Innere - 106
Gemeinnützigkeit 49
Gemeinsame Zentrale Adoptionsstelle 48
Gemeinsamer Senat des Finanzgerichts Hamburg
101
Gemeinsames Prüfungsamt 18
Gemeinschaft der Siebenten-Tags-Adventisten 34
Gemeinschaftsinitiativen der EU 66
Gemeinschaftsrecht, Europäisches 7
Genehmigungsbedürftige Anlagen 79
Generalstaatsanwalt 93
Genossenschaftswesen 67

Gentechnik 79
Gentechnologie 16
– Enquetekommission – 6
Geologie, Angewandte – 81
Geologische und Bodenkundliche Landesauf-
nahme 81
Geotechnik 81
Geowissenschaften 31
Geowissenschaftliche Grundlagen 81
Gerätesicherheit, Arbeits- und – 71
Gerichte 15
– der Arbeitsgerichtsbarkeit 102
– der Berufsgerichtsbarkeit 101
– der Finanzgerichtsbarkeit 101
– der Ordentlichen Gerichtsbarkeit 93
– der Sozialgerichtsbarkeit 100
– der Verwaltungsgerichtsbarkeit 100
Gerichtsbarkeit, Freiwillige – 16
Gerichtshilfe, Bewährungs- und – 16
Gerichtsorganisation 16
Gerontopsychiatrie 72
Gesamtschulen 19, 21
– Integrierte 24
Gesellschaftsrecht 16
Gesetzesdokumentation 7
Gesetzgebungsdienst 7
Gesundheit 16, 41
– Frauen und – 47
Gesundheitlicher Umweltschutz 78
Gesundheitsamt 111, 112, 113 – 132
Gesundheitsberichterstattung 72
Gesundheitsberufe 72
– Landesamt für – 72, 74
Gesundheitsdienst, Öffentlicher – 72
Gesundheitserziehung 21, 27
Gesundheitsförderung 72
Gesundheitspolitik 72
Gesundheitspolitische Schwerpunktthemen 72
Gesundheitsrecht 72
Gesundheitsschutz
– bei Medizinprodukten, Zentralstelle der
Länder für – 75
– in der Arbeitswelt 71
Gesundheitswesen
– im Zivil- und Katastrophenschutz 72
– Qualitätssicherung im – 72
Getränke-/Bedarfsgegenständeüberwachung 80
Getreidewirtschaft, Futtermittel- und – 67
Gewalt gegen Frauen 47
Gewaltprävention 21, 27
Gewässerschutz 12, 79
– Flächenhafter 79
– Technischer – 81
Gewerbe 41
Gewerbe- und Handwerksrecht 59
Gewerbeabfälle 79
Gewerbeaufsicht 71
– Datenverarbeitung in der – 79
Gewerbeaufsichtsämter 71, 74, 82
Gewerbegebiete 12
Gewerbesteuer 49
Gewerbliche-/Industrielle Abwassereinleitungen 79

Gleichgeschlechtliche Lebensformen 48
Gleichstellungsgesetz 47
Glücksspielrecht 36
Gnadensachen 15
Gnadenwesen 15
Gorch Fock 6
Grenzlandfragen 17
Griechisch-Orthodoxe Metropolie 34
Groß- und Einzelhandel 58
Große Strafkammern 88
Großer Senat 90
Grundbuchrecht 16
Grunderwerbsteuer 52
Grundlagenvermessung 39
Grundschule 19, 20
Grundsteuer 52
Grundstoffindustrie 59
Grundwasser 79
Grundwasserabgabenrecht 79
Grundwasserhydrologie 81
Grundwasserschutz 79, 81
– Landwirtschaft und – 79
Grünflächenamt 111, 112
Grünland 68
Grußworte 7, 12
Gymnasien 19, 20
Gymnasium 24

H

Häfen
– Landeseigene – 66
– Schiffahrt und – 59
Hafen- und Seemannsamt 111
Haftrichter 87
Handel und Verbaucher, Umweltschutz bei – 78
Handelsrecht 16
Handwerk 41
Handwerkskammern 63
Handwerksordnung 63
Handwerksrecht, Gewerbe- und – 59
Hanse-Office Brüssel 17
Härtefallkommission 37
Hauptamt 113
Hauptfürsorgestelle 73
Hauptschule 19, 20
Haushalts- und Wirtschaftsführung 85
Haushaltseinzelpläne 49
Haushaltsführung 7
Haushaltsprüfung des Finanzausschusses 6
Haushaltsrechnung 49
Haushaltsrecht, Kommunales – 36
Haushaltsvollzug 49
Hausmüll, Entsorgung von – 79
Heilberufe
– Berufsgericht für – 90, 101
– Berufsgerichtshof für die – 90, 101
– Kammern der – 72
Heilberufegesetz 75
Heilberufskammern 75
Heilsarmee 34

Heimat- und Kulturpflege 22
Heimat- und Sachunterricht 27
Heimatauskunftstellen 51
Heimgesetz 72
Hilfe für Behinderte 72
Hilfen für psychisch Kranke 72
Hilfen zur Erziehung 47
Hilfskasse der Abgeordneten 6
Hochbauamt 111, 112
Hochschulbau 19, 50
Hochschulen 21, 29, 41
Hochschulgesetz 29
Hochschulgesetzgebung 19
Hochschulmedizin 19
Hochschulpersonal 20
Hochschulpersonalverwaltung 20
Hochschulsonderprogramme 19
Hochschulsport 21
Hochschulstatistik 22
Hochschulstrukturreform 19
Hochschulsystem 19
Hochwasser 68
Hoheitszeichen 36
Holzwirtschaft 80
Humangenetik 72
Hydrogeologie 81
Hydrometrie in den Küstengewässern 79

I

IKK Landesverband Nord 77
IMAK
– Europa 17
– Katastrophenabwehr 17
– Weiterbildung 17
Immissionsschutz, Regionaler - 79
Industrie- und Handelskammern 63
Industrie-Design 32
Informatik 32
Informations- und Kommunikationstechnik 37
Informationsbeauftragter 6
Informationstechnik, Leitstelle für - 40
Informationstechniken, Neue Medien und - 8
Infrastruktur, Wirtschaftsnahe - 58
Ingenieurgeologie 81
Ingenieurkammer, Architekten- und - 46
Ingenieurverträge 53
Innen- und Rechtsausschuß 5, 7
Innenministerium 36
Innere Gemeindeverfassung 106
Insolvenzrecht 16
Institut
– für die Pädagogik der Naturwissenschaften 31
– für Friedenswissenschaften 31
– für Meereskunde 30
– für Schiffsbetriebsforschung 32
– für Sicherheitspolitik 31
– für Weltwirtschaft 30
– für Zeit- und Regionalgeschichte 31
Integrierte Gesamtschule 24
Integrierter Umweltschutz 80

Interkommunale Zusammenarbeit 109
Internationale Kinder- und Jugendpolitik 47
Internationaler Lehrkräfteaustausch 20
Internationales Datenschutzrecht 8
Internationales Privatrecht 16
Investitionsbank 58, 64
Investitionsfonds, Kommunale - 37
Investitionsgüterindustrie 59
Investitionspolitik 58
Investkartei Land 50
IPTS-Landesseminare 28
IPTS-Regionalseminare 28

J

Jüdische Gemeinde 34
Jüdischen Emigranten 37
Jugend 16
Jugendamt 111, 112, 113 – 132
Jugendarbeit 21, 47
– Ostseekooperation der - 47
Jugendarbeitsschutz 71
Jugendarrest 16
Jugendärztlicher und -zahnärztlicher Dienst 72
Jugendaufbauwerk 71
Jugendbildung, Außerschulische - 47
Jugendhilfe 47
Jugendhilfeplanung 47
Jugendhilferecht, Kinder- und - 47
Jugendpolitik
– Internationale Kinder- und - 47
– Kinder- und - 47
Jugendschöffen, Schöffen und - 17
Jugendschöffengerichte 87
Jugendschutz, Kinder- und - 48
Jugendsozialarbeit 47
Jugendstrafrecht 16
Jugendvollzug 16
Juristenbildung 15
Juristisches Informationssystem 7
Jusitzprüfungsamt 17
Justiz, Polizei und - 37
Justizbereich, Datenschutz im - 8
Justizprüfungsamt 93
Justizvollzug 16
Justizvollzugsanstalten 17
Justizwachtmeister 15

K

Kabinettsangelegenheiten 11
– Europapolitische 17
Kammer
– der Heilberufe 72
– für Handelssachen 87
– für Steuerberater- und Steuerbevollmächtigtensachen 88
– für Wirtschaftsprüfersachen 88
Kammeraufsicht 59
Kämmereiamt 111, 112, 113 – 132

Kapitalmarkt, Konjunktur und - 49
Kartellrecht 59
Kartellsenat 88
Kartographie 39
Kassenärztliche Vereinigung 76
Kassenarztrecht 71
Kassenverstärkungskredite 49
Kassenzahnärztliche Vereinigung 76
Katasterämter 37, 39
Katastervermessung 39
Katasterverwaltung, Vermessungs- und - 37, 39
Katasterwesen 37
Katastrophen- und Zivilschutz, Rettungsdienst, - 111
Katastrophenabwehr 37
– IMAK - 17
Katastrophenschutz 38, 50
Katastrophen-Zentralwerkstatt Rendsburg 39
Kernbrennstoffkreislauf 50
Kernenergie 50
Kernkraftwerk
– Brokdorf 50
– Brunsbüttel 50
– Krümmel 50
Kernreaktor-Fern-Überwachungssystem 50
Kerntechnische Anlagen 38, 50
Kerntechnische Regeln und Richtlinien 50
Kfz-Überwachung 59
Kieler Schloß 22, 29
Kieler Woche 6
Kinder- und Jugendhilferecht 47
Kinder- und Jugendpolitik 47
Kinder- und Jugendschutz 48
Kirchen, Religions- und Weltanschauungsgemeinschaften 33
Kirchenangelegenheiten 22
Kirchenmusik 33
Kleine Jugendkammern 88
Kleine Strafkammern 88
Klimaschutz 78
Klimaschutzprogramm 78
Kommunal- und Privatforstämter 83
Kommunalaufsichtsamt, Rechts- und - 113
Kommunale
– Entwicklungsfragen 37
– Finanzaufsicht 36
– Investitionsfonds 37
– Selbstverwaltung in Schleswig-Holstein 103
– Selbstverwaltung, Verfassungsgarantie der - 103
– Spitzenverbände 134
Kommunaler
– Finanzausgleich 36
– Straßenbau 59
Kommunales
– Haushaltsrecht 36
– Personalwesen 37
– Verfassungsrecht 36
Kommunalrecht 36
Kommunikations-Design 32
Kommunikationstechnik, Informations- und - 37
Konfitüren 81
Konjunktur und Kapitalmarkt 49
Konjunkturpolitik 58

Konkursgerichte 86
Kontaminantenanalytik, Rückstands- und - 81
Kontaminiertes Baggergut 79
Konversion 58
Körperschaftsteuer 49, 52
Kosmetika 81
Kostenrecht 16, 37
Kraftfahrwesen 59
Kraft-Wärme-Kopplung 50
Krankenhausbau 50
Krankenhäuser, Pflegesätze der - 72
Krankenhausfinanzierung 72
Krankenhausplanung 72
Krankenhausverwaltungsamt 113 – 132
Krankenhauswesen 72
Krankenkassen 76
Krankenpflege, Landesseminar für - 72, 74
Krankenpflegeberufe 72
Krankenversicherung 71
Krebsregister 72
Kredit, Geld und - 40
Kreditaufnahmen 49
Kreditausschüsse 49
Kreditwesen, Bank- und - 58
Kreise 108
Kreise und Gemeinden 103
Kreise und kreisangehörigen Städte und Gemeinden 113 – 133
Kreisentwicklungsplanung 12
Kreisfreie Städte 103, 111
Kreisgesundheitsbehörden 72
Kriegsgräberwesen, Sammlungs- und - 36
Kriegsopfer, Fürsorgestelle für - 111
Kriegsopferfürsorge 72
Kriegsopferversorgung 73
Kriminalitätsbekämpfung 37, 38
Kriminalitätsverhütung 37
Kriminalpolitik 16
Kriminaltechnik und Erkennungsdienst 38
Kriminologie 16
Kriminologische Forschung 16
Kulturbauten 50
Kulturdenkmale, Gesetz zum Schutz der - 23
Kulturelle Angelegenheiten 22
Kulturelle Weiterbildung 22
Kulturgut, Schutz von - 22
Kulturkommission 22
Kulturpflege, Heimat- und - 22
Kulturstatistik 22
Kulturstiftung 22
Kunst im öffentlichen Raum 22
Kunst in öffentlichen Bauten 50
Künstlerische Ausbildung 33
Kunsthandwerk 22
Künstlerförderung 22
Kunstpädagogik 32
Kunstpreis 22
Kur- und Erholungsorte 72
Küstengewässer 79
Küstengewässer, Hydrometrie in den - 79
Küstenmanagement 81

142

Küstenschutz 66, 81
– Agrarstruktur und - 66

L

Lagezentrum 37
Land für Kinder, Aktion Schleswig-Holstein - 47
Land- und Forstwirtschaft 12
Land- und Wasserwirtschaft, Ämter für - 68
Landbau
– Fachbereich 32
– Ökologischer - 67
Landesamt
– Archäologisches - 23
– für Ausländerangelegenheiten 41
– für den Nationalpark „Schleswig-Holsteinisches
  Wattenmeer" 82
– für Denkmalpflege 22
– für Fischerei 67
– für Gesundheitsberufe 72, 74
– für Natur und Umwelt 69, 80
– für Straßenbau und Straßenverkehr 60
– Statistisches - 40
Landesarbeitsgericht 92, 102
Landesarchiv 23
Landesausgleichsamt 51
Landesbank Schleswig-Holstein Girozentrale 64
Landesbauämter 53, 56
Landesbauten, Bundes- und - 53
Landesbeamte, Versorgung G131 und - 52
Landesbeamtenausschuß 36
Landesbeauftragte für den Datenschutz 7
Landesbehörden 10
Landesbeirat für Bewährungshilfe 17
Landesbesoldungsamt 52
Landesbetriebe Fachkliniken 72
Landesbevollmächtigter für Bahnaufsicht beim Eisen-
  bahnbundesamt 62
Landesbezirkskassen 57
Landesbibliothek 29
Landesblindengeld 72
Landesdatenschutzgesetz 7
Landeseigene Häfen 66
Landesfeuerwehrschule 44
Landesfinanzschule 57
Landesfischereigesetz 67
Landesflüchtlingsverwaltungen 37
Landesfunkhaus 14
Landesgewerbearzt 71
Landeshauptkasse 51
Landeshaushalt 49
Landesinstitut Schleswig-Holstein für Praxis und Theo-
  rie der Schule 27
Landeskartellbehörde 50
Landeskriminalamt 38
Landeskulturzentrum 22
Landeskulturzentrum Salzau 29
Landeskunde 22
Landeskunstbesitz 22
Landesplanung 12, 58
Landesplanungsrat 12

Landespolizei 37
Landesraumordnungsplan 12
Landesrechnungshof 85
Landesregierung 9
– Arbeitsprogramm der - 11
Landesrundfunkgesetz 12
Landesschulbeirat 21
Landesseminar für Krankenpflege 72, 74
Landessozialgericht 91
Landessozialrichter 17
Landessprachen 22
Landesstatistikgesetz 40
Landesstraßen 60
– Bedarfspläne für - 59
Landesverband der Wasser- und Bodenverbände 70
Landesverfassungsrecht 36
Landesvermessung 38
Landesvermessungsamt 37, 39
Landesvermögen 53
Landesversicherungsanstalt 76
Landesversorgungsamt 73
Landesverwaltung, Organisation der - 36
Landesverwaltungsgesetz 36
Landeswaldgesetz 83
Landeszentrale für Politische Bildung 21, 22
Landgericht 87
– Flensburg 94
– Itzehoe 95
– Kiel 96
– Lübeck 97
Ländliche Räume
– Entwicklung - 66
– Förderung - 66
Ländlicher Raum 12
Landräte 44
Landschafts- und Gartengestaltung 53
Landschaftsökologie 80
Landschaftsplanung 79, 80
Landtag 1
Landtags- und Kabinettsangelegenheiten, Europapoliti-
  sche 17
Landtagsangelegenheiten
– Europapolitische 17
Landtagsausschüsse 7
Landtagsdrucksachen 6
Landtagspräsident 4, 6
Landtagssitzungen 6
Landtagswahl, Ergebnis der - 1
Landwirtschaft 16
Landwirtschaft und Grundwasserschutz 79
Landwirtschaftliche
– Berufsgenossenschaft,
  Schleswig-Holsteinische - 70
– Fördermaßnahmen 66
– Produkte, Ökologisch erzeugte - 67
Landwirtschaftliches Versuchswesen 68
Landwirtschaftsgerichte 86
Landwirtschaftskammer 67, 69
Lärm und Erschütterungen 79
Lastenausgleich 51
Lastenausgleichsgesetz 51
Laufbahnrecht 36

Lebensformen, Gleichgeschlechtliche 48
Lebensmittel- und Veterinäruntersuchungsamt 68, 81
Lebensmittelchemie 81
Lebensmittelhygiene 81
Lebensmittelrecht 80
Lebensmittelüberwachung 80
Lehrerdienstrecht 19
Lehrerpersonalverwaltung 19
Lehrkräfteausbildung 21
Lehrkräfteaustausch, Internationaler - 20
Lehrkräfteverbände 21
Lehrmittel 26
Lehrplanarbeit 67
Lehrpläne 21
Leichen- und Bestattungswesen 72
Leitstelle für Informationstechnik 40
Lernmittel 26, 27
Lesben, Angelegenheiten der 48
Leukämie 78
Liegenschaften 80
Liegenschaftsamt 112
Liegenschaftskataster, Gesetz über die Landesvermessung und das - 39
Liegenschaftsplanung 50
Liegenschaftsverwaltung 53
Links- und Ausländerextremismus 37
Literaturförderung 22
Lohnsteuer 52
Lorenz-von-Stein-Institut 31
Lösemittel 81
Lotterien 49
Luftfahrt 59
Lufthygienische Überwachung 79
Luftverkehr, Schiffs- und - 37

M

Manöveranmeldungen 37
Maritime Wirtschaft 59
Marketing 67
Marktamt 112
Marktstrukturfördermaßnahmen 67
Maschinenbau 32, 50
Maschinenbau und Wirtschaftsingenieurwesen, Fachbereich 32
Maschinenwesen 32
Materielles Strafrecht 16
Mathematisch-Naturwissenschaftliche Fakultät 30
Medien 21
Medienangelegenheiten, Europäische - 11
Medienauswertung 12
Medienförderprogramm 22
Medienpolitik 11, 16
Medienrecht 8, 11
Medienwirtschaft 11
Medizinaluntersuchungsämter 72, 84
Medizinische Fakultät 22, 30
Medizinische Universität zu Lübeck 29
Medizinischer Arbeitsschutz 71
Medizinprodukte 72

Medizinproduktion, Zentralstelle der Länder für Gesundheitsschutz bei - 75
Medizintechnik, Elektro- und - 50
Meere 79
Meerestechnik 59
Meeresumwelt, Schutz der - 79
Melderecht 36
Mennonitengemeinde zu Hamburg und Altona 34
Metropolregion Hamburg 66
Mieten und Pachten 53
Mikrozensus 41
Milch- und Fleischwirtschaft 67
Milch, Garantiemengensystem - 67
Minderheit in Nordschleswig 7
Minderheiten und Grenzlandfragen 17
Minderheitenangelegenheiten 22
Minderheitenfragen 7, 11
Ministerium
– für Arbeit, Gesundheit und Soziales 71
– für Bildung, Wissenschaft, Forschung und Kultur 19
– für Finanzen und Energie 49
– für Frauen, Jugend, Wohnungs- und Städtebau 47
– für Justiz, Bundes- und Europaangelegenheiten 15
– für ländliche Räume, Landwirtschaft, Ernährung und Tourismus 66
– für Umwelt, Natur und Forsten 78
– für Wirtschaft, Technologie und Verkehr 58
Ministerkonferenz für Raumordnung 12
Ministerpräsidentin 11
Mitglieder des Landtages 2
Mittelständische Beteiligungsgesellschaft 58
Mittelstandspolitik 58
Modernisierung der Verwaltung 11, 36
Modernisierungsvorhaben der Verwaltung 6
MOX-Genehmigungsverfahren 50
Multimedia in Forschung und Lehre 19
Munitions- und Sprengstoffbetrieb Groß Nordsee 39
Munitionsräumdienst 38
Museumsamt 22
Museumspädagogische Aufgaben 21
Museumswesen 22
Musik- und Filmförderung 22
Musikausbildung 33
Musikerziehung 33
Musikhochschule Lübeck 33
Muthesius-Hochschule 32
Mykotoxine 81

N

Nachwachsende Rohstoffe 67
Nachwuchsgewinnung 37
Nah- und Fernwärmeversorgung 50
Namens- und Wehrerfassungsrecht 36
Nationalparkgesetz 82
Nationalsozialistische Verbrechen, Aufklärung von - 18
Natur- und Landschaftsschutz 53
Natur und Umwelt 16
Akademie für - 84

Landesamt für - 69, 80
Naturschutz 78, 80
– Flächenhafter - 78
– Rechtsangelegenheiten des - 78
Naturschutzbuch 80
Naturwissenschaften 32
– Institut für die Pädagogik der - 31
Neuapostolische Kirche 34
Neue Finanzierungsinstrumente 49
Neue Medien und Informationstechniken 8
Norddeutsche Zusammenarbeit 58
Norddeutscher Rundfunk 14
Nordelbische Evangelisch-Lutherische Kirche 34
Nord-Süd Entwicklungszusammenarbeit 17
Notare, Disziplinargericht für - 89
Notarkammer 18
Notarrecht, Anwalts- und - 15

O

Oberbergamt 62
Oberfinanzdirektion Kiel 52
Oberirdische Gewässer 79
Oberlandesgericht 88, 93
Oberste Forstbehörde 80
Oberste Jagdbehörde 80
Oberverwaltungsgericht 36, 90, 100
Öffentlich bestellte Vermessungsingenieure 37
Öffentliche Bauten 37
Öffentliche Schulen 26
Öffentlicher Dienst 40
Öffentlicher Gesundheitsdienst 72
Öffentlicher Personennahverkehr 59
Öffentlichkeitsarbeit 36
Ökoaudit-Branchenkonzepte 78
Ökologisch erzeugte landwirtschaftliche Produkte 67
Ökologische Entwicklung der Binnengewässer 79
Ökologische Stoffwirtschaft 78
Ökologischer Landbau 67
Ökologisches Bau- und Siedlungswesen 79
Ökosystemschutz, Arten- und - 78
Ölsamen 81
Orden und Ehrenzeichen 11, 36
Ordensangelegenheiten 6, 15
Ordentliche Gerichtsbarkeit 86
– Gerichte der - 93
Ordnungsamt 111, 112, 113–131
Ordnungsrecht 36
Ordnungswidrigkeiten 16
Organe der Rechtspflege 86
Organisation der Landesverwaltung 36
Orthopädische Versorgungsstelle 73
Ortsplanung 37
– Städtebau und - 37
Ostseeanrainer 6
Ostseekooperation der Jugendarbeit 47
Ostseeraum, Subregionen des - 17
Ostseeschutzgebiete 79
Ostseezusammenarbeit 17

P

Pachten, Mieten und - 53
Parlamentarische Kontrollkommission 7
Parlamentarische Körperschaften 1
Parlamentsspiegel 7
Parlamentsvorlagen 6
Paßrecht 36
Personalamt 111, 112
Personalausweisrecht 36
Personalbedarfsrechnung 15
Personalvertretungsrecht 19, 36
Personalwesen, Kommunales - 37
Personennahverkehr, Öffentlicher - 59
Personenstandsrecht 36
Personenstandsurkunden 51
Petitionen 16
Pflanzen, Phytopathogene Erreger an - 68
Pflanzenartenschutz 80
Pflanzenbeschau 67, 68
Pflanzenökologie 80
Pflanzenschutz 67, 68
– im Ackerbau 68
– im Gartenbau und Tabakanbau 68
Pflanzenschutzamt 67
Pflanzenschutzmittel
– Chemie der - 68
– Rückstandsanalytische Untersuchungen 68
– Verkehrskontrolle 68
Pflanzliche Erzeugung 67
Pflanzliche Fette 81
Pflanzliche Lebensmittel 81
Pflanzliche Produktion 67
Pflegesatzangelegenheiten 72
Pflegesätze 72
Pflegesätze der Krankenhäuser 72
Pflegeversicherung 71, 72
Philosophie 27
Philosophische Fakultät 30
Physikalische Technik 32
Phytopathogene Erreger an Pflanzen 68
Planfeststellungen Straßenbau 59
Planfeststellungsverfahren 53
Plenarprotokoll 7
Plenarsitzungen des Bundesrates 16
Politische Bildung 21
– Landeszentrale für - 21, 22
Politische Bildungsarbeit 7
Polizei 41
Polizei und Justiz 37
Polizei und Steuerwesen, Fachhochschule für Verwaltung, - 45
Polizei- und Verfassungsschutzbereich,
  Datenschutz im - 8
Polizeidienstvorschriften 37
Polizeidirektion 41
– für Aus- und Fortbildung 44
– Schleswig-Holstein Mitte 41
– Schleswig-Holstein Nord 42
– Schleswig-Holstein Süd 42
– Schleswig-Holstein West 42
Polizeiliche Vorbeugung 37

Polizeilicher Vollzug 37
Polizeiorganisation 37
Polizeiorganisationsgesetz 38, 41
Polizeirecht 37
Polizeiverwaltungsamt 38
Post und Telekommunikation 16, 58
Preise 41
Preisindizes 41
Presse 36
Presse- und Information 12
Pressearbeit 19
Privatforstämter, Kommunal- und - 83
Privatisierung 59
Privatrecht, Internationales - 16
Privatschulen 19
Privatwirtschaft, Frauenförderung in der - 47
Produktbezogener Umweltschutz 78
Produktionsgartenbau 67
Produzierendes Gewerbe 41
Programm Nord 66
Protokollchef 6
Provinzial Versicherungen 64
Prozeßangelegenheiten 16
Prüfstelle für Baustatik 53
Prüfungsamt, Gemeinsames - 18
Prüfungsausschuß Wirtschaftsprüfer 62
Prüfungsordnungen, Studien- und - 19
Psychiatrie 72
Psychisch Kranke, Hilfen für - 72
Publizistik, Akademie für - 21

Q

Qualitätssicherung im Gesundheitswesen 72
Qualitätssicherungssysteme 67

R

Radioaktive Abfälle 50
Radioökologie 50
Rahmenlehrpläne der Kultusministerkonferenz 21
Raumordnung 12, 16, 66
- Europäische 12
- Informationssystem 12
- Ministerkonferenz für - 12
Raumordnungsbericht 12
Raumordnungskataster 12
Raumordnungspläne 12
Raumordnungsverfahren 12
Realschule 19, 20, 24
Rechnungs- und Gemeindeprüfungsamt 113 – 131
Rechnungsprüfungsamt 111, 112
Recht der Polizei 37
Recht und Verfassung 16
Rechts- und Kommunalaufsichtsamt 113 – 131
Rechtsamt 111, 112
Rechtsangelegenheiten
- des Landtages 7
- des Naturschutzes 78
Rechtsanwälte, Anwaltsgerichtshof für - 93

Rechtsanwaltskammer 18
Rechtsausschuß, Innen- und - 7
Rechtsbehelfsverfahren 52
Rechtsbereinigung 16
Rechtsextremismus 37
Rechtsförmlichkeit 16
Rechtshilfe mit dem Ausland 16
Rechtshilfeverkehr 16
Rechtspflege 15, 41
- Organe der - 86
Rechtspflegeentlastung 16
Rechtspfleger 15
Rechtsstellung und Aufgaben der Gemeinden 104
Rechtswissenschaftliche Fakultät 30
Reden 7, 12
Reform des Sozialstaates 12
Regelung offener Vermögensfragen 51
Regionale Entwicklung, Europäische Fonds für - 58
Regionale Stiftungen 22
Regionalentwicklung, Dorf- und ländliche - 66
Regionaler Immissionsschutz 79
Regionalgeschichte, Institut für Zeit- und - 31
Regionalprogramm 58
Religion 27
Religions- und Weltanschauungsgemeinschaften, Kirchen, - 33
Rentenversicherung 71
Reparationsschädengesetz 51
Ressortkoordinierung 11
Ressortstrukturen 11
Reststoffbehandlungsanlagen, Abfall- und - 81
Reststoffe 81
Reststoffvermeidung und -verwertung 79
Rettungsdienst, Katastrophen- und Zivilschutz 111
Rettungswesen 72
Richter 15
- Dienstgerichtshof für - 93
- Ehrenamtliche - 15
Richterwahlausschuß 17
Risiken in der Arbeitswelt 71
Rohstoffe 59
- Nachwachsende - 67
Rückstands- und Kontaminantenanalytik 81
Rückstandsuntersuchungen 81
Rundfunk- und Übertragungstechnik 11
Rundfunkfinanzen 11
Rundfunkwesen, Unabhängige
Landesanstalt für das - 12
Russisch-Orthodoxe Kirche im Ausland 34
Rüstungskonversion 16

S

Sabotageschutz 37
Sammlungs- und Kriegsgräberwesen 36
Schäden an Gebäuden 53
Schadenersatz 37
Schadstoff- und Rückstandsanalytik, Fleischhygienische und lebensmittelchemische - 81
Schiedsordnung 16
Schienengebundene Verkehrssysteme 59

Schießstandanlagen, Depot- und - 53
Schiffahrt und Häfen 59
Schiffbau 59
Schiffe, Verunreinigungen durch - 79
Schiffs- und Luftverkehr 37
Schirmherrschaften 6
Schleswig-Holsteinische Landwirtschaftliche
  Berufsgenossenschaft 70
Schleswig-Holsteinische Seemannsschule 61
Schleswig-Holsteinischer Gemeindetag 134
Schleswig-Holsteinischer Landkreistag 134
Schloß Eutin 33
Schloß Plön 29
Schöffen und Jugendschöffen 17
Schöffengerichte 87
Schul- und Kulturamt 113 – 132
Schulabschlüsse, Ausländische - 19
Schulämter 26
Schulaufsicht 20, 21, 26, 66
Schulausflüge 27
Schulbau 21
Schulbauhaushalt 21
Schulen 23, 41
Schüleraustausch 20
Schulgesetz 26
Schulgestaltung 21, 27, 67
Schulkindergärten 27
Schulkostenbeiträgen 19
Schullastenausgleich 19
Schulmusik 33
Schulpädagogik 27
Schulpersonal 19
Schulpsychologie 27
Schulpsychologischer Dienst 21
Schulrecht 19
Schulsport 21
Schulstandorte 26
Schulträger 26
Schulversuche und -Projekte 21
Schutz der Meeresumwelt 79
Schutz von Kulturgut 22
Schutzgebietsausweisung 81
Schwangerschaftsabbrüche 47
Schwerbehinderte im Landesdienst 36
Schwerbehindertengesetz 72
Schwerbehindertenrecht 72
Schwule, Angelegenheiten der 48
Seemannsämter 68
Seemannsschule, Schleswig-Holsteinische - 61
Seen 81
Sekten und sektenähnliche Vereinigungen 11
Selbstschutz, Baulicher Zivil- und - 53
Selbstverwaltungs- und Dienstrecht 71
Senat für Steuerberater- und Steuerbevollmächtigten-
  sachen 89
Senat für Wirtschaftsprüfersachen 89
Senate in Strafsachen 89
Senioren 16
Seniorenpolitik 72
Seuchenhygiene 72
Sexualerziehung 27
Sexualpädagogik 72

Sexualstraftäter 16
Sicherheitsangelegenheiten der Abgeordneten 6
Sicherheitsbeauftragter des Landes 37
Sicherheitserziehung, Verkehrs-, - 21
Sicherheitspolitik, Institut für - 31
Sicherheitstechnik 79
 – Zentralstelle der Länder für - 75
Siedlungsabfallwirtschaft 79
Sonderabfallwirtschaft 79
Sonderpädagogik 27
Sonderschulen 19, 20, 21
Sonn- und Feiertagsrecht 36
Sozialamt 111, 112, 113 – 132
Sozialausschuß 6, 7
Soziale Angelegenheiten, Bürgerbeauftragte für - 8
Soziales Entschädigungsrecht 71
Soziales, Arbeit und - 16
Soziales, Frauen und - 47
Sozialfonds, Europäische 71
Sozialgerichte 91, 100
Sozialgerichtsbarkeit 17, 91
 – Gerichte der - 100
Sozialgerichtsgesetz 17
Sozialhilfe 72
 – Überörtlicher Träger der - 72
Sozialleistungen 41
Sozialpolitik 58
Sozialrichter 17
Sozialstaat, Reform des - 12
Sozialversicherung 71
Sozialvorschriften im Straßenverkehr 71
Sozialwesen 32
Soziokultur 22
Sparkassen- und Giroverband 64
Sparkassenaufsicht 36
Sparkassenrecht 36
SPD-Fraktion im Landtag 5
Spezialanalytik für diätetische und andere Zwecke 81
Spionageabwehr 37
Sport 27, 36, 37
Sportamt 111, 112, 113 – 132
Sportförderung 36
Sportstättenbau 36, 53
Sprengstoffwesen 71
Staatliche Internatsschulen für Behinderte 74
Staatliche Schulen für Behinderte 72
Staatliche Vogelschutzwarte 80
Staats- und Kommunalfinanzen 40
Staatsangehörigkeit 51
Staatsangehörigkeitsrecht 37
Staatsanwälte 15
Staatsanwaltschaft 15, 16, 86, 89, 93
 – bei dem Landgericht Flensburg 94
 – bei dem Landgericht Itzehoe 95
 – bei dem Landgericht Kiel 96
 – bei dem Landgericht Lübeck 98
 – bei dem Schleswig-Holsteinischen Oberlandes-
  gericht 93
Staatsanwaltschaften, Organisation 15
Staatsbesuche 11
Staatsgebiet 36
Staatskanzlei 11

Staatsschutz 38
Staatsschutzkammer 88
Staatsschutzsachen 16
Staatssekretärbesprechungen 11
Staatssekretärsitzungen 11
Staatsverträge 37
Stadtbahnen, Eisenbahnen und - 59
Städte und Gemeinden, Kreise und kreisange-
hörigen - 113–133
Städte, Kreisfreie - 111
Städtebau 16, 37, 50
Städtebau und Ortsplanung 37
Städtebauförderung 48
Städtebund Schleswig-Holstein 134
Stadtentwicklungs- und Bauleitplanung 37
Städtetag Schleswig-Holstein 134
Stadtforstamt 112
Stadtkasse 111, 112
Stadtplanungsamt 111, 112
Stadtsteueramt 112
Stadtvermessungsamt 111
Stadtwerke 112
Standesamt 111, 112
Ständige Ausschüsse des Landtages 5
Statistische Datenbank 40
Statistisches Amt und Wahlamt 112
Statistisches Landesamt 40
Stenographischer Dienst und Ausschußdienst 6
Steueramt 111
Steuerberatungswesen 49, 52
Steuerbevollmächtigtensachen
– Kammer für Steuerberater- und - 88
– Senat für Steuerberater- und - 89
Steuerfahndung 52
Steuern 40
– aus Billigkeitsgründen 52
– Bewertungsabhängige - 49
– der Wirtschaft 59
Steuerrecht der Arbeitnehmer 49
Steuerstrafrecht 52
Steuerverfahrensrecht 49
Stiftung Naturschutz 78, 84
Stiftungsrecht 36
Stoffbezogener Arbeitsschutz 71
Stofffreisetzungen 81
Stoffinformation 81
Stofftransporte 81
Strafentschädigungsrecht 16
Straffälligenhilfe 16, 17
Strafgerichtsbarkeit 16
Strafrecht, Materielles - 16
Strafrechtliche Einzelsachen 16
Strafrichter 87
Strafsachen, Senate in - 89
Strafverfahrensrecht 16
Strafverfolgung 37
Strafvollstreckungsrecht 16
Strafvollzugsausschuß 16
Strahlenschutz 50, 71
Strahlenschutzrecht 50
Strahlenschutzvorsorgegesetz 71
Straßenbau

– Kommunaler - 59
– Planfeststellungen - 59
– Umweltschutz im - 59, 60
– und Straßenverkehr, Landesamt für - 60
Straßenbau- und Straßenverkehrstechnik 59
Straßenbauämter 60
Straßenbauprogramme 59
Straßenbaurecht, Straßenrecht und - 59
Straßengüterverkehr 59
Straßeninformationsbank 60
Straßennetzgestaltung 59
Straßenneubauämter 61
Straßenpersonenverkehr 59
Straßenplanung 59
Straßenrecht und Straßenbaurecht 59
Straßenunterhaltung 60
Straßenverkehr
– Landesamt für Straßenbau und - 60
– Sozialvorschriften im - 71
Straßenverkehrsrecht 16, 59, 60
Straßenverkehrstechnik, Straßenbau- und - 59
Streitschlichtung, Außergerichtliche - 16
Strom- und Wärmeeinsparung 50
Strukturpolitik 58
Studentenwerk 19, 33
Studentenwerksgesetz 33
Studentische Angelegenheiten 19
Studien- und Prüfungsordnungen 19
Studienreform 19
Studierendenwohnraumförderung 19
Sturmfluten 68
Subregionen des Ostseeraumes 17
Subventionsabbau 48
Suchtbekämpfung 72
Suchtgefahren am Arbeitsplatz 71
Suchtkrankenhilfe 72
Südschweden 17
Süßwaren 81

T

Tabakanbau, Pflanzenschutz im Gartenbau und - 68
Tabakwaren 81
Tarif- und Sozialversicherungsrecht 52
Tarifrecht 15
Technikfolgenabschätzung 8
Technische Fakultät 30
Technische Informatik 32
Technischer Gewässerschutz 81
Technisch-Naturwissenschaftliche Fakultät 30
Technologie, Umwelt und - 78
Technologieförderung 59
Technologiepolitik 58
Technologiestiftung 65
Technologietransfer 22
Telekommunikation, Post- und - 58
Theaterförderung 22
Theaterpädagogik 21
Theologische Fakultät 30
Tiefbau 53
Tiefbauamt 111

Tierartenschutz 80
Tierarznei- und Betäubungsmittel 80
Tierarzneimittelüberwachung 81
Tierärztekammer 69
Tierärztliches Berufsrecht 67
Tierische Produktion 41, 67
Tierkrankheiten 81
Tierökologie, Angewandte - 80
Tierschutz 79
Tierschutzverbände 79
Tierseuchen 81
Tierseuchenbekämpfungsprogramme 67
Tierseuchenbekämpfungszentrum 67
Tierseuchenfonds 67
Tierzuchtrecht 67
Topographie 39
Tourismus 41
Tourismusgewerbe 66
Tourismuspolitik 66
Tourismuswerbung 66
Touristische Infrastruktur 66
Transplantationswesen 72
Treibstoffgroßanlagen und Fernleitungen 53
Truppenreduzierung 16

U

Übertragungstechnik, Rundfunk- und - 11
Überwachungsbedürftige Anlagen 71
Umsatzsteuer 49, 52
Umwelt 7, 41
– Daten zur - 80
– Landesamt für Natur und - 69, 80
– Natur und - 16
– und Energie 78
– und Freizeit/Sport 78
– und Fremdenverkehr 78
– und Technologie 78
– und Telematik im Verkehr 59
– und Verkehr 78
Umweltamt 112
Umweltausschuß 6, 7
Umweltbeauftragter 59
Umweltbildung 67
Umweltepidemiologie 80
Umwelterziehung 21, 27
Umweltfreundliche Behördenführung 78
Umwelthygiene 78
Umweltmedizin 72
Umweltökonomie 78
Umweltökonomische Gesamtrechnungen 40
Umweltschutz 59
– bei Handel und Verbauchern 78
– Gesundheitlicher - 78
– im Straßenbau 59, 60
– Integrierter - 80
– Produktbezogener - 78
Umweltschutzamt 111
Umweltschutzrecht 16
Umwelttoxikologie 78, 80
Umweltverträglichkeitsprüfung 12, 78

Unabhängige Landesanstalt für das Rundfunk-
   wesen 12
Unfallfürsorge 15, 37
Unfallschutz 17
Unfallversicherung 71
Unternehmensfinanzierung 58
Unterricht, Erziehung und - 26, 27
Unterrichtsforschung 27
Unterrichtsreaktoren 50
Untersuchungsrichter 87
Urlaub 16

V

Verbände der freien Wohlfahrtspflege 72
Verbraucherinsolvenzrecht 72
Verbraucherpolitik, Ernährungs- und - 67
Verbrauchsgüterindustrie 59
Verdingungswesen 37
– Auftrags- und - 59
Vereinsrecht 36
Verfassung, Recht und - 16
Verfassungsgarantie der kommunalen Selbst-
   verwaltung 103
Verfassungsgerichtsbarkeit 86, 93
Verfassungsrecht 16
– Kommunales - 36
Verfassungsschutz 37
Verfassungsstreitigkeiten 7
Verfügungsfonds 11
Vergleichsgerichte 86
Verkehr 12, 16, 41, 67
– Umwelt und - 78
– Umwelt und Telematik im - 59
Verkehrs-, Sicherheitserziehung 21
Verkehrsangelegenheiten, Europäische - 59
Verkehrserziehung 27
Verkehrsfragen 37
Verkehrspolitik 59
Verkehrspolizeidirektion 43
Verkehrspolizeiliche Grundsatzangelegenheiten 37
Verkehrssicherheit 59
Verkehrssicherheitsarbeit 59
Verkehrstarife 59
Verkehrsteuer, Besitz- und - 52
Verkehrsteuern 49
Verkehrsuntersuchungen 59
Verkehrswarndienst 37
Verkehrswirtschaft 59
Verkehrszweigübergreifende Planungen 59
Verkündungsblätter 36
Vermessung 60
Vermessungs- und Katasterverwaltung 37, 39
Vermessungsingenieure, Öffentlich bestellte - 37
Vermessungswesen, Bau- und - 37
Vermögen, Einheitsbewertung forstwirt-
   schaftlicher - 52
Vermögensteuer 52
Versammlungsrecht 36
Versicherungsaufsicht, Bank- und - 59
Versorgung G131 und Landesbeamte 52

Versorgungsämter 73
Versorgungsärztliche Untersuchungsstelle 73
Versorgungsverwaltung 71
Verteidigung 16
Verteidigungslasten, Besatzungs- und - 53
Vertreibungsschicksale 51
Vertreter der Interessen des Ausgleichsfonds 57
Verunreinigungen durch Schiffe 79
Verwaltung
– Ausbildungszentrum für - 45
– des Landtages 6
– Modernisierungsvorhaben der - 6
Verwaltungsabkommen 37
Verwaltungsbau 50
Verwaltungsgericht 36, 89, 100
– Ehrenamtliche Mitglieder des - 17
Verwaltungsgerichtsbarkeit 89
– Gerichte der - 100
Verwaltungskostenrecht 36
Verwaltungsorganisation 37
Verwaltungsrecht 16
Verwaltungsschule 45
Verwaltungsstreitigkeiten 37
Veterinäramt 113 – 132
Veterinärmedizinische Toxikologie 81
Veterinäruntersuchungsamt, Lebensmittel- und - 68
Veterinärwesen 67
Viehbestände 41
Vogelschutzwarte, Staatliche - 80
Völkerrecht 16
Volks- und Wohnungszählung 41
Volksbegehren 6, 7
Volksentscheid 6, 7
Volkshochschulen 21
Volkswirtschaftliche Gesamtrechnungen 40
Volkszugehörigkeit 51
Vollstreckungsgerichte 86
Vollstreckungsleiter 87
Vollzugsaufsicht 16
Vollzugsrecht 16
Vorklassen 27
Vormundschaftsgerichte 86
Vorprüfungsstelle
– Bund 19
– Land 53
Vorträge 12

W

Waffenrecht 36
Wahlamt, Statistisches Amt und - 112
Wahlen 41
Wahlrecht 36
Währungsausgleichsgesetz 51
Waldarbeit und Forsttechnik 80
Waldinventuren 80
Waldökologie 80
Waldschutz 80
Wärmeeinsparung, Strom- und - 50
Wärmeschutz 53
Wasser- und Bodenverbände, Landesverband der - 70

Wassergefährdende Stoffe 79
Wasserläufe 68
Wasserrecht 79
Wasserschutzgebiete 79
Wasserschutzpolizeidirektion 43
Wasserverbandsrecht 79
Wasserversorgung 68, 79
Wasserwirtschaft 12
– Ämter für Land- und - 68, 83
– Energie- und - 41
Wasserwirtschaftliche Planungen 81
Wehrerfassungsrecht, Namens- und - 36
Weisungssitzungen 16
Weiterbildung
– Berufs- und - 41
– IMAK - 17
– Kulturelle - 22
Weltanschauungsgemeinschaften, Kirchen, Religions-
und - 33
Wertermittlung 53
Wikinger Museum Haithabu 30
Wirtschaft 16, 32
– Maritime - 59
– Steuern der - 59
Wirtschafts- und Sozialwissenschaftliche Fakultät 30
Wirtschaftsanalysen und -prognosen 58
Wirtschaftsausschuß 6, 7
Wirtschaftsförderung 58, 67
Wirtschaftsinformatik 32
Wirtschaftsingenieurwesen 32
Wirtschaftsnahe Infrastruktur 58
Wirtschaftspolitik 12, 58
Wirtschaftsprüfer 59
– Gemeinsamer Zulassungsausschuß und Gemeinsa-
mer Prüfungsausschuß - 62
Wirtschaftsprüfersachen
– Kammer für - 88
– Senat für - 89
Wirtschaftsraum, Europäischer 17
Wirtschaftsrecht 16
Wirtschaftsstatistik 58
Wirtschaftsstrafkammern 88
Wirtschaftsstruktur, Verbesserung der regionalen - 58
Wissenschaftliche Hochschulen 29
Wissenschaftlicher Dienst 7
Wohlfahrtspflege, Verbände der freien - 72
Wohngeld 41, 48
Wohnungsbauprogramme 48
Wohnungsbindungsrecht 48
Wohnungsförderung 48
Wohnungslosenhilfe 72
Wohnungsmarktbeobachtung 48
Wohnungsmietrechts 48
Wohnungswesen 16
– Amt für Wohnungsbau und - 111
Wohnungszählung, Volks- und - 41

Z

Zahnärztekammer 76
Zahnärztlicher Dienst, Jugendärztlicher und - 72

Zentralstelle der Länder
- für Gesundheitsschutz bei Medizinprodukten   75
- für Sicherheitstechnik   75
Zivil- und Katastrophenschutz, Gesundheitswesen im -
   72
Zivile Bauten   53
Zivile Verteidigung   37

Zivilkammern   87
Zivil-militärische Zusammenarbeit   37
Zivilsachen   16
Zulassungsausschuß Wirtschaftsprüfer   62
Zuwendungsbau   50
Zweites Deutsches Fernsehen   13
Zwischenläger   81

NAMENSVERZEICHNIS

A

Achterberg, Gerd-Manfred 132
Adam, Ang 79
Adamzik, Wilfried MinR 36
Adrian, Ingo MinDirig 85
Ahlfeld, Marie-Luise 99
Ahrendsen, RDir 53
Albert, Heiko 128
Alberts, Klaus Dr 46
Albrecht, Heinz Werner 115
Albrecht, RDir 36
Aleidt, Eckhard 26
Aller, MinRätin 71
Aloe, Gerd 127
Alpen, Reimer Dipl-Ing
ORVmR 39
Alter, Jörg MinR 6
Alter, MinR 6
Ambos, Hans Dipl-Ing 62
Amschler, Uwe Dr
RPharmDir 72, 74
Amter, Rainer 120
Amthor, Renate 129
Anbuhl, Jürgen Dr 124
Anders, Detlef 119
Anders, Jörg Dipl-Ing
RVmDir 40
Andrasch, Rainer 129
Andreas, Heide Professorin 33
Andresen, Detlev 133
Andresen, Hans-Georg 128
Andreßen, Dr MinRätin 72
Anhalt, Gabriele KVwDir 128
Appelhans, Peter Dr StudDir 75
Appen, von, Günter 122
Arend, Hansheinrich
Stabeirat 112
Arens, Heinz Werner
Landtagspräsident 2, 4, 6
Arens, Karl-Georg OAR 114
Armborst, RDirektorin 72
Arndt, RR 72
Arnhold, RDir 21
Arnold, Klaus 32
Arnold, Prof Dr 30
Arp, Wilhelm Dr
LtdKVetDir 130
Artz, SteuOAR 52
Asbahr, Hans 129
Asche, Hans-Rüdiger Dr-Ing 63
Aschmoneit-Lücke, Christel 2
Asmussen, Claus MinR 36
Astrup, Holger Parlamentarischer
Geschäftsführer der SPD-
Landtagsfraktion 2, 5
Ausmussen, MinR 36

Axenath, Eckhart VwR 116
Aye, StudDir 28

B

Baasch, Jürgen 124
Baasch, Klaus-Hinnerk Dr 124
Baasch, Wolfgang 2
Babendreier, OAR 131
Bach, Rolf ORR 48
Bachmann, Dr KVwDir 126
Bachmann, Jürgen 127
Bade, Hans-Peter 95
Badekow, Ang 12
Baehr, Dr RDirektorin 49
Bahl, Ilse 26
Bahmeier, Rainer 118
Bahnert, RDir 52
Bahnsen, Dr LtdKVetDir 126
Bähr, Jürgen Prof Dr rer nat 30
Baier, Wolfgang Dir 74
Balduhn, MinR 58
Balke, RDir 22
Ballwanz, RR 71
Bammert, LtdKBauDir 113
Banck, ORR 19
Bärenwald, RBauDir 60
Bartels, Dr Ang 11
Barth , Jürgen 125
Barth, Paul 131
Bartsch, Dietrich 26
Barz, Ang 78
Baseler, Dr ORR 12
Bashayan, RR 11
Basten, Dipl-Ing RBauDir 50
Bastian, Olaf Dr 116
Baumann, Franz-Josef 121
Baumgarth, Brigitte
Angestellte 80
Bäumler, Dr MinDirig 8
Bäumler, Helmut Dr MinDirig 8
Baxmann, Dipl-Betriebswirt 30
Bayrhuber, Horst Prof Dr 31
Becker, Dr RGwDir 50
Becker, Gerhard OAR 113
Becker, StudDirektorin 28
Becker-Birck, Jürgen Direktor des
Pflanzenschutzamtes 67, 68
Beckmann, RLandwR 78
Beer, Udo Dr 76
Behmenburg, ORVwR 58
Behr, OAR 78
Behrendt, Jürgen 95
Behrendt, OAR 78
Behrens, Claus GemAmtm 125
Behrens, StudDir (komm) 29

Behrens, Walter 127
Beilecke, MinR 8
Beilke, Dipl-Ing MinR 50
Beller, RBauDir 80
Bellmann, Geerd 124
Bellmann, Geerd Ldrt 134
Beltermann, OAR 80
Berendes, Elmar 18
Berg 118
Berg, Henriette
Staatssekretärin 78, 84
Berg, Karlfriedrich Dr 118
Berger, Dorothea
MinDirigentin 47
Berger, Hans 64
Bergmann, Hans-Georg Dir 65
Berndsen, Hansotto 125
Berndt, Hans-Georg 96
Berndt, OAR 78
Bersch, Siegfried 114
Bertelson, OAR 8
Bertermann, LtdRDir 52
Best, Dr MinR 67
Bettin, Dr ORVetR 81
Beuck, Gerhard 127
Beyer, Dr MinR 66
Beyer, MinR 20
Bialek, ORR 11
Bieber, RBauDir 79
Biel, OStAnw 15
Bieler-Seelhoff, Angestellte 12
Bielfeldt, OStudR (komm) 28
Biewend, Klaus RDir 55
Bigott, RBauDir 53
Binner, MinR 37
Birgel 114
Birk, Angelika Ministerin für
Frauen, Jugend, Wohnungs-
und Städtebau 9, 47
Birkner, Helmut KVwDir 126
Birkner, Rolf 115
Bischoff, Margarete 26
Bittner, Gerhard 118
Blaschke, Klaus Dr 34
Blaschke, Rüdiger 130
Bliese, RR 36, 37
Block, Dr ORChemR 81
Block, Eggert 131
Block, Hans-Jürgen Prof Dr 32
Block, Manfred 126
Block, Richter am AG 15
Blöhdorn, PolOR 37
Blucha, WissOR 78
Blunck, Heinrich 132
Bobert, Erhard 132
Böckmann, ORBauR 53
Boden, Walter LtdRBauDir 61

Bodendieck-Engels, Hildegard
　Richterin am LG　15
Bodenhagen, OAR　73
Boeck, Hans-Peter Dipl-Ing
　RVmDir　40
Boehnke, RR　66
Boenert, Klaus　132
Boesten, Dr MinR　12
Böhling, OFoR　80
Bohlmann, MinR　49
Bohnenstengel, Dr
　WissAngestellte　81
Bohnhof, Hans　128
Böhrk, Gisela Ministerin für Bil-
　dung, Wissenschaft, Forschung
　und Kultur　2, 9, 19
Böhrs, Gerburg MinRätin　20
Böhrs, MinRätin　20
Boie, Hermann　96
Boigs, MinR　12
Bökel, MinR　47
Boldt, Joachim MinDirig　49
Boljen, Joachim Dr-Ing habil
　RVmDir　39
Boller, Dr WiDir　78
Boller, Wilhelm　120
Bollmann, Gernot　120
Bommelmann, Annegret
　StaRätin　111
Bonde, Friedrich August Dr　96
Boneit, ORRätin　47
Borchard, Rolf Reiner Maria
　Prof　32
Borchmann, Michael Dr
　LtdMinR　103
Börner, Holger-Jürgen Dipl-
　Volksw　66
Bornholdt, Erik OAR　131
Bornholdt, Werner　121
Bösche, Bernd Dr MinR　58
Böttcher, Hans-Ernst　97
Böttcher, Matthias　2
Boucsein, FoDir　80
Bouteiller, Michael Bgm　111,
　112
Boysen, Hans-Otto Dr
　RFischDir　67
Bracker, Reimer MinDirig　37
Brackhahn, Bernhard MinR　21
Brahms, Magret Angestellte　78
Brakel, Klaus　129
Brandt, Angestellte　16, 17
Brandt, Dieter　26
Brandt, Dr MinR　67
Brandt, Dr RChemDir　80
Brandt, Harald　122
Brandt, Peter　98
Brandtner, Dietrich LtdRDir　73
Brauer, Bartelt Dr ORLandwR　66
Braun, PolR　37
Breindl, Franz Dir　65
Breitkopf, MinR　7

Bremer, OAR　60
Bretzke, Joachim OAR　115
Breusing, MinR　36
Breyhahn, Rolf RDir　54
Brill, Dr GeolDir　81
Brink, ORBauR　53
Bröcking, RVwDirektorin　37
Brockmann, Gerd Dr　122
Brommer, Harald　131
Brors, Gerhard　129
Brüggemann, Ang　38
Brüggemann, OStudDir　27
Brüggensiecker, RDir　7
Bruhns, LtdKrimDir　38
Bruske, Wolf　34
Bublies, Dr RDir　16
Bubolz, Diethard　133
Büchmann, Knud Dr RDir　11
Buchwald, von, Christian
　FoDir　83
Buhmann, Hans　131
Bühmann, OAR　126
Bühring, OAR　19
Buhs, ORR　72
Buhse, OStudDir　27
Bunge, RDir　15
Bunten, ORR　16
Burdinski, RDir　7
Büring, Dr Ang　68
Burmeister, Hans-Otto　128
Burmeister, Renate　32
Burs, Albert　122
Busch, Dr MinR　36
Busch, Hans-Peter　132
Busch, Jost-Dietrich Dr MinR　36
Busch, Richter am VG　15
Buschmann, Peter　76
Buschmann, Wolfgang Dr　127
Buß, Klaus　124
Buß, Klaus Bgm　134
Butschkau, Eckart Dipl-Ing
　ORVmR　39
Butz, Dr RDir　38

C

Caesar, Jan Ang　78
Callies, MinR　19
Careless, Brian Prof Dr　32
Carl, Rolf Peter Dr MinDirig　22
Carlsen, Inge MinDirigentin　49
Carstens, Hans　118
Carstens, Hans-Georg　63
Carstens, Hans-Heinrich
　OAR　114
Carstens, LtdRBauDir　68
Carstens, OAR　113
Carstensen, Hans　124
Carstensen, RRätin z A　11, 36
Ceynowa, Jürgen Dr
　RLandwDir　68

Chemnitz, Bodo FinPräs　52
Christensen, Sven Dr
　LtdGeolDir　81
Christensen, Sven Dr
　LtdGwDir　80
Christian, Detlef MinR　66
Christian, MinR　66
Chrysostomos (Dimitriadis), Seine
　Exzellenz Vikarbischof von
　Pamphilos　34
Clasen, OAR　51
Classen, MinR　72
Clausen, Peter OAR　128
Clausen, Walter　117
Clauß, Dr MinR　66
Claußen　33
Claußen, Hans-Werner　113
Clefsen, Lutz RDir　74
Clementsen, Peter　129
Cloosters, Wolfgang Dr
　MinDirig　50
Clorius, Susanne
　KVwDirektorin　130
Colneric, Ninon Prof Dr　102
Conrad, Carl-August Dr　134
Conradt, RBauDir　60
Cordsen, Dr Ang　81
Corinth, MinR　20
Cornelius, LtdKVwDir　113
Cremer, Angestellte　59
Czeczatka, OStudDir　27
Czeloth, MinR　59

D

Dall'Asta, Eberhard Prof Dr
　1. Landtagsvizepräsident　2, 4
Damm, Uwe　121
Danger, Claus　129
Dankert, Gerd OAR　129
Dau, Peter　113
Day, Joergen　35
Degn, Dieter　26
Deiterding, Hartmut　119
Demuth, Reinhard Prof Dr　30
Denker, Dr MinR　66
Denkmann, MinR　47
Detlefsen, Harry　127
Detmering, von, Wolf-Dieter　30
Dettmann, Ludwig　119
Dewitz, Wolfgang Dipl-Ing
　LtdRVmDir　39
Dibbern, SteuOAR　52
Diedrichs, Gerhard RBauDir　61
Diekgräf, Uwe OAR　113
Dielewicz, Olaf Cord OBgm　111,
　134
Diener, RVwR z A　50
Diercks, Joachim　122
Diergarten, Gernot RDir　62
Dietrich, Rudolf　131

Dietrich, Susanne
Sonderschulrektorin 75
Dietz, Jürgen MinR 58
Dietz, MinR 58
Dietze, OAR 11
Dohm, Hans Dr Dir 27
Dohm, Peter-Jochen Dipl-
Volksw 63
Dohm, RRätin 47
Dohrn, Uwe 122
Dölger, Burghard 129
Dolgner, Dietrich Dipl-Ing
RVmDir 40
Doll, Udo JustAR 18
Dollen, von, Alfred Dipl-
Betriebswirt 30
Domin, RBaurätin 12
Doose, RR 60
Dörfler 115
Döring, Uwe 2, 6
Dorn, Dr 21
Dornquast, Volker 129
Dorowski, Holger RDir 52, 57
Dorschel, Dr MinR 59
Draß, RDir 52
Drave, Walter 34
Drawer, OAR 72
Drechsler, MinRätin 51
Dreher, Dr RR 48
Dreise, Klaus Dipl-Ing OAR 61
Drenkhahn, Helmut 132
Drewello, Horst 32
Dreyer, Hans-Wolfgang 126
Dreyer, RR 66
Dreyer, Wolf-Dieter Ohrt 126
Dreysel, Klaus Dr RMedDir 73
Drings, Dipl-Ing MinR 50
Drögemüller, RDir 49
Druba, RVwDirektorin 58
Drud, RR 66
Drusch, MinR 49
Duda, Dr Angestellte 47
Dudy, Renate 120
Duncker, OAR 114
Dunkel, Gunnar
LtdKVwDir 122
Dunkel, RR 58
Duske, Gunhild 112

E

Eberhardt, Alfred Ang 78
Edelmann, ORR 47
Eger, Dr LtdKMedDir 113
Eger, Horst RDir 66
Eger, RDir 66
Egge, Ang 47
Egge, Bruno 121
Eggers, Jan Dr MinDirig 59
Eggers, Jörn Dr 59
Ehlers, Claus 2, 5

Ehlers, OARätin 11
Eiben, MinR 66
Eichelberg, Uwe 2, 132
Eichel-Streiber, von, Werner
FoDir 83
Eigner, Dr LtdWissDir 80
Eigner, Jürgen Dr LtdWissDir 80
Eilers, Dr 113
Eisenberg, MinR 22
Eissing, KBauDir 132
Elfers, Gerd Dr ChemR zA 75
Elitz, Ernst 13
Ellefsen, Dieter 124
Elscher, RBDir 78
Emeis, Knut MinR 80
Enderlein, Hinrich 13
Endeward, Hans-Dieter 132
Endruweit, Günter Prof Dr jur 30
Engel, OAR 6
Engel, Thomas RR 80
Engelhaupt, Heinz Dr 64
Engelke, Dr Ang 79
Engelmann, RDir 16
Erdsiek-Rave, Ute Vorsitzende der
SPD-Landtagsfraktion 2, 4, 5
Erling, Anna Catharina 33
Ernst-Elz 71
Euler, Hartmut Dr MinR 50
Ewaldsen, Peter MdL 118

F

Fabian, Helmut 34
Faehling, Jürgen Dr jur 46
Fahrenkrug, Helmut
GemAmtm 125
Fahrinkrug, Margret 128
Fähser, Lutz Dr FoDir 83
Falk, OAR 51
Falkenhagen, Jürgen Dr Dir 60
Fandrey, Gerhard 120
Fechner, Franz 26
Fedder, Karsten Dr MinR 16
Feddersen, Jürgen MdL 118
Fehm, Horst Lorenz Prof Dr
med 30
Feitenhansel, Dipl-Ing MinR 75
Feldmann, Peter 97
Felsberg, StudDir 28
Fensch, MinR 7
Fenske, Gerhard 114
Fenske, Jürgen Ang 58
Feodoria, Werkleiter 126
Fesefeldt, Thies Dipl-Ing
LtdRBauDir 56
Fick, Peter 112
Fickel, Siegfried Dr 69
Fiedler, RBauR z A 81
Fimm, MinRätin 72
Finck, Dr ORLandwR 66
Finger, RR 66, 67

Finkel, KrimDir 37
Fischer 19
Fischer, Fritz 113
Fischer, Horst-Dieter Ldrt 118,
119
Fischer, Klaus LtdKBauDir 130
Fischer, Martin 116
Fisch-Kohl, Dr RVetDir 79
Fiß, ORRätin 11
Flagge, Otto Dr-Ing StaBauR 111
Fleck, Andreas MinDirig 71
Fliege, Dr RChemR 79
Flohr, OAR 80
Flor, Bernhard Dr Richter am
LG 15
Fojut, Hannelore 122
Föll, Helmut Prof Dr rer nat 30
Fölster, Otto 131
Fornahl, Michael 65
Förster, Hans Henning Dr
LtdRDir 55
Foth, Peter J Pastor 34
Frahm, Claus 127
Franck, Ang 59
Frank, Harald LtdKBauDir 128
Frank, Walter 115
Franken, RBauDir 53
Frankenstein, Wolfgang 119
Franzen, Ingrid 2, 5
Freise, MinR 15
Freise, Wolfgang MinR 15
Frenzen, Peter 128
Fresemann, Theda StaRätin 112
Freter, Ang 15
Freye, Harald 117
Friebe 65
Friedemann, ORRätin 11
Friedersen, MinR 36
Friedrich, Angestellte 36
Friedrich, Dr MinR 49
Friedrichs, Günter 77
Friedrichs, MinR 49
Friedrichsdorf, Bernd FoDir 83
Fritzsche, Ang 71
Friz, Bernd FoDir 83
Fröhlich, Irene Vorsitzende der
Fraktion Bündnis 90/Die
Grünen 2, 4, 5
Fromm, Ang 50
Fromm, Dr MinR 19
Fronzek, Brigitte Dr 121
Fuglsang-Petersen, Dr RDir 59
Fuhrmann, ORGwR 50
Füllner, Meinhard Parlamentari-
scher Geschäftsführer der CDU-
Landtagsfraktion 2, 5
Funck, RR 50
Funk, Wolfgang Dipl-Ing
LtdRGwDir 82
Fuß, Leopold MinR 37
Fuß, MinR 37

G

Gaedeke, Wolfgang   35
Gagzow, Ulrich RDir   56
Gall, Ang   78
Gallasch, RChemDir   80
Gallinat, Rolf MinR   22
Gandecke, Udo   128
Gansel, Norbert   111
Gardeler, ORBauR   53
Garlichs, Uwe A Dr Dr   76
Gärtner, Klaus Staatssekretär   9,
   11
Gast, Karl-Heinz   119
Gatermann, AR   16
Gattmann, Heinz-Ewald   34
Gau, Dr   16
Gauß, Dietrich Dipl-Ing
   ORVmR   40
Gawlik, RVolkswDir   40
Gebel, Volkram Dr   122
Gebel, Volkram Dr Ldrt   122
Geerdts, Torsten   2, 5
Geertz, Ulfert   126
Geib, Ekkehard MinR   79
Geib, MinR   79
Geinitz, OAR   19
Geißler, Thorsten   2, 5, 6
Genegel, Franz MinR   63
Georgen, Theresa Prof Dr   32
Georgus, Angestellte   15
Gerber, Volkhard   98
Gerckens, Peter   2
Gerhard, Kurt   95
Gerigk, Jürgen Dipl-Ing   39
Gerken, OAR   115
Germ, MinR   59
Gersonde, Dir   38
Gersteuer, RBauDir   60
Gerwien, Dr MinR   11
Gettner, RDir   15
Giebeler, RDir   36
Giese, Heinz   122
Giese, Rudolf OAR   52
Gilewski, Burkhard OAR   132
Glanz, WiDir   59
Glißmann, Manfred OAR   130
Godau, Klaus   26
Godau, OAR   126
Godau, RDir   52
Goede, Klaus LtdRDir   17
Goede, RBauDir   37
Goldenstern, MinR   67
Gonschiorek, Stefan OAR   129
Gördes, MinR   71
Görner, MinR   16, 72
Gorrissen, Georg   128
Gosau, Rolf   113
Göttsch, Gustav   124
Göttsche   126
Göttsche-Götze, Klaus   124
Götze, RBauDir   53

Götze, Wolfgang Ang   78
Graage, Uwe   114
Graap, OAR   66
Grabbe, Botho   116
Gräbert, RDirektorin   37
Gressmann, Ruth   117
Grett, Dr RBauDir   79
Greve, Peter   126
Greve, RR   49
Grewin, Hans-Werner OAR   124
Grieger, Ang   7
Grieger, Uwe Ang   6
Griem, MinR   58
Griese, Fritz   116
Griese, RDir   36
Grimm   119
Grocholski-Plescher, Dipl-Soz-
   Wiss   40
Gröller, Günther   126
Gromke, Reinhard OAR   123
Gröpel, Renate   2, 4
Gröper, Fred OAR   114
Groß, Eckhard OAR   121
Grote, Prof Dr   30
Grotmack, Christian   125
Grouls, RVmDir   37
Gruhnke, Holger   116
Grunau, Dirk-Rainer RBauDir
   56
Grünberg, von, Nikolaus Dr
   MinR   15
Grunsky, Konrad Dr   117
Grunwaldt, Dr RLandwDir   41
Grützner, ORGwR   79
Gudat, Ulrich MinDirig   36
Güldenberg, Eckart Dr Ing
   Ang   48
Gundermann, Ang   8
Guninski, KrimOR   37
Günther, Dr MinR   80
Günzel, Rolf OAR   61
Guscharzek, OAR   49
Gußmann, Rudolf   130
Gutowski, Horst   76
Gutsche, Klaus   120
Guttenberger, Klaus
   Realschulrektor   26

H

Haack   21
Haack, Günter OAR   127
Haarmann, RDir   22
Haas, ORR   71
Haas, Paul-Gerhard   125
Haas, Winfried   128
Haase, Hans-Werner Dr   131
Haase, RDir   37
Haass, Dr MinR   58
Haaß, Dr RDirektorin   7
Haass, Jens Dr MinR   58

Habich, Johannes Dr
   Landeskonservator   22
Haensel, Ruprecht Prof Dr   30
Hagemann, RDir   71
Hagen, Dipl-Ing RBauR   50
Hagen, von, Ruprecht Privater
   FoMstr   83
Hagen, Walter   119
Hahn, RegDir   21
Halbensleben, ORBauR   53
Haller, Klaus   2
Hallmann, Richard   130
Hamann, Dieter   122
Hamann, StudDir   28
Hamer, Sabine   84
Hameyer, Birgit   26
Hamm, RDir   58
Hammann, KAmtm   115
Hammermann, Nils   121
Hampel, Hans-Joachim OAR   130
Händeler, RR   19
Hanke, Ernst EichAmtm   59
Hannemann, Siegfried OAR   122
Hansberg, LtdKBauDir   114
Hansen, Dieter   102
Hansen, Georg   121
Hansen, Hans OAR   124
Hansen, Knud   127
Hansen, MinR   11, 19
Hansen, Peter MdL   118
Hansen, Prof MinR   21, 67
Hansen, RR   49
Hansen, Sönke   132
Hansen, Udo Assessor   64
Hansen, Uwe Jes   123
Happach-Kasan, Christel Dr   2, 5
Harbeck, Karl-Heinz Dr   22
Harbeck, MinR   37
Hardenberg, Graf von, Dr-Ing
   LtdRBauDir   53
Harder, Karl   133
Hardt, Uwe   119
Harfst, RDir   79
Harms, Berend   120
Harms, Dieter Prof Dr   30
Harms, Dirk Prof Dr   32
Harms, ORRätin   36
Harrsen, Dieter OAR   118
Hars, Silke   2, 6
Hartwig, Heinz-Dieter Dipl-Ing
   LtdRGwDir   82
Hartwigsen, Gert OAR   127
Hartz-Cnotka,
   OStudDirektorin   27
Hase, Ulrich   11
Haselbach, Heinz Dipl-Ing
   RVmDir   39
Hasenritter, Dr MinR   11
Haß, OAR   126
Hassel, Horst   133
Hassel, von, Elke   127
Hasselmann, Dipl Ing   67

Hatje, Albert 122
Hay, Lothar 2, 5, 6
Heere, MinR 21
Heeschen, FoDir 80
Hegermann, OAR 132
Heggen, Dr OStudD 29
Heikens, Horst 121
Heilemann, Dr RVetR 67
Hein, Dieter LtdRBauDir 60
Hein, LtdRBauDir 60
Heinemann, Alwin 26
Heinold, Monika 2, 5
Heinz, AR 47
Heinz, Elke 124, 126
Heinzow, Birger
  Dr RMedDir 80
Helle, RVwDir 66
Hellenbach, Herbert OAR 116
Hellmuth, Urban Prof Dr 32
Helmer, Dr MinR 49
Helwig, RDir 53
Hemming, RDirektorin 20
Hempel, Gerald EichAR 61
Hems, Uwe 116
Hendriks, Birger Dr MinDirig 19
Hengelhaupt, Dietrich 100
Henkies, Erwin 26
Hennig, ORGwR 79
Henningsen 125
Henningsen, Günter OAR 113
Henningsen, ORechnR 36
Hense, Peter Dipl-Ing
  MinDirig 50
Hensel, Dietrich RDir 74
Hentschel, Karl-Martin Parlamen-
  tarischer Geschäftsführer der
  Fraktion Bündnis 90/Die
  Grünen 2, 5
Herbst-Peters, ORRätin 16
Hermes, Ralf 77
Herrenbrück, Walter 35
Herrgesell, Walter RDir 54
Herrmann, Joachim 119
Herrmann, ORR 36
Herrmann, Siegfried 117
Herzog, Dr MinRätin 66
Herzog, RLandwR 66
Heß, MinR 50
Hesse, Dr RVwR 47
Hethke, RBauDir 60
Hewicker, Hans-Albrecht
  FoDir 83
Hey, Dr LtdRChemDir 81
Heydorn, Werner 127
Hielmcrone, von, Ulf Dr 2, 6
Hilbert, Dr Ang 71
Hildenbrand, Gerhard Ang 11, 12
Hille, Dr LtdKVetDir 132
Hiller, Michael 77
Hiller-Ohm, Gabriele 112
Hillgruber, OAR 124
Hiltner, RDir 52

Himstedt, RVwDirektorin 59
Hinrichsen, Dr RDir 79
Hinrichsen, OFoR 80
Hintze, Manfred 77
Hinz, Helga 114
Hinz, Jürgen Dr 2, 5
Hinz, MinR 37
Hinz, Paul MinR 37
Hippel, von, MinR 72
Höck, RR 58
Hoffmann, Diethelm Prof 46
Hoffmann, Dr Ang 50
Hoffmann, Georg Dr
  LtdKVwDir 128
Hoffmann, Manfred 119
Hofmann, LtdRDir 52
Höft, Hans Albert 121
Höge, OAR 123
Hohe, Hans 26
Hohmann 22
Hohnheit, RDir 58
Hölk, Georg 26
Holland, MinR 21
Holländer, Dr FoDirektorin 80
Hollunder, Gerda 13
Holst, RDir 60
Holthusen, Dr GeolOR 81
Holtschneider, Rainer Dr
  MinDirig 37
Holz, Achim Dipl-Ing AR 61
Holzgraefe, Gisela Dipl-Chem Dr
  ORGwRätin 82
Holzlöhner, Helmut Dr Dir 52
Homeyer, von 12
Hopp, Claus 2, 6, 122
Hopp, OAR 124, 126
Hoppe, Ang 11
Hoppe, ORR 36
Hoppe-Kossack, ORR 66
Horbach, RA und Not 93
Horlohe, Thomas 58
Horn, Anke 112
Hornung, Ernst 77
Hoyndorf, Norbert RDir 55
Hübbe, Hans-Gunther RDir 45
Hübner, Ang 7
Hübner-Berger, RR 66
Hufe, Willi 127
Humpe-Waßmuth, Günter
  StaR 112
Hunecke, Gudrun 2, 6
Husmann, Uwe-Niels OAR
  125
Huth, Mary 99

I

Idel, Dr KMedDir 124
Ihloff, StudDir 28
Immelmann, Dr
  LtdKMedDir 132

Ingwersen, Johann Ludwig
  MdL 118
Ipsen, Dieter RBauDir 60
Irmer, Dr MinRätin 80
Irmer, Susanne Dr MinRätin 79
Isert, Klaus 102
Iwersen, OAR 29

J

Jäckisch, Wolfgang 119
Jacobs, Helmut 3, 6, 131
Jacobs, Wolf-Rüdiger RDir 54
Jacobsen , Jochen MinDirig 20
Jacobsen, MinDirig 19
Jaekel, Heinz MinR 22
Jaekel, MinR 22
Jager, de, Jost 3
Jagusch, OAR 15
Jahn, LtdRVmDir 68
Jahnke, Ortwin 133
Jancke, Ulrich Dr 102
Jändling, Sönke 122
Jandt, Beate 117
Janetzky, Klaus LtdRDir 17
Janke, MinR 71
Jann 22
Jannsen, Karl-Heinz 77
Janocha, Dr MinR 59
Jans, Ferdinand OAR 114
Jansen, Hans-Peter LtdPolDir 38
Jansen, LtdPolDir 38
Janßen, Dr MinR 67
Jansson, RBauDirektorin 79
Janus, RDirektorin 19
Janzen, Dietrich 63
Janzen, OAR 20
Janzen, Wolf-Rüdiger
  Assessor 63
Jaschkowski, Frank 76
Jaxa, Karl-Heinz Pastor 33
Jenckel, OAR 115
Jenisch, Dr MinR 59
Jens, Hans-Walter 127
Jens, MinR 21
Jensen 126
Jensen, Carsten 64
Jensen, Jens-Uwe OAR 130
Jensen, ORBauR 59
Jensen, RDir 11
Jensen-Nissen, Peter 3
Jepsen, Maria 34
Jeß, Karl OAR 129
Jessen, MinR 78
Jessen, ORR 50, 80
Jessen, Theodor 117
Jesumann 126
Jesumann, Christine 26
Jochimsen, Peter Prof Dr 32
Johann, Volker 113
Johannsen, Emil 128

Johannsen, Uwe OAR   125
John, Eberhard   130
Jöhnk, Ingrid StaRätin   111
Jöhnk, RR   37
Jöhnk, Wulf Staatssekretär   15
Jöns, Uwe   118
Jordt, Dierck StudR   26
Jordt, SchulR   114
Josten, Antje   123
Juhl, Albrecht   123
Jung   114
Jung, Christian   6
Jung, Klaus-Peter   123
Junga, Dr Ang   68
Jungclaus, Jürgen   116
Jungk, Ang   49
Jürgens, ORR   8
Jürgens, Wilfried   34
Jürgensen, Bettina   116
Jürgensen, MinR   19
Jürgensen, Sven   26

K

Kaack, Hans   26, 125
Käding, RDir   59
Kaempfe, MinR   20
Kahl, Günter   15
Kahlen, Norbert Dir   65
Kähler, Ursula   3, 5
Kahlo, Karl-Heinz OAR   123
Kalis, Siegfried   131
Kalm, Ernst Prof Dr sc agr Dr h c
   mult   30
Kaltefleiter, Werner Prof Dr   31
Kamischke, Jörg-Dietrich   126
Kamp, LtdRBauR   68
Kappler, AR   114
Karcher, Adolf   98
Karpen, Klaus MinDirig   21
Kaske, Volker Sen   112
Kasper, Klaus Dipl-Ing
   RVmDir   40
Kaup, FoR   52
Kayenburg, Martin Vorsitzender
   der CDU-Landtagsfraktion
   3, 4, 5
Kelch, Rudolf-Eugen   116
Keller, PolDir   37
Kellinghaus, Franz Dipl-Ing   62
Kelm, RR   59
Kerbstadt, Lothar   120
Kern, OARätin   19, 79
Kernbichler, Andreas Dr
   LtdMedDir   77
Kerssenfischer, MinR   49
Keßler, Dr MinR   16
Kesting, Dieter MinDirig   79
Kestling, Dieter MinDirig   78
Keudel, OStudDir   27
Kiefer, Dr RLandwR   52

Kiekebusch, OAR   132
Kiesbye, Jens   117
Kilian, Ang   15
Kirchmair, Dr StudDirektorin   28,
   29
Kirsch, RDir   52
Kirschner, Hans-Peter Dr   40
Kirschnick, Peter Dr StaR   111
Klaiber, Walter Dr   33
Klatt, RDir   49
Klauke, StudDir   28
Kleefeld, RR   19
Klein, Antje   123
Klein, Dr Ang   79
Klein, MinR   16
Klein, OAR   113
Klein, RVolkswR   40
Kleinhans, GeolRätin   79
Kleipoedszus, Thomas   116
Klimant, Jörn Dr   113
Klimm, Erich   123
Klinckhamer, Klaus   120
Klindt, Hagen   123
Klingelhöfer, MinR   71
Klinke, LtdMinR   21
Klocke, Martina Prof Dr   32
Klose, RVwDir   59
Kloth, Rudolf OAR   119
Klug, Ekkehard Dr Parlamentari-
   scher Geschäftsführer der F.D.P.-
   Landtagsfraktion   3, 5
Knaak, MinR   37
Knaak, Tilo MinR   37
Kneißler, Ilona   32
Knief, Dr Ang   80
Knobling, Dr Dr RMedDir   78
Knoche, Hartwig KBauDir   128
Knopf, RBauR   53
Knothe, RDir   11
Knuth, Hans Christian Dr   34
Kober, Peter   64
Kobza, PolDir   37
Koch, Diethard   18
Koch, Dr MinR   37
Koch, Hanns-Reiner Dr   101
Koch, Ingo   76
Koch, Michael   120
Kock, Harry AR   130
Kohl, Cornelius   117
Köhler, Birgit Richterin am
   AG   47
Köhler, Dr Sprecher des
   Landtages   7
Köhler, Joachim Dr   7
Köhler, RDir   48
Kohlhaas, RA und Not   93
Kohls, Dr StudDir   28
Kohlwage, Karl Ludwig
   Bischof   34
Köhncke, Werner LtdRDir   53
Köhntopp, Ang   8
Kollakowski, OAR   19

Kollex, MinR   15
Kollhorst, Ferdinand   114
Kollmann, MinR   79
König, Martin OAR   128
König, Wolfgang Dr
   MinDirig   47
Konze, RDirektorin   37
Koops, Michael   123
Köpke, Karl-Heinz   76
Köppe, Hans-Helmut   125
Koppe, ORLandwR   79
Kornetzky, MinR   12
Korthals, Gernot Dr   85
Kortüm, Friedrich LtdRDir   41
Kosanke, Bodo Dr   76
Koschinski, Assessor der
   Landwirtschaft   67
Koslowski, Wolfgang   115
Kosnick, MinR   36
Köste-Bunselmeyer, Doris Dr
   MinDirigentin   20
Köster, Gyde   19
Koszinski, OAR   11
Kothe, Axel   98
Kötschau, Gabriele Dr   3, 4
Kottenstein, Ang   48
Kracht, Harald   26
Krackow-Laukat, OARätin   66
Krahl, Hans-Werner MinDirig   72
Kramer, Friedrich-Wilhelm   14
Krämer, Gerd   116
Krastel, Jürgen MinDirig   85
Kraus, MinR   72
Krause, Karl Bgm   120
Krause, Manfred   100
Krause-Zer Haseborg, Axel   34
Krauskopf, Bärbel Angestellte   71
Krautzberger, Maria
   Senatorin   112
Krawetzke, RR   80
Krebs, Beate   119
Kreitlow, Helfried OAR   57
Krellenberg, MinR   47
Krieg, Eberhard OAR   57
Kripgans, PolDir   37
Kröger, Hans Detlev   120
Kröhn, Dr Ang   72
Kröpelin, Günter   114
Kroß, OAR   131
Krügel, Roland   122
Krüger, Ang   16
Krüger, Beate   15
Krüger, JustOAR   15
Krull, Karin   115
Krull, Thomas   96
Krum, OARätin   29
Krumwiede, RDir   52
Kruse, Dr MinR   49
Kruse, OAR   113
Kruse, ORR   58
Kruse, Otto Dr Präs   73, 74
Krütgen   114

Krützfeld, Wulf 26
Kubach, ORR 47
Kubicki, Wolfgang Fraktions-
vorsitzender der F.D.P.-
Landtagsfraktion 3, 4, 5
Kubitz-Schwind, WissOR 79
Küchmeister, Dr 29
Kucinski, LtdKBauDir 132
Kueßner, Richter am VwG 101
Kühl, Claus Dr MinDirig 12
Kühl, Dietmar OAR 57
Kühl, Heinrich 124
Kühl, Johannes 127
Kühl, Willi OAR 131
Kuhlmann, FinPräs 53
Kuhlmann, MinR 59
Kuhn, Birgit 115
Kühn, Margarethe 128
Kühn, ORR 52
Kühnapfel, OAR 72
Kühnel, Wolfgang Prof Dr
med 29
Kuhnke, MinR 21
Kuhnt, Dr WissDirektorin 79
Kuhrt, Werner 125
Kunkat, RR 72
Kunkel, Günther 77
Künkel, OAR 78
Kunkelmoor, Ina-Marie 131
Kunstreich, Dr RBauR 78
Kunze, Sigrid Dr
MinDirigentin 71
Kupper, OAR 131
Küpper, ORRätin 71
Kurbjuhn, AOR 124
Küstner, Birgit 3
Kutscher, Dr WissOR 80

L

Laatz, OAR 114
Labendowicz, Peter 131
Lachmund, Hans-Peter Dipl-Ing
ORVmR 40
Lack, MinRätin 19
Ladehoff, Peter 77
Lademann, Karl Dr 100
Ladwig, Hans-Jürgen OAR 125
Lage, Klaus 130
Lamb, Lothar 26
Lampe, Joachim 14
Lampe, Peter Prof Dr theol 30
Lang, Nikolaus 64
Lange, AR 72
Lange, RBauDir 53
Lange, RChemDir 81
Lange, Wolfgang 94
Lange-Hitzbleck, Angelika 123
Lang-Lendorff, Gert Dr Ing
Vorsitzender 46
Langloh 28

Lassen, Greta 126
Lassen, Peter Heinrich 127
Laue, Bernd OAR 117
Laufer, Hartmut MinDirig 15
Lausten, OAR 113
Lawatscheck, Dipl-Geologe
Dr 40
Leber, Wilhelm Dr
Bezirksapostel 34
Lebert, Ilse StaRätin 111
Lebéus, Reinhard 94
Leesen, von, Ang 50
Lehfeldt, Rolf 2. Bgm 111
Lehmann, Ang 12
Lehmann, Edgar 114
Lehnert, Peter 3
Lehrer, Wolfgang OAR 120
Leibbrand, Eberhard Dipl-Ing
RVmDir 40
Leipholz, Heinz-Dieter 117
Lembrecht, Heinrich OAR 124
Lemke, Klaus MdL 118
Lensch, Dieter 77
Leonhardt, Martin 123
Leopold, RVwDir 58
Leppin, Hans StaR 111
Leppin, KOI 115
Lerch-Sonnek, Anita 113
Lesch, Hartwig 118
Leuow, Angestellte 79
Lewandowski, Ang 78
Liebich, RR 71
Liebrenz, Ang 12
Liebthal, Dipl-Ing 59
Liedecke, OAR 66
Liedtke, RDir 37
Liedtke, Richter am SoG 93
Liffers, Rudolf Dr RMedDir 73
Lindemann, ORR 36
Lindemann, RDir 15
Lindemann, Volker VPräs des
OLG 93
Lindenberg, Sibylle Dr 130
Linke, Karl-Friedrich 120
Linsker, Ang 8
Loeber, Dietrich Dr
LtdVwSchulDir 45
Lohff, Lothar Dipl-Ing
BergDir 62
Lohmann, Dr
OStudDirektorin 27
Lohmann, Joachim Dr 49
Lohmeier, Dieter Prof Dr
LtdBiblDir 29
Löhr, Dr 95
Lohr, Volker 118
Looft, RDir 81
Loose, Helmut 112
Lorentzen, MinR 20
Lorenz, Dr RVetRätin 80
Lorenz, Ulrich MinDirig 66
Lorenzen, Andreas 127

Lorenzen, GemAmtm 124
Lorenzen, Walter 26, 121
Loske, Heinz 117
Löwner, Ang 50
Lübcke, Siegfried 115
Lubeseder, Dieter MinR 20
Lüchau, Heinz 121
Lucht, LtdKVwDir 119
Lück, Dr RVolkswDir 41
Lück, Eckhard 26
Lüdecke, Hans-Wilhelm
GemAmtm 125
Lüdemann, Dr FoDir 83
Lunau, MinR 16
Lünenborg, Margret 47
Lüthje, RR 49
Lutz, Dietmar Dr MinDirig 36
Lutz, Dr Dr MinDirig 31
Lützen, JustOARätin 93
Lützen, Uwe MinDirig 21

M

Maas, Heinz Dipl-Ing
ORVmR 39
Maaß, Günter OAR 124
Maaß, OAR 71
Maaß, RDir 52, 72
Maaßen, LtdRLandwDir 68
Mackenroth, Geert Richter am
AG 98
Maelicke, Bernd Dr MinDirig 15
Maier-Staud, Dipl Kfm Ang 67
Malecki, OARätin 22
Mallkowsky, Ang 17
Mangelsdorff, Dr RVwR 48
Mann, MinR 58
Manske, Jürgen OAR 121
Marezoll, MinR 17
Mark, Erzbischof 34
Marquardt, Maren 129
Marquardt, MinR 21
Marten, Hans 120
Martens, Adolf 115
Martens, Günther 13
Martens, MinRätin 20
Marth, Angestellte 16
Martinen, Hark 26
Marwede, Hans-Detlef 34
Marwede, Manfred MinR 21
Maßmann, Gerda 132
Mathiesen, Peter 127
Matthiessen, Detlef 3
Maurus, Heinz 3, 5, 118
Medler, StudDir 28
Meerstein, StudDirektorin 28
Mehdorn, Hubertus Maximilian
Prof Dr med 30
Mehl, Ang 80
Mehrens, Johannes 125
Mehrens, Klaus 129

Meienburg, Rüdiger 94
Meier, OAR 114
Meinert, Erwin OAR 116
Meints, Hans-Hinrich 26
Meise, Uwe 126
Meisner, MinR 20
Meister, Uwe Bgm 120
Meisterjahn, LtdRVmDir 68
Mengers, RDir 50
Mensching, Dr Ang 50
Menzel, RR 60
Meß, Klaus LtdRBauDir 61
Mett, Dietrich 93
Mett, Dietrich Präs des OLG 93
Metzner, RDir 19
Mews, RR 66
Meyenborn, Ulrich Sen 112
Meyer, Dr RRätin 36
Meyer, Heinz 63
Meyer, Johann Richter am AG 18
Meyer, Lothar 121
Meyer, MinR 79
Meyer, OKVwR 126
Meyer-Bergatt, MinR 48
Meynberg, RR 79
Michaelis, Thomas Bgm und
    StaKäm 112
Michels, Gerd RDir 55
Miethke, Jürgen Dr 64
Mihr, Richter am VG 16
Milkereit, MinR 47
Mischke, AR 124
Missen, Peter 100
Möbert, Dipl-Ingenieurin agr
    OARätin 41
Moedebeck, ORR 52
Mohr, Dr ORChemR 80
Mohr, MinR 12
Mohr, Superintendent 33
Moll, Hans-Ulrich 132
Möller, ARätin 51
Möller, Bernd RDir 55
Möller, Claus Minister für Finanzen
    und Energie 9, 49
Möller, LtdRVolkswDir 41
Möller, MinR 37
Möller, Peter LtdRVolkswDir 41
Molzahn, Klaus 118
Morath, Michael Dr 130
Mörchen, Ulrich LtdRDir 54
Morel-Tiemann, Gisela 11
Moritz, Dr GeolOR 81
Moritzen, Peter Dr
    LtdKMedDir 130
Moriz, Jens StaR 111
Moser, Heide 9, 71
Moser, Heide Ministerin für Arbeit,
    Gesundheit und Soziales 3
Mösinger, Dr LtdKMedDir 114
Möwius, Bruno 121
Müchler, Günter Dr 13
Muckli, Angestellte 12

Muesfeldt, Gerd 128
Müller, Ang 78
Müller, Dr Ang 50
Müller, Dr StudDir 28
Müller, Herbert Dipl-Ing
    RVmDir 40
Müller, Holger 123
Müller, Horst 122
Müller, KAmtm 114
Müller, Karlheinz Ang 71
Müller, Klaus-Dieter 3, 6
Müller, Manfred 116
Müller, Ursula Dr 47
Müller-König, Norbert RDir 63
Müller-Lucks, Dr MinR 72
Mumm, Carsten 69
Mumm, Dieter Dr MinDirig 58
Musiolik, Stefan Ang 11
Mutius, von, A Prof Dr 31
Mutke, MinR 71
Muuss, Harro 52
Mylius, Andreas FoR 84

N

Nabel, Konrad 3, 5
Nagel, Dr Ang 50
Naß, Heinrich 127
Nasse, Harald OFoR 83
Nauert, Dr RMedR 71
Nebendahl, OAR 50
Neef 19
Neelsen, RDir 60
Neemann, RDir 37
Nehling, Holger OAR 123
Nehter, Jörg Dr h c 129
Neil, MinR 7
Neinass, Lothar 115
Neitz, Günter OAR 128
Neke, RRätin 72
Neufeldt, PolDir 37
Neugebauer, Günter 3, 5
Neuhausen, RR 49
Neukamm, RVwDir 72
Neumaier, MinR 22
Neumann, Detlef OAR 121
Neumann, Dr Dir des SozG 93
Neumann, Horst 30
Neumann, Klaus 34
Neumann, Michael Dr 100
Neumann, MinR 8
Neumann, RBauDir 37
Neumann, SteuOAR 52
Neumeyer, OAR 16
Neuschäfer, Angestellte 79
Nickel, ORR 37
Nicken, RBauDir 53
Nicken, RBauDir 53
Nielsky, Klaus 128
Nienstedt, Uwe 121
Nimz, Ingo RDir 63

Ninnemann, OARätin 12
Nissen, Christian Dipl-Ing
    LtdRBauDir 60
Nissen, Ingwert 118
Nitt, Horst-Werner 121
Nitzer, Fritz-Bodo 124
Noftz, Wolfgang Dr 100
Nogalski 22
Nommensen, Dr GeolOR 81

O

Oertling, Peter 111
Oesen, Helmut 117
Ohm, Karl 122
Ohrt, MinR 66
Ohrt, Wolfgang OAR 131
Olbrich, MinR 79
Oldenburg, Herzog von, Anton
    Günther 33
Oltmann, MinR 78
Oltmanns, Dietrich MinR 78
Olufs, Nickels 117
Opelt, Klaus Ang 39
Orth, Hans-Wilhelm Prof Dr-Ing
    Dipl-Ing 32
Oschadléus, Dipl Oec trophin
    Ang 67
Oschadleus, Petra 66
Oschinsky, Arnolt Michael Dr 77
Ostertun, MinR 21
Ott, Telsche Dipl-Geographin 63
Otte, Berthold 26
Otten, Manfred MinR 78
Otto, Dr MinR 72
Otzen, Peter Dr 69

P

Pabst, Franziska Dr
    MinDirigentin 19
Paczkowski, Dr 29
Paetow, Dipl-Ing RBauDir 50
Paetow, Karl-Friedrich MinR 20
Paetsch, RDir 52
Pagenstecher, Ernst Joachim 35
Pahl 132
Pahl, Max 122
Pahl, Max Bgm 134
Pahlke, Peter 64
Palm, Detlef 132
Papenfuß, RDir 49, 52
Papke, RBauDirektorin 60
Papke, RDir 52
Pastow, RDir 59
Pätschke, Dieter MinDirig 85
Paul, G Prof Dr 31
Pavaknewitz, RBauDir 60
Pechan, Dr ORBauR 78
Pechbrenner, Gert 130

Pehlemann 16
Peitz, Claudia 31
Pelny, MinR 49
Pesch, MinR 58
Peter, Hans-Jürgen 121
Petereit, Rudolf LtdRDir 73
Peters, Anneliese 114
Peters, Eva 3, 5, 6
Peters, Georg 70
Peters, Gerriet 99
Peters, Gert 97
Peters, Günter 117
Peters, Hans-Wilhelm 127
Peters, Inge 114
Petersen, Christian MdL 118
Petersen, Dr OStudDirektorin 28
Petersen, Hans Werner 127
Petersen, Horst JustOAR 18
Petersen, Horst OAR 57
Petersen, Johannes 126
Petersen, LtdKVwDir 114
Petersen, LtdRDir 52
Petersen, MinR 78
Petersen, ORMedR 71
Petersen, Peter 117
Petersen, Peter LtdRBauDir 81
Petersen, RBauDir 53, 79
Petersen, RDir 72
Petersen, RDirektorin 72
Petersen, Uwe 35
Petersen, Uwe RR 58
Petersen-Schmidt, Holger Ang 71
Petrat, Klaus VwR 121
Petri, Wilhelm Dr 129
Pfannkuch, Thomas 15
Pfautsch, MinR 19
Pfeiffer, Peter RBauDir 56
Pfisterer, Dieter 64
Pflitsch, Dr Tierärztin 67
Pfüller, ORR 20
Philippsen, Knud
    LtdRBauDir 60
Pick, Rainer 117
Picker, OAR 37
Pieper, Hans-Joachim
    MinDirig 66
Pietsch, LtdPolDir 37
Pischke, OAR 114
Placke, Dr RLandwDir 67
Plambeck, Klaus
    LtdKVwDir 122
Plate, Dr LtdRDir 52
Plog, Jobst 14
Plöhn 116
Ploppa, Egon Dipl-Ing
    ORVmR 40
Pluhar, RSchulDirektorin 20
Plüschau, Helmut 3
Plüskow, von, Rüdiger 66
Pohl-Laukamp, Dagmar
    Senatorin 112
Pöhls, Harald 96

Pook, MinRätin 48
Poos, Peter-Manfred
    LtdRBauDir 81
Popken, RR 19
Poppendiecker, Gerhard 3, 6
Postel, von, Hans-Peter AR 113
Potthoff, Klaus Prof Dr 31
Pressland, Michael Oberst 34
Preugschat, Helmut RR 38
Priemel 131
Pries, Frank 132
Prieß, ORR 52
Prieß, Sabine 100
Probst, Dr Richter am LG 16
Probst, MinR 66
Proksch, Ang 38
Prosch, Günter 126
Prüter, OAR 21
Prütz, OStudDir 28
Puls, Klaus-Peter 3, 5
Pump, Werner 98
Püstow, Ang 12
Putz, OAR 15

Q

Qualen, Klaus MinDirig 58
Quiel, Dipl-Volksw 41
Quirmbach, Ang 58

R

Raab-Straube, von, Lothar 96
Rabius, Ernst-Wilhelm
    LtdRLandwDir 68
Raczeck, von, Dr Ang 50
Rades, OARätin 80
Raesch, OARätin 71
Raetzell, Hans-Egon 76
Rahn, Burkhard Kapitän,
    StudDir 61
Rammert, Uwe Dr Ang 80
Randow, von, Dr 22
Rantzau, Graf zu, Otto 130
Rapp, Wilhelm Präs des OLG
    Hamburg 18
Rathje, Karl-Hermann 127
Rathjens, Peter 113
Rating, MinR 49
Ratschko, Karl-Werner Dr
    med 76
Rauhut, Klaus-Dieter 126
Raupach, Eckehard StaR 111
Rautenberg, Peter 111
Rave, Dieter Dr MinDirig 66
Rave, Karl-Jochen FoDir 83
Rave, Klaus Dr 64
Reckling, Ingeborg 132
Recupero, Sabiene 58
Redelin, Jürgen OAR 132

Réer, Ernst-Eugen 131
Reese, Otto 131
Reese-Cloosters, MinRätin 49
Rehbein 126
Rehberg, Horst 115
Rehder, MinR 20, 21
Rehders, OAR 131
Rehwinkel, Angestellte 72
Rehwinkel, Ingrid 74
Reiber, Petra 118
Reichardt, StudDir 28
Reichert, Udo 116
Reichstein, J Prof Dr
    LtdWissDir 23
Reiff, Henning MinR 59
Reiff, MinR 59
Reime, Roland Dir 65
Reimer, RDir 72
Reinhard, LtdREichDir 58
Reinhard, Sigurd LtdREichDir 59
Reinholdt, Torsten 119
Reinke, Joachim 122
Reise, MinRätin 21
Rempe, Wolfgang LtdRDir 74
Renner, von, OAR 47
Rentsch, Harald 134
Repp, OAR 40
Retzlaff, Ulrich OAR 115
Reumann, MinR 37
Reusch, Hans-Dieter Prof Dr rer nat
    Dipl-Phys 32
Rex, Erhard 93
Rexilius, Dr Ang 68
Reyer, Silke 111
Richter, ARätin 47
Richter, Christian Frank 15
Richter, MinR 59
Richter, OARätin 11
Ricke, ORBauR 60
Rickers, OStudDir 27
Rickerts, Richard 117
Ridder, Torsten AR 129
Rieck, Peter 64
Riecken, Walter 123
Rieckmann, Hans Georg Dipl-
    Kfm 63
Riedel, Ang 8
Riedel, MinR 59
Rieger, Egon 119
Riehl, Dr LtdKFoDir 114
Riehl, Dr RDir 72
Riehl, Gerhard Dr LtdKFoDir 83
Riek, Winfried 26
Riemer, Gerd 127
Riepen, Eduard 121
Rieve, Dr RVetDir 81
Rimkus, Dr WissAng 81
Rischau, Gerd Sen 112
Rißler, Walter 121
Roberts, Sabine 120
Rocca, Michael Dipl-
    Betriebsw 58

Rocke, Burghard Dr 130
Rocke, Burghard Dr Ldrt 130
Rodust, Ulrike 3, 5
Roedig, Reinhold StaBauR 111
Rogacki, RR 79
Roggatz, Hartmut MinR 79
Röhe, Claus 118
Rohs, Günther MinDirig 49
Rohwer, Bernd Dr Ang 11
Rölleke, Franz Josef Dipl-Ing
  VPräs 62
Roloff, RVwDirektorin 58
Römer, RDir 52
Römhild, Inge-Susann
  Professorin 33
Romig, Gabriele Dr 19
Rommel, MinR 79
Roos, Hans-Dieter 101
Röper, Ursula 3, 5
Rose, RLandwRätin 68
Rosenthal, Dr LtdKVetDir 113
Rossmann, Ernst Dieter Dr 3, 5
Rossow, Dagmar 115
Roth, Heinz-Georg 118
Rothe, Angestellte 78
Rothert, Dr 29
Röttgering, MinR 19
Röttgers, Wolfgang Ang 49
Röttjer, RDir 18
Rubien, Willi 70
Rublack, Dr RRätin 8
Rück, Joachim 117
Ruck, RRätin z A 12
Rüder, Ulrich 120
Ruff, Thomas Dr 76
Ruge, MinR 37
Rüger, Dr MinR 78
Rühe, Karl 122
Rümker, Dietrich Dr 64
Runge, Stefan 118
Rupp, Reinhard 34
Ruppel, OAR 59
Rusch, Hans-Georg OAR 118
Rusch, Karl-Adolf
  LtdRBauDir 60
Rust, Udo 127
Rüter, Ang 81
Rütz, Werner AR 116
Rybka, Gertrud 125
Rzepucha, Reimer OAR 121

S

Sacher, Jürgen 120
Sachse, Dr MinR 59
Sachse, Sven-Uwe MinR 63
Saebetzki, Dipl-Volkswirtin Dr
  OARätin 41
Sager, Reinhard 3, 5
Saggau, KBauDir 124
Salbrecht, MinR 20

Salveter, Klaus 101
Salzwedel, Hans-Hermann 117
Sandmann, Johannes MinR 11
Sandmann, MinR 11
Sänger von Oepen, Dr
  RChemDir 81
Sanner, LtdRDir 27
Saß, Klaus-Dieter 118
Sauer, Dietrich RDir 56
Sauer, Gustav Dr MinDirig 79
Sauerberg, RR 66
Saxe, Bernd 3
Saxe, Bernhard 5
Schaar, Peter Dipl-Ing
  BergDir 62
Schack, Haimo Prof Dr jur 30
Schade, Klaus 123
Schädlich, OAR 122
Schäfer, MinR 58
Schaffer, MinR 49
Schamerowski, OStAnw 95
Scharbach, Norbert RDir 36
Scharff, MinR 72
Scharff, Volker MinR 73
Scharlaug, RBauDir 50
Scharnweber, Claus LtdRDir 73
Scharrel, MinR 79
Schatzmann, Werner LtdRDir 56
Schauser, Dr LtdVetDir 124
Scheck, Richter am LG 16
Scheckorr, Dr GeolDir 79
Scheel, RVolkswDir 41
Scheer, Angestellte 47
Schell, MinR 79
Schell, Nils-Kaspar Dipl-Ing
  RVmDir 40
Scheppach, Dr Angestellte 16, 17
Scherer, Bernd Dr 82
Schietzel, Kurt Prof Dr phil
  LtdAkadDir 30
Schilf 22
Schimanel, Michael Bgm 115
Schink, RDir 36
Schirmacher, RR 72
Schirmer, Erich StaR 111
Schirrmacher, Hans 119
Schlachta, MinR 71
Schlick, ORR 12
Schlie, Klaus 3
Schliep, Heinz 26
Schloer, Bernd MinDirig 71
Schlotfeld, RRätin 52
Schlottmann, Carl-Peter 26
Schlüter, Gudrun 120
Schlütz, ORR 19
Schmalfeldt, SonderschulDir 75
Schmaltz, Bernhard Prof Dr
  phil 30
Schmalz, Hans-Joachim 100
Schmalz, Ursula 100
Schmelzer, Dieter LtdRDir 17
Schmid, Helga Dr 58

Schmidt, Ernst-Gottfried Prof
  Dipl-Ing 32
Schmidt, Hans Otto 114
Schmidt, Herbert Dipl-Ing
  RVmDir 39
Schmidt, Horst 129
Schmidt, KMedDir 124
Schmidt, OAR 36
Schmidt, OAR 72
Schmidt, RR z A 7
Schmidt, Uwe LtdRDir 54
Schmidt, Uwe OAR 114
Schmidt-Bens, MinRätin 79
Schmidt-Bens, Walter Dr 85
Schmidt-Bens, Walter Dr
  VPräs 85
Schmidt-Elsaeßer, Dr RDir 11
Schmidt-Moser, Ang 78
Schmieden, Ralf 122
Schmiing, Karl-Ludwig 134
Schmitz-Hübsch, Brita 3, 6
Schnaak, Joachim 26
Schnack, Renate 116
Schnauer, AR 113
Schneider, Bernd 34
Schneider, MinR 59
Schnier, Christian RDir 54
Schob, Jürgen 120
Schober, Walter 127
Scholz, Jörg-Peter 119
Scholz, Wolfgang 26
Scholze, RDir 49
Schomann, Helmut 132
Schömers, ORRätin 36
Schon, OAR 125
Schönborn, Werner MinDirig 15,
  16
Schönegg-Vornehm, Rosemarie
  RDirektorin 15, 16
Schönfeld 125
Schönfeld, ORBauR 37
Schönherr, BrandDir 37
Schöning, Jürgen Dr 6
Schramm, Ang 36
Schreiber, Ang 50
Schreiber, Bernd RDir 56
Schreiner, Henning RDir 54
Schriewer, Bernd MinR 59
Schröder 125
Schröder, AR 124
Schröder, Bernd 3
Schröder, Dietrich
  LtdRBauDir 53
Schröder, Ernst 64
Schröder, Gabriela 112
Schröder, Hinnerk Pastor 35
Schröder, Karl-Heinz 33
Schröder, Klaus MinR 19
Schröder, LtdBauDir 124
Schröder, LtdRBauDir 53
Schröder, MinR 19
Schröder, Reimund 116

Schröder, Sabine   3, 5
Schröder, Wolfram Dr   18
Schröder-Dijkstra, MinRätin   21
Schrödter, RVolkswR   41
Schroeter, OAR   123
Schubert, Hans-Jürgen   112
Schuckenböhmer, Ursula
    StaRätin   111
Schuhoff, Angestellte   12
Schuldt, Joachim MinR   19, 21
Schuldt, MinR   21
Schüler, OAR   47
Schultz, Rüdiger Dr   76
Schulz, Ang   50
Schulz, AR   71, 114
Schulz, Erich   121
Schulz, Günther MinDirig   17
Schulz, Kurt   11
Schulz, ORR   52
Schulz, RR   49
Schulze   114
Schulze, Bernhard Dr med
    LtdMedDir   77
Schulze-Anné, Christian
    Vizepräsident   100
Schulz-Kosel, RBauDir   81
Schumacher, Karlheinz Dr   34
Schumacher, Werner   115
Schümann, Angestellte   72
Schumann, Gernot   13
Schümann, Hans   129
Schümann, OAR   11
Schunck, RDir   59
Schürmann-Arndt, Angestellte   47
Schurwanz, Hans-Otto   77
Schusdziarra, MinRätin   20
Schütt, Hans-Peter OAR   121
Schütt, Herbert   124, 128
Schütt, Hugo   76
Schütz, Angelika
    LtdRDirektorin   54
Schütze, TAng   114
Schwab, Dr   29
Schwab, Uwe   133
Schwager, MinR   36
Schwarten, Horst Peter   123
Schwarz, Caroline   3, 6
Schwarz, OFoR   80
Schwarze, Dr StudDir   27
Schwelle, MinR   16
Schwiderski, Werner   132
Scupin, Dr Angestellte   72
Sebelin, RDir   11
Seeck, RDir   37
Seele, Ang   17
Seemann, Esther
    Angestellte   58
Seidel, MinR   19
Seidler, OARätin   66
Seidler, RDir   49
Selker, Angestellte   47
Semmelhack, Helmut OAR   129

Siebeck-Rauscher, RVwRätin   36
Siebel, Ilse Magdalene   132
Siebenbaum, Elke
    MinDirigentin   85
Siebert, Horst Prof Dr   30
Siebert, Klaus   130
Siebke, Hans   3, 129
Siebke, Waltraut StRätin   111
Sieg, Claudia Angestellte   78
Siegl, Dr RDirektorin   20
Siek, OStudRätin   19
Sievers, AR   8
Sievers, Dr LtdRLandwDir   40
Sievers, Hans Peter   125
Sievers, Matthias Dr
    LtdRLandwDir   40
Simon, Ang   79
Simon, MinR   20
Simonis, Heide Minister-
    präsidentin   3, 9, 11
Simonsmeier-Schriewer, Margot
    MinDirigentin   6
Sitepu, Dr Angestellte   72
Soblik, RR   36
Sölch, MinR   78
Söller-Winkler, RRätin   36
Soltau, StudDirektorin   28
Soltau, Undine Dr Direktorin   75
Soltau, Wolfgang OAR   114
Solterbeck, Hans Klaus   125
Sonne, RBauDir   53
Sörensen, Dipl-Soz   58
Sörnsen, OAR   50
Speck, MinR   20, 21
Speck, Udo MinR   21
Speckmann, Heinz Dipl-Ing
    Branddirektor   44
Speerforck, Hans-Werner
    OAR   131
Spoorendonk, Anke Vorsitzende
    des SSW im Landtag   3, 4, 5
Sprüssel, RR   19
Staack, Gerhard   126
Stabenow, Angestellte   47
Staedler, Hans-Georg   130
Stahl, Uwe   131
Stamer, Elke   123
Starke, OStudDir   28
Stauß, Reinhold Dipl-Ing Agr
    Dr   67
Steenblock, Rainder Stellvertreter
    der Ministerpräsidentin, Minister
    für Umwelt, Natur und
    Forsten   9, 78
Steffen, Dr MinR   49
Steffen, Wolfgang   124
Steffens, Klaus RDir   55
Steffensen, Rüdiger   129
Stege, Konrad MinR   36
Stegner, Ralf Dr   71
Stein, Peter Michael Dipl-
    Volksw   63

Steinaecker, Freifrau von,
    RRätin   47
Steinbrück, Peer Minister für
    Wirtschaft, Technologie
    und Verkehr   9, 58
Steincke, Berndt   4
Steiner, Peter MinDirig   79
Steingräber-Klinke, Birgit   119
Steinhagen, Dr RVetDir   81
Steinkamp, Ang   71
Steinmann, Dr MinR   71
Steinmann, Wilhelm   131
Steinmetz, Helmut Dipl-
    Volksw   76
Steinwachs, RBauDir   53
Stell, Hermann Bgm   111
Stellet, RBauDir   79
Stelter, Heinz   26
Stender, KVwDir   113
Stengel, Dr RVetDir   81
Stenkat, Angestellte   78
Stephan, KORechtsR   131
Steudte, OAR   58
Sticken, Eggert   94
Stiegler, Markus Ang   78
Stiehm, Torsten Rechtsanwalt
    86
Stier, Dr AkadDir   19
Stix, AR   71
Stöfen, MinR   36
Stolle, Dr LtdMedDir   126
Stolte, Dieter Prof Dr h c   13
Stooß, Rüdiger   120
Storck, Dr RR z A   36
Storf, MinR   49
Storjohann, Gero   4
Storm, Dietrich   116
Straßburg, Karl-Hans   115
Straßburger, LtdKBauDir   119
Strauß, ORR   4
Strauß, Roswitha   4
Streim, Alfred LtdOStAnw   18
Striebich, Horst   124
Stritzl, Thomas   4
Strubelt, Otfried Prof Dr   112
Struck, Bernd RVolkswDir   40
Struck, Werner Dir   77
Strzylecki, Sabina   125
Studt   16
Sturhan-Schwabe, OAR   113
Sturm, Dr Ang   78
Stürzebecher, RVmDir   38
Stut, Wolfgang   64
Suchanek, Ang   17
Süfke, Karin   113
Sülau, OAR   80
Sulimma, ORR   49
Süverkrüp, Fritz Dr Konsul   63
Swane, OStudR   19
Swatek, Dieter Dr   19
Sydow, Helmut Dr   22
Szameit, Dietrich   112

163

T

Tamme, Karl Dr MinR   67
Tanck, PolOR   37
Tange, Ernst   113
Taubenheim, OAR   124
Teichmann-Mackenroth,
  MinR   15
Teifke, Jürgen Prof Dr   32
Temmler, Dr GeolDir   81
Tengler, Frauke   4, 6
Tepel, RR   52
Terwitte, Dipl-Ing Agr Dr   66
Tessen von Gerlach, Bogislav
  LtdKVwDir   126
Teucher, Rolf   126
Teupke, OAR   72
Tewes   122
Thede, Christiane ARätin   36
Thee, OAR   12
Then, Rolf   117
Thielecke   102
Thiesen, Carsten AR   117
Thiessen, Dr WissDir   80
Thiessen, Thies   114
Thilow, Dieter   97
Thoben, RVwDir   66
Thoemmes, Angela   *26
Thöming, Karl Hermann   114
Thomsen, OAR   17, 126
Thonfeld, Günter   121
Thormählen, MinR   12
Thun, Klaus OAR   131
Tiemann, Dr Ang   47
Tieth, Klaus RDir   77
Tietje, MinR   78
Tietz, Dieter   120
Tillmann-Mumm, Uwe   133
Timm, Ernst OAR   129
Timm, ORR   36
Tittelbach, Hans-Arno
  RDir   55
Tober, Jürgen   120
Toboll, Rudolf   101
Todsen, Herlich Marie   4
Tomm, OAR   114
Toop, OAR   124
Traber, MinR   49
Trahn, Johannes   126
Trares, RDir   51
Träris, Detlev   113
Traulsen, Hans-Friedrich Dr
  Ang   49
Trede, MinR   71
Treichel, Monika JustARätin   100
Tretbar-Endres, Ang   12
Trettin, Horst   113
Trost, MinR   49
Trottmann, Friedrich-Wilhelm
  Dipl-Ing RVmDir   39
Troutwein, Alfred X Prof Dr rer
  nat   30

Tschanter, RRätin z A   7
Tscheuschner, Klaus   119
Tschirschwitz,
  SonderschulDir   75
Tüxen, OAR   11

U

Ueck, MinRätin   20
Ufer, MinR   12
Ulrich, Winfried Prof Dr phil   30
Unger   11
Unger, Dipl-Ingenieurin   59
Unger, RVwDir   58
Unruh, von, RDir   20
Unterlehberg, Hartmut   112
Unterlehberg, Hartmut
  OBgm   112
Urbschat   114
Uschkoreit, Dir   65

V

Varchim-Fuchs, Brigitte Dr
  Angestellte   78
Vieth, Cordula   84
Vöge, Kuno   95
Vogel, Wolfgang   80
Vogel, Wolfgang ORR   93
Vogelberg, Wilhelm Dr
  LtdMedDir   73
Vogt, Monika   122
Voigt, Hans-Jürgen MinDirig
  59
Voigt, Wilfried   49
Vollmer, Richter am LG   15
Volquartz, Ang   7
Volquartz, Angelika   4
Vorreiter, Kläre   4
Voß, Dr WissOR   81
Voss, LtdRBauDir   81
Voß, OAR   113
Voß, OARätin   80
Vuchelich, Horst OAR   129

W

Waack, Dr MinR   7
Wabbel, Dietmar   32
Wachholtz, von, Alexander O.
  115
Wächter, Heinz RBauDir   56
Wagner, Angestellte   78
Wagner, Gerhard Friedrich
  LtdMinR   85
Wagner, RDir   21
Waldvogel, Dr MinRätin   72
Walhorn, Frauke   4, 6
Walter, Gerd Minister für Justiz,

Bundes- und Europaangelegen-
  heiten   9, 15
Walter, Peter   115
Walther, Kurt Dipl-Ing
  LtdRGwDir   82
Wannek, Reinhard MinR   59
Warncke, OAR   131
Warnicke, Sigrid MinDirigentin   8
Warsitzki, Bernhard   76
Warthenpfuhl, OAR   20
Watermann, Bettina
  Angestellte   78
Weber, Cornelia Dipl-Ing
  RVmRätin   40
Weber, Jürgen   4, 6
Weber, LtdRDir   52
Weber, Volker   119
Wechselmann   22
Wege, Holger AR   66
Wegener, Hartmut StSekr   36, 46
Wegener, Joachim   119
Wegner, Hans-Joachim Dr
  MinR   37
Wehking, ORLandwR   67
Wehle, Ernst Heinrich   76
Wehrend, Klaus   123
Weiland, Hans Dipl-Ing
  RVmDir   39
Weinhardt, Dieter Dr MinR   63
Weinhold, Dr Ang   81
Weinriefer-Hoyer, Gertrud Dr
  MinDirigentin   47
Weis, Dieter   132
Weisener, Dietrich Dr med   76
Weiser, ORR   52
Weisner, Eckhard Dr   76
Weißenberg, Ellen   128
Wellstein, Hartmut Prof Dr   31
Welzk, Stefan Dr   16
Wenck, Friedhelm   115
Wende, Angestellte   16
Wende, Gabriele   15
Wendland, Klaus-Dieter   128
Wendler, OAR   132
Wendt, Rainer   99
Wentz, RR   6
Wenzel, Dr RDirektorin   16
Wenzel, MinR   37
Wenzlaff, Klaus-Peter   130
Wenzlaff, Udo Dipl-Ing
  ORVmR   40
Werk-Dorenkamp, Dorothea
  RDirektorin   62, 63
Wernecke, StudDir   27
Werner, Jutta   132
Wesseler, Angestellte   81
Westphal, Rainer   132
Wetzel, Ralf Günter Dr MinR   63
Wetzel, RDir   71
Wewer, Göttrik Dr   45
Wiborg, Gerd   26
Wichert, OStudDir   74

Wiechert, RVwDir 58
Wiechmann, Birgit 119
Wieddekind, RR 19
Wieland, Friedmund 128
Wienholdt, Dietmar MinR 79
Wienholtz, Ekkehard Dr
  Innenminister 9, 36
Wiese, Ltd RDir 49
Wiese, LtdRDir 51
Wiesen, Hans Minister für ländli-
  che Räume, Landwirtschaft, Er-
  nährung und Tourismus 4, 9, 66
Wieske, KBauAmtm 114
Wildberg, Hans Jürgen Dr 131
Wilde, Dr MinR 66
Wilhelms, Wolf-Dietrich
  GemAmtm 125
Wilhelmsen, RLandwR 66
Wilke, Otto 116
Will, Karl-Heinz AR 119
Will, Wolfgang 126
Wille, Heinrich 98
Willer, OAR 113
Willikonsky, Birgit 102
Willrodt, OAR 72
Wimmer, Gerda 118
Winck, ORR 41
Winkel, Carl Heinz MdL 118
Winking-Nikolay, Adelheid Dr 4
Winkler, OAR 78
Winkmann, Günter Pastor 33
Winter, AR 29
Wirth, Dr MinR 50
Wisser, Hans-Friedrich 125
Witt, Eckehard JustAR 101
Witt, Jürgen Dr MinDirig 78
Witt, OAR 126

Witt, RDir 36
Witt, Reimer Dr LtdArchDir 23
Witthohn, Dieter 97
Wittmeier, Leo 117
Witzke, Rudi 26
Wodarz, Friedrich-Carl 4, 6
Woelk, Reinhard 113
Woesner, RVmDir 60
Wolf, Erich 124
Wolf, Michael MinDirig 37
Wolff, RRätin 47
Wolgast, MinR 21
Wollesen, Bernt AR 71
Wollny, MinR 11
Wollsdorf, Dipl-Ing MinR 50
Wolter, Dr Angestellte 81
Wolter, Dr MinR 50
Wolter, MinR 79
Wolters, Johann-Dietrich 97
Woltmann, OAR 66
Wormeck, RVolkswDir 41
Wrage, Ang 79
Wrage, Dieter 84
Wrage, RVmR 78
Wrütz, MinR 21
Wulf, Peter Prof Dr 31
Wurr, Angestellte 78
Wüstefeld, Norbert 94
Wuttke, Horst Dr LtdMinR 7
Wyluda, Erich Dr 94

Z

Zabel-Wiese, RDirektorin 48
Zacher, RLandwDir 12
Zachritz, OAR 71

Zähle, RSchulDirektorin 20
Zahn, Peter 4
Zahn, Peter MdL 36
Zahn, Volker Dr-Ing Sen 112
Zander, Dr 29
Zank, MinR 21
Zantop, OStudR (komm) 28
Zeichner, Wolfgang Dr
  MinDirig 59
Zeitzschel, Bernd Prof Dr 31
Zentner, OStudR 19
Zerbe, Dr RChemDir 81
Zeretzke, MinRätin 21
Ziegler, Bernd OAR 45
Ziegler, MinR 21
Ziercke, Jörg MinDirig 37
Zieroth, Manfred OAR 57
Ziervogel, Dieter 26
Ziesemer, Dr WissDir 81
Zillmann, Dr MinR 22
Zimmer, Helmut 123
Zimmer, Karl-Heinz Bgm 111
Zimmermann, Dietrich 117
Zimmermann-Benz 21
Zimnik, Patricia 19
Zitzewitz, von, Hermann 119
Zobel, Ingo 129
Zöllner, Dr RDir 50
Zühlke, Angestellte 51
Zukowski, Bernd 115
Zurstraßen, Wilfried 123
Zuza, Joachim 77
Zwickel, Jürgen LtdRBauDir 61
Zylka, MinR 22
Zylka, Winfried 128

ORTSVERZEICHNIS DER STÄDTE, LANDKREISE UND GEMEINDEN

A

Aasbüttel 131
Äbtissinwisch 131
Achterwehr 124
Achtrup 117
Agethorst 131
Ahlefeld 125
Ahneby 128
Ahrensbök 119
Ahrensburg 132
Ahrenshöft 117
Albersdorf 113
Alkersum 117
Almdorf 117
Alt Bennebek 127
Alt Duvenstedt 125
Altenhof 126
Altenholz 124
Altenkrempe 119
Altenmoor 131
Alt-Mölln 115
Alveslohe 129
Ammersbek 132
Amrum 116
Appen 121
Arlewatt 117
Armstedt 129
Arnis 127
Arpsdorf 124
Ascheberg (Holstein) 123
Ascheffel 125
Augustenkoog 117
Aukrug 124
Aumühle-Wohltorf 115
Ausacker 127
Auufer 131
Aventoft 118
Averlak 113

B

Bad Bramstedt 128
Bad Bramstedt-Land 128
Bad Oldesloe 132
Bad Oldesloe-Land 132
Bad Schwartau 119
Bad Segeberg 129
Badendorf 132
Bahrenfleth 131
Bahrenhof 129
Bälau 115
Bannesdorf auf Fehmarn 119

Bargfeld-Stegen 132
Bargstall 125
Bargstedt 125
Bargteheide 132
Bargteheide-Land 132
Bargum 118
Bark 129
Barkelsby 126
Barmissen 123
Barmstedt 121
Barnitz 132
Barsbek 123
Barsbüttel 132
Basedow 115
Basthorst 116
Bebensee 129
Behlendorf 115
Behrensdorf (Ostsee) 123
Beidenfleth 131
Bekdorf 131
Bekmünde 131
Belau 123
Beldorf 125
Bendfeld 123
Bendorf 125
Bergenhusen 128
Beringstedt 125
Berkenthin 115
Beschendorf 120
Besdorf 131
Besenthal 115
Bevern 122
Bilsen 122
Bimöhlen 129
Bissee 124
Bistensee 125
Blekendorf 123
Bliestorf 115
Blomesche Wildnis 130
Blumenthal 125
Blunk 129
Böel 128
Bohmstedt 117
Böhnhusen 124
Bokel 121, 125
Bokelrehm 131
Bokholt-Hanredder 122
Bokhorst 122, 131
Bökingharde 116
Böklund 126
Boksee 123
Bollingstedt 128
Bönebüttel 122
Bönningstedt 121
Boostedt 129
Bordelum 118
Bordersby 128
Bordesholm 124
Bordesholm-Land 124
Boren 128
Borgdorf-Seedorf 125
Borgstedt 126

Borgsum 117
Borgwedel 127
Börm 127
Bornholt 125
Bornhöved 129
Börnsen 115
Borsfleth 130
Borstel 129
Borstel-Hohenraden 121
Borstorf 115
Bosau 119
Bosbüll 118
Bösdorf 123
Bothkamp 123
Bovenau 126
Braak 133
Braderup 118
Brammer 125
Bramstedtlund 117
Brande-Hörnerkirchen 121
Brebel 128
Bredenbek 124
Bredstedt 116
Bredstedt-Land 116
Breiholz 125
Breitenberg 130
Breitenburg 130
Breitenfelde 115
Brekendorf 125
Breklum 117
Bricken 113
Brinjahe 125
Brodersby 126
Brodersdorf 123
Brokdorf 131
Brokstedt 131
Bröthen 115
Brügge 124
Brunsbek 133
Brunsbüttel 113
Brunsmark 115
Brunstorf 116
Büchen 115
Buchholz 113
Buchhorst 115
Büdelsdorf 124
Bühnsdorf 129
Bullenkuhlen 122
Bünsdorf 126
Burg – Süderhastedt 113
Burg (Dithmarschen) 113
Burg auf Fehmarn 119
Busdorf 127
Büsum 113
Büsumer Deichhausen 113
Büttel 131

C

Christiansholm 125
Christinenthal 131

167

D

Dagebüll   116
Dägeling   131
Dahme   119
Dahmker   116
Daldorf   129
Dalldorf   115
Damendorf   125
Damlos   120
Dammfleth   131
Damp   126
Damsdorf   129
Dänischer Wohld   124
Dänischhagen   124
Dannau   123
Dannewerk   127
Dassendorf   115
Dätgen   125
Delingsdorf   132
Dersau   123
Diekhusen-Fahrstedt   114
Dingen   113
Dobersdorf   123
Dollerup   127
Dollrottfeld   128
Dörnick   123
Dörphof   126
Dörpstedt   127
Drage   117,   131
Dreggers   129
Drelsdorf   117
Düchelsdorf   115
Dunsum   117
Duvensee   115

E

Eckernförde   124
Ecklak   131
Eddelak   113
Eggebek   126
Eggstedt   113
Ehndorf   124
Eiderstedt   117
Eisendorf   125
Ekenis   128
Elisabeth-Sophien-Koog   118
Ellerau   129
Ellerbek   121
Ellerdorf   125
Ellerhoop   122
Ellhöft   118
Ellingstedt   128
Elmenhorst   116,   132
Elmshorn   121
Elmshorn-Land   121
Elsdorf-Westermühlen   125
Elskop   131
Embühren   125
Emkendorf   125

Emmelsbüll-Horsbüll   118
Engelbrechtsche Wildnis   130
Enge-Sande   117
Erfde   128
Escheburg   115
Esgrus   128
Eutin   119

F

Fahrdorf   127
Fahren   123
Fahrenkrug   129
Fargau-Pratjau   123
Fehmarn   119
Felde   124
Feldhorst   132
Fiefbergen   123
Fitzbek   131
Fitzen   115
Fleckeby   126
Flintbek   124
Fockbek   125
Föhrden-Barl   129
Föhr-Land   117
Forstgutsbezirk Buchholz   129
Forstgutsbezirk Sachsenwald   115
Fredesdorf   129
Freienwill   127
Fresendelf   118
Frestedt   113
Friedrichsgraben   125
Friedrichsholm   125
Friedrichskoog   113
Friedrichstadt   117
Friedrich-Wilhelm-Lübke-Koog   118
Fuhlendorf   129
Fuhlenhagen   116

G

Galmsbüll   116
Gammelby   126
Garding   117
Geesthacht   115
Gelting   126,   127
Geltorf   127
Geschendorf   129
Gettorf   124
Giekau   123
Glasau   130
Glinde   132
Glücksburg (Ostsee)   127
Glückstadt   130
Gnutz   125
Göhl   120
Gokels   125
Goldebek   117

Goldelund   117
Göldenitz   115
Goltoft   128
Gönnebek   129
Goosefeld   126
Göttin   115
Grabau   116,   132
Grambek   115
Grande   133
Grauel   125
Grebin   123
Gremersdorf   120
Grevenkop   131
Grevenkrug   124
Gribbohm   131
Grinau   116
Gröde   118
Grödersby   127
Grömitz   119
Grönwohld   133
Groß Boden   116
Groß Buchwald   124
Groß Gladebrügge   129
Groß Kummerfeld   129
Groß Niendorf   129
Groß Nordende   121
Groß Offenseth-Aspern   122
Groß Pampau   116
Groß Rheide   127
Groß Rönnau   129
Groß Schenkenberg   116
Groß Vollstedt   125
Groß Wittensee   126
Großbarkau   123
Großenaspe   129
Großenbrode   119
Großenrade   113
Großensee   133
Großhansdorf   132
Großharrie   122
Großsolt   127
Grothusenkoog   117
Grove   116
Grube   119
Grundhof   127
Güby   126
Gudow   115
Gudow-Sterley   115
Gülzow   116
Güster   115

H

Haale   125
Haby   126
Haddeby   127
Hadenfeld   131
Hagen   129
Halstenbek   121
Hamberge   132
Hamdorf   125

168

Hamfelde 116, 133
Hammoor 132
Hamwarde 115
Hamweddel 125
Handewitt 127
Hanerau-Hademarschen 125
Hardebek 129
Harmsdorf 120
Harrislee 127
Hartenholm 129
Haselau 121
Haseldorf 121
Hasenkrug 129
Hasenmoor 129
Hasloh 121
Hasselberg 127
Haßmoor 126
Hattstedt 117
Hattstedtermarsch 117
Havekost 116
Havetoft 126
Havetoftloit 127
Hedwigenkoog 113
Heede 122
Heide 113
Heidekamp 132
Heide-Land 113
Heidgraben 121
Heidmoor 129
Heidmühlen 129
Heikendorf 122
Heiligenhafen 119
Heiligenstedten 131
Heiligenstedtenerkamp 131
Heilshoop 132
Heinkenborstel 125
Heist 121
Helgoland 121
Helmstorf 123
Helse 114
Hemdingen 122
Hennstedt 113, 131
Henstedt-Ulzburg 129
Heringsdorf 120
Herzhorn 130
Hetlingen 121
Hingstheide 131
Hitzhusen 129
Hochdonn 113
Hodorf 131
Hoffeld 124
Högel 117
Högersdorf 129
Högsdorf 123
Hohe Elbgeest 115
Hohenaspe 131
Hohenfelde 123, 131, 133
Hohenhorn 115
Hohenlockstedt 130
Hohenwestedt 125
Hohenwestedt-Land 125
Hohn 125

Höhndorf 123
Hohwacht (Ostsee) 123
Hoisdorf 133
Hollenbek 115
Hollingstedt 128
Holm 118, 121
Holstenniendorf 131
Holtsee 126
Holzbunge 126
Holzdorf 126
Honigsee 123
Hooge 118
Hornbek 115
Hörnerkirchen 121
Hörnum 117
Horst 115, 130
Horst (Holstein) 131
Horstedt 117
Hörsten 125
Hude 118
Huje 131
Hummelfeld 126
Humptrup 118
Hürup 127
Husby 127
Hüsby 128
Husum 117
Hüttblek 129
Hütten 125

I

Idstedt 128
Itzehoe 131
Itzehoe-Land 131
Itzstedt 129

J

Jagel 127
Jahrsdorf 125
Janneby 126
Jarplund-Weding 127
Jerrishoe 126
Jersbek 132
Jevenstedt 125
Joldelund 117
Jörl 126
Jübek 128
Juliusburg 115

K

Kaaks 131
Kabelhorst 120
Kaisborstel 131
Kaiser-Wilhelm-Koog 114
Kaltenkirchen 129
Kaltenkirchen-Land 129

Kalübbe 123
Kampen 117
Kankelau 116
Kappeln 127
Kappeln-Land 127
Karby 126
Karlum 117
Karrharde 117
Kasseburg 116
Kasseedorf 120
Kastorf 115
Katharinenheerd 117
Kattendorf 129
Kayhude 129
Kellenhusen (Ostsee) 119
Kellinghusen 131
Kellinghusen-Land 131
Kiebitzreihe 131
Kiesby 128
Kirchbarkau 123
Kirchnüchel 123
Kirchspiel Garding 117
Kisdorf 129
Klamp 123
Klanxbüll 118
Klappholz 126
Klausdorf 122
Klein Barkau 123
Klein Bennebek 127
Klein Nordende 121
Klein Offenseth-Sparrieshoop 121
Klein Pampau 115
Klein Rheide 127
Klein Rönnau 129
Klein Wesenberg 132
Klein Wittensee 126
Klein-Zecher 115
Klempau 115
Kletkamp 123
Kleve 131
Klinkrade 116
Klixbüll 117
Koberg 115
Köhn 123
Koldenbüttel 117
Kolkerheide 117
Kollmar 130
Kollmoor 130
Kölln-Reisiek 121
Kollow 116
Königshügel 125
Kosel 126
Köthel 116, 133
Kotzenbüll 117
Krempdorf 130
Krempe 131
Kremperheide 131
Krempermarsch 131
Krempermoor 131
KremsII 130
Krogaspe 125

Krokau 123
Kronprinzenkoog 114
Kronsgaard 127
Kronshagen 125
Kronsmoor 130
Kropp 127
Kröppelshagen-Fahrendorf 115
Krukow 115
Krummbek 123
Krummendiek 131
Krummesse 115
Krummwisch 124
Krüzen 115
Kuddewörde 116
Kuden 113
Kudensee 131
Kühren 123
Kükels 129
Kummerfeld 121

L

Labenz 116
Laboe 122
Ladelund 117
Lägerdorf 131
Lammershagen 123
Landkirchen auf Fehmarn 119
Landrecht 131
Landscheide 131
Langballig 127
Langeln 122
Langeneß 118
Langenhorn 118
Langenlehsten 115
Langstedt 126
Langwedel 125
Lanze 115
Lasbek 132
Latendorf 129
Lauenburg/Elbe 115
Lebrade 123
Leck 117
Leezen 129
Lehmkuhlen 123
Lehmrade 115
Lensahn 120
Lentföhrden 129
Lexgaard 118
Linau 116
List 117
Lockstedt 130
Lohbarbek 130
Lohe-Föhrden 125
Loit 128
Looft 131
Loop 124
Loose 126
Löptin 123
Lottorf 127
Lüchow 116

Luhnstedt 125
Lunden 113
Lürschau 128
Lütau 115
Lütjenburg 122
Lütjenburg-Land 123
Lütjenholm 117
Lütjensee 133
Lütjenwestedt 125
Lutterbek 123
Lutzhorn 122

M

Maasbüll 127
Maasholm 127
Malente 120
Manhagen 120
Marne 114
Marne-Land 114
Marnerdeich 114
Martensrade 123
Meddewade 132
Meezen 125
Meggerdorf 128
Mehlbek 131
Meldorf 114
Meldorf-Land 114
Melsdorf 124
Midlum 117
Mielkendorf 125
Mildstedt 118
Möhnsen 116
Mohrkirch 128
Molfsee 125
Mölln 115
Mönkeberg 123
Mönkhagen 132
Mönkloh 129
Moordiek 130
Moordorf 130
Moorhusen 131
Moorrege 121
Mörel 125
Mözen 129
Mucheln 123
Mühbrook 124
Mühlenbarbek 131
Mühlenrade 116
Munkbrarup 127
Münsterdorf 130
Müssen 115

N

Nahe 129
Nebel 116
Negenharrie 124
Negernbötel 130
Nehms 130

Nehmten 123
Neritz 132
Nettelsee 123
Neu Duvenstedt 126
Neuberend 128
Neuenbrook 131
Neuendeich 121
Neuendorf b Elmshorn 130
Neuendorf b Wilster 131
Neuengörs 130
Neuenkirchen 114
Neufeld 114
Neufelderkoog 114
Neukirchen 118, 120
Neustadt in Holstein 119
Neustadt-Land 119
Neversdorf 129
Nieblum 117
Niebüll 117
Nieby 127
Nienborstel 125
Nienbüttel 131
Niendorf bei Berkenthin 115
Niendorf/Stecknitz 115
Nienwohld 132
Niesgrau 128
Norddorf 116
Norderbrarup 128
Norderfriedrichskoog 117
Norderstapel 128
Norderstedt 129
Nordstormarn 132
Nordstrand 117, 118
Nortorf 125, 131
Nortorf-Land 125
Nottfeld 128
Nübbel 125
Nübel 128
Nusse 115
Nutteln 131
Nützen 129

O

Ockholm 118
Oelixdorf 130
Oering 129
Oersberg 127
Oersdorf 129
Oeschebüttel 131
Oesterdeichstrich 113
Oevenum 117
Oeversee 127
Oldenborstel 131
Oldenburg in Holstein 119
Oldenburg-Land 119
Oldenbüttel 125
Oldendorf 131
Oldenhütten 125
Oldenswort 117
Oldersbek 118

Olderup 117
Oldsum 117
Ostenfeld (Husum) 118
Ostenfeld (Rendsburg) 126
Osterby 125
Osterhever 117
Osterhorn 121
Osterrönfeld 125, 126
Osterstedt 125
Ostrohe 114
Oststeinbek 132
Ottenbüttel 131
Ottendorf 124
Owschlag 125

P

Padenstedt 124
Panker 123
Passade 123
Peissen 131
Pellworm 118
Pinneberg 121
Pinneberg-Land 121
Plön 123
Plön-Land 123
Pohnsdorf 123
Pölitz 132
Pommerby 127
Poppenbüll 117
Pöschendorf 131
Postfeld 123
Poyenberg 131
Prasdorf 123
Preetz 123
Preetz-Land 123
Prinzenmoor 125
Prisdorf 121
Probstei 123
Probsteierhagen 123
Pronstorf 130
Puls 131

Q

Quarnbek 124
Quarnstedt 131
Quern 128
Quickborn 113, 121

R

Raa-Besenbek 121
Rabel 127
Rabenholz 127
Rabenkirchen-Faulück 127
Rade 131
Rade b Hohenwestedt 125
Rade bei Rendsburg 126

Raisdorf 123
Ramhusen 114
Ramstedt 118
Rantrum 118
Rantum 117
Rantzau 122, 123
Rastorf 123
Ratekau 120
Rathjensdorf 123
Ratzeburg 115
Ratzeburg-Land 116
Rausdorf 133
Reesdorf 124
Reher 131
Rehhorst 132
Reinbek 132
Reinfeld (Holstein) 132
Rellingen 122
Remmels 125
Rendsburg 126
Rendswühren 122
Rethwisch 131, 132
Reußenköge 118
Rickert 125
Rickling 129
Riepsdorf 119
Rieseby 126
Ringsberg 127
Risum-Lindholm 116
Rodenäs 118
Rodenbek 125
Rohlstorf 130
Rondeshagen 115
Rosdorf 131
Roseburg 115
Rüde 127
Rügge 128
Ruhwinkel 123
Rumohr 125
Rümpel 132

S

Sachsenbande 131
Sahms 116
Salem 115
Sandesneben 116
Sankelmark 127
Sankt Margarethen 131
Sankt Michaelisdonn 113
Sankt Peter-Ording 118
Sarlhusen 131
Satrup 127
Saustrup 128
Schaalby 128
Schacht-Audorf 126
Schackendorf 130
Schafflund 127
Scharbeutz 120
Schashagen 119
Scheggerott 128

Schellhorn 123
Schenefeld 122, 131
Schieren 130
Schierensee 125
Schillsdorf 122
Schiphorst 116
Schlei 126
Schlesen 123
Schleswig 127
Schlotfeld 130
Schmalensee 129
Schmalfeld 129
Schmalstede 124
Schmedeswurth 114
Schnakenbek 115
Schnarup-Thumby 127
Schobüll 117
Schönbek 124
Schönberg 116, 123
Schönhorst 124
Schönkirchen 123
Schönwalde 120
Schönwalde am Bungsberg 120
Schretstaken 115
Schuby 128
Schulendorf 115
Schülldorf 126
Schülp b Nortorf 125
Schülp b Rendsburg 125
Schürensöhlen 116
Schwabstedt 118
Schwansen 126
Schwartbuck 123
Schwarzenbek 116
Schwarzenbek-Land 116
Schwissel 129
Seedorf 115, 130
Seelfeld 125
Seester 121
Seestermühe 121
Seeth 117
Seeth-Ekholt 121
Segeberg-Land 129
Sehestedt 126
Selent 123
Selent/Schlesen 123
Selk 127
Seth 129
Siebenbäumen 116
Siebeneichen 115
Siek 133
Sierksdorf 119
Sierksrade 115
Sievershütten 129
Sieverstedt 127
Siezbüttel 131
Silberstedt 128
Silzen 130
Simonsberg 118
Sirksfelde 116
Sollerup 126
Sommerland 131

Sönnebüll 117
Sophienhamm 125
Sören 124
Sörup 128
Sprakebüll 117
Stadum 117
Stafstedt 125
Stakendorf 123
Stangheck 127
Stapelfeld 133
Stapelholm 128
Stedesand 116
Steenfeld 125
Stein 123
Steinberg 128
Steinbergkirche 128
Steinburg 132
Steinfeld 128
Steinhorst 116
Stelle-Wittenwurth 114
Sterley 115
Sterup 128
Stipsdorf 130
Stockelsdorf 120
Stocksee 129
Stolk 126
Stollberg 118
Stolpe 123
Stoltebüll 127
Stoltenberg 123
Stördorf 131
Störkathen 131
Struckum 117
Strukdorf 130
Struvenhütten 129
Struxdorf 126
Stubben 116
Stuvenborn 129
Süderau 131
Süderbrarup 128
Süderende 117
Süderfahrenstedt 126
Süderhackstedt 126
Süderhastedt 113
Süderhöft 118
Süderlügum 118
Südermarsch 118
Süderstapel 128
Sülfeld 129
Süsel 120
Sylt 117
Sylt-Ost 117

T

Taarstedt 128
Tackesdorf 125
Talkau 115
Tangstedt 121, 133
Tappendorf 125
Tarbek 129

Tarp 127
Tasdorf 122
Tastrup 127
Tating 117
Techelsdorf 124
Tellingstedt 114
Tensfeld 129
Tetenbüll 117
Tetenhusen 127
Thaden 125
Thumby 126
Tielen 128
Timmaspe 125
Timmendorfer Strand 120
Tinningstedt 117
Todenbüttel 125
Todendorf 132
Todesfelde 129
Tolk 128
Tönning 118
Tornesch 122
Tramm 115
Trappenkamp 130
Travenbrück 132
Travenhorst 130
Treene 118
Treia 128
Tremsbüttel 132
Trennewurth 114
Trittau 133
Tröndel 123
Tümlauer-Koog 117
Twedt 128

U

Uelvesbüll 117
Uetersen 122
Ülsby 126
Ulsnis 128
Uphusum 118
Utersum 117

V

Vaale 131
Vaalermoor 131
Viöl 118
Vollerwiek 117
Vollstedt 117
Volsemenhusen 114

W

Waabs 126
Wacken 131
Wagersrott 128
Wahlstedt 130
Wahlstorf 123

Wakendorf I 130
Wakendorf II 129
Wanderup 126
Wangelau 115
Wangels 120
Wankendorf 123
Wapelfeld 125
Warder 125
Warnau 123
Warringholz 131
Warwerort 113
Wasbek 124
Wattenbek 124
Weddelbrook 129
Weddingstedt 114
Wedel 122
Weede 130
Wees 127
Welt 117
Wendtorf 123
Wenningstedt 117
Wensin 130
Wentorf bei Hamburg 116
Wesenberg 132
Wesselburen 114
Wesseln 114
Westensee 124
Westerau 132
Westerdeichstrich 113
Westerhever 117
Westerholz 127
Westerhorn 121
Westerland 118
Westermoor 130
Westerrade 130
Westerrönfeld 126
Westfehmarn 119
Westre 117
Wewelsfleth 131
Wiedenborstel 131
Wiedingharde 118
Wiemersdorf 129
Wiershop 115
Willenscharen 131
Wilster 131
Wilstermarsch 131
Windeby 126
Winnemark 126
Winnert 118
Winseldorf 130
Winsen 129
Wisch 118, 123
Witsum 117
Wittbek 118
Wittdün 116
Wittenbergen 131
Wittenborn 129
Wittensee 126
Wittmoldt 123
Witzeeze 115
Witzhave 133
Witzwort 117

Wobbenbüll   117
Wohlde   128
Wohltorf   115
Woltersdorf   115
Worth   115

Wrist   131
Wrixum   117
Wulfsmoor   131
Wyk auf Föhr   118

Z

Zarpen   132

VERZEICHNIS
DER ABKÜRZUNGEN

+ *Amtliche Abkürzungen*

A

AA +	Auswärtiges Amt
AAnw	Amtsanwalt
ABez	Amtsbezirk
Abg +	Abgeordneter
ABgm	Amtsbürgermeister
ABeig	Amtsbeigeordneter
Abs	Absatz
Abt	Abteilung
AbtDir	Abteilungsdirektor
AbtPräs	Abteilungspräsident
a D	außer Dienst
ADir	Amtsdirektor
Adm	Admiral
A d ö R	Anstalt des öffentlichen Rechts
AG	Amtsgericht
AkadOR	Akademieoberrat
AkadR	Akademierat
AKäm	Amtskämmerer
Amtm	Amtmann
Ang	Angestellter
Anw	Anwalt(schaft)
AR	Amtsrat
Arch	Archivar
ArchDir	Archivdirektor
ArchOR	Archivoberrat
ArchR	Archivrat
Art	Artikel
Ass	Assessor
AWG	Allgemeine Wählergemeinschaft

B

Bad-W	Baden-Württemberg
BAG +	Bundesarbeitsgericht
BB +	Brandenburg
BG	Bürgergemeinschaft
BL	Bürgerliste
BauDir	Baudirektor
BauMstr	Baumeister
BauOAR	Bauoberamtsrat
BauOR	Bauoberrat
BauR	Baurat
Bay	Bayern
BbDir	Bundesbahndirektor
BDH	Bundesdisziplinarhof
Beig	Beigeordneter
BergAss	Bergassessor
BergHptm	Berghauptmann
BergOR	Bergoberrat
BergR	Bergrat
BergwDir	Bergwerksdirektor
Bevollm	Bevollmächtigte(r)
BFH +	Bundesfinanzhof
BGBl	Bundesgesetzblatt
BGH +	Bundesgerichtshof
Bgm	Bürgermeister
BGS	Bundesgrenzschutz
Bibl	Bibliothekar

BiblDir	Bibliotheksdirektor
Bibl-Inspektorin	Bibliotheksinspektorin
BiblOR	Bibliotheksoberrat
BiblR	Bibliotheksrat
BiolR	Biologierat
BK +	Bundeskanzler(amt)
BkDir	Bankdirektor
BkOR	Bankoberrat
BkR	Bankrat
Bln	Berlin
BMA +	Bundesminister(ium) für Arbeit und Sozialordnung
BMBau +	Bundesminister(ium) für Raumordnung, Bauwesen und Städtebau
BMBF +	Bundesminister(ium) für Bildung, Wissenschaft, Forschung und Technologie
BMF +	Bundesminister(ium) der Finanzen
BMFSFJ +	Bundesminister(ium) für Familie, Senioren, Frauen und Jugend
BMG +	Bundesminister(ium) für Gesundheit
BMI +	Bundesminister(ium) des Innern
BMin	Bundesminister
BMJ +	Bundesminister(ium) der Justiz
BML +	Bundesminister(ium) für Ernährung, Landwirtschaft und Forsten
BMPT +	Bundesminister(ium) für Post und Telekommunikation
BMU +	Bundesminister(ium) für Umwelt, Naturschutz und Reaktorsicherheit
BMV +	Bundesminister(ium) für Verkehr
BMVg +	Bundesminister(ium) der Verteidigung
BMWi +	Bundesminister(ium) für Wirtschaft
BMZ +	Bundesminister(ium) für wirtschaftliche Zusammenarbeit und Entwicklung
Botsch	Botschafter
BotschR	Botschaftsrat
BPA +	Presse- und Informationsamt der Bundesregierung
BPr +	Bundespräsident
BPrA +	Bundespräsidialamt
BR +	Bundesrat
BrandAss	Brandassessor
BrandDir	Branddirektor
BrandOR	Brandoberrat
BrandR	Brandrat
Bre	Bremen
BReg +	Bundesregierung
BRH +	Bundesrechnungshof
BrigGen	Brigadegeneral
BSG +	Bundessozialgericht
BT +	Bundestag
BüchDir	Büchereidirektor
BVerfG +	Bundesverfassungsgericht
BVerwG +	Bundesverwaltungsgericht
BVS	Bundesverband für den Selbstschutz
BWV +	Bundesbeauftragter für Wirtschaftlichkeit in der Verwaltung

C

CDU +	Christlich Demokratische Union
ChBK +	Chef des Bundeskanzleramtes
ChBPrA +	Chef des Bundespräsidialamtes
ChemDir	Chemiedirektor
ChemOR	Chemieoberrat
ChemR	Chemierat
CSU +	Christlich Soziale Union

D

D	Doktor theologie
Deput	Deputierter
Dez +	Dezernent, Dezernat
DGB	Deutscher Gewerkschaftsbund
Dipl	Diplom
Dipl-Bibl	Diplom-Bibliothekar
Dipl-Betriebsw	Diplom-Betriebswirt
Dipl-Biol	Diplom-Biologe
Dipl-Chem	Diplom-Chemiker
Dipl-Forstw	Diplom-Forstwirt
Dipl-Geogr	Diplom-Geograph
Dipl-Geol	Diplom-Geologe
Dipl-Ing	Diplom-Ingenieur
Dipl-Kfm	Diplom-Kaufmann
Dipl-Komm	Inhaber des Kommunal-Diploms
Dipl-Math	Diplom-Mathematiker
Dipl-Met	Diplom-Meteorologe
Dipl-Päd	Diplom-Pädagoge
Dipl-Phys	Diplom-Physiker
Dipl-Psych	Diplom-Psychologe
Dipl-Volksw	Diplom-Volkswirt
Dipl-Wirtsch-Ing	Diplom-Wirtschaftsingenieur
Dir	Direktor
DirBR +	Direktor des Bundesrates
DirBT +	Direktor beim Deutschen Bundestag
d ö R	des öffentliche Rechts
Doz	Dozent
Dr	Doktor

E

E	Einwohnerzahl
e	ehrenamtlich
EDV	elektronische Datenverarbeitung
EichDir	Eichdirektor
EichOAR	Eichoberamtsrat
EichOR	Eichoberrat
EichR	Eichrat
EPl	Einsatzplan, Einsatzpläne
EStAnw	Erster Staatsanwalt
EU	Europäische Union
evang	evangelisch
EV	eingetragener Verein

F

Fax	Telefax
F.D.P.	Freie Demokratische Partei
FinPräs	Finanzpräsident
FischDir	Fischereidirektor
FischR	Fischereirat
FKpt	Fregattenkapitän
Fl	Flächengröße
FMW	Freie mündige Wähler
FoDir	Forstdirektor
FoOR	Forstoberrat
FoPräs	Forstpräsident
FoR	Forstrat
FWG	Freie Wählergemeinschaft
FWV	Freie Wählervereinigung

G

GABl	Gemeinsames Amtsblatt
GAL	Grüne alternative Liste
GBl	Gesetzblatt
GemBgm	Gemeindebürgermeister
GemKäm	Gemeindekämmerer
GemOAR	Gemeindeoberamtsrat
Gen	General
GenAp	Generalapotheker
GenArzt	Generalarzt
GenDir	Generaldirektor
GenInt	Generalintendant
GenKons	Generalkonsul(at)
GenLt	Generalleutnant
GenMaj	Generalmajor
GenMusikDir	Generalmusikdirektor
GenOStabsarzt	Generaloberstabsarzt
GenStabsarzt	Generalstabsarzt
GenStAnw	Generalstaatsanwalt
GenVik	Generalvikar
GeolDir	Geologiedirektor
GeolR	Geologierat
Gesdtr	Gesandter
GesdtR	Gesandtschaftsrat
GG	Grundgesetz für die Bundesrepublik Deutschland
ggf	gegebenenfalls
GMBl	Gemeinsames Ministerialblatt
GO	Geschäftsordnung
GVBl	Gesetz- und Verordnungsblatt
GwBauDir	Gewerbebaudirektor
GwDir	Gewerbedirektor
GwMedR	Gewerbemedizinalrat
GwOMedR	Gewerbeobermedizinalrat
GwOR	Gewerbeoberrat
GwR	Gewerberat
GwSchulR	Gewerbeschulrat

H

h	hauptamtlich
HafKpt	Hafenkapitän
Hbg	Hamburg
h c	honoris causa (ehrenhalber)
Hess	Hessen

I

i BGS	im Bundesgrenzschutz
i G	im Generalstab
Ing	Ingenieur
Int	Intendant
i K	im Kirchendienst
i R	im Ruhestand
iVm	in Verbindung mit

J

JustAR	Justizamtsrat
JustOAR	Justizoberamtsrat
JustOI	Justizoberinspektor
JustOR	Justizoberrat
JustR	Justizrat

K

K oder Krs	Kreis
komm	kommissarisch
Käm	Kämmerer
KamDir	Kammerdirektor
KassDir	Kassendirektor
KassR	Kassenrat
kath	katholisch
KBauMstr	Kreisbaumeister
KBauR	Kreisbaurat
KBüDir	Kreisbürodirektor
KDep	Kreisdeputierter
KDir	Kreisdirektor
K d ö R	Körperschaft des öffentlichen Rechts
Kfm	Kaufmann

KiR	Kirchenrat	MdBB	Mitglied der Bremer Bürgerschaft
KKäm	Kreiskämmerer	MdBü	Mitglied der Bürgerschaft
KMedDir	Kreismedizinaldirektor	MdEP	Mitglied des Europäischen Parlaments
KMedR	Kreismedizinalrat	MdHB	Mitglied der Hamburger Bürgerschaft
KOAR	Kreisoberamtsrat	MdL +	Mitglied des Landtages
KOMedR	Kreisobermedizinalrat	MdS	Mitglied des Senats
Kons	Konsul(at)	m d W b	mit der Wahrnehmung beauftragt
KonsAbt	Konsularabteilung	MdWdGb	Mit der Wahrnehmung der Geschäfte
KorvKpt	Korvettenkapitän		beauftragt
KOVetR	Kreisoberveterinärrat	MedDir	Medizinaldirektor
KOVwR	Kreisoberverwaltungsrat	MedOR	Medizinaloberrat
KPfl	Kreispfleger	MedR	Medizinalrat
KPräs	Kreispräsident	MFr	Mittelfranken
Kpt	Kapitän	MilGenDek	Militärgeneraldekan
KptLt	Kapitänleutnant	MilGenVik	Militärgeneralvikar
Kpt z S	Kapitän zur See	Min	Minister, Ministerial-
KR	Kreisrat	MinBüDir	Ministerialbürodirektor
KrimDir	Kriminaldirektor	MinDir	Ministerialdirektor
KrimOR	Kriminaloberrat	MinDirig	Ministerialdirigent
KrimR	Kriminalrat	MinPräs	Ministerpräsident
KSchulR	Kreisschulrat	MinR	Ministerialrat
KSynd	Kreissyndikus	MusDir	Museumsdirektor
KVwR	Kreisverwaltungsrat	MusikDir	Musikdirektor
KWV	Kommunale Wählervereinigung	MV +	Mecklenburg-Vorpommern
Kzl	Kanzler		

N

L

		Nds	Niedersachsen, niedersächsisch
LandwDir	Landwirtschaftsdirektor	NN	non nominatus (nicht benannt)
LandwR	Landwirtschaftsrat	Not	Notar
LAnw	Landesanwalt	NPD	Nationaldemokratische Partei
LArbAPräs	Landesarbeitsamtspräsident		Deutschlands
LArbG	Landesarbeitsgericht	NRW oder NW	Nordrhein-Westfalen
LArchR	Landesarchivrat		
LAss	Landesassessor	**O**	
LBauDir	Landesbaudirektor		
LBauR	Landesbaurat	O	Ober-, Oberes
LDir	Landesdirektor	OAAnw	Oberamtsanwalt
Ldrt	Landrat	OAR	Oberamtsrat
LegR	Legationsrat	OArchR	Oberarchivrat
LG	Landgericht	OArzt	Oberarzt
LL	Landesliste	OB	Oberbayern
LPolDir	Landespolizeidirektor	OBAnw	Oberbundesanwalt
LPolPräs	Landpolizeipräsident oder Landespoli-	OBauR	Oberbaurat
	zeipräsident	OBergADir	Oberbergamtsdirektor
LSozG	Landessozialgericht	OBergR	Oberbergrat
LStallMstr	Landesstallmeister	OberstLt	Oberstleutnant
LtdArzt	Leitender Arzt	OBgm	Oberbürgermeister
LtdDir	Leitender Direktor	OBiblR	Oberbibliotheksrat
LtdLBauDir	Leitender Landesbaudirektor	OBrandR	Oberbrandrat
LtdGeolDir	Leitender Geologiedirektor	OChemR	Oberchemierat
LtdMedDir	Leitender Medizinaldirektor	ODir	Oberdirektor
LtdMinR	Leitender Ministerialrat	ODomR	Oberdomänenrat
LtdOStAnw	Leitender Oberstaatsanwalt	OECD +	Organisation für wirtschaftliche
LtdPolDir	Leitender Polizeidirektor		Zusammenarbeit und Entwicklungs-
LtdRBauDir	Leitender Regierungsbaudirektor		hilfe
LtdRDir	Leitender Regierungsdirektor	OEichR	Obereichrat
LtdRKrimDir	Leitender Regierungskriminaldirektor	OFinPräs	Oberfinanzpräsident
LtdVwDir	Leitender Verwaltungsdirektor	OFischR	Oberfischereirat
LVwDir	Landesverwaltungsdirektor	OFoMstr	Oberforstmeister
LVwR	Landesverwaltungsrat	OFoR	Oberforstrat
LZB	Landeszentralbank	OFr	Oberfranken
		OGeolR	Obergeologierat
M		OGwR	Obergewerberat
		OIng	Oberingenieur
MA	Magister Artium	OJustR	Oberjustizrat
MagR	Magistratsrat	OJustVwR	Oberjustizverwaltungsrat
Maj	Major	OKBauR	Oberkreisbaurat
MBl	Ministerialblatt	OKDir	Oberkreisdirektor
MdA	Mitglied der Abgeordnetenkammer	OKiR	Oberkirchenrat
MdB +	Mitglied des Bundestages	OLandwR	Oberlandwirtschaftsrat

OLAnw	Oberlandesanwalt
OLFoMstr	Oberlandesforstmeister
OLG +	Oberlandesgericht
OMedDir	Obermedizinaldirektor
OMedR	Obermedizinalrat
OPBauR	Oberpostbaurat
OPDir	Oberpostdirektor
OPf	Oberpfalz
OPolR	Oberpolizeirat
OPR	Oberpostrat
ORArchR	Oberregierungsarchivrat
ORBauDir	Oberregierungsbaudirektor
ORBauR	Oberregierungsbaurat
ORBrandR	Oberregierungsbrandrat
ORChemR	Oberregierungschemierat
ORDir	Oberregierungsdirektor
ORechnR	Oberrechnungsrat
OREichR	Oberregierungseichrat
ORGeologe	Oberregierungsgeologe
ORGwR	Oberregierungsgewerberat
ORLandwR	Oberregierungslandwirtschaftsrat
ORMedR	Oberregierungsmedizinalrat
ORPharmR	Oberregierungspharmazierat
ORR	Oberregierungsrat
ORSchulR	Oberregierungsschulrat
ORVetR	Oberregierungsvetrinärrat
ORVmR	Oberregierungsvermessungsrat
ORWiR	Oberregierungswirtschaftsrat
OSchulR	Oberschulrat
OStabsarzt	Oberstabsarzt
OStaDir	Oberstadtdirektor
OStAnw	Oberstaatsanwalt
OStArchR	Oberstaatsarchivrat
OStaVetR	Oberstadtveterinärrat
OSteuR	Obersteuerrat
OStudDir	Oberstudiendirektor
OStudR	Oberstudienrat
OT	Ortsteil
OVetR	Oberveterinärrat
OVolkswR	Obervolkswirtschaftsrat
OVG +	Oberverwaltungsgericht
OVmR	Obervermessungsrat
OVwDir	Oberverwaltungsdirektor
OVwR	Oberverwaltungsrat

P

PBauR	Postbaurat
PDir	Postdirektor
PolDir	Polizeidirektor
PolPräs	Polizeipräsident
POR	Postoberrat
PR	Postrat
Präs	Präsident
Prof	Professor

R

R	Rat
RA	Rechtsanwalt
RBauDir	Regierungsbaudirektor
RBauR	Regierungsbaurat
RBez	Regierungsbezirk
RBrandDir	Regierungsbranddirektor
RBrandR	Regierungsbrandrat
RChemDir	Regierungschemiedirektor
RChemR	Regierungschemierat
Rchtr	Richter
RdErl	Runderlaß
RDir	Regierungsdirektor
RechnR	Rechnungsrat

Ref	Referent, Referat
REichR	Regierungseichrat
RFischR	Regierungsfischereirat
RFoDir	Regierungsforstdirektor
RGwDir	Regierungsgewerbedirektor
RGwR	Regierungsgewerberat
Rhld-Pf	Rheinland-Pfalz
RKrimDir	Regierungskriminaldirektor
RLandwDir	Regierungslandwirtschaftsdirektor
RLandwR	Regierungslandwirtschaftsrat
RMedDir	Regierungsmedizinaldirektor
RMedR	Regierungsmedizinalrat
ROAR	Regierungsoberamtsrat
ROMedR	Regierungsobermedizinalrat
RPharmDir	Regierungspharmaziedirektor
RPräs	Regierungspräsident
RR	Regierungsrat
RSchulDir	Regierungsschuldirektor
RSchulR	Regierungsschulrat
RVmR	Regierungsvermessungsrat
RVPräs	Regierungsvizepräsident
RWiR	Regierungswirtschaftsrat

S

S	Seite
Saar	Saarland
Schl-H	Schleswig-Holstein
SchulADir	Schulamtsdirektor
SchulR	Schulrat
SchutzPolDir	Schutzpolizeidirektor
Schw	Schwaben
Sen	Senator
SenDirig	Senatsdirigent
SenPr	Senatspräsident
SenR	Senatsrat
SN +	Sachsen
SPD +	Sozialdemokratische Partei Deutschlands
SpkDir	Sparkassendirektor
SpkOR	Sparkassenoberrat
SSW	Südschleswigscher Wählerverband
ST +	Sachsen-Anhalt
StaArchDir	Stadtarchivdirektor
StaArchR	Stadtarchivrat
StaBauDir	Stadtbaudirektor
StaBauR	Stadtbaurat
StaBüchDir	Stadtbüchereidirektor
StaDir	Stadtdirektor
StaFoR	Stadtforstrat
StaKäm	Stadtkämmerer
StAnw	Staatsanwalt
StaOBauR	Stadtoberbaurat
StaOFoMstr	Stadtoberforstmeister
StaOMedR	Stadtobermedizinalrat
StaORechtsR	Stadtoberrechtsrat
StaOSchulR	Stadtoberschulrat
StaOVwR	Stadtoberverwaltungsrat
StaR	Stadtrat
StaRechtsR	Stadtrechtsrat
StaSchulR	Stadtschulrat
StaSynd	Stadtsyndikus
StaVmDir	Stadtvermessungsdirektor
StaVmR	Stadtvermessungsrat
StaVetDir	Stadtveterinärdirektor
StaVetOR	Stadtveterinäroberrat
StaVetR	Stadtveterinärrat
StaVwR	Stadtverwaltungsrat
stellv	stellvertretender
SteuR	Steuerrat
StMin	Staatsminister

StR	Staatsrat
StSekr	Staatssekretär
StudDir	Studiendirektor
StudR	Studienrat
StvBK +	Stellvertreter des Bundeskanzlers
Synd	Syndikus

T

TA	Telegrammadresse
TAng	Technischer Angestellter
Tel	Telefon
Telex	Telex, Fernschreiber
Techn	technische(r, s)
TH +	Thüringen
THW +	Technisches Hilfswerk
TROAR	Technischer Regierungsoberamtsrat

U

U-Abt	Unterabteilung
UFr	Unterfranken
UniProf	Universitäts-Professor
UWG	Unabhängige Wählergemeinschaft
UWL	Unabhängige Wählerliste

V

VAdm	Vizeadmiral
VerbPräs	Verbandspräsident
VerkDir	Verkehrsdirektor
VersiDir	Versicherungsdirektor
VetDir	Veterinärdirektor
VetR	Veterinärrat
Vik	Vikar
VKons	Vizekonsul
VmDir	Vermessungsdirektor
VmR	Vermessungsrat
VolkswR	Volkswirtschaftsrat
Vors	Vorsitzender
VortrLegR	Vortragender Legationsrat
VPr	Vizepräsident
VwDir	Verwaltungsdirektor
VwG	Verwaltungsgericht
VwOR	Verwaltungsoberrat
VwR	Verwaltungsrat
VwRechtsR	Verwaltungsrechtsrat

W

WG	Wählergemeinschaft
WI	Wählerinitiative
WiR	Wirtschaftsrat
WiOR	Wirtschaftsoberrat
WiDir	Wirtschaftsdirektor
WissAng	Wissenschaftlicher Angestellter
WissMitarb	Wissenschaftlicher Mitarbeiter
WissR	Wissenschaftlicher Rat
WkDir	Werkdirektor
WKons	Wahlkonsul
Wkr	Wahlkreis

Z

z A	zur Anstellung
ZDir	Zolldirektor
ZOR	Zolloberrat
ZR	Zollrat